Hans-Martin Lübking (Hrsg.)
Gottesdienst für Jugendliche
Perikopenreihe 2

Hans-Martin Lübking

Gottesdienst für Jugendliche

Praxismaterialien
für alle Sonn- und Feiertage
des Kirchenjahres

PERIKOPENREIHE 2

Patmos Verlag Düsseldorf

VORWORT

Schaut man auf die Zahlen, so scheint das Thema erledigt zu sein. Nach der Konfirmation tauchen 90% der evangelischen Jugendlichen zur Zeit nicht mehr im „normalen" Sonntagsgottesdienst auf. Das ist nicht nur, aber wohl auch eine Reaktion auf die Gottesdienste, die sie während der Konfirmandenzeit erlebt oder „abgesessen" haben. „Es ist so langweilig", dies ist das immer wieder begegnende Gesamturteil der Konfirmandinnen und Konfirmanden über die Mehrzahl der Gottesdienste, die sie kennengelernt haben: Sie sind so „lau", „berühren einen nicht", sind „zu trocken", verlaufen nach „Schema F", sind eher „weltfremd", man „wird nicht mit einbezogen" – „einer redet, alle schweigen" (aus einer Befragung von Jugendlichen).

Die Kritik der Jugendlichen am agendarischen Normal-Gottesdienst ist hart, aber ist sie immer unberechtigt? Selten werden Erfahrungswelt und Interessen der Jugendlichen berücksichtigt, fast nie ihre Themen berührt, meist ist die Predigt eine Überforderung.

Jugendliche äußern ihre Kritik unverblümter als Erwachsene, daraus läßt sich aber nicht auf ein grundsätzliches Desinteresse am Gottesdienst schließen. „Ich bin der Meinung, daß viele Jugendliche sich in der Kirche zur Religion bekennen würden, wenn es für sie attraktiver wäre. Seit einiger Zeit findet bei uns in L. einmal im Monat samstags von 18.00–19.00 Uhr ein Alternativ-Gottesdienst statt. Dieser Gottesdienst wird insgesamt lockerer gestaltet, häufig werden Rollenspiele aufgeführt, es gibt Musik mit Flöte und Gitarre. Diesen Gottesdienst gestalten immer junge Leute mit. Es ist erstaunlich, wie viele Jugendliche in diesem Gottesdienst erscheinen, von denen man es gar nicht erwartet hätte. Zusätzlich darf man an diesen Gottesdiensten auch mit anonymen Zetteln Kritik üben oder Lob. Es wird dann auch oft versucht, viele dieser Ideen in die Realität umzusetzen." (Meike, 19 J.)

Jugendliche sind keineswegs gottesdienstresistent. Können sie mitwirken, wird ihre Sprache gesprochen, kommen ihre Musik und ihre Fragen vor, dann erstaunen sie nicht selten durch ihre Ernsthaftigkeit und Authentizität. Was sie im Gottesdienst angesprochen sehen möchten, haben Soester Konfirmandinnen und Konfirmanden zusammengestellt: „Gibt es einen Teufel?", „Was ist, wenn man ohne Eltern leben muß?", „Was ist Mitleid?", „Wenn Liebe zu Ende geht", „Wann geht die Welt unter?", „Warum gibt es Atomtests?" usw.

Die Konfirmandenarbeit ist als große Chance der Kirche zu begreifen. Hier (vor allem im Westen) sind die Jahrgänge der evangelischen Jugendlichen noch relativ vollzählig vorhanden. Die in dieser Zeit erlebten Gottesdienste haben für Jugendliche eine erhebliche Langzeitwirkung. Um so unverständlicher, daß diese Altersgruppe in der herkömmlichen Gottesdienstvorbereitungsliteratur weitgehend ausfällt.

Der zweite Band von „Gottesdienst für Jugendliche" enthält die Bearbeitungen zur „schwierigen" Epistelreihe. Am Schema der fünf Arbeitsschritte (I–V) wurde festgehalten, es hat sich bewährt. Größeres Gewicht haben wir in diesem Band auf die Situation des Kirchenjahres und auf liturgische Gestaltungsmöglichkeiten gelegt.

Das Echo auf den ersten Band war durchweg positiv, aber es hieß auch: „Wenn ich mit diesen Materialien arbeiten will, muß ich früher mit meiner Gottesdienstplanung beginnen." Dies halten wir in der Tat für erforderlich. Denn die geläufige Praxis, erst am Freitagabend oder Samstagmittag mit der Gottesdienstvorbereitung zu beginnen, führt dazu, daß der Gottesdienst immer entbehrlicher wird.

Hans-Martin Lübking

2. Perikopenreihe (1997/98) – Liste der Textbearbeitungen

1. ADVENT – RÖMER 13,8–14

I. Die Jugendlichen und Römer 13,8–14

a) Die Übersetzung nach „Die Gute Nachricht“ vermittelt die paränetischen Mahnungen und Appelle des Apostels Paulus in zeit- und jugendnaher Sprache, ohne ihren Ernst zu verspielen oder sie zu banalisieren bzw. sich unangemessen anzubiedern.

b) Als Predigttext für den 1. Advent erschließt sich der Text vermutlich nicht nur Jugendlichen weder auf den ersten Blick noch leicht. Der Appell zur Nächstenliebe, in der sich Gottes Wille erfüllt, und die teils recht konkreten Mahnungen zu anständigem Leben angesichts der nahe bevorstehenden Rettung wirken auch jenseits der Adventszeit zunächst eher befremdlich. Sie nähren auf den ersten Blick eher Klischees und Vorurteile von Leib- und Lebensfeindlichkeit des Christentums („der Kirche“).

Sie betreffen wohl auch kaum Praxis und Erfahrung der meisten Jugendlichen, schon gar nicht jener, die den Sonntagsgottesdienst (noch) besuchen (v. a. Vers 13b). Vielmehr können sie jene Abneigung wecken oder bestärken, die im Christentum die Religion des erhobenen Zeigefingers, der steilen Moralität und der wohlformulierten Unsinnlichkeit sehen. Alle Indizien sprechen vielmehr dafür, daß die große Mehrheit Jugendlicher Lebens- und Leibfreude, Genuß, Erotik nicht mit Zügellosigkeit, Maßlosigkeit oder Rücksichtslosigkeit verwechselt.

c) In diesem ersten Befremden über den Text liegt seine Chance. Er lohnt einen zweiten Blick, ein zweites Hören, ein neues Bedenken. Manches von dem, was Paulus formuliert, können Jugendliche ebenso sagen, manchem würden sie unumwunden zustimmen:

„Wer seinen Mitmenschen (wirklich) liebt, fügt ihm kein Unrecht zu.“ (Vers 10a)

„Wir wollen anständig leben …“ (Vers 13a)

„Schenkt eurem Körper nicht zu viel Aufmerksamkeit, damit ihr nicht von seinen Bedürfnissen abhängig werdet.“ (Vers 14b)

Jugendliche durchschauen sehr wohl, daß vieles, was ihnen als Selbstgestaltungs- und Lebensmuster angeboten wird, mediale Inszenierungen und Ästhetisierungen mit nicht geringem kommerziellem Interesse sind. „Ich lebe gern!“ – „Abenteuer erleben und das Leben genießen“ – „Spontan sein, den Augenblick erleben, Intensität spüren …“, solchen und ähnlichen Devisen dürften die meisten Jugendlichen zustimmen, und sie sind in aller Regel sehr wohl in der Lage, die Grenzen zur Exzessivität und Abhängigkeit zu (er)kennen und einzuhalten. Man sollte das Bild Jugendlicher nicht durch spektakuläre Berichte über „Extasy“-Parties und ähnliche Ereignisse („events“) klischeehaft verzeichnen, um ihre Lebensbedürfnisse und ihre Lebensfreude für eine ambivalente Wertediskussion zu instrumentalisieren. In aller Regel entspricht ihrer Fähigkeit zum Leben im Hier und Jetzt eine große Bereitschaft und Fähigkeit zur Verantwortung und zur Ernsthaftigkeit im Umgang mit sich und anderen.

d) Die dem Text eigentümliche Perspektive, für die Jugendliche vielleicht leichter als vermutet gewonnen werden, die sich ihnen unter Umständen besser als erwartet erschließen könnte, ist die des „Lebens im Licht eines kommenden Tages“. Sie ist ja auch die Perspektive eines Zieles, das aus der Ziellosigkeit und Beliebigkeit alltäglichen Lebens herausreißt, die Perspektive von „Sinn“ und Verantwortlichkeit, die dem Leben eine neue, ungewohnte „Spannung“ verleihen kann: Ich soll so leben, daß ich mein Tun und Lassen, mein Verhalten zu mir und zu meinen Mitmenschen verantworten kann. Es ist nicht gleichgültig, wie ich handle. Es ist nicht beliebig, sinnlos, folgenlos, wie ich mich verhalte. Es gibt Erwartungen an mich. Mein Leben soll gewissen

Ansprüchen entsprechen, genügen, und diese Ansprüche sind solche, die ich eigentlich auch an mich und meine Mitmenschen habe: Angenommen, verstanden, respektiert, gerecht behandelt, geliebt zu werden, aus Abhängigkeiten herauszukommen, frei zu werden und zu bleiben, auf der Seite des Guten, wenigstens aber des Besseren („des Lichtes") zu stehen, ernsthaft zu sein und ernstgenommen zu werden …

So könnte der Text aus dem Ruch lebensunfreundlicher Mahnungen und Appelle – und damit „des" typischen Klischees von Kirche und Christentum, wie es bei vielen, nicht nur „kirchenfremden", Jugendlichen vorhanden ist – herausgelöst werden und dazu anregen, vorhandene, aber versteckte, verdrängte Wünsche Jugendlicher zu artikulieren.

II. Konkretionen, Beispiele, Veranschaulichungen

a) Der Text wird zu Beginn der Predigt vorgelesen. Erwachsene Gottesdienstbesucher werden gebeten, ihre „spontanen" Reaktionen auf den Text auszusprechen. Diese bleiben zunächst unkommentiert. Der Text wird ein zweites Mal vorgelesen, und diesmal reagieren jugendliche Gottesdienstbesucher darauf. Alternativ tragen Konfirmandinnen und Konfirmanden ihre – im Konfirmandenunterricht vorbereiteten – Reaktionen auf den Text vor. Die/Der Predigende nimmt die unterschiedlichen, unter Umständen aber auch ähnlichen, Reaktionen in ihrer/seiner Predigt auf.

b) Jugendliche (Konfirmandinnen und Konfirmanden) bereiten (im Konfirmandenunterricht) Poster, selbstverfaßte Texte, Anspielszenen … vor unter dem Leitmotiv „So sind wir … (nicht) …)!". Sie stellen dar, wie sie sich selbst sehen, erleben, verstehen. Diese „Selbstdarstellungen" werden zu Beginn der Predigt – vor oder nach Verlesung des Textes – dargestellt, vorgetragen. Die/Der Predigende nimmt die Rolle des Paulus ein und führt mit den Jugendlichen ein Gespräch, in dem sie/er um ein neues Verständnis der Appelle und Mahnungen bei den Jugendlichen wirbt.

c) „Wider die Moral des erhobenen Zeigefingers …"
Jugendliche (Konfirmandinnen und Konfirmanden) formulieren ihre eigenen Appelle, Mahnungen, Verhaltensforderungen an Erwachsene (an „die Kirche"). Sie messen diese dabei an den Forderungen des Paulus im Predigttext: „Lebt Ihr so, wie es zum hellen Tag paßt …?!" „Verhaltet Ihr euch so, als sei der Zeitpunkt unserer endgültigen Rettung nahe …?!"
Sie provozieren und unterlaufen damit eventuell vorhandene Neigungen Erwachsener, sich über „die Jugendlichen" und ihr angeblich „unanständiges" Verhalten zu erheben. Sie tragen ihre Formulierungen im Anschluß an die Verlesung des Predigttextes vor. Die/Der Predigende verdeutlicht in ihrer/seiner Predigt den „dritten Weg" des Paulus: „Tugend" nicht als zwanghafte Pflicht, sondern als Audruck befreiter Gelassenheit, Nächstenliebe nicht als „Gesetz"(lichkeit), sondern als Konkretion erfahrener Liebe und nicht-narzißtischer, nicht-egoistischer Selbstliebe.

d) Konfirmandinnen und Konfirmanden tragen im Verlauf der Predigt, besser noch als symbolisch gestaltete „Fürbitten" Lichter (Kerzen) vor und stellen sie auf den Altar, in den Altarraum, in die Gänge zwischen den Bankreihen …. Jede dieser Kerzen/Jedes dieser Lichter symbolisiert eine „Waffe des Lichtes", die von der Konfirmandin/dem Konfirmanden benannt und erläutert wird, die/der sie vorträgt (z. B. Geduld, Hilfsbereitschaft, Verständnis …).

III. Aus Religionsunterricht, Konfirmanden- und Jugendarbeit

a) Die Anregungen unter II a–d können im Konfirmandenunterricht bzw. in Jugendgruppen vorbereitet werden. Dabei gibt es keine „Zensur" (im doppelten Sinn)! Aber das Vortragen, Vorspielen der eigenen Texte, Szenen durch die Jugendlichen selbst wird geübt: Es muß „sitzen", damit es „ankommt" und wirkt!

b) Wird im Konfirmandenunterricht Advent behandelt, dann sollte thematisiert werden, was es bedeutet, aus der gespannten Erwartung auf ein besonderes, veränderndes, wegweisendes Ereignis zu leben.

c) „Was wäre, wenn …?"
Im Konfirmanden- bzw. Religionsunterricht wird darüber „gesprochen", wie sich Menschen verhalten würden, wenn sie wüßten daß der Tag des Gerichts/der endgültigen Rettung nahe ist bzw. unmittelbar bevorsteht. Die Jugendlichen stellen dies in verschiedenen kleinen Szenen/Dialogen, die sie selbst verfaßt und gestaltet haben, dar. Eine solche Szenenfolge kann als „Revue", inszeniert werden (mit einem roten Faden, etwa den Tagesablauf einer Hauptperson) und durch einen Conférencier moderiert werden. Sie kann im Gottesdienst vorgeführt werden.

IV. Liturgische Gestaltungsmöglichkeiten

a) Advent- bzw. Lichtlieder: Macht hoch die Tür (EG 1) wg. der schönen Aufzählung der „Waffen des Lichts" in den Strophen 1–3; Alle Knospen springen auf (ML 2 B 129), Ein Licht geht uns auf in der Dunkelheit (ML 2 C 26), Mache dich auf und werde licht (EG West 537) u. v. a. m.

b) „Fürbitten" als „Licht"-Symbolhandlung, vgl. unter II d)

c) Meditative Phase, etwa als „Licht"-Meditation anhand eines (oder mehrerer) „Sonnen"-Dias oder als Meditation zu einem kurzen Impulstext/-satz, z. B. zu „Die Sonne der Lebenden wärmt die Toten nicht mehr." (A. de Lamartine).

V. Literatur- und Medienhinweise

a) Biblische Texte verfremdet, hrsg. von S. Berg und H. K. Berg, Band 2: Advent und Weihnachten, Stuttgart/München 1986

b) G. Theißen, Lichtspuren. Predigten und Bibelarbeiten, Gütersloh 1994

Ulrich Kämmerer

2. ADVENT – JAKOBUS 5,7–8

I. Die Jugendlichen und Jakobus 5,7–8

a) Der Text wird nach der Luther-Übersetzung oder in der Übersetzung von J. Zink verlesen.

b) Geduld

Der 2. Advent ist kein besonderes Highlight in der Vorbereitung auf Weihnachten. Der Text mahnt zur Geduld. Diese Haltung ist allein vom Wort her in unserer Gesellschaft selten. „I love Genuß sofort", der bekannte Aufkleber zeigt die Richtung an. Vorbereitungszeiten im klassischen Sinne gibt es nicht. Nach Allerheiligen ist quasi Weihnachten. Die Weihnachtsmärkte in den Städten vor Totensonntag aufgebaut verlangen kein langes Warten, sondern bieten von der Musik bis zum Eßgenuß bereits „weihnachtliche" Stimmung.

Geduld kein Thema für Jugendliche? Langes Warten ist ihnen vertraut. Sehnsüchtig wird das Klingelzeichen als Endpunkt einer langweiligen Unterrichtsstunde erwartet. Sehnsüchtig und mit innerer Unruhe wird der Freund oder die Freundin erwartet, wenn er oder sie nicht pünktlich zum vereinbarten Treffpunkt erscheint. Sehnsüchtig wird sicher auch das Ende eines langweiligen Gottesdienstes erwartet, der abgesessen werden muß. Ob das Weihnachtsfest wie in Kindertagen auch noch so herbeigesehnt wird? Es ist sicher je nach Entwicklung und Reifegrad junger Menschen unterschiedlich. Klar ist, daß die zwiespältigen Gefühle zunehmen und stärker werden.

c) Ungeduld

Während ich diese Zeilen schreibe, habe ich die Bilder von wachsender Ungeduld in unserer Gesellschaft vor Augen. Die Demos bei den Kastortransporten, die Proteste der Bergarbeiter, die Unruhe der Stahlarbeiter im Ruhrgebiet, die Besetzung der Reichstagsbaustelle durch Bauarbeiter in Berlin. Meinungsumfragen bestätigen, daß die Angst vor der Zukunft bei jungen Menschen zunimmt. Die Jobsuche ist nur ein Beispiel, die Angst vor der ökologischen Katastrophe (die Voraussagen von Global 2000 sind zum Teil heute schon übertroffen) ein anderes.

d) Ermutigungen

Das Bild vom Bauern kann helfen. Zunächst entdeckte ein Jugendlicher: Der hat ja vorher schon gearbeitet. Genau das ist der Zielpunkt des Textes: Nachdem der Bauer das Nötige, alles ihm Mögliche getan hat, muß er warten: auf das Wetter, den richtigen Zeitpunkt für die Ernte. Es kann hilfreich sein, den Text Markus 4,26–29 mit Jugendlichen zu lesen. Der Text im Jakobusbrief möchte dann zu einem geduldigen Widerstehen Mut machen. Nicht der Machbarkeitswahn (gerade wurde in Schottland ein Schaf geklont) und die Selbstvergottung des Menschen sind Ziel der Geschichte, sondern das Kommen Gottes. Sicher ist die Wiederkunft Gottes als Ende der Geschichte kein für Jugendliche aktuelles Thema. Aber die Frage, wie Gott zu mir kommt, kann in der Adventszeit im Unterricht und im Gottesdienst Raum bekommen. Dann kann Optimismus im Sinne von D. Bonhoeffer wachsen, für den das Beten und das Tun des Gerechten kein Widerspruch, sondern eine Einheit war.

II. Konkretionen, Beispiele, Veranschaulichungen

a) „Herr gibt mir die Gelassenheit, Dinge hinzunehmen, die ich nicht ändern kann. Gib mir die Kraft, Dinge zu ändern, die in meiner Macht stehen, und gib mir die Weisheit, das eine vom anderen zu unterscheiden" (F. Oetinger zugeschrieben).
Eine Liste der Dinge, die veränderbar sind im eigenen Leben, in der Familie, Gemeinde und Gesellschaft, wird mit einer Liste der nicht veränderbaren Dinge verglichen.
b) Als Veranschaulichung des Textthemas kann auch folgende kleine Geschichte dienen: „Ein Mann hatte seinen Acker gut vorbereitet, gepflügt und gesät. Er wunderte sich nur nach ein paar Wochen, daß die Saat so langsam aufging. Bei seinem Nachbarn sah er schon kräftigen grünen Wuchs! Von Tag zu Tag wurde seine Geduld geringer. Er konnte vor Sorge nicht mehr einschlafen. Schließlich hatte er eine wahnwitzige Idee. Er lief zu seinem Feld und begann, die kleinen zarten Halme etwas in die Höhe zu ziehen. Das war natürlich eine mühsame Arbeit; aber schließlich war er fertig. Er traf unterwegs seinen Nachbarn und sagte ihm, daß er seinem Korn beim Wachsen geholfen habe. Neugierig geworden liefen sie zu seinem Feld und sahen alles zerstört und verwelkt" (nach W. Longardt, Neue Kindergottesdienstformen, 1973, 171f).

III. Aus Religionsunterricht, Konfirmanden- und Jugendarbeit

a) Ein Lied, das die Ungeduld im Anschluß an die alttestamentliche Lesung des Sonntags Jesaja 63,15–16, 19b und 64,1–3 thematisiert, stammt von dem mutigen Jesuitenpater Friedrich Spee. Sein Lied O Heiland, reiß die Himmel auf (EG 7) ist eines der bekanntesten Adventslieder. Nicht bekannt ist Spees unbeirrter Kampf gegen die Hexenverfolgung. Sein unermüdlicher Widerstand ist schön dokumentiert in einem kleinen Portrait von H. C. Zander in seinem Buch: Die emanzipierte Nonne und andere Porträts von heiligen Individualisten, Stuttgart 1990, 49ff. Im Konfirmandenunterricht kann von diesem Lebensbild aus eine Sprechmotette erarbeitet werden, zu welcher das Lied gesungen werden kann. Thema der Szenen könnte sein: Geduldiger Widerstand ist nötig, Gottes Hilfe unverzichtbar. H. Böll hat über Spee gesagt: „Nie bot Spee billigen Trost, nie auch versank er in Trostlosigkeit; untröstlich aber war er allezeit."
b) Geduldsspiel
Im Unterricht werden in Gruppen von 3 oder 4 Teilnehmenden die nach einer Schablone hergestellten Puzzle-Teile verteilt. Gespräch und gegenseitige Hilfen sind erlaubt. Das ganze ist eine Geduldsprobe. Herauskommen soll ein Druckbuchstaben-T. Es wird eine bestimmte Zeit vorgegeben, in der die Aufgabe erfüllt werden soll. Wenn es auch nur wenige in dieser Zeit schaffen werden, ein entsprechendes T herzustellen, so werden dennoch phantasievolle Figuren entstehen. Einige werden einen Pfeil, andere ein L, wieder andere einen rechten Winkel legen. Daß die Kooperation bei Geduldsaufgaben wichtig ist, kann ein Ergebnis dieser Übung sein. Wenn am 2. Advent ein Familiengottesdienst stattfindet, kann eine Aktion mit diesem Puzzle auch im Gottesdienst stattfinden.
c) Stille
Die bedrückende Wartezimmeratmosphäre beim Arzt ist manchmal die einzige Erfahrung mit der Stille im Leben von Jugendlichen. Stilleübungen im Unterricht können hier helfen, vorbereitend für den Gottesdienst zu wirken. Es sollte möglichst kein Gottesdienst mehr stattfinden, in dem nicht ein meditatives Element oder eine Phase der Stille enthalten ist. So kann Gott in seinem Advent die Herzen der Menschen erreichen.

IV. Liturgische Gestaltungsmöglichkeiten

a) Der Wochenspruch kann als musikalischer Gruß gesungen werden:
Seht auf und erhebt eure Häupter, weil sich eure Erlösung naht (EG 21).
b) Der Psalm des Sonntags ist Psalm 80. Leider steht er nicht im Gesangbuch.
Die Konfirmandengruppe kann in einer Psalmwerkstatt eine Übertragung versuchen:

„Du, Gott, bist doch unser guter Hirte,
wie du das Volk Israel geleitet hast

Du bist doch der Herr des Kosmos.
Komm doch endlich und zeige deine Macht.

Gott tröste uns wieder.
Laß leuchten dein Antlitz,
dann werden wir heil.

Schau doch, wie viele Menschen traurig sind.
Ihre Tränen füllen einen großen Krug.

Andere lachen über sie
und nützen ihre Schwäche aus.

Gott tröste uns wieder.
Laß leuchten dein Antlitz,
dann werden wir heil.

Wir sind doch dein Weinstock auf deinem Weinberg.
Du hast uns an einem sonnigen Hang gepflanzt.

So hast du uns die Erde gegeben,
damit wir fröhlich und glücklich auf ihr leben können.

Gott, tröste uns wieder.
Laß leuchten dein Antlitz,
dann werden wir heil.

Aber wie ein Garten ohne Zaun steht unsere Erde da.
Jeder trampelt darin herum,
hinterläßt Spuren der Vernichtung.
So zerstört der Mensch deine Schöpfung.

Gott, tröste uns wieder.
Laß leuchten dein Antlitz,
dann werden wir heil.

Gott, schau nicht länger tatenlos zu.
Schütze doch, was du hast wachsen lassen.

Strecke uns deine Hand entgegen,
damit wir deine Erde erhalten können zu deinem Lob“
(nach Sagt Gott, wie wunderbar er ist, Stuttgart 1990, 45)
Ehre sei dem Vater …

c) Als Kyrie kann das Advents-Kyrie EG 178,6 gesungen werden. Als Gloria vielleicht in der ganzen Adventszeit: Seht die gute Zeit ist nah, Gott kommt auf die Erde (EG 18).
d) Gebet des Tages
„Guter Gott,
mitten in den Dunkelheiten dieser Zeit
kündigst du dein Kommen an.
Gib uns Geduld, auf dich zu warten.
Laß uns wach sein,
daß wir in allem mit dir rechnen und dir vertrauen,
durch Jesus Christus, unseren Herrn.“
(nach Erneuerte Agende 147, Nr. 5)
e) Lieder: O Heiland, reiß die Himmel auf (EG 7); O komm, o komm, du Morgenstern (EG 19); Wir warten dein, o Gottes Sohn (EG 152)

V. Literatur- und Medienhinweise

a) J. Griesbeck, Durchatmen, Meditationen, Frühschichten, Wortgottesdienste, Freiburg 1993
b) G. Schwickart (Hg.), Materialbuch Advent und Weihnachten, Mainz 1994

Gerd Kerl

3. ADVENT – 1. KORINTHER 4,1–5

I. Die Jugendlichen und 1. Korinther 4,1–5

a) Der Text in eigener Übertragung:
„So soll man uns ansehen: als Diener Christi und Hüter der Geheimnisse Gottes. Von denen aber wird verlangt, daß sie sich als zuverlässig erweisen.
Für mich zählt dabei nicht, wie ich von euch oder irgendeinem menschlichen Gericht beurteilt werde; ja, sogar mein eigenes Urteil über mich selbst ist unwichtig. Ich bin mir zwar keiner Schuld bewußt, aber deswegen bin ich noch längst nicht gerechtfertigt. Entscheidend ist allein das Urteil des Herrn!
Darum richtet nicht voreilig, sondern wartet, bis der Herr kommt. Er wird das im Dunkeln Verborgene ans Licht bringen und das im Herzen Verschlossene aufdecken. Dann wird ein jeder von Gott sein Lob erhalten."

b) Sämtliche gängigen Übersetzungen lassen die Schwierigkeiten erkennen, den Duktus der paulinischen Sprache angemessen in unsere Zeit zu übertragen; die Einheitsübersetzung erscheint dabei noch am ehesten geeignet.
Der obige Text versucht, einige Begriffe von vornherein für Jugendliche besser verstehbar zu machen: „Hüter" (oder Bewahrer/Wächter) ist durch moderne Fantasygeschichten zu einem positiven Bildwort geworden; „Verwalter/Haushalter" negativ besetzt oder unverständlich; „zuverlässig" bezeichnet angemessener als „treu" das geforderte Verhalten (Verse 1 und 2). Schwierig sind die Schlüsselwörter „urteilen" oder „richten" und „gerecht sprechen", zumal Vers 5 dann eindeutig auf das letzte und endgültige Gericht Gottes verweist. Alle Übersetzungen sprechen dabei vom „Lob" Gottes; es kann aber auch etwas zurückhaltender mit „Anerkennung" übersetzt werden.

c) Leitmotiv für den 3. Advent ist der Ruf zur Umkehr durch den Täufer Johannes. Der Paulustext scheint dabei dem heutigen Adventsverständnis – und erst recht der entsprechenden Lebenspraxis in der Adventszeit – entgegenzustehen. Bestenfalls die Wendung: „Wartet, bis der Herr kommt" ist noch ein Hinweis auf Weihnachten. Losgelöst vom Kasus Advent kommen Jugendliche (und wohl auch Erwachsene) bei diesem Text in keinem Fall auf entsprechende Zusammenhänge – Chance und Problem zugleich.

d) Anfragen und Hinweise von Jugendlichen:
– Was ist mit den „Geheimnissen Gottes" gemeint? Wird am Ende (!) wirklich jeder von Gott nur gelobt? Kirche und Eltern reden da doch oft genug von ewiger Strafe oder von der Hölle!
– Den wichtigen mittleren Abschnitt über das (voreilige) Urteilen/Richten lesen Jugendliche eher unter dem Blickwinkel des Opfers: Sie fühlen sich ständig von Erwachsenen oder auch anderen Jugendlichen kritisch bzw. negativ beurteilt; mit diesem vorgehaltenen Spiegel beurteilen sie dann auch sich selbst – bis hin zu den von Medien vermittelten äußeren Maßstäben, wie „man" auszusehen hat oder was gerade „in" ist, um dazuzugehören.
– Das ausgeprägte Selbstbewußtsein des Paulus ist (noch) nicht Sache der Jugendlichen; wohl auch nicht aller erwachsenen Christen und Christinnen. Den weitaus meisten ist das Urteil der anderen und die damit verbundene Selbsteinschätzung überaus wichtig; mangelnde Anerkennung macht uns geradezu krank!
Gleiches gilt für das fehlende Schuldbewußtsein, das trotz des Nachsatzes eher wie Selbstgerechtigkeit klingt (hier bei Paulus nur zu verstehen auf dem Hintergrund der Vorwürfe aus Korinth). Als Vorbild ist dieser großartige Apostel in seiner Ichstärke für Jugendliche zwar faszinierend, aber meilenweit von ihrer tatsächlichen Lebenswirklichkeit entfernt. Näher liegt ihnen da seine Mah-

nung: „Darum richtet nicht voreilig …"; sie hören das als Aufforderung an Erwachsene und fühlen sich selbst eher als Opfer vorschneller Urteile – darin wieder Paulus nahe! – Jugendliche reagieren sehr sensibel, wenn sie das Gefühl haben: Da durchschaut mich jemand, erkennt meine geheimsten Gedanken und Regungen. Insofern weckt gerade der Schluß – auch im Blick auf Weihnachten – durchaus positive Assoziationen: Jemand wie Gott, der mir daraus keinen Strick dreht, darf mich ruhig durchschauen und so „ans Licht bringen". Solch ein Vertrauen erfahren und lernen sie von der Erwachsenenwelt (einschließlich Kirche) sonst kaum, trotz aller schönen Worte zur Weihnachtszeit.

II. Konkretionen, Beispiele, Veranschaulichungen

a) Um den Text mit dem Kasus Advent bzw. Weihnachten wenigstens ansatzweise zu verbinden, sind verschiedene Assoziationen bei einzelnen Begriffen denkbar (auch wenn Paulus selbst dabei an anderes gedacht hat, s. unter I c):
– Weihnachten als eines der „Geheimnisse Gottes", evtl. sogar mit den Hirten oder Weisen aus dem Morgenland als erste „zuverlässige Hüter"; oder auch das „(Wieder-)Kommen des Herrn" als endzeitlicher Richter, obwohl eigentlich Leitmotiv des 2. Advents.
– Gott hat sein „Urteil" über die Menschen schon offenbart, als er mit Jesus Christus in unsere Welt kam und damit aufdeckte, wie sehr er uns „in sein Herz geschlossen hat".
– Die angedeutete Symbolik von „Licht und Dunkelheit" gehört ohnehin zur Weihnachtsbotschaft. Im Zusammenhang mit „urteilen" könnte man Jesaja 60,1 auch wörtlich nehmen: „Mache dich auf, werde licht! …" im Sinne von: geh aus dir raus, öffne dich, mach aus deinem Herzen keine Mördergrube.
– „Lob" (bzw. Lob-Preis) erhält gerade in der Weihnachtszeit ein größeres (zwiespältiges?) Gewicht, von der Sehnsucht nach heiler Welt über freundlicheres Gestimmtsein bis hin zur materiellen Anerkennung durch Geschenke an Heiligabend.

b) Jugendliche schreiben auf, was sie selbst als „Geheimnisse Gottes" ansehen oder vermuten; sie beschreiben auch, wie ihrer Meinung nach ein „Hüter" dieser Geheimnisse zu sein hätte. Im Hintergrund stehen dabei ihre Anfragen an Gott, Glauben, Kirche, Pastoren und Pastorinnen (als „Verwalter (?) der Sakramente") – Material für Predigt, Gebete, Texte, Rollenspiele im Gottesdienst.

c) Im Gottesdienst wird ein geheimnisvolles (adventlich-violettes) Schatzkästchen aufgestellt und bei passender Gelegenheit (vielleicht auch erst beim Heiligabendgottesdienst) geöffnet. Darin befinden sich Kärtchen, die von Jugendlichen vorher beschrieben worden sind:
Entweder nur „Lob-Kärtchen" („Ich finde gut …" z. B. an anderen, an mir, an meinen Eltern) oder auch zusätzlich andersfarbige „Tadel-Kärtchen" („Mich macht es traurig, wenn andere/Eltern/Erwachsene etc. dauernd sagen …" So wird symbolisch „Verborgenes ans Licht gebracht" und „im Herzen Verschlossenes aufgedeckt" – mit verschiedenen Anwendungsmöglichkeiten und entsprechenden Abwandlungen für die konkrete Gemeindesituation vor Ort (z. B. ausgemalte Lobkärtchen als Weihnachtsgeschenk).

d) Statt der Predigt bekommt die Gemeinde einen „Herzensbrief", ähnlich wie damals die Gemeinde in Korinth von Paulus (der dabei aus seinem Herzen keine Mördergrube machte!). Ein besonderer Schwerpunkt könnten die „Vor-Urteile" der Jugendlichen über Gott, Kirche, Pfarrer etc. sein; aber auch die vielfältigen Erwartungen gerade der „Kerngemeinde" setzen uns als „Gralshüter" erheblich unter Druck bis hin zur dauernden Selbstrechtfertigung und Selbstüberforderung. Lob tut einfach gut – man möchte es auch mal (z. B. nach dem Gottesdienst) ausgesprochen hören.

III. Aus Religionsunterricht, Konfirmanden- und Jugendarbeit

a) In den Materialien zum Religions- und Konfirmandenunterricht spielen die angesprochenen Aspekte unter verschiedenen Stichworten eine Rolle: Jesus Christus / Bergpredigt (besonders „richten“ Matthäus 7,1–5) / Glaubensbekenntnis (2. Artikel „zu richten die Lebenden und die Toten“) / Gebet / Schuld und Vergebung / Rechtfertigung und Leistung / Ich und die anderen, so wie ich bin, ich möchte sein wie …
Dort sind (gelegentlich) auch Bilder, Texte, Gebete von Jugendlichen zur Frage nach Selbstfindung, Maßstäbe zum Leben etc. zu finden (z. B. in H. M. Lübking, Kursbuch Konfirmation. Arbeitsbuch, 87–98).
b) Im schulischen Religionsunterricht ist „Paulus“ Thema für den 7./8. Jahrgang. Lebensgeschichte, Wirken (insbesondere die Missionsreisen) und religiöser Hintergrund werden relativ ausführlich dargestellt (z. B. in Kursbuch Religion 7/8 und Das Leben suchen 7/8).
Für den Gottesdienst könnten Jugendliche anhand dieses Materials und der Bibel ein „Persönlichkeitsprofil“ von Paulus erstellen / oder die besondere Situation in der korinthischen Christengemeinde / oder die 2. Missionsreise beschreiben u. ä. …
Für den Zusammenhang des Textes wäre es auch sinnvoll, ein Antwortschreiben mit Zitaten von Paulus selbst zu entwerfen auf die Frage: „Warum bist du so selbstsicher/ selbstbewußt gegenüber dem Urteil anderer Menschen?“ (z. B. anhand von 2. Korinther 11, besonders Vers 16ff).

IV. Liturgische Gestaltungsmöglichkeiten

a) Eingangspsalm: Psalm 27,1–5+7 (vgl. auch ML 1 S. 5 und EG West 778); Psalm 50, 1–6 (s. EG West 726); Psalm 139,1–5+15–16
b) Gnadenspruch: 1. Samuel 16,7 oder 1. Timotheus 3,16 („Geheimnis des Glaubens …“)
c) Lieder: Die Nacht ist vorgedrungen (EG 16); Weil Gott in tiefster Nacht erschienen (EG 56); Großer Gott, wir loben dich (EG 331,1+6+7); Er weckt mich alle Morgen (EG 452,1+4+5); Ich lobe meinen Gott (ML 1 B 102)
d) Kollektengebet: Sud 814
e) Fürbittgebet:
„Guter Gott,
wir bitten dich für alle, die sich durch die Kritik ihrer Eltern kleingemacht fühlen: daß sie sich angenommen fühlen von dir.
Wir bitten dich für alle, die sich abhängig machen von der Meinung anderer, von jedem neuen Trend: daß sie ihren Weg finden mit dir.
Wir bitten dich für alle, die sich selbst ein Rätsel sind: daß sie einen Weg zu sich finden in dir.
Wir bitten dich für alle, deren Leben eintönig und langweilig ist: daß sie das Geheimnis ihres Lebens entdecken.
Guter Gott, dir halte ich mein Leben hin. Nimm es in deine Hand. Heile, was zerbrochen ist, und bewahre sein Geheimnis. Amen.“

V. Literatur- und Medienhinweise

a) Legende vom vierten König (eigene Maßstäbe zur Identitätsfindung / Zusammenhang von Krippe und Kreuz): abgedruckt in verschiedenen Versionen, u. a. in: W. Hoffsümmer, 255 Kurzgeschichten (Band 1 der Reihe Kurzgeschichten), Text 12, Mainz 1982
b) Was ein Kind gesagt bekommt, von B. Brecht in: Die Gedichte von B. Brecht in einem Band, Frankfurt/M. 1981, 585

c) Hier ist mein Geheimnis: Man sieht nur mit dem Herzen gut; das Wesentliche ist für die Augen unsichtbar (aus: A. de Saint-Exupéry, Der kleine Prinz – dort auch weitere interessante Stellen).

Joachim Schulte/Anja Bunkus

4. ADVENT – PHILIPPER 4,4–7

I. Die Jugendlichen und Philipper 4,4–7

a) Der Text in eigener Übertragung:
Freut euch im Herrn zu jeder Zeit; und ich sag's noch mal: Freut euch! Alle Menschen sollen eure Nachsicht erfahren, der Herr ist nahe! Sorgt euch um nichts, sondern wenn ihr zu Gott betet, dann laßt eure Bitten und Anliegen in Dank eingebettet sein. Und der Friede Gottes, der höher ist als alle Vernunft, bewahre eure Herzen und Sinne in Christus Jesus.

b) Die Jugendlichen und der Text
Vers 4: Mit der Freude ist das so eine Sache. Die Jugendzeit ist nicht so unbeschwert, wie es Erwachsenen in der Rückschau zumeist erscheint. Eine gewisse Vorfreude auf das Weihnachtsfest, das jetzt, am dritten Advent, nicht mehr weit entfernt ist, wird meistenteils vorhanden sein. Aber das ist hier ja gerade nicht gemeint: Nicht zu ungeduldiger Vorfreude fordert Paulus, sondern zu permanenter Freude.

Vers 5: Epieikees = Milde/Güte/Nachsicht, Luther: „Lindigkeit" ist für (vor allem christlich verwurzelte) Erwachsene ein positiver Wert. Für Jugendliche hat dies Wort einen ganz anderen Klang: Wieviel herablassende Arroganz schwingt mit in dem „Wollen wir mal nicht so sein" und dem „Na ja, heute ist ja schließlich Weihnachten". Kaum irgendwo wird ihnen deutlicher, daß sie nicht für voll genommen werden. Kann man deutlich machen, daß das unter Christen nicht so ist? Daß die Nachsicht mit den Fehlern anderer der Einsicht in die eigene Fehlerhaftigkeit entspringt? Keine Rangfolge, sondern die Einsicht: Vor Gott sind alle gleich (schuldig)!

Vers 6: Das „Sorgt euch um nichts!" konterkariert die Vorweihnachtszeit mit ihren Planungen, Sorgen und Besorgungen. Dabei machen sich Jugendliche genug Sorgen, um die Umwelt, ihre Eltern, ihren zukünftigen Platz in der Gesellschaft. Dies kann man nicht einfach wegwischen, und das ist auch nicht gemeint: Anliegen und Bitten gehören zum Menschsein und gehören vor Gott, zusammen mit dem Dank dafür, daß dies bei ihm gut aufgehoben ist. Wo haben Jugendliche schon solche Erfahrungen machen können?

Vers 7: „Und der Friede Gottes, der höher ist als alle Vernunft, bewahre eure Herzen und Sinne in Christus Jesus". Diesen Satz würde ich in seiner traditionellen, liturgischen Form belassen, sein Inhalt jedoch verlangt Aktualisierung. Der Friede Gottes herrscht nicht auf Erden, auch nicht in der (Vor-)Weihnachtszeit. Nicht die Vernunft, allenfalls der Glaube vermag ihn hier zu entdecken.

II. Konkretionen, Beispiele, Veranschaulichungen

a) Zu Anfang des Gottesdienstes werden kleine Zettel (Karteikärtchen o. ä.) an die Besucher verteilt. Sie werden gebeten, ihre Einfälle zu dem Satz „Worüber ich mich jederzeit freuen würde ...“ zu notieren. Die Zettel werden von den Jugendlichen eingesammelt und an geeigneter Stelle im Gottesdienst verlesen. Die Themen werden dann in der Predigt und/oder im Fürbittengebet aufgenommen.

b) Im Gottesdienst werden faustgroße Kieselsteine (bekommt man in jeder Baustoffhandlung), ein Blatt Papier und ein Filzstift an die Gottesdienstbesucher verteilt. Nach der Predigt werden sie gebeten, ihre Bitten und Anliegen an Gott auf den Kieselstein, ein Wort des Dankes auf das Blatt zu schreiben und den Kieselstein anschließend in das Blatt zu wickeln. Er wird dann nach vorne zum Altar gebracht und dort abgelegt (ideal wäre die Verbindung mit dem Abendmahl).

c) Der Friede Gottes in einer unfriedlichen Welt. Niemand wußte um dieses Paradox besser als Paulus, der den Philipperbrief höchstwahrscheinlich aus dem Gefängnis heraus schrieb. Diese Situation könnte ein guter Predigteinstieg sein: Jugendliche spielen, wie Paulus verhaftet und inhaftiert wird. Hinter Gittern sitzend diktiert er einem Schreiber – den Predigttext.

d) Gibt es konkrete Beispiele für den Frieden Gottes in der Welt der Jugendlichen? Einen Lehrer, der Streiche mit Humor nimmt, weil er seine eigene Schulzeit nicht vergessen hat. Einen Nachbarjungen, der nachmittags nicht zur Kirmes geht, um bei einem pflegebedürftigen Familienmitglied zu bleiben. Eine Schülerin, die einer Mitschülerin ihre Inline-Skater leiht, obwohl diese angeblich total bescheuert ist ...

Wie gehen Jugendliche mit solchen Erfahrungen um? Wie geben sie diese weiter?

III. Aus Religionsunterricht, Konfirmanden- und Jugendarbeit

a) Der Text eignet sich gut als Grundlage einer Reflexion über Weihnachten, evtl. sogar in Verbindung mit einer eigenen Weihnachtsfeier mit Schülerinnen und Schülern in Religions- oder Konfirmandenunterricht: Worauf freut ihr euch an Weihnachten? Ändert ihr euer Verhalten an den Festtagen? Was tut ihr, wie verhaltet ihr euch nach dem Fest? Worüber freut sich Paulus in diesem Text? Wie soll das Verhalten, das Leben der Christen aussehen?

b) Sowohl das Thema „(Zukunfts-)Sorge“ als auch das Thema „Beten“ sind Themen, mit denen sich vor allem Konfirmandinnen und Konfirmanden intensiv beschäftigen. Fast jeder hat dazu was zu sagen, tut es aber in den seltensten Fällen, offenbar, um sich keine Blöße zu geben. Eine Verlegung der Unterrichtsstunde in den Abend (gut wäre ein ganzes Wochenende zum Thema); entspannte, meditative Atmosphäre; Beschäftigung mit einem konkreten Fallbeispiel hilft sehr, Hemmschwellen zu überwinden.

c) Die folgende Grafik kann man als Grundlage einer kurzen, meditativen Phase nutzen oder auch als stummen Impuls zum Einstieg in den Text:

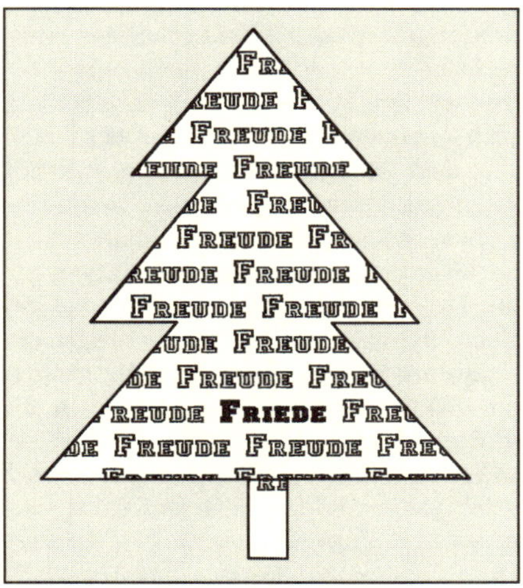

Schon ein Buchstabe verändert viel!

IV. Liturgische Gestaltungsmöglichkeiten

a) Eingangspsalm: 118,1–4, 22–29 oder den Predigttext im Wechsel mit Antiphon (s. K. Stolzmann: Freuet euch in dem Herrn allewege – Advent und Weihnachten. In: Der Kindergottesdienst 94/4 (1987), 71)
b) Lieder: Freuet euch im Herrn allewege (EG 239); Unser Leben sei ein Fest (EG West 571); Dankt, dankt dem Herrn (EG West 630)
c) Lesung: Lukas 14,15–24 als Pantomime der Jugendlichen aus der Sicht eines „von der Landstraße“

V. Literatur- und Medienhinweise

a) W. Hoffsümmer, 77 religiöse Spielszenen für Gottesdienst, Schule und Gruppen. Mainz, 1989
b) H. K. Berg, Karikaturen für das 7.–10. Schuljahr, Bd. 8, Stuttgart, München 1978, 64f
c) K. Roos, Mut machen zum Leben: Predigten für Kinder, Würzburg 1992, 57f

Christian Klein

HEILIGABEND – TITUS 2,11–14

I. Die Jugendlichen und Titus 2,11–14

a) Ich lese die Luther-Übersetzung. Den Konfirmandinnen und Konfirmanden begegnet hier eine fremde Botschaft aus einer anderen Welt. Jene Worte sind weder Konkurrenz noch Alternative zu der (sattsam bekannten und doch immer wieder ansprechenden) Weihnachtsgeschichte des Lukas. Von Weihnachten ist kaum die Rede. Allenfalls „es ist erschienen“ könnte eine Andeutung sein.
b) Der Text „erzählt“ nicht. Er predigt. So hören und lesen die Konfirmandinnen und Konfirmanden „christologische“ Kernaussagen und Belehrungen für das Verhalten. Es wird geredet von der gegenwärtigen Gnade und endzeitlichem Heil. Das Ganze klingt so, als gäbe es keinen Widerspruch. Da wird es schwer, Zugänge zum Leben zu entdecken, Zweifel zuzulassen und Unsicherheiten zu wagen.
c) Vielleicht eröffnet sich hier ein Zugang: Es wird nach der Entscheidung gefragt, nach der Alternative zu einem gottfernen, entschlußlosen Leben gefragt. Es wird aufgerufen, sehnsüchtig zu warten, denn da kommt noch „etwas“! Was ist das? Neugier wird geweckt.
d) Der Text teilt ein, grenzt ab. Alles entscheidet sich am richtigen Verhalten im Hause Gottes (1. Timotheus 3,15). Konfirmandinnen und Konfirmanden werden hellhörig: Paßt euch nicht den üblichen Verhaltensweisen an!
e) Was sind die „guten Werke“ in dieser Zeit und die Angriffe von Widersachern aus der Umwelt der Gemeinden? Vielleicht kommen diese auch aus den eigenen Reihen, der Schar der gleichgültigen oder strengen Christen.
f) Die Freundlichkeit (Gnade) Gottes gegenüber allen Menschen heilt. Die heilende Gnade ist im Alltagsleben erkennbar. Wir leben in dieser Welt, indem wir für uns selbst

Grenzen beachten, unserem Mitmenschen sein Recht zukommen lassen und treu vor Gott bleiben – „züchtig, gerecht und gottselig“. Wir halten uns an seine (uns erziehenden) Weisungen. Die Gnade weckt in uns eine glückliche Erwartung. Ein Lichtglanz (Herrlichkeit) für unsere Welt entspringt aus der Größe Gottes, der mit Jesus unsere Heilung will. Die Gnade enthält das Geschenk des Jesus Christus: Er gab sich für uns hin, hat uns erlöst aus der „Gesetzeslosigkeit“ und führt uns so dem neuen Gottesvolk zu.

II. Konkretionen, Beispiele, Veranschaulichungen

a) Die Konfirmandinnen und Konfirmanden erkunden, wie heute in Familien, Stadt und Land Weihnachten gefeiert wird. Auf dem Weihnachtsmarkt, im Kaufhaus und im Straßenverkehr finden sie heraus, wie und in welchen Verhaltensweisen „Weihnachten“ hörbar, sichtbar und erlebbar ist oder nicht. Sie sprechen über ihre Eindrücke und Empfindungen. Welche Alternativen im Vergleich mit der biblischen Weihnachtsbotschaft fallen auf? Wer sind die „Widersacher“ der biblischen Botschaft? Was tun sie heute?

b) Mit Hilfe von Texten und Bildern aus Zeitungen und Illustrierten fertigen sie Collagen oder Karikaturen des alljährlichen, weihnachtlichen Lebens an.

c) Nach dem Gottesdienst oder während der Adventsnachmittage der Gemeinde befragen sie Gemeindemitglieder nach ihren Bräuchen, Weihnachten zu feiern. Sie erarbeiten dazu eine Reportage.

d) Die Konfirmandinnen und Konfirmanden suchen danach, wie sie Weihnachten feiern möchten, und stellen dazu ihren Wunschzettel her. Sie fragen, wie sie diese Wünsche in den Gegebenheiten von Familie und Umwelt verwirklichen können.

e) Sie lesen den zuvor etwas umschriebenen Briefabschnitt, vergleichen ihn mit ihren Erlebnissen und entwerfen kurze Anspiele oder Gesprächseinstiege für einen Heilig-Abend-Gottesdienst.

f) Was bedeutet es: Es ist erschienen, die heilsame Gnade Gottes? Sie stellen sich vor, wie es denn sein könnte, wenn Jesus selbst auf der Spur der heilsamen Gnade Gottes in das alljährliche Weihnachtsleben, in den Geschäfte- und Geschenketrubel hineinkommt. Was wird er erleben und sagen? Was wird ihn erfreuen, was wundern und erschrecken? Sie schreiben dazu Kurzgeschichten.

g) Sie lesen den Briefabschnitt als Kontrasttext zum alljährlichen Weihnachtsgeschehen der Welt und entwerfen eine alternative Weihnachtsfeier für die Familie, die Schule und die Ortsgemeinde.

h) Die Konfirmandinnen und Konfirmanden informieren sich, wie in anderen Ländern und unter welchen Bedingungen Weihnachten gefeiert wird, fertigen eine Ausstellung an und gestalten Spendenumschläge für die „Aktion Brot für die Welt“.

III. Aus Religionsunterricht, Konfirmanden- und Jugendarbeit

a) Die Konfirmandinnen und Konfirmanden bedenken ihre Wünsche zu Weihnachten, ordnen diese in „materielle“ und „ideelle“ Anliegen. Sie schreiben das auf vorbereitete, papierne Christbaumkugeln. Diese werden dann an einen Weihnachtsbaum gehängt. Der Leiter hat darauf auch „Antikugeln“ mit Schlagzeilen aus Zeitungen gehängt. Hinzugefügt werden die „Wünsche“ aus dem Titusbrief „Allen Menschen heilsame Gnade“, „Absage des ungöttlichen Wesens und der weltlichen Begierden“, „besonnen, recht und fromm in der Welt leben“, „selige Hoffnung“, „gute

Werke" ... Die Wünsche werden verglichen und konkretisiert. Jede und jeder einzelne formuliert, was im Moment in der speziellen Lebenssituation für ein erfülltes Leben benötigt wird (Braunschweiger Beiträge 4/95).

b) Ausgehend vom Lied „Es kommt ein Schiff geladen" und dem Christusbild von O. Kokoschka bedenken die Konfirmandinnen und Konfirmanden, was es bedeutet: „das Segel ist die Liebe". Der Abschnitt aus dem Titusbrief ist so aufgeschrieben, daß in seine „Zwischenzeilen" Heutiges geschrieben werden kann. Diese werden dann auf ein großformatig gezeichnetes Segel geklebt (ku-Praxis 22).

c) Es liegen zahlreiche Geschichten und Legenden vor, in denen durch die Figur eines „vierten" Königs oder eines auf Erden „verlorengegangenen" Verkündigungsengels die Weihnachtsgeschichte weitererzählt wird. Es wird dabei dargestellt, wie sie in die Tiefen des Lebens, in Elend und Verzweiflungen geraten, versuchen zu helfen und dabei „von sich", ihren Kräften und Hoffnungen abzugeben. Nach einer kurzen Einführung in jene „frommen Legenden" könnten mit Hilfe des Briefabschnittes eigene Erzählungen geschrieben und in einem Gottesdienst verlesen werden.

IV. Liturgische Gestaltungsmöglichkeiten

a) Die Konfirmandinnen und Konfirmanden bereiten in Gruppen den Heilig-Abend-Gottesdienst vor. Da gerade die Christvespern traditionsgeprägt sind und nur wenig Veränderungen zulassen, sollte das in zahlreichen Gemeinden übliche „Nachtgebet" gestaltet werden.

b) In der Begrüßung wird die Gemeinde eingeladen, Weihnachten einmal „etwas" anders als alle Jahre wieder zu feiern, ohne daß die von Jugendlichen oftmals kritisierten (Familien-)Feiern abgewertet werden. Die Leitfrage des Gottesdienstes wird genannt, und die Gemeinde singt es: Wie soll ich dich empfangen ...? (EG 11).

c) Es werden dann kurze, selbst ausgewählte Auszüge aus den alttestamentlichen Weissagungen gelesen. Die Gemeinde singt: Gelobet seist du, Jesu Christ (EG 23).

d) Einige Konfirmandinnen und Konfirmanden lesen die Weihnachtsgeschichte des Lukas, und die Gemeinde singt: Weil Gott in tiefster Nacht erschienen (EG 56).

e) Nach einer kurzen Betrachtung zu den zeitbedingten Lebensumständen der Gemeinden damals wird der Briefabschnitt in einigen, abweichenden Übersetzungen vorgelesen. So werden die Hauptanliegen des Paulus besonders deutlich. Die Konfirmandinnen und Konfirmanden greifen diese auf, äußern dazu ihre jeweils sehr konkreten Weihnachtswünsche. Sie bedeuten der Gemeinde, auf welchem Wege sie dem entgegengehen wollen, den sie noch fragend empfangen möchten: Jesus aus Nazaret. Er setzt sein Leben dafür ein, daß jene Aussagen nicht nur Schlagworte und jene Anliegen nicht nur fromme Wünsche bleiben.

f) Das vorbereitete Fürbittgebet nimmt das Leitwort des Gottesdienstes nochmals auf, benennt mögliche Wünsche wie auch immer Betroffener nah und fern. Es spricht unsere Aufmerksamkeit und Hilfe aus.

g) Anschließend erfolgen der in der Konfirmandengruppe formulierte Aufruf zur Aktion „Brot für die Welt" und das Verteilen der gestalteten Spendenumschläge.

h) Nach dem Weihnachtssegen singt die Gemeinde: Uns wird erzählt von Jesus Christ (EG 57).

V. Literatur- und Medienhinweise

a) Weihnachten aufspüren, Beratungsstelle für Gestaltung Heft 68, Frankfurt 1993, 204ff

b) F. Stüfen, H. Stoller, Weihnachten – Wünsche – Erfülltes Leben, Braunschweiger Beiträge 4/1995, ARP Braunschweig, 3ff

c) Chr. Witting, Es kommt ein Schiff geladen, ku-praxis Modelle 5, Heft 22, Gütersloh 1986

Andreas Riemann

CHRISTNACHT – RÖMER 1,1–7

I. Die Jugendlichen und Römer 1,1–7

a) Ein Übertragungsversuch:
Das ist die Gute Nachricht von Gott: Jesus Christus wurde als Mensch geboren! Ein Nachkomme des berühmten Königs David. (Er wurde gekreuzigt, aber) Gott überließ ihn nicht dem Tod. Er schenkte ihm neues Leben und nannte ihn „Sohn". So erfüllte Gott sein altes Versprechen, von dem die Propheten in den Heiligen Schriften berichten. Auch mich, Paulus, hat er in seinen Dienst gerufen. Als „Apostel", als Abgesandter, von ihm geschickt, soll ich diese Freudenbotschaft weitersagen: „Gottes Bote" zu sein – was für eine Ehre! Alle Menschen einzuladen, Jesus näher kennenzulernen. Zu denen gehört auch ihr. Auch ihr seid Freunde Jesu. Darum schreibe ich euch allen in Rom diesen Brief. Er soll euch daran erinnern, wie wertvoll und wichtig ihr für Gott seid. Ihr gehört zu ihm. Seine Kraft und Jesu Liebe mögen unter euch lebendig sein.

b) Geballte Theologie in der Christnacht. Statt Kind und Krippe, Ochs und Esel: Kreuz und Auferweckung im Wortlaut eines alten, vermutlich römischen (Wilckens) Glaubensbekenntnisses (Vers 3f; vgl. 1. Korinther 15,3f; 1. Timotheus 3,16). Keine Jungfrauengeburt, dafür adoptianisches Denken: Durch Gottes Auferweckungstat wird Jesus in seine Machtstellung als Gottessohn eingesetzt (vgl. Römer 8,34; Philipper 2,7; alttestamentlich vorgebildet in Psalm 110,1; Psalm 2,7). Um diesem Glaubensbekenntnis als Zentrum der Weihnachtsbotschaft Gewicht zu verleihen, würde ich den Text, wie gezeigt, umstellen.

c) Der Predigttext mit seiner „plerophorisch feierliche(n) Prädikation" (Käsemann) entspricht nicht der Erwartungshaltung von Gottesdienstbesuchern zur Christnacht. Erwartet werden: vertraute Lieder und Texte, weihnachtliche Atmosphäre, keine Experimente (vgl. K.-F. Daiber, Pastoralsoziologische Einführung, in: Gottesdienst Praxis Serie B. Weihnachten, Jahreswechsel, Gütersloh 1996, 9ff). Dies gilt auch für Jugendliche, deren (schwieriger) Umgang mit Weihnachten von Unsicherheit und Traditionsabbruch begleitet wird.

d) Der theologisch abstrakte Gedanke von der Menschwerdung Gottes muß darum menschlich-sinnenhaft („Das Wort ward Fleisch" Johannes 1,14) als Einladung Gottes zum Leben (Vers 5f) zur Sprache kommen. Die „von Gott geliebte Gemeinde" (Vers 7) hat ein Recht, mit ihren „Sehnsüchte(n) … religiösen Vorstellungen … (und) ihrer manchmal auch sehr merkwürdigen Suche nach Sinn und Glück und Heil" im Gottesdienst vorzukommen (M. Josuttis).

II. Konkretionen, Beispiele, Veranschaulichungen

a) Konfirmandinnen und Konfirmanden beschäftigen sich mit dem alten Glaubensbekenntnis und drücken ihre Sicht von der Menschwerdung Gottes aus (Beispiel: ML 2, 42 unten).

b) Der Erfolg von Science-Fiction-Filmen hängt u. a. von der religiösen Symbolik ab, die bis in die Wortwahl hinein instrumentalisiert wird: B. Cisko, Commander von Deep Space Nine ist der „Gesandte" (Apostel) der „Propheten", „Werkzeug zum Heil" für Bajor. Wie würden wir reagieren, wenn der „Gesandte Paulus" sich mit einem Brief bei uns meldete? An wen würde er wohl schreiben? Was würde er sagen? Dazu ließe sich im Konfirmandenunterricht eine Weihnachtszeitung erstellen (einschließlich Leserbriefe?!).

c) In der Ev. Kirchengemeinde Aldenhoven gibt es die Tradition eines alljährlich durch Gemeindemitglieder gestalteten Weihnachtsbildes, das den Gottesdienstraum in der Weihnachtszeit schmückt. Ein Thema wird bedacht, ein Entwurf auf DIN A3-Größe gefertigt. Dazu wird das Blatt durch waag- und senkrechte Linien unterteilt, um die einzelnen Felder später im richtigen Maßstab auf einer großen Wandzeitung (3 × 4 Meter) zu übertragen.

„Licht – Weihnachten 1996"

III. Aus Religionsunterricht, Konfirmanden- und Jugendarbeit

a) Jugendliche entwerfen ein Weihnachtsbild mit den Elementen des in Vers 3f formulierten Credo: Jesus als Mensch geboren, ein Nachkomme Davids, zu neuem Leben erweckt als Gottessohn.

b) Das Weihnachtsbild wird fotografiert, Abzüge auf Postkarten geklebt. Die Rückseite mit dem Text Römer 1,3 f beschrieben. Die Karten können im Gottesdienst meditativ genutzt werden und haben Erinnerungsfunktion über den Gottesdienst hinaus.

c) Ein erprobtes Modell: Konfirmandinnen und Konfirmanden suchen (biblische) Texte und Motive, in denen sich das unterschiedliche Verständnis von der Menschwerdung Gottes ausdrückt (vgl. I.b). Zu diesen Texten werden passende Lieder/Liedstrophen ausgesucht. Aus dem Miteinander von Texten und Liedern erwächst ein „bunter" Gottesdienst im Stil der anglikanischen „Lessons And Carols".

d) Das bekannte Vexierbild von Hill (1915) „Alte Frau – Junge Frau" wird mit Konfirmanden erarbeitet. Erst in der Zusammenschau wird das Ganze sichtbar, dabei ist die Perspektive des Betrachters entscheidend. So verhält es sich auch mit unserer Sicht Jesu: wahrer Mensch und Gottessohn.

IV. Liturgische Gestaltungsmöglichkeiten

Neben den in II. und III. genannten Anregungen:

a) Zur Begrüßung als Impuls nach einer Einladung zur Stille: „Vor Gott muß man sich beugen, weil Er so groß ist, vor einem Kind, weil es so klein ist.“ (Pestalozzi)

b) Eingangswort: „Stellt euch vor, ich sage euch, daß Wölfe bei den Lämmern weiden; daß Panther bei den Böcken schlafen; daß Kinder mit den Schlangen spielen … Ihr werdet sagen: Das gibt es nicht! Wir kennen das Leben! Wir kennen unsere Welt! Aber Gott sagt durch seinen Boten, den Propheten Jesaja: (Lesung aus Jesaja 65 und/oder Jesaja 11)

c) Beteiligung von Jugendlichen mit Textlesungen (Auf jeden Fall Lukas 2 nach Luther; es geht um das Neu-Aufleben-Lassen der altvertrauten Botschaft!) und eigenem Credo (vielleicht im Wechsel mit dem Nicänum). Viele Jugendliche erlernen Instrumente, sie sollten für die musikalische Mitarbeit (bei neueren Liedern) gewonnen werden.

d) Die Christnacht braucht ihre eigene Dramaturgie. Beispiel: Die Kirche ist zu Beginn abgedunkelt, in der Krippe/auf dem Abendmahlstisch steht eine einzige Kerze inmitten einer Dornenkrone (aus Stacheldraht). Es ist ruhig. Leise setzt die Orgel ein und improvisiert über EG 50 (oder auch EG 97). Das Licht wird angehoben (Halogenstrahler aus dem Baumarkt über einen Dimmer steuern) und erleuchtet das Weihnachtsbild, dazu eine meditative Begrüßung.

e) Lieder: Neben dem Standardrepertoire: Du Kind, zu dieser heilgen Zeit (EG 50); In einer Höhle zu Bethlehem (EG West 547); Die Angst vergeht (ML 2 B 135); Gloria in excelsis Deo (EG West 580); J. Zink: Wir warten, Kind, der Stunde (vgl. V.c)

V. Literatur- und Medienhinweise

a) B. Brecht: Die gute Nacht, in: Die Gedichte von B. Brecht in einem Band, Frankfurt 1981

b) Vexierbild „Alte Frau – Junge Frau“, u. a. abgedruckt in: H. M. Lübking, Kursbuch Konfirmation. Arbeitsbuch, Düsseldorf 1995, 91

c) J. Zink/H.-J. Hufeisen. Wie wir feiern können. Stuttgart 1992

Reinhard Gorski

1. WEIHNACHTSTAG – TITUS 3,4–7

I. Die Jugendlichen und Titus 3,4–7

a) Übersetzung

Wir schlagen die Übersetzung der „Guten Nachricht“ vor. Gegenüber dem Luthertext besitzt sie den Vorteil, daß sie sperrige Begriffe wie etwa „Werke der Gerechtigkeit“ oder „Bad der Wiedergeburt“ mit Hilfe von Formulierungen wiedergibt, die für Jugendliche weitaus verständlicher erscheinen.

b) Kasus – theologisch

Am 1. Weihnachtstag steht die Menschwerdung Gottes im Mittelpunkt. Der Gottesdienst an diesem Tag soll den theologischen Unterbau für das nachreichen, was die

Menschen bereits am Heiligen Abend weitgehend emotional erlebt haben. Der Blick auf das Kind in der Krippe wird dabei zum Erlöser hin geweitet.

c) Kasus und die Jugendlichen

Der erste Christtag ist durchaus als ein ambivalenter Feiertag anzusehen. Die meisten Geschenke sind bereits ausgepackt. Das Fest selbst ist für viele Jugendliche mit dem Heiligen Abend eigentlich schon vorüber (Der Heilige Abend wird weitgehend noch als Fest der Familie verstanden). Eine Erwartung, auch eine Vertrautheit mit der Weihnachtsgeschichte kann bei den meisten Jugendlichen, die an diesem Tag den Weg in die Kirchen finden, sicher vorausgesetzt werden. In ihrer Vorstellung werden sie Weihnachten in erster Linie mit den Symbolen „Krippe", „Tannenbaum", „Lichter" und „Geschenke" in Verbindung bringen.

d) Titus 3,4–7 und Weihnachten

Von all dem, was Jugendliche mit Weihnachten verbinden, enthält der Text auf den ersten Blick nicht sehr viel. Nur für „Insider" erkennbar nimmt er durch die Formulierung „erschien die Freundlichkeit …" (Vers 4) einen direkten Bezug zum Weihnachtsfest. Daneben bietet er aber offenkundig Anknüpfungsmöglichkeiten zu anderen Festen des Kirchenjahres (z. B. Taufe oder Pfingsten in Vers 5). Wir schlagen deshalb vor, hier eine Probe zu machen und den Text unter der folgenden Fragestellung in den Konfirmandenunterricht oder in eine Jugendgruppe einzubringen: „Spricht euch dieser Text an?" und „Zu welcher Kirchenjahreszeit bzw. zu welchem christlichen Fest könnte dieser Text eurer Meinung nach passen?"

e) Titus 3,4–7 und die Jugendlichen

Verständnisschwierigkeiten erwarten wir bei folgenden Formulierungen:

„Nichts vorzuweisen" (Vers 5) – denn das entspricht keineswegs unserem täglichen Leben, in dem Leistung erbracht werden muß und man auf erbrachte Leistungen durchaus stolz sein kann; „Retter" (Vers 4) sowie „Begnadigung" (Vers 7) – diese Begriffe setzen ein Gefühl des Gefährdet- oder des Verlorenseins voraus, das die Jugendlichen zwar kennen, aber nicht in Verbindung bringen mit der Erwartung einer Rettung oder Begnadigung durch eine Person, die vor 2000 Jahren gelebt hat. Ein erster Zugang im Zusammenhang mit Weihnachten kann deshalb am ehesten über den Begriff „schenken" erfolgen: „Bemißt sich der Wert bzw. die Wertschätzung z. B. durch die Eltern oder Freunde an der Auswahl oder der Größe der Geschenke?"

„Wer einem anderen etwas schenkt, obwohl dieser selbst kein Geschenk vorzuweisen hat, kann doch nicht ganz normal sein." Die tägliche Erfahrung zeigt: Im Leben bekommt man nichts geschenkt – man muß sich alles hart erarbeiten und verdienen. Schenken ist mittlerweile schon fast zu einer Art „Warenaustausch" geworden, wobei sehr auf den gleichen Wert der Geschenke geachtet wird. In diesem Zusammenhang kann gefragt werden: „Was bereitet euch eigentlich mehr Freude: schenken oder beschenkt zu werden?" oder „Wonach richten sich meine Geschenke: nach dem, was ich selbst oder was der Beschenkte gut findet" (ein „falsches" Geschenk kann auch enttäuschen).

„Wie ist das aber mit Gottes Geschenk an uns?" Die Gegenwelt, die aus unserem Text entwickelt werden kann, beschenkt, gerade weil nichts vorzuweisen ist. Dies kann für Jugendliche angesichts des alltäglichen Leistungsdrucks und -strebens zu einer befreienden Einsicht führen.

II. Konkretionen, Beispiele, Veranschaulichungen

a) Ein möglicher Gesprächsimpuls als Einstieg: „Warum beschenken wir uns Weihnachten eigentlich?"

b) Aktion: Es wird ein Wunschzettel erstellt: „Was wünschen wir uns Weihnachten von Gott?" Im Anschluß kann eine Gegen-

überstellung erfolgen: „Was Gott uns zu Weihnachten geschenkt hat“ (Text).
In diesem Zusammenhang wird ein Plakat gestaltet: „Ein Geschenk, das nichts kostet, ist nichts wert!“
c) Anspiel:
Jemand bekommt ganz überraschend etwas ohne Anlaß geschenkt.
„Wie reagiert sie/er?“ und „Welche Gefühle hat sie/er dabei?“
d) Optischer Impuls: Plakat mit einem großen Geschenkpaket und der Aufschrift: „Geschenke, die durch nichts aufzuwiegen sind“. Darauf können dann die gemachten Äußerungen festgehalten werden (z. B. folgende Redewendungen: „Leben schenken“, „Zeit schenken“, „Aufmerksamkeit schenken“, „Liebe schenken“, „Vertrauen schenken“).
e) Für den Gottesdienst: In der Kirche steht ein großes Geschenkpaket. „In all dem Trubel zu Heilig Abend ist dieses große Geschenk übersehen worden!“ Es werden Vermutungen gesammelt: „Was da wohl drin ist?“ „Von wem das wohl ist?“ „An wen das ist?“ Im Anschluß an ein Gespräch wird das Paket ausgepackt: Zum Vorschein kommen Krippe, Kreuz und ein Begnadigungsschreiben (= Taufschein).

III. Aus Religionsunterricht, Konfirmanden- und Jugendarbeit

a) H. M. Lübking (s. Va, 38) – Fragebogen Weihnachten, hier: Fragen 4 und 5. Bei der Erhebung in zwei Konfirmandengruppen ergab sich folgendes Bild: Der Sinn von Weihnachten wird mehrheitlich in den vielen Geschenken, den schulfreien Tagen und dem Zusammensein der Familie gesehen.
b) Schülerinnen/Schüler, Konfirmandinnen/Konfirmanden oder die Jugendgruppe gestalten Gruß- oder Geschenkkarten für den Weihnachtsgottesdienst unter dem Thema „Danke, guter Gott!“.
c) Religionsunterricht: Gespräch über das Thema „Gibt es bestimmte Maßstäbe, den Wert eines Geschenkes zu bemessen?“ (Möglichkeiten: Kaufpreis, Bedarf, Wünsche, Kreativität, Zeitaufwand, Schönheit, Sinn). „Ein Geschenk, das nichts kostet, ist nichts wert!“

IV. Liturgische Gestaltungsmöglichkeiten

a) Liedvorschläge:
Lobt Gott, ihr Christen alle gleich … (EG 27,1+5+6); Ich steh an deiner Krippen hier … (EG 37,1–3)
b) Psalm im Wechsel, Kyrie und Gloria
Psalm 111 nach Lob sei dir – wir feiern Kindergottesdienst (Vb), 24; Kyrie und Gloria ebd. 33

V. Literatur- und Medienhinweise

a) H. M. Lübking, Kursbuch Konfirmation. Ein Arbeitsbuch, Düsseldorf, 1995
b) Lob sei dir – wir feiern Kindergottesdienst, Rheinischer Verband für Kindergottesdienst, Saarbrücken, 1994
c) H. K. Berg, Weihnachten sehen. Bilder der Kunst. Eine Diaserie, Stuttgart 1988

Thomas Hartmann/Harald Klammann

2. WEIHNACHTSTAG – HEBRÄER 1,1–6

I. Die Jugendlichen und Hebräer 1,1–6

a) Der Text in der Luther-Übersetzung ist dem griechischen Original nahe und unterstreicht sinnfällig die Abständigkeit zwischen Hebräerbrief und unserer Gegenwart. Andere Übersetzungen (Gute Nachricht) mildern diese nur scheinbar ab.

b) Der Hebräerbrief setzt ohne jeden Zweifel voraus, was (nicht nur) Jugendlichen heute gerade fraglich ist: Redet Gott zu uns? Wenn ja, wie? Heißt: Gott redet „zu uns ... durch den Sohn", daß Gott ausschließlich mittels der biblischen Überlieferung, die die Worte des Sohnes weitergibt, spricht?

c) Dieser Briefabschnitt ist in der Wortwahl stark theologisch aufgeladen. Dies ist uns – selbst wenn wir einschlägig geschult sind – in der Regel fremd; um wieviel mehr Jugendlichen!

Doch dem Verfasser ging es dabei um seelsorgerliche Ermutigung, um „Tröstung, Mahnung und Warnung eines in seinem Glauben angefochtenen Adressatenkreises" (H.-F. Weiss: Der Brief an die Hebräer, Göttingen 1991, 52). Dies tut auch Jugendlichen not und gut. Wie ist heute von Jesus zu sprechen, um dieselbe „Funktion" zu erfüllen?

d) Der Verfasser charakterisiert Jesus strukturell betrachtet nach dem Motto „höher, leistungsstärker, herrlicher" (als die alttestamentlichen Vorläufer und selbst als die Engel). Ein Pathos dieser Art begegnet heute am ehesten in der Werbung bzw. im Zusammenhang wirtschaftlicher Konkurrenzverhältnisse.

e) Der Text in seinen Wortbildern ist ohne Erklärungen für Jugendliche schlechterdings unverständlich. Die Hoheitsbilder sind unanschaulich, die Beweiskraft der Schriftzitate ist zweifelhaft, die Bedeutung von „Namen" und „Engeln" dunkel. Dies ist um so schwerwiegender, als an Weihnachten (selbst von biblischen Texten) eigentlich gefühlsinnige Anschaulichkeit erwartet wird.

II. Konkretionen, Beispiele, Veranschaulichungen

a) Um den Sitz im Leben dieses Briefabschnittes zu erhellen (und zugleich die Brücke zu klassischen Weihnachtstexten zu schlagen), läßt sich ein Krippenbild besprechen, das gleichermaßen die Armseligkeit des Lebens der beteiligten Personen und die Besonderheit des Jesus-Kindes deutlich macht, z. B. Rembrandts „Die Anbetung der Hirten" (in: Den Glauben feiern. Feste im Kirchenjahr, hg. von H. Hanisch u. a., Frankfurt/Leipzig 1994, 26; vgl. die entsprechende Beschreibung im gleichnamigen Begleitbuch Frankfurt/Leipzig 1996, 167 f).

Deckt man den hellen Bildteil eingangs ab, läßt sich die düstere Lebenswirklichkeit der Hirten beschreiben, für die Jesus (so die Botschaft des Gesamtbildes) einen Lichtblick darstellt. Ganz ähnlich wie den Hirten ging es wohl der Gemeinde des Hebräerbriefes. So wird deutlich: Was die Evangelien in bildhafter Erzählung geltend machen, bringt der Verfasser des Hebräerbriefes begrifflich auf den Punkt.

b) Abständigkeit und Aussageabsicht dieser Verse können vielleicht konstruktiv aufgenommen werden, wenn sie in der Predigt mit einer freien, auslegenden Paraphrase kontrastiert werden. Ein Vorschlag:

„Früher ist Gott oft und auf unterschiedliche Weise vernehmbar gewesen, jetzt, wo das Ende der Welt naht, nur in dem, was uns von Jesus Christus überliefert ist. Er steht uns gegenüber für Gott ein – und ohne ihn wäre unser Leben, ja die ganze Welt sinnlos.

In ihm wird Gott anschaulich; was er gesagt hat, entschlüsselt die Geheimnisse unseres Lebens und der Welt. Das Vertrauen auf ihn ermöglicht Umkehr und Neuanfänge in unserem Leben; er allein läßt hoffen auf wahre Gerechtigkeit. Für unser Leben ist er wichtiger als alles, was sonst mit Gott in Verbindung gebracht oder für Gott gehalten wird – das wird deutlich, wenn wir von ihm reden, mit ihm sprechen (im Gebet) und uns an ihn erinnern.
Niemand steht Gott so nahe wie er – nicht einmal irgend ein anderer/eine andere, von denen die Bibel erzählt."

III. Aus Religionsunterricht, Konfirmanden- und Jugendarbeit

a) Vers 3 läßt sich im Unterricht „auflösen". Mit Hilfestellungen können Konfirmandinnen und Konfirmanden Geschichten aus dem Leben Jesu einfallen, in denen die Bedeutung Jesu (z. B. die Verklärungsgeschichte Markus 9), die Kraft seiner Worte (z. B. die Heilung am Teich Bethesda Johannes 5), die Vergebung der Sünden durch ihn (z. B. Heilung des Gelähmten Markus 2), seine Nähe zu Gott als Richter (z. B. das Weltgericht Matthäus 25) sichtbar werden.
Die Szenerien dieser Geschichten könnten z. B. in Ruß-Dias gezeichnet und zur Illustration im Gottesdienst eingebracht werden (Jugendliche erläutern knapp das Gezeigte).
b) Jugendliche machen ein Brainstorming zu Ausdrücken für „das Beste"/Superlative usw. Anschließend werden damit „Bekenntnissätze" im Blick auf Jesus Christus formuliert.
Anhand dieser Formulierungen läßt sich die Zeitgebundenheit solcher wie der biblischen Redeweisen und (wahrscheinlich) auch die größere Präzision der Sätze des Hebräerbriefes vor Augen führen.
c) Jugendliche können am Heiligen Abend Teilnehmer und Teilnehmerinnen der Gottesdienste befragen: Was bedeutet Ihnen Jesus (Christus)? Der Mitschnitt wird (von ihnen selbst) verschriftlicht, eventuell geordnet und kommentiert und im Gottesdienst vorgestellt.
Kontrastpunkte zur Theologie des Hebräerbriefschreibers wird es viele geben – und damit auch Fragen, auf die hin Hebräer 1 auszulegen ist.
d) Jugendliche schildern ihre Eindrücke zu einem Bild, das als Darstellung von Hebräer 1 firmieren kann (siehe unter Rubrik V.a). Die Predigt kann diese Einwürfe und die Beschreibung des Bildes sowie den Text zueinander in Beziehung setzen.

IV. Liturgische Gestaltungsmöglichkeiten

a) Falls die eigene freie Paraphrase des Textes oder eine Liedvariation für die Gottesdienstbesucherinnen abgezogen werden sollte, muß auch an Psalm 96 gedacht werden. Er kann im Wechsel (Frauen – Männer, Konfirmanden – Restgemeinde) gesprochen werden.
b) EG 24 (Verse 1.3.9.12), vor allem aber EG 1 nehmen etliche Motive des Predigttextes auf. Zu EG 24 findet sich eine Verfremdung bei G. Schöne: Ich bin ein Gast auf Erden. Choräle in freier Bearbeitung, Berlin 1991.

V. Literatur- und Medienhinweise

a) Erstaunlich viele Elemente des Textes finden sich in einem Fresko aus dem 14. Jahrhundert gestaltet: „Der bereitete Thron“ – mit Bildbeschreibungen, Papierabzug und Dia in: In der Gegenwart Gottes. Sieben Meditationen christlicher Kunstwerke von H. und M. Schmidt, Stuttgart 1990, Dia 8, 49–53

b) Unterschiedliche Darstellungen der Herrlichkeit Jesu finden sich in H. R. Weber: Immanuel, Göttingen 1984, u. a. 108f, 110f

c) M. Josuttis: Über alle Engel. Politische Predigten zum Hebräerbrief, Gütersloh 1990

Bernd Schröder

1. SONNTAG NACH WEIHNACHTEN – 1. JOHANNES 1,1–4

I. Die Jugendlichen und 1. Johannes 1,1–4

a) Als Textfassung schlage ich die Luther-Übersetzung vor. Ich habe sie einigen Konfirmandinnen und Konfirmanden als Kopie gegeben, damit sie darin unterstreichen konnten. Eine strukturierte, sichtbare Textvorgabe könnte für alle Gottesdienstteilnehmer hilfreich sein:

„Was von Anfang an war, was wir *gehört* haben, was wir *gesehen* haben mit unseren Augen, was wir betrachtet haben und unsere Hände betastet haben vom Wort des Lebens – und das Leben ist *erschienen* und wir haben *gesehen* und *bezeugen* und *verkündigen* euch das Leben, das ewig ist, das beim Vater war und uns erschienen ist. Was wir *gesehen* und *gehört* haben, das *verkündigen* wir auch euch, damit auch ihr mit uns Gemeinschaft habt; und unsere Gemeinschaft ist mit dem Vater und mit seinem Sohn Jesus Christus. Und das schreiben wir, damit unsere Freude vollkommen ist.“

b) Am ersten Sonntag nach Weihnachten ist unser Gottesdienst dünn besucht. „Feiern“, auch „Gottesdienstfeiern“, hatten die Jugendlichen mit ihren Eltern satt. Nur durch aktive Beteiligung werden sie zum Kommen zu bewegen sein. Die Wahrnehmung in der Kirche ist geprägt durch die Weihnachtsbäume und die lukanische Weihnachtsgeschichte (Krippe!). Wie keine andere ist diese (Kirchen-)Jahreszeit gefüllt mit Sinneswahrnehmungen: Weihnachten kann man hören, sehen, riechen, schmecken und betasten …

c) Der Text war den meisten Konfirmanden beim ersten Hören und Lesen völlig fremd und zu „abstrakt“ (!): „Ich versteh’ kein Wort.“ Einige meinten, daß es um die Gemeinschaft zwischen den Menschen und Gott gehen muß. Andere folgerten, daß „erschienen ist das Leben“ etwas mit der Geburt von Jesus zu tun haben muß.

Das Proömium des 1. Johannesbriefes tritt ein für die sinnliche Erfahrbarkeit Gottes. Es stellt sich an die Seite der Menschen, die Gott hören, sehen und betasten möchten. Es widerspricht denen, die es für unmöglich, ja für unchristlich halten, Gott mit allen Sinnen zu erfahren. Es streitet gegen die christliche Gnosis für den menschgewordenen Jesus Christus in der Welt. Damit streitet es zunächst gegen die Mehrzahl der Jugendlichen und Gottesdienstteilnehmer: Wer hat denn je Gott mit Händen betastet? Wer hat denn je Christus mit seinen Augen gesehen …?

Sinnliche Wahrnehmung – Sinn, Wahrheit und Wirklichkeit, darum geht es also: Wie groß ist da der Gegensatz zwischen den Auffassungen heute und den Voraussetzungen des 2. Jahrhunderts! Vielen Menschen damals war der Gedanke vertraut, daß die Sinne nur Schatten, aber nicht die Wirklichkeit wahrnehmen (Platons Höhlengleichnis). Wir sind gewohnt, alles, was unsere Sinne nicht wahrnehmen, alles, was wir nicht mit Händen greifen können, für unwirklich zu halten. Und das, obwohl die begrenzten Möglichkeiten unserer Wahrnehmung von der modernen Naturwissenschaft durchaus erfaßt werden! Und das, obwohl es für die Mehrzahl der Jugendlichen ganz alltäglich ist, durch virtuelle Welten zu surfen …

II. Konkretionen, Beispiele, Veranschaulichungen

a) „und das Leben ist erschienen" – die Frage für diesen Gottesdienst ist also, ob wir es heute noch sehen, betrachten, betasten … Die Frage ist, ob wir heute noch Spuren dieses Lebens entdecken in unserer Welt, ob wir die Spuren beschreiben können, ob wir Augen, Ohren und Hände haben, Jesus Christus bei uns wiederzufinden.

Eine Spurensuche in unserer Gemeinde ist die Voraussetzung dafür, das Ziel zu erreichen, das der Verfasser selbst nennt: … „damit auch ihr mit uns Gemeinschaft habt" … „Gemeinschaft mit dem Vater und mit seinem Sohn Jesus Christus". Das Leben begreifen, wie es heute mit Christus in der Welt erscheint, Gemeinschaft mit Gott erleben, Gemeinschaft in der Gemeinde heute, über Ort und Zeit hinweg sich verbunden wissen mit der ganzen Christenheit, das sind hehre Ziele – das kann man gut in liturgischen Formulierungen sagen, aber fangen wir lieber ganz klein an.

b) Um den Text zu erschließen, habe ich die Konfirmandinnen und Konfirmanden alle Verben unterstreichen lassen. Sie kamen schnell zu dem Ergebnis, daß es hier um die Wortfelder der Verben „sehen" und „reden" und „hören" geht. Auch die Verbindung zu den Sinnesorganen in diesem so „abstrakten" Text war ihnen dann klar: Augen, Ohren, Mund und Tastsinn werden angesprochen.

c) Die Jugendlichen ergänzten Sätze zu:
Was hast du von Jesus gesehen …?
(dazu hatte ich ein Auge gemalt)
Was hast du von Jesus gehört …?
(dazu hatte ich ein Ohr gemalt)
Was hast du schon einmal handgreiflich mit Jesus zu tun gehabt?
(dazu hatte ich eine Hand gemalt)

Bereichernd war dabei ein Rundgang durch die Kirche und durch das Gemeindehaus. Das inspirierte die Spurensuche.

d) Beim Zusammentragen der Ergebnisse kam es folgerichtig zu einem Gespräch unter dem Titel „Das seh' ich auch so"/„Das seh' ich nicht so". Glaubenserfahrungen wurden zusammengetragen, Gemeinschaft entstand, Unterschiede wurden deutlich. Diese Erarbeitung möchte ich auch im Gottesdienst in einem Predigtgespräch umsetzen.

III. Aus Religionsunterricht, Konfirmanden- und Jugendarbeit

a) Einige Beispiele aus der Erarbeitung im Konfirmandenunterricht möchte ich als Anstöße mit in den Gottesdienst nehmen:

- Auge / sehen: „die Krippe", „das Kreuz", „ich habe Bilder in meiner Phantasie gesehen, wie ich mir Jesus vorstelle", „er wird ganz unterschiedlich gemalt; auf dem Hungertuch ist er schwarz";
- Ohr / hören: neben jeder Menge biblischer Geschichten „daß er die Liebe Gottes den Menschen 'rüberbringen wollte";

– Hand / tun: Kollekte einsammeln im Gottesdienst, die Kinder gehen „Sternsingen“, weil Jesus den Gedanken hatte, den Armen zu helfen; die Leute im Eine-Welt-Laden machen das in ihrer Freizeit, wegen der Gerechtigkeit.

b) Zu einer Spurensuche im Gottesdienst können Konfirmandinnen und Konfirmanden ermutigen, indem sie eigene Ergebnisse vorstellen, Leute aus der Gemeinde bitten, ihre Wahrnehmungen zu ergänzen und den Anstoß zu einer Zusammenfassung geben unter dem Leitsatz „Das sehen wir auch so – Gemeinschaft haben“.

Dazu könnten die drei im Text angesprochenen Sinnesorgane auf große Pappen gemalt werden. Jeder Gottesdienstteilnehmer erhält einen kleinen Zettel mit dem Bild eines Sinnesorgans und der entsprechenden Frage. Zum Zusammentragen der gemeinsamen Sinneserfahrungen mit Gott werden die Zettel mit den kleinen Ohren (Augen, Händen) an das große Ohr (Auge, Hand) geheftet. Dabei werden die Sätze vorgelesen.

IV. Liturgische Gestaltungsmöglichkeiten

a) Eingangspsalm: Paraphrase zu Psalm 71,15 nimmt Wortfeld Mund (reden/verkünden) auf.

b) Mögliche Evangeliumslesung Lukas 2, 22.25–35: Simon ist einer, der tiefer sieht als der Augenschein zeigt.

c) Zur Lesung von 1. Johannes 1,1–4: Vorher die Wahrnehmung durch eine Übung lenken: Jede(r) hält mit der Hand ein Sinnesorgan bei sich selbst zu (Augen, Ohren, Mund). Einer liest dazu Worte aus dem entsprechenden Wortfeld, wie sie auch im Text vorkommen.

Auge – sehen, schauen, anschauen, betrachten, blicken, gucken, erscheinen lassen …

d) Die angefertigten großen Schilder mit den Sinnesorganen können bei der Textlesung vorne stehen. Beim Lesen das jeweilige angesprochene Organ aufzeigen.

e) In allen Gebeten auf die Verben achten. Ins Schlußgebet die einbeziehen, die in der Gemeinschaft der Gemeinde mit Gott auch dazugehören könnten:

„Wir bitten für alle Menschen, die wir nicht sehen, die wir übersehen, die sich verstecken. Wir bitten für die Obdachlosen in unserer Stadt, für die Asylkinder in Iwanowo, die unsere Sternsingeraktion brauchen … (möglichst konkret aus der Gemeinde). Du, Christus bist uns erschienen, damit uns die Augen aufgehen: Auch wir gehören zusammen.“

f) Zu Sinneswahrnehmungen eignet sich EG 432 Gott gab uns Atem. Zur Spurensuche fällt mir ein EG West 648 Wir haben Gottes Spuren festgestellt.

V. Literatur- und Medienhinweise

a) Als Einleitungstext für die gemeindliche Spurensuche könnte sich eignen: Der alte Mann aus Afrika hieß Daniel … in: H.-M. Lübking, Kursbuch Konfirmation. Ein Arbeitsbuch, Düsseldorf 1995, 110

b) K. Marti, Gottesbefragung. Der 1. Johannesbrief heute, Stuttgart 1982, 13ff

R. Schröder/Ulrike Wortmann-Rotthoff

SILVESTER – RÖMER 8,31b–39

I. Die Jugendlichen und Römer 8,31b–39

a) Obwohl der Text wahrscheinlich der Mehrheit der Erwachsenen in der Lutherfassung bekannt ist, schlage ich die Verlesung nach „Die Gute Nachricht" vor, besonders wegen des von Jugendlichen als wohltuend empfundenen Eingangsverses 31b.

b) Vers 31b können viele Jugendliche als persönliche Zusage empfinden; oder zumindest wünschen sie sich, so eine Zusage zu spüren. „Sonst sind alle gegen mich. Meinem Vater sind meine Haare zu kurz (zu lang, zu gefärbt), meine Oma findet meine Hose unmöglich (zu eng, zu weit, zu kaputt), meine Mutter findet, ich verlottere." „Du darfst sein", sagt Gott. „Du darfst dich und das Leben ausprobieren." An Silvester kann die Zusage auch für das kommende Jahr formuliert werden.

c) „Warum verschont Gott seinen Sohn nicht, er hat doch nichts getan? Warum beschützt er ihn nicht? Ich erhoffe von meinen Eltern, daß sie für mich da sind." „Was habe ich davon, daß Gott seinen Sohn sterben läßt?" Die ganze Frag-Würdigkeit der theologischen Deutungen des Todes Jesu wird hier virulent.

d) „Was schenkt mir Gott alles?" – Vers 32b ist für Jugendliche in allen Fassungen nicht verständlich. Entweder bedarf er direkt einer Übertragung oder einer Erklärung in der Predigt (vgl. IIe).

e) „Christus macht gerecht? Was heißt das? Wie geht das? Was hab ich davon?"

f) „Jesus tritt für uns ein" – Jugendliche wünschen das sehr, daß jemand für sie eintritt (den Küster beschwichtigt, wenn Jugendräume verdreckt sind; sich für den Erhalt einer Disco im Gemeindehaus einsetzt, auch wenn ständig Kleiderhaken abgebrochen werden oder Toiletten verstopft sind). Das Pädagogische Institut veranstaltete einen „Bündnistag" für die Jugend. Wie aber ist zu verstehen: „Jesus tritt für uns ein? – Der ist doch tot."

g) Die Wörter „triumphieren" oder „siegen" in Vers 37 entweder erklären oder sofort übertragen (vgl. IIb).

h) Den Zusammenhang stört der Vers 38. Es ist zu fragen, ob er um der Verständlichkeit des übrigen Textes willen nicht ausgelassen werden sollte. Wer sich für Beibehaltung entscheidet, sollte mit der Frage rechnen: „Bin ich als Christ vor andern nichts wert?"

II. Konkretionen, Beispiele, Veranschaulichungen

a) „Alle sind gegen mich!" – Von diesem Grundgefühl einiger Jugendlicher berichten. Erzählen, daß es auch für Erwachsene Tage gibt, an denen dieses Gefühl spürbar ist. Dann die Arbeitsergebnisse aus IIIb vortragen oder von Jugendlichen vortragen lassen: „So war das, als einmal einer/eine ganz hinter mir stand." Vielleicht auch das Gegenteil: „So war das, als ich mich ganz alleingelassen fühlte."

b) „Gott ist auf unserer Seite, wer kann uns dann noch etwas anhaben?" – Wie und wo merkt man das? Als Beispiel das Lied Zeugnistag von R. Mey einspielen oder den Text vortragen. Ein Junge fälscht aus Angst die Unterschrift der Eltern unter einem schlechten Zeugnis. Der Schulleiter bestellt die Eltern und erwartet Bestrafung des Jungen. Aber die Eltern erklären dem Schulleiter beide, sie hätten das Zeugnis unterschrieben, und ersparen dem Jungen die Demütigung. Dann vom Glauben reden als einer Kraft, die uns nicht unbesiegbar macht, die uns aber unabhängig macht von der Bewertung durch andere. Von der glaubwürdigen Zusage Gottes reden: Du bist (mir) wichtig.

Von Paulus berichten, der selber erfahren hat, daß die Liebe Gottes nicht vor Verfolgung und Leid schützt und trotzdem „überwinden“ hilft, indem ich nämlich meinen Wert nicht ständig beweisen muß (durch Erfolg, Leistung, Anzahl der Verabredungen), sondern das annehme: In dieser Wirklichkeit, die wir Gott nennen, hast du ein Recht zu sein.
c) Vielleicht erwähnen: „Gott will nicht nur gedacht, sondern muß auch probiert werden“ (P. Beier).
d) Die Gegenspieler des Glaubens benennen (III c).
e) „Wird er uns mit ihm nicht alles schenken?“ – Was gehört wirklich zu einem gelingenden Leben? Was haben wir davon im vergangenen Jahr erlebt, was erhoffen wir uns für das kommende? Welche „göttlichen“ Geschenke haben wir bekommen oder erwarten wir: Treue, Freundschaft, Verständnis, Versöhnung, Hoffnung, die Erfahrung, daß tatsächlich jemand „für uns“ war?

III. Aus Religionsunterricht, Konfirmanden- und Jugendarbeit

a) „Alle sind gegen mich“ – Im Konfirmandenunterricht besprechen: „Wer will mich anders haben?“ „Will ich mich anders haben?“ „Gibt es berechtigte Änderungswünsche?“ „Was finde ich gut an mir?“ Vielleicht ist auch eine Befragungsaktion durch Konfirmanden und Konfirmandinnen möglich, deren Ergebnis im Gottesdienst vorgetragen wird: „Sind Sie eigentlich zufrieden mit sich? Gibt es Menschen, die Sie verändern wollen?“
b) „So war das, als einmal einer/eine ganz hinter mir stand.“ Vielleicht auch das Gegenteil: „So war das, als ich mich ganz alleingelassen fühlte.“ Im Konfirmandenunterricht besprechen und sammeln die Jugendlichen solche Erfahrungen. Als Einstieg eignet sich hervorragend das Lied von R. Mey, Zeugnistag (s. o.).
c) Die Dinge, die von der Liebe Gottes trennen, können gespielt werden.
Trübsal – einer ist traurig: „Ich kann nicht an Gott glauben.“
Einer hat Angst: „Ich merke nichts von Gott, der mich beschützt.“
Hunger: „Wenn es Gott gäbe, würde er mich nicht verhungern lassen.“
Mangel, Gefahr, Krieg ebenso …
d) Was uns geschenkt wurde, ist auch darstellbar (als Spiel oder als Collage von Zeitungsbildern: „Das fanden wir gut in 1997“): Versöhnung, Nahrung, Freude, ein Fest (vgl. IVa).

IV. Liturgische Gestaltungsmöglichkeiten

a) Im Fürbittgebet (vielleicht mit Hilfe einer Collage, die im Konfirmandenunterricht hergestellt wurde) die Dinge benennen, die es uns schwermachen, die Liebe Gottes wahrzunehmen.
Das Betrachten der Bilder kann auch als Rückblick auf 1997 eingesetzt werden. Ebenso können zur Gestaltung eines Dankgebets Bilder von gelungenem Leben in 1997 zusammengestellt werden.
b) „Gott ist auf unserer Seite, wer kann uns dann noch etwas anhaben?“ – Nach der Predigt die zehn Freiheiten von E. Lange verlesen lassen. „So können wir leben, wenn wir uns unabhängig von der Beurteilung anderer fühlen.“
c) Nach der Schriftlesung Geschichten aus III b) erzählen lassen.
d) Lieder: Ich lobe meinen Gott, der aus der Tiefe mich holt (ML B 102); Von guten Mächten wunderbar geborgen (ML B 76); Freunde, daß der Mandelzweig (ML B 127)

V. Literatur- und Medienhinweise

a) R. Mey, Zeugnistag (Lied)
b) E. Lange, Die zehn großen Freiheiten, Gelnhausen/Berlin 1972

Eckhardt Loer

NEUJAHR – JAKOBUS 4,13–15

I. Die Jugendlichen und Jakobus 4,13–15

a) Der Text nach der Übersetzung der „Bibel in heutigem Deutsch".

b) Am Neujahrstag ist der Gottesdienst durch den gerade vollzogenen Jahreswechsel geprägt. Der Kreis der Gottesdienstbesucherinnen und -besucher wird allerdings kleiner sein als am Abend zuvor, da viele ihre Silvesterfeiern verarbeiten müssen. Es bietet sich daher eine andere Gottesdienstzeit an (z. B. 17.00 Uhr nachmittags), um denen, die gefeiert haben, entgegenzukommen.
Jugendliche werden sich eher zu einem Gottesdienst am Neujahrstag einladen lassen, wenn sie den Gottesdienst mitvorbereitet haben oder mitgestalten.

c) Während mit zunehmendem Lebensalter der Wunsch nach ritueller Begleitung an solchen Festtagen steigt, sind Feiertage wie der Neujahrstag für Jugendliche noch nicht mit einer Lebensbilanz und der Konfrontation mit dem Älterwerden verbunden. Allerdings ist auch für sie dieser Tag nach ihrem Gefühl ein Umbruchtag, an dem Vergangenes endgültig abgeschlossen und ein Neubeginn möglich wird. Auch sie haben gute Vorsätze für das neue Jahr. Zudem bringt ja jedes neue Jahr für Jugendliche mit dem zunehmenden Lebensalter auch mehr persönliche Freiheiten. „Ich darf abends länger wegbleiben, ich darf selbst bestimmen, wann ich ins Bett gehe, ich darf allein mit Freundinnen und Freunden Silvester feiern, ich darf rauchen und Alkohol trinken …"

d) Das Gefühl der Endlichkeit menschlichen Lebens, wie es im Text beschrieben wird, ist Jugendlichen fremd. Den Jahreswechsel, den Erwachsene oft auch als Tag erleben, der ihnen deutlich vor Augen führt, daß sie älter werden, nicht ewig jung bleiben, daß sie sterblich sind, ist für Jugendliche nicht mit dem Nachdenken über den Tod verbunden. Die Vorstellung, daß meine Zeit in Gottes Händen liegt und daß er für mich oder einen Menschen, der mir sehr nahe steht, die Zeit auf der Erde begrenzt, wird ja selbst von Älteren erfolgreich verdrängt. Allenfalls der Tod eines Menschen aus nächster Umgebung macht sensibel für dieses Thema.

e) Die Angst vor dem Tod ist allerdings bei den meisten von ihnen als Angst vor einer globalen Zerstörung allen Lebens vorhanden. Das Ende der Menschheit ist für sie vorstellbar als atomares Inferno oder als plötzlicher Umweltkollaps.

f) Für Jugendliche ist eher der Vers 13 ansprechend, in dem das Lebensgefühl beschrieben ist, in dem sich viele von ihnen wiederfinden können: „Unabhängig sein, reisen können, viel Geld verdienen, Pläne für die Zukunft machen."
Die Frage in Vers 14 holt sie recht abrupt aus der Träumerei für eine selbstgestaltete Zukunft. Was der Text will, könnte man so umschreiben: „Sei dir bei allem, was du tust und anfängst, bewußt, was du tust. Leb nicht in den Tag hinein, sondern immer so,

als ob Gott jederzeit von dir Rechenschaft fordern könnte." Der Text wendet sich nicht gegen unser Planen, gegen unsere Zukunftswünsche. Aber er warnt die, die meinen, sie hätten bis ins letzte hinein alles selbst in der Hand.

II. Konkretionen, Beispiele, Veranschaulichungen

a) Verschiedene Tagespläne werden vorgestellt. Was tue ich eigentlich Tag für Tag, worin unterscheiden sich meine Tage, was ist besonders? Wie nutze ich meine von Gott geschenkte Zeit? (Die Tagespläne sind in der Konfirmandenarbeit erarbeitet worden.)
b) Mit einer großen Sanduhr erleben lassen, wie schnell eine Minute verrinnt. Was kann ich in einer Minute alles tun oder auch lassen? (Eine Anleitung zum Bau einer Sanduhr, evtl. gemeinsam mit Konfirmandinnen und Konfirmanden in: M. Anno, Anno's Sonnenuhren – Die Zeit erleben.)
c) Collagen im Gottesdienstraum aushängen, die im Vorbereitungskreis oder der Konfirmandenarbeit entstanden sind. Thema: „Was wünsche ich mir für mein Leben in zehn Jahren?"
d) Menschen verschiedenen Lebensalters berichten von ihrem letzten Jahr im Gottesdienst und versuchen, ein Resümee zu ziehen und in die Zukunft zu schauen. (Was war besonders, was wünsche ich mir im neuen Jahr, was habe ich für Vorsätze?) Leichter fällt es den angesprochenen Personen, etwas von sich zu sagen, wenn sie es tun können, ohne daß sie dabei die Gottesdienstgemeinde ansehen müssen. Ein Holzrahmen mit Bettlaken bespannt, mit einem Diaprojektor von hinten angestrahlt, läßt die Beteiligten, die dahinter sprechen, nur als Schattenbild sichtbar werden und schafft so einen Schutzraum für persönliche Voten. (Diese Voten müssen unbedingt in einem Vorbereitungskreis erarbeitet und zusammengestellt werden.)
e) „Ich will nicht ins Paradies, wenn der Weg dorthin so schwierig ist, ich stelle keinen Antrag auf Asyl, dann bleibe ich eben hier." (Die Toten Hosen)

III. Aus Religionsunterricht, Konfirmanden- und Jugendarbeit

a) Die Konfirmandinnen und Konfirmanden füllen ihren persönlichen Wochen- oder Tagesplan aus und werden sich darüber klar, womit sie ihre Zeit zubringen. In einem zweiten Plan tragen sie ihre Wünsche zur Zeitgestaltung ein.
b) Jugendliche stellen Collagen her. Sie bearbeiten das Thema: „Was wünsche ich mir für mein Leben in zehn Jahren?" oder „Was wünsche ich mir im neuen Jahr?"
c) Die Konfirmandinnen und Konfirmanden bearbeiten die Frage: „Was würde ich tun, wenn ich wüßte, daß ich nur noch ein Jahr zu leben hätte?" (vgl. H. M. Lübking, Kursbuch Konfirmation. Arbeitsbuch, 154)
d) Zum Umgang mit der Lebenszeit: „Heute ist der erste Tag vom Rest deines Lebens …" (vgl. H. M. Lübking, ebd., 154)
e) Gemeinsam den Videofilm „Zurück in die Zukunft I" anschauen. Den Film anhand der Frage analysieren: „Was macht diese Reise so attraktiv?"
f) Lebensweisheiten sammeln! Kalenderblätter etc. zu Hilfe nehmen.
g) Schweigegespräch zu Psalm 90,12.
h) „Luftschlösser bauen" – vom Umgang mit Traumzielen (vgl. Scheibe, 54f)

IV. Liturgische Gestaltungsmöglichkeiten

a) Lieder: Halte zu mir guter Gott … (MC und Liedheft Gott, du bist ja bei mir, Krenzer/Walter); Schenk uns Zeit … (MC und Liedheft Solange die Erde lebt, Krenzer/Jöcker); Ausgang und Eingang (EG 175); Meine Zeit steht in deinen Händen … (Die Fontäne in blau, Stuttgart 1993, 256)
b) „Was würden sie tun, wenn sie das neue Jahr regieren könnten?" Gedicht von J. Ringelnatz (Zimmermann, 355)

V. Literatur- und Medienhinweise

a) M. Anno, Anno's Sonnenuhren – Die Zeit erleben, Aarau und Frankfurt/Main 1987
b) E. Scheibe, Christsein läßt sich lernen, Unterrichtsmodelle für die Arbeit mit Schülern und Konfirmanden, Leipzig 1994
c) G. und G. Zimmermann (Hg.), Reichtum der Jahresringe: Gedichte, Lieder, Gebete etc., Konstanz 1984

Birgit und Uwe Crone

2. SONNTAG NACH WEIHNACHTEN – 1. JOHANNES 5,11–13

I. Die Jugendlichen und 1. Johannes 5,11–13

a) Die Übersetzung der „Guten Nachricht" überzeugt mich. Will man bei der zwar willkürlichen, aber nicht sinnverzerrenden Abgrenzung der Perikope bleiben, muß die Einleitungsformulierung in Vers 11 („Diese besagt: …") beim Vorlesen des Textes ausgelassen werden. Ich schlage vor, eine eigene kurze Einleitung zum Text zu formulieren; z. B.: „Stellen Sie sich vor, Sie müßten einen Satz zu folgender Frage sagen: Worauf kommt's im Leben an? – Welchen Satz würden Sie sagen? – Eine mögliche Antwort lese ich Ihnen einmal vor. Sie steht im 1. Johannesbrief im fünften Kapitel: Gott hat uns …"
Darüber hinaus erscheint es mir für ein leichteres Verstehen sinnvoll, an den Stellen des Textes, wo der Begriff „Sohn" nicht attributiert ist, entweder „Jesus" oder „Gottes" zu ergänzen.
b) Die Häufung der Begriffe „Leben" und „Sohn" in der Perikope ist auffällig. Dem Gedankengang des 1. Johannesbriefs folgend interpretiert der Begriff „Sohn" den Begriff „Leben". Der Begriff „Leben" ist ein für den 1. Johannesbrief zentraler Begriff. Was er bedeutet, ergibt sich aus dem Kontext des Briefs: Steht menschliches Leben in Verbindung mit dem „Sohn", ist es schon jetzt „ewiges Leben" (3,14f) „im Licht" (1,7) und „in der Liebe" (4,7ff). Richtet sich menschliches Leben aus an der „Welt" (2,15), ist es schon jetzt dem „Tod" (3,14) verfallen. Kennzeichen dieses Lebens ist die „Angst" (4,18) und der Haß (vgl. 4,19).
c) So steht menschliches Leben dem 1. Johannesbrief zufolge in einer grundsätzlichen Alternative von Gelingen und Scheitern. Dieser Gedanke ist offen auf die Lebenswelt von Jugendlichen hin. Schließlich konfrontiert ihr Alter sie mit der Aufgabe, sich ihr Leben zu erobern und dabei Erfolge wie Niederlagen zu riskieren. Auch die johanneischen Interpretamente des Gelingens

und Scheiterns, „Liebe“ und „Angst“, sind dicht an der Lebenswirklichkeit von Jugendlichen:
Eine tragfähige (und eben nicht allein erotische) Liebesbeziehung zu Gleichaltrigen aufzubauen, ist gerade für Jugendliche das Merkmal schlechthin von gelungenem Leben. Das Scheitern am Leben wird häufig als ängstliche Befangenheit in sich selbst erlebt, die weitere eigenständige Eroberungsschritte behindert.
Mir scheint, daß der Kontext der Perikope mit den Begriffen „Liebe“ und „Angst“ Zugänge zum Begriff des „Lebens“ eröffnet, die auch Jugendlichen einleuchten. Ich könnte mir vorstellen: Es ist (nicht nur) für Jugendliche eine befreiende Entdeckung, daß Leben in der Gottesbeziehung nicht dem Leben unter den urteilenden oder besorgten Augen irgendeines Übervaters oder einer Übermutter gleicht, sondern dem Leben in einer gelingenden Liebesbeziehung.

d) Mich beeindruckt an der Perikope die Vorbehaltlosigkeit, mit der sie ihren Hörerinnen und Hörern das „ewige Leben“ zuspricht (vgl. Vers 13). Ich glaube, gerade auch Jugendlichen tut eine solche Vorbehaltlosigkeit ihnen gegenüber in der Predigt gut. Oft genug als Mängelwesen in Schule und Familie wahrgenommen, sollen sie nicht auch noch im Gottesdienst als „Mängelchristinnen und -christen“ angesprochen werden, sondern als Menschen, die ewiges Leben haben.

II. Konkretionen, Beispiele, Veranschaulichungen

a) Ein paar Gedankensplitter zum Thema gelungenes bzw. gescheitertes Leben:
1. Ein chinesisches Sprichwort: „Willst du drei Stunden glücklich sein, dann betrink dich. Willst du drei Jahre glücklich sein, dann heirate. Willst du dein ganzes Leben glücklich sein, dann werde Gärtner.“
2. Aus Psychologie heute, März 1997 (sinngemäß): Glück ist nicht, zu bekommen, was man will, sondern zu wollen, was man bekommt.
3. Karikatur aus B. Müller, Menschlich-Allzumenschlich, Stuttgart 1992, 74f: Die Karikatur stellt vor dunklem Hintergrund einen Mann dar, der einen Bogen Papier, auf dem in großen Lettern „Lebenslauf“ zu lesen ist, in einen Kasten mit der Aufschrift „Beschwerden“ steckt.
4. Karikatur aus B. Müller, Um Himmels willen, Stuttgart 1996, 108ff: Die Karikatur zeigt in fünf Einzelbildern einen Menschen in verschiedenen Lebensstadien. In einer Denkblase schwebt über seinem Kopf jeweils ein großes Fragezeichen. Im sechsten Einzelbild ist ein Grab zu sehen, aus dem eine weitere Denkblase mit einem großen Ausrufungszeichen aufsteigt.

b) Ein Statement von Carina, 17 Jahre, zum Thema Liebe (abgedruckt in ZAC 4/1996, 4): „Liebe, da gibt’s ganz unterschiedliche Sorten von. Ich liebe zum Beispiel meine Eltern und meinen kleinen Bruder und meine Oma. Ich liebe Take That, aber das ist natürlich etwas völlig anderes, mehr Schwärmerei, wobei ich nicht so hysterisch werde wie manche Fans. Und ich liebe den Sebastian ... Wobei das mehr ist als Sex, aber eben auch, also körperlich und seelisch. Und dann gibt es noch mehr so philosophische Gedanken wie die Liebe Gottes. Aber ich sage auch manchmal: ‚Ich liebe Nudeln‘ oder ‚Ich liebe Deutsch-LK‘ oder ‚Ich liebe den Sommer‘ und so weiter. Die verschiedensten Lieben und Vorlieben gibt es. Insgesamt machen sie alle das Leben so schön, nicht wahr?“

c) Das Gleichnis vom reichen Kornbauern (Lukas 13,16ff) kann als Geschichte von der Angst vor der Ungesichertheit des Lebens erzählt werden. Matthäus 6,24–33 kann als Erläuterung des Lebensgefühls in der Gottes- bzw. Sohnesbeziehung gelesen werden.

III. Aus Religionsunterricht, Konfirmanden- und Jugendarbeit

a) Im Konfirmandenunterricht haben die Jugendlichen eine „Graffitti-Wand“ mit Sprüchen zum Thema „Leben“ aus Bibel, Liedern, Werbespots etc. zusammengestellt; z. B.: „Renault Partner haben Autos zum Leben, Autos zum Leben von Renault“, „Es kommt alles von Gott: Glück und Unglück, Leben und Tod“ (Sirach 11,14), „Wir haben einen Gott, der uns immer wieder hilft, er ist unser Herr, der uns rettet vor dem Tod.“ (Psalm 68,21) usw. Im Gottesdienst können alle Gottesdienstfeiernden einen Punkt neben das Graffitto kleben, das ihnen am meisten Mut zum Leben macht. Die Jugendlichen lesen das Ergebnis vor.

b) Alle Gottesdienstfeiernden erhalten einen kleinen „Denkzettel“ und einen Stift. Während einer durch Musik gestalteten Meditationsphase im Gottesdienst werden sie eingeladen, ein Wort oder einen Satz zum Thema „Mein Leben lohnt sich, wenn …“ zu schreiben. Konfirmandinnen und Konfirmanden lesen einige Zettel vor.

IV. Liturgische Gestaltungsmöglichkeiten

a) Liedvorschläge: 1. Da berühren sich Himmel und Erde (ML 2 B 225); 2. Wir träumen einen Traum (ML 1 B 77)

b) Die Graffitti aus III.a) bzw. die Denkzettel aus III.b) werden in ein Fürbittgebet aufgenommen, das strukturiert ist durch die Unterscheidungen: „In unserem Leben regiert die Angst, wenn …“ bzw. „In unserem Leben lebt die Liebe, wenn … Beides vertrauen wir dir, Gott, an …“

c) Ein Meditationstext von K. Marti (abgedruckt in Lübking, Kursbuch Konfirmation, 96): „als sie mit zwanzig ein Kind erwartete …“

V. Literatur- und Medienhinweise

a) Für weitere Ideen zum Thema „Wie ich mein Leben gestalte …“ vgl. ku-praxis 18, 53 ff

b) Gottesdienstliche Elemente zum Thema „Leben – Liebe“ sind in: Knüller im KU, 3. Ausgabe, Herbst 1996 zu finden. (Zu beziehen beim Pädagogischen Institut der EKvW, Iserlohner Str. 25, 58239 Schwerte.)

c) Bausteine für Gottesdienst und Konfirmandenunterricht zum Thema „Leben –Tod“ finden sich in: braunschweiger beiträge 77,3/1996

Hans-Ulrich Kessler

EPIPHANIAS – EPHESER 3,2–3 a, 5–6

I. Die Jugendlichen und Epheser 3,2–3 a, 5–6

(Der Predigttext wurde mit Jugendlichen der Klasse 10 a der Körperbehindertenschule St. Augustin erarbeitet)

a) „Mit der Luther-Übersetzung kann ich mich nicht so gut in den Text hineindenken …, da gibt es Worte, die ich nicht verstehe.“

Die Jugendlichen nennen: „Offenbarung, kundgemacht, Verheißung, Apostel, Miterben, Heiden, Amt."
Sie entscheiden sich zwar für die Übersetzung nach der Guten Nachricht, wollen aber auf die „alten Worte" nicht verzichten.
Vorschlag: Luther-Übersetzung und „Gute Nachricht" versweise und abwechselnd von einem älteren Gemeindeglied und von einem Jugendlichen vorlesen lassen.
b) Die Jugendlichen fühlen sich insbesondere von zwei Textstellen angesprochen: 1. „Offenbarung" (Luther); „ohne menschliche Vermittlung hat er mir das Geheimnis enthüllt" („Gute Nachricht"); 2. „alle gehören zusammen" (so verstanden Vers 6).
c) Was die Jugendlichen dazu sagen:
zu 1) „Offenbarung hat etwas mit Öffnen zu tun; was verschlossen ist, wird geöffnet."
„Es gibt noch viele Geheimnisse. Wir wissen nicht alles."
„Der Glaube ist ein Geheimnis. Ich sehe Gott in anderen Menschen. Irgendwie spricht Gott zu mir."
„Das ist aber doch durch menschliche Vermittlung."
„Nein, ich meine das anders. Die wissen das ja nicht. Die helfen mir, ohne es zu wissen. Anschließend kann ich wieder glauben."
„Der Glaube ist wie eine 3D-Brille. Man sieht dasselbe und doch sieht man es anders. Man sieht mehr."
„Manchmal träume ich etwas, was ich später erlebe."
zu 2) „Dann gibt es keine Außenseiter."
„Keiner wird im Stich gelassen."
d) Die Jugendlichen haben ein Gespür dafür, daß das Rationale nicht ausreicht, um das ganze Leben zu erklären. Das menschlich Machbare hat Grenzen. Ebenso das rational Erkennbare. In seiner Begrenztheit läßt es Unrecht zu und schafft auch Unrecht (die Heiden sind nicht Miterben). Die Wahrheit des eigenen Standpunktes ist nicht die ganze Wahrheit. Mit der Wahrheit des eigenen Standpunktes werte ich auf und ab – andere, mich selbst. Menschengerechtigkeit ist nicht Gottesgerechtigkeit (vgl. Matthäus 20). Mit anderen nicht mithalten können, nicht dazugehören dürfen, ausgeschlossen sein, weil dies und jenes fehlt, kennen die Jugendlichen zur Genüge.
e) Ausgrenzungen erkennen, aber auch die eigenen Grenzen anerkennen: Vielleicht haben behinderte Jugendliche uns diese Erkenntnis voraus, weil sie mit ihrer Behinderung Ausgrenzungen und eigene Grenzen oftmals schmerzhaft erfahren und damit leben lernen müssen.
f) Im Leben das Göttliche erkennen: Gott lebt mit uns und in uns. Jeder Mensch ist ein Abbild der Liebe Gottes. In jedem Menschen kann mir Gott begegnen. Wir sind von Gott geliebt. Die Liebe Gottes ist höher als unsere Vernunft. Das ist ein Geheimnis Gottes, das er uns offenbart. Es gibt Geheimnisse, die wir nur von ihm empfangen können.
g) Ehrfürchtig werden, gottesfürchtig: Dem Profanen das Heilige abgewinnen. Das Heilige respektieren. Sich von Gott etwas sagen lassen, zusprechen lassen. Gewahr werden und wahr werden lassen. Auch, wenn ich mich nicht annehmen kann, Gott findet mich okay. Er hat ein Bild von mir, das ich vielleicht noch nicht erkannt habe. Gottes Liebenswürdigkeit gilt jedem Menschen, seine Liebe und Würde ist in jedem Menschen verborgen und ist gegen jegliche Ausgrenzung. Die Jugendlichen haben ein Gespür für das Numinose. Es ist eng verbunden mit dem Sinn für soziale Gerechtigkeit.

II. Konkretionen, Beispiele, Veranschaulichungen

J. Gebser spricht vom mehrfach strukturierten Bewußtsein: archaisches, magisches, mythisches, rationales, integrales. Vielleicht ist das magische Bewußtsein ein möglicher Zugang zum Text („alte Worte", „Geheimnis", „öffnen, was verschlossen ist").

a) Auf dem Altar steht eine Schatzkiste – geheimnisvoll. Gottes Schatz! Das Wertvollste! „Einmal in seinem Leben sollte man in die Schatzkiste Gottes geschaut haben, um Gottes Geheimnis, das Geheimnis des Lebens kennenzulernen." Die Gemeindeglieder werden eingeladen, einzeln nach vorne zu kommen und in die Schatzkiste zu schauen. Beim Hineinschauen die Worte: „Gottes Schatz. Das Wertvollste." Dieses Geheimnis soll jeder und jede zunächst für sich behalten, bis alle es kennengelernt haben. In der Schatzkiste liegt ein Spiegel, so daß jede und jeder sich als das Wertvollste, als Gottes Schatz erkennt.

b) Die Erkenntnis dieser Wahrheit ist aufgeschrieben: Das alte gute Wort. Seit Tausenden von Jahren aufbewahrt. Es soll nicht verschlossen bleiben. Neben der Schatzkiste liegt eine dicke Altarbibel. Ein dickes Buch hat etwas Geheimnisvolles (ein Buch mit sieben Siegeln). Die dicke Bibel wird von vorne nach hinten gereicht. Was gewichtig ist, ist auch wichtig.

c) Die Bibel wird von dem letzten in der Reihe nach vorne gebracht: ein Mann oder eine Frau aus der Gemeinde, der oder die dann den Predigttext vorliest (Vorschlag I a).

d) In der anschließenden Predigt könnte über die Offenbarungserfahrungen der Menschen gesprochen werden: Vom Gespür für das Numinose, von der Ahnung der Transzendenz, von der Bedeutung der Träume als Offenbarungsorte, aber letztendlich von der in Jesus gegebenen Offenbarung. An seiner Lebensgeschichte läßt sich ablesen, wie Gott ist. Gottes Liebe gilt allen Menschen.

e) Beispielhaft könnten Jugendliche in einem nächsten Schritt Menschen nennen, die ihrer Meinung nach ausgegrenzt sind, und für jeden Genannten ein Spiegelbruchstück in die Schatzkiste legen.

f) Das gleiche könnte geschehen mit Benennung gesellschaftlich ausgegrenzter Menschen im 3. Reich. Gut wäre es, wenn ältere Menschen aus der Gemeinde dies tun könnten. Das würde die Jugendlichen sicher beeindrucken. Irrungen, Verführungen, falsche Wahrheiten könnten hier benannt werden, aber auch die Barmer Theologische Erklärung, die sich der falschen Wahrheit widersetzt unter Berufung auf die Schrift.

g) Denkbar wäre auch ein Exkurs über die Glaubenspraxis in Form eines inszenierten Dialoges: Glauben, wie geht das? Jugendliche befragen ältere Gemeindeglieder nach dem praktischen Umgang mit der Bibel im Alltag.

III. Aus Religionsunterricht, Konfirmanden- und Jugendarbeit

a) Jugendliche erstellen ein Soziogramm mit selbst ausgewählten Photos aus Zeitschriften. In einer Skala von 1–10 werden Menschen zugeordnet, die ihrer Meinung nach gesellschaftlich an erster bzw. letzter Stelle stehen.

b) Außerdem könnten sich einige auf Spurensuche im NT begeben: ausgegrenzte Personen, denen sich Jesus zuwendet.

c) Konfirmandinnen und Konfirmanden befragen ältere Gemeindeglieder nach deren Erfahrungen im Umgang mit der Bibel und biblischen Texten (Losung, Kalenderblatt …, Bibelgespräch, Predigt): Wie kann mir Gott durch ein Bibelwort begegnen? Wie kommt eine solche Begegnung zustande und wie wirkt sie sich aus? Die Gesprächsergebnisse werden zusammengetragen und für den Gottesdienst inszeniert.

IV. Liturgische Gestaltungsmöglichkeiten

a) Lesung zu Epiphanias: Matthäus 2,1–12 (wegen des Epiphaniassymbols Stern, Licht; wegen des Bezuges zum Predigttext; Traum als Mitteilungsmöglichkeit Gottes)
b) Licht und Finsternis als Strukturhilfen für Sündenbekenntnis und Gebete: z. B. Ausgeschlossenwerden ist Finsternis – Eingeladen werden ist Licht. Danach singt die Gemeinde: EG West 539 Mache dich auf und werde Licht (Beispiele) … ist Finsternis – (Beispiele) … ist Licht
c) Lieder: Morgenglanz der Ewigkeit (EG 450); Gotteswort ist wie Licht (EG West 591); Wie schön leuchtet der Morgenstern (EG 70); Jesu Christe wahres Licht (EG 72)
d) Gebet von R. Bohren im EG (Ausgabe für die Evangelisch-Lutherischen Kirchen in Bayern und Thüringen, 66):

„Du
von erzengeln
umgebener
umgibst mich
wie die vier wände
meines zimmers

du bist da
und ich

komm
in mir wohnen

dreieiniger
daß ich eins werde
eins mit dir

Lehre mich erkennen
wie du
wohnst in denen
die mit mir wohnen

in allen gläubigen
lehre mich
ehren
deine gegenwart“

V. Literatur- und Medienhinweise

a) J. Gebser, Menschenbild und Lebensgestaltung, in: Ausgewählte Texte, München 1987, 13–33
b) F. Gräßmann, Du Nachbar Gott! Wie kann ich mit Dir reden? Wege zur Spiritualität der Bibel, Treuchtlingen 1990
c) Wo Gott mir begegnet ist, Erfahrungen in unserer Zeit, Freiburg i. B. 1985

Paul Zenner

1. SONNTAG NACH EPIPHANIAS – RÖMER 12,1–8

I. Die Jugendlichen und Römer 12,1–8

a) Ich wähle als Übersetzung die Luther-Übersetzung.
b) Im Text finde ich eine Reihe von Gedankengängen und Begriffen, die je für sich eigene Themenkreise bilden. Ein erstes Stichwort, das ich finde: ein Opfer, das Gott wohlgefällig ist (Vers 1). Daran schließt sich der Gedanke von einem „vernünftigen Gottesdienst“ an. Ein weiterer Gedankengang: „Stellt euch nicht dieser Welt gleich“ (Vers 2). Schließlich findet man das von Paulus immer wieder gebrauchte Bild von der Gemeinde als eines Leibes mit vielen Gliedern (Verse 3–8). Man kann die Verse 3–8 als eine Konkretisierung der Verse 1 und 2 verstehen (vgl. P. Stuhlmacher, Der Brief an die Römer, Göttingen und Zürich 1989, 170).
c) Jugendliche sind sensibel für die Übereinstimmung bzw. die Differenz von Glauben und Handeln. Im Blick auf den vernünftigen, alltäglichen Gottesdienst, von dem

Paulus hier schreibt, erinnere ich mich an die Äußerung eines Jugendlichen: „Glauben ist für mich mehr, als sonntags in die Kirche zu gehen. Glaube ist für mich ein Glaube der Tat. Für die Gemeinde bedeutet das: Die Menschen sollten sich gegenseitig helfen. Man sollte sich ganz konkrete, alltägliche Hilfen leisten. Warum bringt man nicht im Foyer des Gemeindehauses eine Tafel an, auf der die einen aufschreiben, welche Hilfe sie brauchen, z. B. Hilfe im Haushalt, beim Einkaufen. Andere, die helfen wollen, könnten dann den Hilfesuchenden ihre Hilfe anbieten." Ein praktischer Vorschlag für einen vernünftigen Gottesdienst.

d) Ich beobachte an Jugendlichen zweierlei. Sie brauchen auf dem Weg zu einer eigenen Identität sowohl Anpassung wie auch Abgrenzung. Anpassung (an diese Welt) sehe ich auf der einen Seite z. B. in der Mode. Man will dazugehören, indem man bestimmte Kleidung trägt. Man zeigt seine Zusammengehörigkeit z. B. durch das Tragen von Kleidungsstücken in den Vereinsfarben eines in der Dortmunder Region beliebten Fußballvereins.

Andererseits reagieren Jugendliche sensibel auf die mögliche oder tatsächliche Vereinnahmung durch Institutionen wie z. B. der Kirche. Kirche wird nicht selten identifiziert mit einem Zwang zum Konformismus, in dessen Mittelpunkt der sonntägliche Gottesdienst steht. Immer wieder reagieren Jugendliche erstaunt, wenn sie die Möglichkeit erhalten, sich im Raum der Kirche frei zu bewegen und zu äußern. Da kommt mir das Bild vom Konformismus in der Kirche selber wie ein Konformismus unter den Jugendlichen vor.

e) Jugendliche haben ein gutes Gespür für die Beziehungen in einer Gemeinde. Sie spüren, ob eine Gemeinde tatsächlich ein Leib mit vielen, einander ergänzenden Gliedern ist oder ob in ihr die einzelnen Teile mehr oder weniger nebeneinander her existieren. Oft existieren die einzelnen Glieder einer Gemeinde nebeneinander her. Die Jugendarbeit führt ein Eigenleben innerhalb der Gemeinde wie die Arbeit mit Kindern und Älteren. Immer wieder fragen Jugendliche nach dem Ganzen der Gemeinde und sind interessiert an dem, was andere in ihr machen.

f) Jugendliche suchen nach ihrer eigenen Identität. Dazu gehören auch die Gaben, die jede und jeder hat und entwickeln kann. Die Gemeinde ist für die Jugendlichen, die sich in ihr engagieren, auch ein Feld, in dem sie ihre Fähigkeiten erproben. Das Bild vom Leib mit den vielen Gliedern fordert Menschen, die sich ihrer Fähigkeiten bewußt sind. Das ist nicht immer bequem und sicherlich nicht konfliktfrei. Es bedeutet, Jugendliche mit ihren Begabungen ernst zu nehmen. Oder mit Worten aus der Vorlage zur Landessynode der EKvW: „Kinder und Jugendliche sind nicht ihre Zukunft, sondern die Gegenwart der Kirche" (Ohne uns sieht eure Kirche alt aus, hg. v. d. Kirchenleitung der EKvW, o. J., 67).

II. Konkretionen, Beispiele, Veranschaulichungen

a) Konfirmandinnen und Konfirmanden erarbeiten eine Dokumentation der Gemeinde, ihrer Arbeitsbereiche und ihrer Mitarbeiterinnen und Mitarbeiter. Dies kann mit Hilfe von Interviews geschehen, die aufgezeichnet werden. Es können Fotos gemacht oder ein Videofilm gedreht werden. So kann ein Bild der Gemeinde entstehen, wie Jugendliche es sehen. Im Gottesdienst bzw. im Anschluß daran in einem Gemeindecafe können Teile dieser Dokumentation vorgestellt werden.

b) Um das Thema „ein Leib mit vielen Gliedern" anschaulich und erlebbar zu machen, bieten sich Kooperationsspiele und -übungen an. Die Jugendlichen bilden Paare. In einer ersten Phase der Übung machen sie Bewegungen zur Musik, in einem Kreis, die

Rücken zueinander. In der zweiten Phase wenden sie sich ihrem jeweiligen Partner, ihrer jeweiligen Partnerin zu und nehmen in einer Spiegelpantomime die Bewegungen auf, die das Gegenüber macht (vgl. B. Grom, Methoden für den Religionsunterricht, Düsseldorf, 9. Auflage 1992, 73f).

Jugendliche kooperieren in einer Gruppenmalaktion. Eine Papierbahn wird in Felder aufgeteilt. In einer ersten Phase gestalten die Jugendlichen jeweils ein Feld für sich. Nach einer Weile wird die Arbeitsanweisung gegeben, einmal auf die Nachbarn zu achten und das eigene Bild mit dem der anderen zu verbinden. Dabei soll nicht gesprochen werden (vgl. U. Schnabel, Das hätt' ich nicht gedacht, Freiburg 1994, 136f).

c) Man sammelt aus verschiedenen Jugend- und Modezeitschriften Bilder von Menschen mit unterschiedlichen Modestilen. Die Jugendlichen suchen sich aus der so entstandenen Fotomappe ein Bild aus. Sie sollen dazu Stellung nehmen, was der auf dem Bild abgebildete Mensch mit seiner Kleidung zum Ausdruck bringen will, ob er damit eine bestimmte Einstellung verkörpert oder die Zugehörigkeit zu einer Gruppe dokumentieren will. Die Ergebnisse werden einander vorgestellt und ausgewertet.

d) „Der Swoosh läuft immer mit"

„Christopher, 26, aus New York gehört einer kleinen Armee an, er ist sogar so etwas wie ein Offizier. Die Uniformen dieser Armee sind blaue Trainingsanzüge, anstelle von Kampfstiefeln tragen sie Sneakers. Wie in jeder Armee gibt es auch hier Orden. Christopher trägt seine Auszeichnung nicht auf der Brust, sondern auf dem linken Wadenbein. Er hat sich einen „Swoosh", das Logo von Nike, eintätowieren lassen. Christopher arbeitet in Manhattan, in einem riesigen Gebäude namens Niketown. Sein Reich ist das vierte Stockwerk; dort stehen Turnschuhe hinter Glasvitrinen wie in einem Museum, und Michael Jordan schaut gelegentlich mal vorbei. Zu Christophers Team gehört auch die 20jährige Jessica. Sie trägt denselben blauen Trainingsanzug und dieselben Sneakers. Jessica lispelt, weil sie sich vorige Woche eine dicke Nadel durch die Zunge stechen ließ. Jetzt ist Jessicas Zunge geschwollen, und wenn sie lacht, schimmert der Swoosh durch ihre weißen Zähne. Wie alle in Niketown folgen Christopher und Jessica den Befehlen eines Mannes mit verspiegelter Sonnenbrille, den sie selbst nie zu Gesicht bekommen. Phil Knight ist Boß von Nike und findet die Idee mit den Tattoos und Piercings ganz prima. Schließlich erinnern sie die Träger ein Leben lang daran, wo sie hingehören. In seine Armee."

(M. Sauer, in: Jetzt online, Das Jugendmagazin der Süddeutschen Zeitung, Ausgabe Nr. 12, 17. 3. 1997)

III. Aus Religionsunterricht, Konfirmanden- und Jugendarbeit

a) In einem Fragebogen sollen die Konfirmandinnen und Konfirmanden sich einem Modetest unterziehen. Sie antworten auf Fragen danach, wie lange sie im Durchschnitt ein Kleidungsstück tragen, welche Motive sie beim Kauf leiten, ob sie sich mit jemandem anfreunden würden, der auffällig unmodisch gekleidet ist. Das Ergebnis wird verglichen und ausgewertet. Eine solche Befragung könnte von den Jugendlichen selber unter Gleichaltrigen z. B. in der Schule durchgeführt werden.

b) Zum Thema „Woran orientiere ich mich?" führen Konfirmandinnen und Konfirmanden eine Tauschaktion von Wertkarten durch. Jede und jeder zieht aus einem Stapel von Karten, auf denen Werte und Einstellungen, an denen Menschen sich orientieren, aufgeschrieben sind, fünf Karten. Dann werden die Karten eingetauscht, die man nicht haben möchte. Am Ende erstellen die Jugendlichen unter den fünf Karten, die sie am Ende der Tauschaktion erhalten haben, eine Hitliste ihrer persönlichen

Werte, an denen sie sich orientieren wollen (Einen entsprechenden Vorschlag mit Kopiervorlagen für die Karten findet man in: Kreative Unterbrechung. Zur Gestaltung von „Tagen religiöser Orientierung" mit Schülerinnen und Schülern, hg. v. d. Hauptabteilung Schule und Erziehung im Bischöflichen Generalvikariat Münster, Kevelaer 1995, 96).

c) Konfirmandinnen und Konfirmanden erarbeiten als Collage oder auf Plakaten ihr Bild einer Gemeinde als „lebendigem Leib mit vielen Gliedern".

IV. Liturgische Gestaltungsmöglichkeiten

a) Lieder: Selig seid ihr (EG West 666; ML 1, B 97); Halleluja (EG 182, besonders Strophe 5)

b) Konfirmandinnen und Konfirmanden stellen im Gottesdienst eine Szene zum Thema „Ein Leib mit vielen Gliedern" dar (vgl. H. M. Lübking, Kursbuch Konfirmation, Praxisbuch, 131).

c) Jugendliche formulieren den dritten Artikel des Glaubensbekenntnisses unter der Perspektive einer lebendigen Gemeinschaft neu und sprechen dieses Glaubensbekenntnis im Gottesdienst.

V. Literatur- und Medienhinweise

a) Lübking, H.-M., Kursbuch Konfirmation. Ein Praxisbuch für Unterrichtende in der Konfirmandenarbeit, Düsseldorf 1995, 129 ff, besonders 131

b) Fischer, U., Konfirmanden gestalten Gottesdienst. 30 Beispiele für die Praxis, Stuttgart 1991 (Hierin findet sich ein Predigtentwurf zu Römer 12,4 ff)

Thomas Böhme-Lischewski

2. SONNTAG NACH EPIPHANIAS – RÖMER 12,9–16

I. Die Jugendlichen und Römer 12,9–16

a) Dieser Paulus-Text kann für Jugendliche ein Ärgernis sein. Auf den ersten Blick gibt es von Paulus eine Menge Verhaltensregeln für den Alltag – ist man das nicht leid? Hörte man das nicht tagtäglich von Eltern, Lehrern usw.? Damit die im Text vorkommenden „moralisch-ethischen" Begriffe nicht zusätzlich eine Hürde bei den Jugendlichen aufbauen, empfiehlt sich eine sprachlich „neue" Übersetzung. Die „Gute Nachricht" erscheint gut brauchbar.

b) Für Paulus ist „die Liebe … die Grundbestimmung der neuen christlichen Existenz" (Bornkamm).

Stellt man den Römer-Text unter diese Überschrift und vermeidet die anfangs erwähnte Gefahr, Verhaltensregeln zu vermitteln, ist man ganz nah bei den Jugendlichen. Für sie ist die Liebe eine aktuelle, beileibe nicht nur erotisch verklärte, aktuelle Lebensgröße. Fragt man aber: „Wo ist die alltäglich praktizierte Liebe im Alltag von Jugendlichen zu finden?“ und fragt sie selbst danach, erfährt man oft allzu deutlich von der Lieblosigkeit ihrer Umgebung.

c) An dieser Stelle bekommt der Paulus-Text Brisanz. Wenn wirklich schon vor 2000 Jahren Christen gesagt bekamen, wie sie sich untereinander und zu Nichtchristen zu verhalten hätten, warum hat sich da nichts positiv verändert? Im Gegenteil, es scheint eher eine Entwicklung in Richtung Lieblosigkeit zu geben.

Also weniger Aufrichtigkeit, weniger Achtung, mehr Nachlässigkeit, mehr Ungeduld, mehr Verschlossenheit, mehr rücksichtslose Durchsetzung, mehr Unbescheidenheit.

Jugendliche können über diesen Text nicht nur zu einer kritischen Auseinandersetzung mit ihrer Umwelt angeregt werden, sie können auch das Christentum, die Christen und die Kirchen kritisch in ihrer Wirkungsgeschichte sehen. Kann man das Christentum „abhaken“?

d) Unser Text soll aber – und das ist die bis heute aktuelle Intention – nicht zur Resignation und Abkehr aufrufen, sondern positive soziale Kompetenzen, getragen durch die Liebe Gottes, aufzeigen.

Dies ist auch ein „Mutmach-Text“. Jugendliche haben hier viele Möglichkeiten, ihre spontane Liebesbereitschaft, ihre Offenheit und die „power“ ihres Lebensalters loszulassen.

II. Konkretionen, Beispiele, Veranschaulichungen

a) Gleich der erste Satz unseres Textes bietet viel Stoff für Konkretionen: Die Aufrichtigkeit der Liebe ist gefragt. Sprecht ihr über eure Liebe zueinander, zeigt ihr sie euch und anderen? Und was, wenn die Liebe zu Ende geht? Sprecht ihr auch darüber? Liebt ihr euch selbst? Wie ist es mit dem Freund oder der Freundin, mit den Eltern und Großeltern, mit den Geschwistern, mit den Nachbarn, den Mitschülerinnen und Mitschülern?

Darf und kann man die alle lieben, oder sollte der Begriff „Liebe“ ersetzt werden durch Zuneigung oder „ich mag dich?“

Jugendliche erarbeiten diese und andere Fragen im Unterricht, stellen dazu große Poster her, die entweder positive Beispiele von Liebe, aber auch Fragen oder Provokatives enthalten dürfen.

b) Die Konfirmandinnen und Konfirmanden spielen Szenen, die den Textausschnitt „Haltet eure Wohnungen für Fremde offen“ behandeln. Sie stellen Türen aus starker Pappe her, die die Aufschrift „Christ“, „Moslem“, „Atheist“, „Buddhist“ tragen (Es können weitere Türbeschriftungen hinzukommen, auch kann selbstverständlich jeweils die weibliche Sprachvariante gewählt werden).

Die Jugendlichen lassen verschiedene Gottesdienstbesucher an die Türen klopfen. Mal gespannt, wie die „Bewohner“ hinter den Türen reagieren. Ob die Wohnungen offen sind? Um „Schwarz-weiß-Malerei“ zu vermeiden, können hinter den verschiedenen Türen unterschiedliche Reaktionen bei mehreren Spieldurchgängen dargestellt werden.

c) Mit den Fröhlichen fröhlich sein, mit den Trauernden weinen – soll man sich darauf einlassen? Soll man so „soft“ sein? Die Jugendlichen entwickeln einen fröhlichen Gottesdienst. Mit Liedern, durch die sie fröhlich werden, mit Texten, die sie zum Lachen bringen, mit Spielen und Theaterstücken (Miniaturen), die sie lustig finden.

Sind das immer kirchlich „abgesegnete“ Texte und Lieder? Darf man die im Gottesdienst bringen? Vielleicht läßt sich die Gemeinde darauf ein und erkennt das „Fröhlichsein“ als Begründung an. Ist Gott ein fröhlicher Gott?

III. Aus Religionsunterricht, Konfirmanden- und Jugendarbeit

a) Die unter IIa genannten Poster, von Schülerinnen und Schülern im Religionsunterricht oder von Konfirmandinnen und Konfirmanden im Konfirmandenunterricht hergestellt, werden ohne Kommentar in der Schule oder in der Kirche oder im Gemeindehaus ausgestellt. Es gibt „freie" Poster, auf die jede und jeder seine Erfahrungen und seine Meinung zur Liebe, bzw. zur Aufrichtigkeit der Liebe in Text- oder Bildbeträgen aufbringen kann.

b) Jugendliche üben ein Szenenspiel zum Thema „Nächstenliebe" ein, das für Kinder, etwa im Alter von 6–10 Jahren, gedacht ist. Sie kommen dabei in die Situation der Überbringer von Liebesbotschaften – sie erklären Kindern, was Nächstenliebe ist. Außerdem macht Theaterspielen Spaß! Das Stück wird vor Publikum in der Grundschule oder im Kindergottesdienst aufgeführt, (z. B. W. Eitel: „Szenen spielen", München 1995, 78 ff, „Der rote Luftballon").

IV. Liturgische Gestaltungsmöglichkeiten

a) Ein Gottesdienst zum Thema „Liebe" – eigentlich nichts Aufregendes. Aber die Liebe in dem so konkret gefüllten Paulus-Text fordert geradezu nach Handeln, nach Tun.
Laßt die Jugendlichen ostentativ kleine „Liebesgaben", wie sie in allen Kulturen üblich sind (Eine-Welt-Laden!), für den Gottesdienst basteln und sie verteilen.
Laßt sie im Gottesdienst die Segenssprüche durchführen („Werkbuch Jugendgottesdienst" (s. Vb, 173 ff).

V. Literatur- und Medienhinweise

a) S. Berg (Hg.), Eine Tür öffnen, Stuttgart/München 1983, 102 ff.

b) H. Ellinger (Hg.), „Werkbuch Jugendgottesdienst", Wuppertal 1990, 68 ff.

Werner Kropp

3. SONNTAG NACH EPIPHANIAS – RÖMER 1,16–17

I. Die Jugendlichen und Römer 1,16–17

a) Als Textfassung eignet sich die Luther-Übersetzung oder eine eigene Paraphrasierung, die aber – anders als die „Gute Nachricht" – Begriffe wie „schämen" und „Gerechtigkeit" nicht ersetzen sollte.

b) Römer 1,16f gelten als „Themenangabe des Römerbriefes", in der „in nuce die gesamte Theologie des Paulus komprimiert" ist (H. Conzelmann, Grundriß der Theologie des Neuen Testaments, Tübingen 1987, 223). Schon als Luther bei seinem „Turmerlebnis" die reformatorische Erkenntnis von der Rechtfertigung gewann, zählte aber weniger die Komplexität der Verse als vielmehr die Wirkung einzelner Schlüsselbegriffe, etwa „Gerechtigkeit" und „Glaube". Ähnlich werden die theologisch unvoreingenommenen Hörer des Predigttextes – und dazu gehören auch die Jugendlichen – reagieren.

c) „Ich schäme mich des Evangeliums

nicht." – Starke Worte! Paulus bekennt sich nicht nur zum Evangelium, sondern pointiert es auch emotional: Ich schäme mich deswegen nicht! Jugendliche wissen, was das heißt: In Zeiten, in denen Kirche und Glaube out sind, gehört Mut dazu, sich vor anderen dazu zu bekennen. Selbstbewußt und ohne Scham an einen gemarterten Gott zu glauben setzt die Stärke voraus, von den eigenen Schwächen zu wissen. Die Frage nach Menschenbild und Selbstverständnis wird hier elementar berührt. Personen, die wie Paulus Position beziehen, bieten Jugendlichen eine wichtige Identifikationsmöglichkeit auf dem Weg zu einer eigenen Position. Ein Jugendlicher erzählte, in der Konfirmandenzeit sei ihm besonders die Geschichte von der Taufe des Finanzministers wichtig geworden. An ihr sei ihm deutlich geworden, daß auch ganz normale (!) Menschen an Gott glauben.

d) „Es ist eine Kraft, die selig macht, die daran glauben" – Tankstellen, Schokoriegel, Duschgels, Banken, Säfte, Autos … im Reigen von Dingen, die power, Macht, Energie, Kraft haben, einen Menschen zu retten, zu motivieren, ihm Lebenslust und Sinn geben, gibt es viele Möglichkeiten. Wer's glaubt, wird selig. Die Aussage des Paulus bliebe eine These neben anderen, wäre sie nicht durch sein persönliches Bekenntnis eingeleitet. Aber ist er ein glaubwürdigerer Zeuge als die Frau mit dem Waschmittel, die sagt, man fühle sich wie neu geboren, oder der Mann mit den Filtertüten, der ein seliges Gesicht macht? Man müßte mehr über Paulus wissen: Was hat er erlebt? Wie ist er auf diese Erkenntnis gekommen?

e) „Die Juden zuerst und ebenso die Griechen" – Mag theologisch hier das innere Thema des Römerbriefes, die Frage nach dem „Platz der Heiden in der Heilsökonomie Gottes mit seinem jüdischen Volk" (H. Thyen, 100, s. Lit.), angesprochen sein, Jugendliche werden – wenn sie es nicht als rein historische Aufgabe auffassen – eher „Multikulturalität" assoziieren. Die besondere Beziehung zu den jüdischen Glaubensverwandten, so wichtig sie inhaltlich sein mag (vgl. Thyen, 96), tritt in diesem Textausschnitt hinter dem theologisch-anthropologischen Topos von der Rechtfertigung zurück.

f) „Denn darin wird offenbart die Gerechtigkeit, die vor Gott gilt, welche kommt aus Glauben in Glauben" – Schwächen, Macken, Minderwertigkeitsgefühle – Jugendliche sind sich oft selbst nicht recht. Luthers Frage nach dem gnädigen Gott, von D. Sölle gewandelt zur Frage nach dem „gnädigen Nächsten", gewinnt hier eine Alltagsdimension. Die Brutalität, mit der Jugendliche einander richten und abqualifizieren können, jemanden zum „looser" stempeln, der es „nicht bringt", gleicht jener Härte des richtenden Gottes, die Luther quälte. Freundschaft erleben und Nachsicht, Vertrauen haben können, gemocht werden, so wie man ist – das rettet das Selbstwertgefühl. Es gibt also eine Korrelation zwischen dem Gottesbild in Römer 1,16f und den Erfahrungen der Jugendlichen.

g) Der 3. Sonntag nach Trinitatis fällt in die Zeit der Halbjahrszeugnisse, die geprägt ist von der Erfahrung, von anderen nach deren Maßstäben beurteilt zu werden, und der kritischen Selbstprüfung: Wie stehe ich, was habe ich versäumt, was muß ich in den nächsten Monaten 'rausholen?

II. Konkretionen, Beispiele, Veranschaulichungen

a) Leitidee des Gottesdienstes kann jeder einzelne der oben genannten Aspekte sein, z. B. Evangelium als „die Kraft, die selig macht". Als Dia, Folie oder Video können dazu Werbebilder dargestellt und hinterfragt werden.

b) Die Geschichte von Römer 1,16f kann in drei Szenen als Schattenspiel dargestellt

werden (Wenn als Lichtquelle ein Overheadprojektor benutzt wird, können zusätzlich „Kulissen“ und Denkblasen mit Wörtern oder Bildern eingesetzt werden.):
1. Szene: Tertius, der Schreiber, sitzt am Tisch und schreibt, Paulus geht auf und ab, sucht nach Worten, mit denen er sich und seine Glaubensüberzeugungen der Gemeinde in Rom vorstellen kann. Im Stil der narrativen Exegese sollen die Verse so in einen konkreten Lebenskontext gestellt werden. 2. Szene: Luther mit einer dicken Bibel im Turmzimmer, blätternd, grübelnd, laut nachdenkend über die Frage nach dem gnädigen Gott, dann die Einsicht, daß Gottes Gerechtigkeit aus seiner Bermherzigkeit kommt. 3. Szene: Jugendliche zwischen Selbstzweifel und Angenommensein. Die Jugendlichen stellen eine Szene aus ihrem Erfahrungsbereich dar.
Das Gedicht „Scheinbar“ kann hier eingesetzt werden („Man kann sich nicht beklagen: / Man hat viele Freunde / Man lacht sehr viel / Man zeigt gute Leistungen / Man engagiert sich sehr / Man setzt sich ein / Ein rundum glücklicher Mensch / Ein voll ausgefülltes Leben // Aber nachts / sind die Kissen / naß / von den Tränen“ S. Wendel, in: Auszeiten. Texte und Gebete, Düsseldorf 1993, 34).

c) Der Gottesdienst auf der Grundlage von Römer 1,16f kann auch im Rahmen eines Jungenprojektes „Mannsbilder“ stattfinden. Schwerpunkt wäre hier die Auseinandersetzung mit Rollenklischees von Stärke, Unabhängigkeit, Leistungsfähigkeit etc., denn Selbstbild und Gottesbild stehen in einem unmittelbaren Zusammenhang. Die Biographie Luthers und die Bedeutung von Römer 1,16f für ihn können den Jungen dies veranschaulichen. Methodische Anregungen finden sich z. B. in U. Baer, Lernziel Liebesfähigkeit, Remscheid 1993. Auch die Lieder von K. Hoffmann, Ich habe Angst, daß es nicht ausreicht, so wie ich bin, und: Mann, o Mann (Veränderungen, RCA Records, 1982) bieten Anknüpfungspunkte.

III. Aus Religionsunterricht, Konfirmanden- und Jugendarbeit

a) Die Richtlinien für die Evangelische Religionslehre an Realschulen (Düsseldorf 1994) beschreiben die Jugendlichen in den Jahrgangsstufen 7 und 8 als „noch auf der Suche nach dem eigenen Ich“ und empfehlen daher, „die Erfahrungen der Schülerinnen und Schüler indirekt über Gestalten möglicher Identifikation ... anzusprechen“ (98). Die Unterrichtseinheit über Martin Luther geht daher über Kirchen- und Theologiegeschichtliches hinaus und gibt Hilfestellung zur Auseinandersetzung mit eigenen Glaubensentwicklungen. Die Bedeutung von Römer 1,16f für Luthers Entwicklung wird durch entsprechende Selbstäußerungen unterstrichen (vgl. z. B.: Luther entdeckt Gottes Gerechtigkeit, in: Das Leben suchen 7/8, Frankfurt 1989, 153).

b) In der Konfirmanden- und Jugendarbeit kann die Überzeugung von der Rechtfertigung theologische und pädagogische Leitidee sein: Wenn in der Gruppe eine Atmosphäre des Vertrauens herrscht, in der Offenheit und Ehrlichkeit möglich ist, so daß Jugendliche sich ihrer selbst bewußt werden können und lernen, den anderen zu achten (vgl.: So wie ich bin, in: H.-M. Lübking, Kursbuch Konfirmation. Ein Arbeitsbuch, 87ff). Durch die Vorbereitung des Gottesdienstes zum Thema können die Jugendlichen ihre Einsichten und Anfragen formulieren und darstellen.

c) Die Ergebnisse der thematischen Erarbeitung können als Rap-Song vorgetragen werden. Für musikalisch weniger Begabte empfiehlt sich eine Sprechmotette.

IV. Liturgische Gestaltungsmöglichkeiten

a) Wie Paulus nach Worten sucht, die seinen Glauben ausdrücken können, so sollte auch in den liturgischen Stücken nach neuen Formulierungen gesucht werden. Schön wäre es, wenn die Jugendlichen selbstgeschriebene Gebete einbringen könnten. Aber auch die Gebete junger Menschen (EG 948 und 949) sind geeignet.
b) Als Credo kann ein eigener Text oder z. B. „Mein Glaubensbekenntnis“ (ML 1,24) eingesetzt werden. Ein solches Glaubensbekenntnis kann auch innerhalb des Gottesdienstes entstehen. Dazu werden drei Plakate vorbereitet, auf denen der jeweilige Artikel zusammengefaßt aufgeschrieben ist (vgl. ML 1,24). Wo es räumlich möglich ist, können die Gottesdienstteilnehmer ihr eigenes Verständnis dieser Glaubensartikel direkt auf die Plakate schreiben. Wo dies nicht möglich ist, kann mit verschiedenfarbigen Zetteln gearbeitet werden, die anschließend eingesammelt und auf die entsprechenden Plakate geklebt werden. Dieses Bekenntnis wird anschließend (evtl. in Auswahl) von drei Sprechern vorgelesen.
c) Lieder: Wir strecken uns nach dir (EG West 664), Gottes Wort ist wie Licht in der Nacht (EG West 591), In deinen Augen kann ich schöner werden als ich bin (P. Janssens, Wir fassen uns ein Herz, Telgte 1985), Lied zum Anhören: Um Himmels willen (s. u.)

V. Literatur- und Medienhinweise

a) H. Thyen, 3. Sonntag nach Epiphanias, in: GPM 80 (1991), 95 ff
b) Gespräch zwischen Luther und einem Studenten im Jahr 1541, in: G. Kraft und H. Schmidt (Hg.), Das neue Kursbuch Religion 7/8, Stuttgart 1986, 120 f
c) Schulze, Um Himmels willen, aus der CD: Ich häng an dir, BMG Ariola Media GmbH, 1994

Andrea Seils

4. SONNTAG NACH EPIPHANIAS – 2. KORINTHER 1,8–11

I. Die Jugendlichen und 2. Korinther 1,8–11

a) (Selbst-)Verständlich ist der Text für Jugendliche wohl nicht. Es reizt mich, eine eigene Übertragung zu versuchen. (Alternative: Die „Gute Nachricht“)

Ihr sollt es wissen.
Ich habe mich in einer ausweglosen Lage befunden.
Ich hatte eine Last zu tragen,
die war riesengroß und überstieg meine Kräfte.
Ich hatte keine Hoffnung mehr.
Ich habe nicht mehr geglaubt,
mit meinem Leben ungeschoren davonzukommen.
Ich fühlte mich wie einer,
der sein Todesurteil empfangen hat.

Im Nachhinein erkannte ich:
Das geschah, damit ich etwas lerne.
Und ich habe etwas gelernt:

Nicht mehr nur auf mich selbst zu vertrauen,
sondern auf Gott.
Mich auf ihn zu verlassen,
auf ihn, der die Toten auferweckt.

Er hat mich gerettet,
vor dem sicheren Tod bewahrt.
Er wird es auch in Zukunft tun.
Er wird mich retten.
Er wird mich bewahren.

Ich setze meine Hoffnung auf ihn.
Ich vertraue ihm.

Eure Gebete tragen mich.
Sie haben Gott berührt.
(Übertragung: F. Sobiech)

b) Korrelationen: Sich in auswegloser Lage befinden. Kontakt suchen. Da heraus. Signale senden. Lebenszeichen geben. Da heraus. Briefe – heute eher selten. Telefonate – zum Ärger der Rechnungsempfänger Eltern – wohl häufiger. Da heraus. Hoffnung setzen auf den Adressaten – den Freund, die Freundin – Gott?

c) In der Fernsehsendung „Notruf" (RTL) wird gezeigt, wie Menschen in ausweglose Situationen geraten und dann doch noch gerettet werden. Die Sendung wird gerade auch von Jugendlichen gesehen. Die Rettungsaktionen sind oft mit großem technischen Aufwand verbunden: Hubschrauber, Feuerwehr, Technisches Hilfswerk. Kennen Jugendliche auch unspektakuläre Hilfen?
Hinter der „ausweglosen Lage" des Paulus verbergen sich konkrete Verfolgungssituationen in Ephesus, von denen in 2. Korinther 11 erzählt wird. Diese Situationen sind Jugendlichen heute unbekannt, aber sie kennen schwierige Situationen und „Rettungen", in die Familienangehörige, Freunde oder Bekannte verwickelt waren. Gibt es hier Anknüpfungsmöglichkeiten für den Gottesdienst?

II. Konkretionen, Beispiele, Veranschaulichungen

a) Sprichwörter weiterdenken: „Not ist die Mutter der Erfindungen." „Not lehrt beten." „Not macht erfinderisch." Ich denke weiter: Not lehrt Briefe schreiben … Not sucht Gehör. Not lehrt Freunde suchen. Not lehrt Freundinnen suchen. Not macht lebendig. „Aus tiefer Not schrei ich zu dir." Lehrt Not, Gott zu suchen …?
b) Anregung: Mit den Jugendlichen, mit denen ich zu tun habe, eigene Sprichwörter (er-)finden. Aus – eigener – Not geboren. Wie denn anders?
c) Das Lied Meine Angst ist wie ein rotes Licht (ML 1 C 7) mit eigenen Erfahrungen und Worten weiterdichten.
d) Das Gebet im Trommelfeuer
Während das Bombardement den Schützengraben in Fossalta in Stücke fetzte, lag er sehr flach und schwitzte und betete: „Ach, lieber Herr Jesus, hilf mir hier raus. Lieber Herr Jesus, bitte, hilf mir raus. Christus, bitte, bitte, bitte, Christus. Wenn du mich vor'm Tode bewahrst, werde ich alles tun, was du verlangst. Ich glaube an dich, und ich werde allen Leuten in der ganzen Welt sagen, daß du das einzige bist, worauf es ankommt. Bitte, bitte, lieber Herr Jesus."
Das Granatfeuer zog weiter hinauf. Wir begannen in unserem Graben zu arbeiten, und am Morgen ging die Sonne auf, und der Tag war heiß und schwül und erfreulich und ruhig. Am nächsten Abend hinten in Mestre erzählte er dem Mädchen, mit dem er in der Villa Rossa hinaufging, nichts von Jesus. Und er erzählte überhaupt keinem davon.
Ernest Hemingway

e) Anspiel: In einer Gruppe erzählen drei Jugendliche, wie sie im Urlaub in schwierige Situationen geraten sind. Der erste berichtet, daß er von Freunden aus der Klemme befreit worden ist; die zweite erzählt, daß die Feuerwehr kommen mußte. Der dritte sagt, Gott habe ihm geholfen.
Wie reagieren die beiden anderen?

III. Aus Religionsunterricht, Konfirmanden- und Jugendarbeit

a) Imagination oder Konkretion (Beispiel aus eigener Beobachtung einbringen) einer Notsituation verortet im lebensweltlichen und lebensgeschichtlichen Kontext der Jugendlichen.

b) Der Weg da heraus ... Ein Brief – zu schreiben. Ein Telefonat – eine Szene – zu spielen. Auf jeden Fall, Material, Texte, Szenen, „Stoff" für Predigt und Gottesdienst.

c) Zwei Möglichkeiten: Entweder direkte Beteiligung der Jugendlichen – meine Priorität – oder indirekte Einbringung durch den Prediger/die Predigerin. Beides ist möglich.

d) Paulus ins Spiel bringen, Gott ins Spiel bringen. Die eigenen Nothelfer/Nothelferinnen mit Gott ins Spiel bringen. Berührt mich hier der, der Paulus berührt hat? Gott? Diese Frage stellen. Die Antworten der Jugendlichen aushalten. Und dann – nachdenklich – predigen (vgl. Text: „Im Nachhinein erkannte ich…").

IV. Liturgische Gestaltungsmöglichkeiten

a) Psalm: Übertragung von Psalm 21 (ML 1, 8)

b) Gebet: Eigene einleitende Sätze (zu formulieren im Blick auf die Situation der Jugendlichen) ... Wenn ich nicht mehr weiter weiß, dann ... – Stille – Wenn ich nicht mehr weiter weiß, dann ... Dann rufe ich meinen Freund an. Dann rufe ich meine Freundin an. Und das ist gut. Wenn ich nicht mehr weiter weiß, dann suche ich Dich, Gott, ... eigene abschließende Sätze ...

c) Zu der Lesung Markus 4,35–41 kann eine bildliche Darstellung gezeigt werden. Vorschlag: a) Rembrandt, Sturmstillung; b) Unfall-Bild; c) Krankenhausszene; d) Rembrandt, Sturmstillung

d) Lieder: In Ängsten die einen (ML 1 B 71); Meine Angst ist wie ein rotes Licht (ML 1 C 7)

V. Literatur- und Medienhinweise

a) Sprichwörter in: L. Mackensen, Zitate, Redensarten, Sprichwörter, Hanau 1985

b) Die Bibel. Die gute Nachricht in heutigem Deutsch, Stuttgart 1982

c) H. M. Lübking (Hg.), Gott im Alltag, Düsseldorf 1996, 127 ff

Fred Sobiech

5. SONNTAG NACH EPIPHANIAS – 1. KORINTHER 1,6–9

I. Die Jugendlichen und 1. Korinther 1,6–9

a) Übertragung: „Denn die Predigt von Christus ist in euch kräftig geworden, so daß ihr keinen Mangel habt an irgendwelchen Begabungen. Und so wartet ihr voll Zuversicht darauf, daß Jesus Christus, unser Herr, sich in seiner Herrlichkeit zeigt. Der wird euch auch fest erhalten bis ans Ende, daß ihr am Tage unseres Herrn Jesus Christus ohne

Tadel dasteht. Denn Gott ist treu, durch den ihr berufen seid zur Gemeinschaft mit Jesus Christus, unserem Herrn."

b) Nach ihrer Gründung durch Paulus ist die Gemeinde in Korinth rasch aufgeblüht und zum wichtigsten christlichen Zentrum in Griechenland geworden. „In allem wurdet ihr reich, in aller Lehre und aller Erkenntnis" (1,5). Obwohl die mitreißende religiöse Begeisterung der Gemeinde Paulus auch schwer zu schaffen macht, dankt er Gott im Eingang des Briefes für die Entwicklung der Gemeinde.

Daß die Kirche Zulauf haben könnte, können sich die meisten Jugendlichen kaum vorstellen (Ausnahme: Kirchentag). Solange sie mit der Kirche Kontakt haben, erleben sie diese in der Defensive: „Solange ich Theologe bin, sehe ich das Christentum rings um mich her in stetem Abnehmen begriffen" (H. Zahrnt).

c) „... die Predigt von Christus ist in euch mächtig geworden":

Auf die Frage „Es ist schon fast 2000 Jahre her, daß Jesus gelebt hat. Wie erklären Sie es, daß er bis heute solche Bedeutung hat?" antworteten siebzehn- und achtzehnjährige Jugendliche:

– „Jesus verkörpert die alten, aber auch noch heutigen Moralvorstellungen wie z. B. Nächstenliebe. Er dient als Halt für die Menschen, die ohne ihren Glauben vor Einsamkeit, Angst etc. lebensmüde werden würden. Er ist die Hoffnung auf eine bessere Welt, für Gerechtigkeit und ebenso eine Art Seelsorger, dem man die Schuld geben kann oder sich mit dem Glauben an ihn aus der Affäre ziehen kann."

– „Ich denke, Jesus hat deshalb für die Menschen heute noch so eine große Bedeutung, weil seine Absicht und seine Lebensgrundsätze auch heute nichts von ihrer Aktualität verloren haben. Gerade in der heutigen Zeit ist es für viele Menschen wichtig, an etwas glauben zu können. Ich denke, sie brauchen die Unterstützung aus dem Glauben auch deshalb, weil die jetzige Gesellschaft dem Einzelnen wenig Halt gibt."

– „Menschen brauchen einen Anhalt, etwas, an das sie sich halten können. Um sich zu stärken glauben sie. Jesus stellt immer das Positive, Freizügige, Unerreichbare dar. Und gerade weil er unerreichbar ist, bleibt er als ein Mythos bestehen."

d) „... keinen Mangel an irgendwelchen Begabungen":

In Korinth boomt das kirchliche Leben. In der jungen Gemeinde hat sich religiöser Enthusiasmus breit gemacht. Es gibt prophetische Begabungen und es gibt Heilungen von Krankheiten. In den Versammlungen treten Menschen auf, die „in Zungen reden". Es kommt aber auch zu Streitigkeiten und Parteienbildungen. „Paulus nimmt lieber die Turbulenzen in Korinth in Kauf, als die Freiheit gesetzlich zu beengen" (J. Becker).

Jugendliche erleben die Kirche (oder ihre Gemeinde) nicht unbedingt als einen Ort, wo das Leben dröhnt. Entsprechend verbinden sie mit der Kirche auch eher ältere, unauffällige und uninteressante Personen. Um so überraschter sind sie, wenn sie hin und wieder hören, daß Personen, an denen sie ein Interesse haben, in irgendeiner Weise mit der Kirche in Verbindung stehen (Campino im Kloster, Fernsehmoderator, Lehrer an der Schule). Jede Synode, jeder Kirchentag, jedes Kirchenfest zeigt immer wieder, wie viele und welch „tolle Leute" in der Kirche mitwirken. Es gibt Begabungen jeder Art in der Kirche – doch bis zu Jugendlichen (auch bis in die „veröffentlichte Meinung") spricht sich dieses meist nicht herum.

e) „... Gott ist treu": Jung sein heißt: auf der Suche sein. Jugendliche probieren Stile, Angebote und Orientierungsmöglichkeiten aus, um herauszufinden, was sie selbst wollen. Diese Entwicklung vollzieht sich oft in Sprüngen und führt sie häufig auch weg von der Kirche. Auch weg von Gott?

Für Jugendliche scheint alles möglich, aber um so weniger verläßlich zu sein. Dabei suchen und brauchen sie Verläßlichkeiten: Freunde, die ihnen die Stange halten; eine Familie als funktionierender Heimathafen; einen Halt gebenden Glauben ... „Gott ist treu“: Es gibt auch eine verborgene Kontinuität Gottes im Lebenslauf, die man meist erst in späteren Jahren zu erkennen oder zu ahnen beginnt. Immerhin: Mit 14 konfirmiert, mit 20 Atheistin, mit 40 Presbyterin – das ist so selten nicht. „Gott ist treu“: Auch die Jugendlichen, die Gott vorläufig abgeschrieben haben, verliert Gott nicht aus den Augen.

II. Konkretionen, Beispiele, Veranschaulichungen

a) „Wenn am Jahresende 1999 die Champagnerkorken knallen, dann geht – so scheint es – auch das letzte christliche Jahrhundert zu Ende. Die Kirche blutet aus: leer nach dem Wegbleiben der verbliebenen Kanzelschwalben; morsch nach dem Versuch, sie in starre Dogmatik zu bandagieren; überflüssig, nachdem ihre Moral vor den Herausforderungen der High-Tech-Gesellschaft stumm bleibt. Im Norden wie im Süden, bei Protestanten wie bei Katholiken brechen die Bindungen an die Kirche. Schon heute sind mehr als 20 Millionen Bundesbürger konfessionslos. Der einst machtvollen Institution droht … der Untergang“ (R. Gronemeyer).

b) Warum wächst die lutherische Kirche Finnlands? Fragen an den Bischof Eero Huovinen (Helsinki):

E. H.: „In unserer Kirche werden über 90% der Kinder getauft, 86% aller Finninnen und Finnen gehören der Kirche an.

Frage: Wie erklären Sie sich das?

E. H.: Vor allem betonen wir sehr die Jugendarbeit. Schon im Zeitraum vor der Grundschule gibt es viele Angebote … Auch nehmen 92 Prozent aller 15jährigen in meiner Diözese Helsinki … am Konfirmandenunterricht teil. Das ist ein Zeichen für eine lebendige Volkskirche.“

c) Evangelische Kirchenmitglieder — Mitarbeiterinnen und Mitarbeiter i. d. Kirche

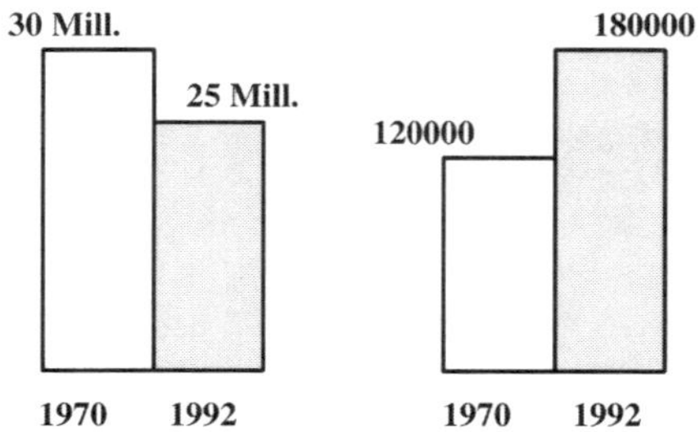

Zahlen jeweils für EKD-West und Berlin

d) Gute Gründe, um in der Kirche zu bleiben oder in die Kirche einzutreten!
Jugendliche formulieren solche Gründe und stellen sie im Gottesdienst zur Diskussion. Sie können ergänzt und bewertet werden. Beispiele:

- Ich bleibe in der Kirche, weil ich für den Glauben an Gott Unterstützung brauche.
- Ich bleibe in der Kirche, weil ich möchte, daß die biblischen Geschichten nicht in Vergessenheit geraten.
- Ich bleibe in der Kirche, weil ich zu der Gruppe gehöre, die sich auf Nächstenliebe und Barmherzigkeit ansprechen läßt.
- Ich bleibe in der Kirche, weil sie für Versöhnung und Frieden mit allen Menschen eintritt.
- Ich bleibe in der Kirche, weil sie einen erheblichen Teil der allgemeinen Soziallasten mitfinanziert.
- Ich bleibe in der Kirche, weil sie für die Würde jedes einzelnen Menschen von der Geburt bis zum Tod eintritt.

e) Jugendliche entwerfen und spielen eine Szene im Gottesdienst: „Was geschieht in unserer Gemeinde in der nächsten Woche, wenn „die Predigt von Christus“ an diesem Sonntag in uns kräftig wird?“
Einige Andeutungen: Während der Predigt wird spontan geklatscht … Nach dem Gottesdienst bleiben die Leute vor der Kirche stehen … Am Nachmittag steht das Telefon im Pfarrhaus nicht still … Beim Chor reicht der Probenraum nicht mehr aus … Die Frauenhilfe muß sich teilen … Die Mutter-Kind-Gruppe muß auf die Kirchwiese umziehen … Im Bibelkreis fehlen die Bibeln … Am nächsten Sonntag …

III. Aus Religionsunterricht, Konfirmanden- und Jugendarbeit

a) Konfirmandinnen und Konfirmanden führen nach dem Gottesdienst eine Befragung unter den Gottesdienstbesuchern durch: „Welche Wirkung haben ein Gottesdienst bzw. eine Predigt? An welche Predigt können Sie sich heute noch erinnern? Wann haben Sie eine Predigt normalerweise vergessen?“…

b) Jugendliche organisieren eine Straßenbefragung: „Wie sehen Sie die Zukunft der Kirche?“ Die Antworten können in einem Gottesdienst vorgestellt und aufgenommen oder auch im Presbyterium/Kirchenvorstand diskutiert werden.

c) Das Thema „Kirchenaustritt/Kircheneintritt“ wird im Religionsunterricht in einer Pro- und Contra-Diskussion erörtert. Zu dieser Diskussion kann auch die Pfarrerin oder der Pfarrer eingeladen werden.

d) „Also, hier auf dem Kirchentag finde ich es toll. Hier herrscht eine ganz andere Atmosphäre als sonst in der Kirche, viel persönlicher, gemeinschaftlicher und unkonventioneller. Themen, die mich interessieren, werden aufgegriffen, und ich kann schnell Kontakte zu jungen Leuten schließen. Früher war ich öfter mit christlichen Gruppen unterwegs. Dabei ging es aber recht streng zu. Oft hatte ich das Gefühl, daß man mich zu einer Bekehrung drängen wollte. Eine richtige Gemeinschaft habe ich dabei nicht gefunden. Aber hier haben mir diese Erfahrungen auf dem Kirchentag viele Anstöße gegeben. Zum ersten Mal empfinde ich eine Gemeinschaft mit anderen Christen als eine Gemeinschaft, die zusammen suchen und glauben. Deswegen bin ich sehr froh, daß ich hier auf den Kirchentag gekommen bin. Das ist etwas ganz anderes als alle bisherigen Erfahrungen mit der Kirche und kirchlichen Gruppen.“ (Silke M).
Jugendliche berichten im Gottesdienst von ihrem letzten Kirchentagsbesuch: Was hat ihnen beim Kirchentag gut gefallen – und wie erleben sie ihre Gemeinde?

e) Materialien zum Thema für die Konfirmandenarbeit bietet H.-M. Lübking, Kursbuch Konfirmation. Arbeitsbuch, Düsseldorf 1995, 18f.

IV. Liturgische Gestaltungsmöglichkeiten

a) Gebet für die Kirche: Im Fürbittengebet nennen jugendliche und erwachsene Gottesdienstteilnehmer Gründe, warum es auch in Zukunft eine Kirche geben sollte (vgl. IId). Nach jeder Äußerung sprechen alle: „Herr, erwecke deine Kirche und fange bei mir an.“

b) Als Palmgebet im Wechsel entweder der Text „Glücklich die Kirche“ (Psalm 1) oder „Wider die Resignation“ (Psalm 27), beide in U. Seidel/D. Zils, Psalmen der Hoffnung, Gladbeck 1982, 12. 43.

c) Die Lesung Matthäus 13,24–30 sollte mit einigen erläuternden Worten (vgl. U. Wilckens-Bibel) eingeleitet werden, da sie sonst in ihrer Aussage leicht mißverstanden werden könnte.

d) Lieder: Vertraut den neuen Wegen (EG 395); Ein Schiff, das sich Gemeinde nennt (EG West 604); Herr, wir bitten: Komm und segne uns (EG West 607); Du hast vereint in allen Zonen (EG West 609).

V. Literatur- und Medienhinweise

a) M. Kroeger, Die Notwendigkeit der unakzeptablen Kirche, München 1997
b) „Ohne uns sieht eure Kirche alt aus". Hauptvorlage '97 der Evangelischen Kirche von Westfalen
c) „Jedem seine Kirche" (Video). NeuSeh-Land TV (Evang. Medienzentralen), 1994

Hans-Martin Lübking

LETZTER SONNTAG NACH EPIPHANIAS – 2. KORINTHER 4,6–10

I. Die Jugendlichen und 2. Korinther 4,6–10

a) Schon der Verfasser des 2. Petrusbriefes fand in den Paulusbriefen „etliche Dinge schwer zu verstehen" (2. Petrus 3,16). In diesem Text sind es vor allem die Verse 6, 7 und 10, die nicht nur Jugendlichen zumindest beim ersten Hören eher „spanisch vorkommen".
Die Übersetzung der „Guten Nachricht" überträgt das „Wir" des Textes konsequent in ein „Ich" und leistet damit dem Mißverständnis Vorschub, es gehe in diesen Versen um den persönlichen Heroismus des Paulus im Umgang mit Bedrängnissen und Nachstellungen.
b) Der Versuch einer eigenen Übertragung: „Am Anfang der Welt hat Gott gesagt: Licht soll in der Finsternis leuchten. Jetzt hat er einen hellen Schein in unsere Herzen gegeben, damit die Menschen den Glanz Gottes erkennen, der auf dem Angesicht Jesu Christi liegt. Wir haben aber diesen Schatz in zerbrechlichen Gefäßen, damit deutlich wird, daß die überragende Kraft von Gott kommt und nicht von uns. Von allen Seiten sind wir bedrängt, aber wir werden nicht erdrückt. Wir wissen oft nicht mehr weiter, aber wir verzweifeln nicht. Wir leiden Verfolgung, aber wir sind nicht verlassen. Wir werden unterdrückt, aber wir kommen nicht um. So tragen wir allezeit den Tod Jesu an unserem Leibe mit uns herum, damit auch das Leben, zu dem Jesus erweckt wurde, an unserem Leibe offenbar wird."
c) Paulus verteidigt in diesen Versen sein Amt gegen Angriffe aus der korinthischen Gemeinde. Diese war unter den Einfluß von Leuten geraten, die im Vergleich zu Paulus ganz andere sichtbare Erfolge aufweisen konnten: Sie hatten Visionen, verfügten über Wunderkräfte und waren redegewandt. Paulus nahm sich im Vergleich zu ihnen eher kümmerlich aus, und so wurde ihm vorgeworfen, er sei eben nicht die glänzende Erscheinung, die man von einem Apostel ja doch wohl erwarten könne.
Ein Siebzehnjähriger: „Die konnten sich eben besser verkaufen, Paulus war wohl zu langweilig." Auf der einen Seite lernen Jugendliche heute schnell, wie wichtig es ist, sich „gut zu verkaufen", andererseits merken sie oft genau, was bloße Show (M. Walser: „Die hohlsten Nüsse machen, wenn man auf sie tritt, die größten Geräusche.") und was echt ist. Braucht die gute Botschaft, um in der Mediengesellschaft überhaupt Gehör zu finden, auch einen „guten Botschafter" mit Hang zur Selbstdarstellung oder zeichnet sich die gute Botschaft eben dadurch aus, daß sie ohne jede Show auskommt? Ein möglicher Anknüpfungspunkt des Textes – nicht nur für Jugendliche.
d) Auf dem Gesicht des Gekreuzigten hat

Paulus den Glanz Gottes gesehen. Gott ist nicht in der Höhe, sondern in der Tiefe bei denen, die arm dran sind. Darum müssen sich Menschen nicht verstellen. Sie sind, wie sie sind: keine glänzenden Erscheinungen, sondern meist schwach, mutlos und hinfällig – aber in dieser Hilflosigkeit erhellt vom Glanz Gottes.

Diese Tendenz des Textes empfinden Jugendliche vermutlich als Zumutung. Sie erleben um sich herum einen Kult der Schönheit und der Stärke, dem sich nur wenige entziehen können. Es gilt, etwas aus sich zu machen, etwas darzustellen, sich zu behaupten. Bloß nicht zu den „Loosern" gehören!

Daß hier Illusionen im Spiele sind und das Leben nicht nur eine Erfolgsroute ist, wissen Erwachsene nach vielen Erfahrungen vermutlich eher. Kann man aber Jugendlichen, die von ihrem Alter her zeigen wollen und müssen, daß sie etwas können und etwas drauf haben, vermitteln, daß Menschen meist schwächer sind, als sie sein wollen, und daß sie so Gott gerade recht sind? Hier legt es sich nahe, nicht allgemein zu argumentieren, sondern von Personen und den Gebrochenheiten in ihrem Leben zu erzählen: von Paulus, von Erwachsenen, Jugendlichen, von mir (vgl. II c).

e) „Wir haben aber diesen Schatz in zerbrechlichen Gefäßen" …

Wer einen der großen Schätze dieser Erde besichtigen will, muß entweder viel Eintritt bezahlen, Leibesvisitationen über sich ergehen lassen oder zum Kreis der Auserwählten gehören. Jugendliche, die schon in London gewesen sind, können eventuell davon erzählen, daß die britischen Kronjuwelen in einem der bestbewachten und -gesicherten Gebäude der Welt, im Tower, aufbewahrt werden. Zu dem amerikanischen Goldschatz in Fort Knox oder zu den Goldreserven der Bundesbank haben normale Sterbliche dagegen überhaupt keinen Zugang.

Gottes Schatz ist anders: „Jedem Zugriff preisgegeben und vor Übergriffen nicht geschützt wird hier ein Schatz durch die Welt transportiert, der keinem Menschen gehört und doch zu allen Menschen kommt … Schloß und Riegel sind abgerissen. Tor und Tür sind aufgetan, sperrangelweit aufgetan. Gottes Schatz leuchtet nicht einsam und verlassen für sich selbst. Gottes Schatz leuchtet der ganzen Welt entgegen … Wir sind die Schatzkammern, in denen Gott seinen Schatz auf Erden verwahrt" (E. Jüngel).

Daß Gottes Schatz nicht in unterirdischen Stahlkammern oder vatikanischen Museen aufbewahrt wird und nicht in Gold, Aktien, Kirchen oder Bibeln, sondern in Menschen besteht, ist für Jugendliche etwas Überraschendes und zunächst Sympathisches. Möglicherweise fallen ihnen dabei die kirchlichen Mitarbeiterinnen und Mitarbeiter oder die ortsbekannten Kirchgänger ein – welche Überraschung aber, daß sie selbst gemeint sind!

In den Medien und auch in den Religionsbüchern sind es immer dieselben „Glaubenszeugen", die den Jugendlichen begegnen: Mutter Teresa, Dietrich Bonhoeffer, M. L. King und Co. Viel überzeugender sind für Jugendliche „ganz normale" Christinnen und Christen: keine kirchlichen VIP's, sondern einfache, oft zweifelnde, manchmal mutlose, dennoch irgendwie glaubende Menschen wie du und ich, Jugendliche und Erwachsene (vgl. II c).

f) Paulus interpretiert seine Leiderfahrungen als unumgängliche Folgen seiner Tätigkeit als Apostel des gekreuzigten Christus. An dieser Stelle wird der Abstand zur Situation der Kirchen im Deutschland des Jahres 1998 besonders deutlich. Insgesamt werden Christentum und Kirche in der Gesellschaft eher respektiert als behindert.

Allerdings werden inzwischen Jugendliche, die in ihren Schulklassen Kirche oder Christentum verteidigen, nicht selten von ihren Altersgenossen ausgelacht oder verspottet.

II. Konkretionen, Beispiele, Veranschaulichungen

a) Der Schatz in zerbrechlichen Gefäßen I
In einer kleinen Symbolhandlung packen Konfirmandinnen und Konfirmanden ein teuer und aufwendig verpacktes Geschenk aus. Um die Spannung zu steigern, befindet sich im ersten Geschenkpaket ein weiteres, im zweiten ein drittes, bis schließlich eine einfache alte Bibel oder ein schlichtes Holzkreuz zum Vorschein kommt (Die Konfirmandinnen und Konfirmanden sollten gefragt werden, wofür sie sich entscheiden).
Geschenk (Bibel oder Kreuz) und Verpackung – wie passen sie zusammen? Jugendliche und erwachsene Gottesdienstbesucher kommentieren die Symbolhandlung.

b) Der Schatz in zerbrechlichen Gefäßen II
„Die konnten sich eben besser verkaufen, Paulus war wohl zu langweilig" (vgl. Ic). Auch die Kirchen „verkaufen" sich zur Zeit nicht gut. Sie stecken in einer Akzeptanzkrise. Kirchenaustritte, Verlust der Monopolstellung in religiösen Fragen und nachlassende Kirchenbindungen lassen den Einfluß der Kirche in der Gesellschaft schrumpfen. Soll die Kirche verstärkt Werbung betreiben? Oder würde sie damit nur den Verdacht nähren, daß man in der Kirche selbst nicht mehr an die Durchsetzungskraft der christlichen Botschaft glaubt? Darüber wird in den Kirchen z. Z. heftig diskutiert.
Wie sieht die Gemeinde diese Frage?
Jugendliche haben sich Werbesprüche oder auch einen Werbespot (evtl. als Anspiel) einfallen lassen, in denen für den christlichen Glauben „geworben" wird. Sie werden der Gottesdienstgemeinde präsentiert. In einem ersten Gesprächsgang geht die Pfarrerin oder der Pfarrer (mit dem Mikrophon?) durch die Reihen und fragt: „Soll die Kirche werben?"
Es folgen einige Dias aus der Werbeaktion des Kölner Stadtkirchenverbandes „Misch dich ein!" Nach diesen Dias folgt ein zweiter Gesprächsgang mit den Gottesdienstbesuchern. Hat sich die Meinung verändert?

c) Der Schatz in zerbrechlichen Gefäßen III
Drei Personen (Jugendliche(r), Erwachsene(r) und ältere(r) Frau oder Mann) werden von Konfirmandinnen und Konfirmanden danach befragt, was ihnen am Christentum wichtig ist, inwiefern ihr Glaube etwas mit ihrem Alltag zu tun hat, ob es immer leicht ist, sich als Christin oder Christ zu verstehen usw. Die Fragen sind vorher im Konfirmandenunterricht besprochen worden. Die Befragung darf nicht zu lange dauern, nicht zu ernst werden und nicht dazu führen, daß langatmige Bekenntnisse abgelegt werden.

d) Jugendliche haben aus Stellenanzeigen der Zeitung ein typisches Stellenangebot zusammengestellt und kontrastieren dieses in einer kleinen Sprechmotette mit einem „Stellenangebot" der Kirche:
„Setzen Sie zum Sprung an in eine Führungsposition!
Wenn Sie
- überzeugend auftreten können
- über große Erfahrung verfügen
- offen sind, noch dazuzulernen
- mobil sind und einsatzfähig in der ganzen Region
- teamfähig sind und überdurchschnittlich engagiert
- eine gesunde Portion Ehrgeiz mitbringen
- und souverän genug sind, um organisatorisch alles im Griff zu haben

dann sind Sie unsere Idealbesetzung.
Wenn Sie sich in dieser Funktion bewähren, ist Ihr nächster Karriereschritt die Übernahme einer unserer Bezirksdirektionen.
Meyer GmbH Deutschland"
Und:
„Mitarbeiterinnen und Mitarbeiter gesucht!
Die Kirche stellt ein:

– Versager	– wie Petrus
– Traurige	– wie deine Freundin
– Betrüger	– wie Zachäus
– Unauffällige	– wie deine Nachbarin
– Ratlose	– wie Maria
– Kranke	– wie Martin Luther

– Menschen – wie dich.
Sie sind uns willkommen!
Wir bieten: ‚Wir wissen oft nicht mehr weiter, aber wir verzweifeln nicht' (2. Korinther 4,9)."
Die beiden Stellenangebote sollten jeweils Zeile für Zeile abwechselnd gelesen werden.

e) „als der läufer zusammenbrach,
standen die trainer ratlos,
sie hatten alles trainiert,
nur nicht die niederlage." (K. Bartsch)

Wie gehen wir mit Niederlagen um? Jugendliche haben überlegt, wie der Bundesligaverein Bayern München, Spitzenpolitiker nach einer Wahl, ihre Lehrerinnen und Lehrer und sie selbst mit Niederlagen umgehen und sie verarbeiten. Sie stellen im Gottesdienst ihre Ergebnisse mit wenigen Sätzen (evtl. auch pantomimisch) vor.
Die Pfarrerin oder der Pfarrer schließen sich an und erzählen, wie Paulus seine Niederlage verarbeitet hat.

III. Aus Religionsunterricht, Konfirmanden- und Jugendarbeit

a) Im Religionsunterricht und in der Konfirmandenarbeit kommt die Beschäftigung mit Paulus zur Zeit zu kurz. An Hand einiger Dias (etwa: D. Steinwede, Paulus. Sachbilderbücher zur Bibel. Serie 4 Dias, Lahr/Düsseldorf 1979 oder: Paulus – unterwegs für Jesus. AV-Religion) sollten Jugendliche über das Leben des Paulus informiert werden. Im Blick auf 2. Korinther 4,6–10 können dabei die eigenen Aussagen des Paulus über seine Leidenserfahrungen im 2. Korinther 11 und 12 eine besondere Rolle spielen.

b) Unter dem Titel Versager haben Chancen bieten H. G. Maser und H. H. Reimer in der Mappe „Lebendige Konfirmandenarbeit" (Gütersloh 1985, 40ff) Materialien, mit denen in Konfirmandengruppen das Thema „Jesus Christus hält und trägt den Schwachen" behandelt werden kann (vgl. dazu auch das Unterrichtsbuch Leben entdecken, Gütersloh 1981).

c) Materialien für die Arbeit in einer Konfirmandengruppe zum gegenwärtigen Kult um Stärke und Schönheit bietet: H. M. Lübking, Kursbuch Information. Ein Praxisbuch für Unterrichtende in der Konfirmandenarbeit, Düsseldorf 1995, 63.

d) Jugendliche stellen im Gottesdienst eine Folien-Serie vor, in der unterschiedliche Menschen zu sehen sind: Normale Mitbürgerinnen und -bürger, die auf der Straße, im Kaufhaus, vor ihren Häusern oder sonstwo fotographiert worden sind (Aufgabe der Jugendarbeit?) – und – Fotos schöner, schicker und erfolgreicher Menschen aus den Werbeseiten der Illustrierten. Wie ist der Mensch?

e) In der Konfirmandengruppe kann die Geschichte „Das Leben des Christoph B." von H. von Kuenheim (in: Geschichten zum Nachdenken, München/Mainz 1977, 122f) gelesen und gemeinsam diskutiert werden (In der Geschichte wird erzählt, wie Eltern die Geburt ihres behinderten Kindes erleben ...).

f) Peter, 17 Jahre, war vor 1½ Jahren von einer Leukämieerkrankung geheilt worden. Bei einer Routineuntersuchung wird die Verschlechterung seiner Blutwerte entdeckt: Ein Rückfall. Peter erzählt selbst:
Die Nachricht, daß es ein Rückfall sein könnte, war für mich und meine Mutter ein großer Schock. Das Heulen überkam mich und als erstes kam die Frage: „Warum gerade ich?" Die Schwester sagte zu uns, daß wir uns diese Frage nicht stellen dürften. Wir alle wußten, daß es auf diese Frage keine Antwort gab, trotzdem stellte ich sie mir. Ich beruhigte mich ein wenig, und nach der Punktion hörte ich auf zu heulen. Während wir auf das Ergebnis der Punktion warteten, kamen mir die Gedanken, was wäre, wenn es ein Rückfall ist:
Zuerst fielen mir Dinge ein, die ich jetzt nicht mehr tun könnte:
– den Bronze-Tanzkurs nicht fertig machen;
– ich hatte gerade erst auf das Technische

Gymnasium gewechselt und es war mir klar, daß ich vorerst die Schule nicht mehr besuchen konnte;
– ich hatte Karten für den Sportlerball am 5. November und konnte da natürlich auch nicht hingehen.
Als uns Dr. Klingbiel nach einer halben Stunde mitteilte, daß es ein Rückfall ist, mußten meine Mutter und ich nochmals sehr heulen. Im ersten Moment wußte ich gar nicht, was ich tun soll. Ich spürte eine Leere in mir. Dr. Klingbiel und die Schwester versuchten uns ein wenig zu beruhigen, obwohl ich ihnen ansah, wie sehr sie betroffen waren und mit mir fühlten.
Die Heimfahrt erlebte ich wie „in Trance". Als wir Zuhause ankamen und meinem Vater alles erzählten, war er auch geschockt. Schlimmer war es für mich, als wir es meinem Bruder erzählten. Da mußte ich wieder richtig heulen. Danach beruhigte ich mich und fing an, für den nächsten Tag meine persönlichen Sachen zu packen. Anschließend zog ich mich um, las noch ein bißchen im Bett. Meine Mutter kam noch herein und machte das Licht aus und die Tür zu. Ich fühlte mich durch das Reden irgendwie erleichtert und konnte recht schnell und gut schlafen.
(Auszug aus: Tränen im Regenbogen: Phantastisches und Wirkliches aufgeschrieben von Mädchen und Jungen der Kinderklinik Tübingen: Attempto-Verl., 1989, 138–139)

IV. Liturgische Gestaltungsmöglichkeiten

a) In II a–e und III d sind mehrere Konkretionen beschrieben, die im Gottesdienst auch mit liturgischen Elementen (Gebet, Lesung usw.) verbunden werden können.
b) Als Psalmgebet kann Psalm 100 (EG West 743) im Wechsel gesprochen werden.
c) Als Alternative zur schwer verständlichen Verklärungsgeschichte Matthäus 17,1–9 schlage ich die alttestamentliche Lesung 2. Mose 3,1–10 vor. Zur visuellen Unterstützung dieser Lesung kann eines der verschiedenen Chagall-Bilder zum Text eingesetzt werden.
d) Sündenbekenntnis: „Jesus, wir tragen deinen Namen und nennen uns Christinnen und Christen. Wir kommen in die Kirche und hören dein Wort. Doch im Alltag vergessen wir oft, wozu du uns berufen hast: die Zerstrittenen zu versöhnen, die Verzweifelten aufzurichten, die Traurigen zu trösten, den Unterdrückten zum Recht zu helfen und die Hungrigen zu speisen. Wir haben Angst, aufzufallen und sind zu feige, uns als Christen zu erkennen zu geben. Wir heulen mit den Wölfen und passen uns an. Vergib uns, Jesus, unseren Kleinglauben und unsere Feigheit! Nimm uns wieder auf in deine Gemeinschaft! Amen."
e) Fürbittgebet: Die Konfirmandinnen und Konfirmanden verfassen zu den Stichworten Land, Stadt, Haus, Schule, Familie und Kirche kurze Gebetszeilen. Ein Beispiel:
– Gott, ich möchte leben in einem Land, in dem den Politikern die Armen am meisten am Herzen liegen.
– Ich möchte leben in einer Stadt, in der die Arbeitslosen und ihre Kinder überall freien Eintritt haben.
– Ich möchte leben in einem Haus, in dem sich alle gegenseitig besuchen und keiner einsam sein muß.
– Ich möchte leben in einer Schule, in der niemand fertiggemacht wird.
– Ich möchte leben in einer Familie, in der keiner allein, sondern alle gemeinsam zu bestimmen haben.
– Ich möchte leben in einer Kirche, in der niemand vergessen oder übersehen wird, dem es schlecht geht.
Überleitung: „Wir nehmen diese Wünsche auf und beten gemeinsam: Vater unser …"
f) Lieder: Von guten Mächten (EG West 652); Aus der Tiefe rufe (EG West 655); Fürchte dich nicht (EG West 656); Selig seid ihr (EG West 666)

V. Literatur- und Medienhinweise

a) E. Jüngel, Predigten. München 1970, 101–108
b) Tränen im Regenbogen. Phantastisches und Wirkliches – aufgeschrieben von Mädchen und Jungen der Kinderklinik Tübingen (dtv 30331), München 1992
c) J. Gawert/R. Middel (Hg.), Werbung ohne Tabu? Pro und Contra zur Benetton-Werbung, GEP Frankfurt 1994

Hans-Martin Lübking

SEPTUAGESIMAE – 1. KORINTHER 9,24–27

I. Die Jugendlichen und 1. Korinther 9,24–27

a) Eigene Textübertragung:
Ihr wißt doch: Von allen Läufern, die im Stadion zum Wettkampf antreten, gewinnt nur einer den Siegespreis. Lauft so, daß ihr ihn gewinnt!
Jeder, der an einem Wettkampf teilnimmt, setzt dafür alles ein. Er bereitet sich vor und verzichtet auf vieles, um zu siegen. Doch wie schnell ist der Sieg vergessen! Wir aber setzen alles ein für einen Preis, der unvergessen bleibt und für immer von Bedeutung ist.
Ich weiß genau, wofür ich kämpfe. Ich laufe nicht wie einer, der kein festes Ziel hat. Ich kämpfe nicht wie ein Boxer, der daneben schlägt. Ich trainiere und bezwinge mich. Denn ich möchte nicht andere zum Glaubenskampf ermuntern und mich selbst nicht erprobt und bewährt haben.

b) Was Paulus über den Einsatz und Ehrgeiz im sportlichen Wettkampf sagt, entspricht den Erfahrungen der Jugendlichen. Sport ist eine der beliebtesten Freizeitbeschäftigungen heutiger Jugendlicher. Auf die Frage, was ihnen im Leben wichtig ist, ist Sport in ihrer Antwort fast immer enthalten. Die Fähigkeiten des eigenen Körpers zu spüren, ihn bis zur Leistungsgrenze auszuprobieren, ist eine Herausforderung, der sich Jugendliche gerne stellen. Die Aussicht auf Erfolg gibt die nötige Motivation und Ausdauer für zeitaufwendiges Training. Gerade auch intellektuell weniger begabte Jugendliche finden im Sport eine Möglichkeit, Erfolgserlebnisse zu haben und Selbstbewußtsein zu entwickeln. Daß Paulus den Sport so ausdrücklich wertschätzt, überrascht Jugendliche.

c) Im Griechenland des Paulus, dem Ursprungsland der Olympischen Spiele, ist der Charakter des Sports und das Verhältnis zum Körper anders als im 20. Jahrhundert.
Der erbitterte Konkurrenzkampf um den Sieg hat heute das Spielerische und den Spaß an der gemeinsamen körperlichen Betätigung in den Hintergrund gedrängt. Die Ausbeutung des Körpers ist maßlos geworden. Doping soll die Leistungsgrenzen überschreiten, körperliche Schäden durch langjähriges Training und Medikamente werden in Kauf genommen.
In den modernen Frauen- und Mädchenkrankheiten Bulimie und Anorexie hat das Bezwingen des Körpers krankhafte Formen angenommen.
Dieser Erfahrungshorizont ist zu berücksichtigen, damit der von Paulus geforderte Einsatz des Glaubenden nicht als maßlose Ausbeutung der eigenen Lebensenergien unter Leistungsdruck und Konkurrenz mißverstanden wird.

d) Paulus' Zielstrebigkeit, sein Selbstbewußtsein und sein Bemühen um Authentizität stoßen auf neugieriges Interesse bei Jugendlichen in ihrer Suche nach Identität. Befremdlich ist für sie, daß es um den Einsatz des Glaubenden geht. Daß christliches Leben lebenslanges Training und persönlichen Einsatz verlangt, ist weitgehend unbekannt in einer Gesellschaft, in der Religion und Kirche für viele zu Konsumgütern geworden sind. Der Konfirmandenunterricht mit seinen Verpflichtungen wird von Eltern und Jugendlichen als hoher persönlicher und ausreichender Einsatz bewertet.

e) Was der Siegespreis ist, der „unvergessen bleibt und für immer von Bedeutung ist", war im Gespräch mit Jugendlichen über den Text eine Frage, auf die sie allein keine Antwort fanden.

f) Drei Wochen nach dem Sonntag Septuagesimae beginnt die Aktion „Sieben Wochen ohne". Sie ist ein konkretes Beispiel für Einsatz und Gewinn eines christlichen Lebens mit der Möglichkeit, daß Jugendliche es selbst ausprobieren.

II. Konkretionen, Beispiele, Veranschaulichungen

a) Die Geschichte von einem Menschen, der zielstrebig seinen Weg im Glauben gegangen ist, z. B. O. Meany in dem gleichnamigen Roman von J. Irving (11–14; 472 ff; bes. 476; 843–851).

b) Die fiktive Geschichte einer Olympiateilnehmerin: Frau K., Olympiasiegerin im Abfahrtslauf, erinnert sich: Das berauschende Gefühl auf dem Siegertreppchen nach jahrelangem, mühevollem Training – Selbstbewußtsein durch sportliche Erfolge – später sind ihr andere Dinge wichtig geworden, so daß sich ihr Erfolg aus der Distanz relativiert.

c) Einige Konfirmandinnen und Konfirmanden stellen ihr persönliches sportliches Engagement mit Trainingsprogramm und Erfolgsübersicht im Gottesdienst vor, was sie im Unterricht vorbereitet haben (möglich als persönlicher Bericht oder auch als Plakataktion).

d) Konfirmandinnen und Konfirmanden stellen den persönlichen Einsatz des Paulus anhand von ausgewählten Episoden aus seinem Leben vor.

III. Aus Religionsunterricht, Konfirmanden- und Jugendarbeit

a) Jugendliche machen sich mit der Aktion „Sieben Wochen ohne" vertraut, insbesondere mit den positiven Erfahrungen von Teilnehmerinnen und Teilnehmern (neue Lust auf Leben, bewußter leben). Sie stellen die Aktion als ein Beispiel für den „Glaubenskampf" im Gottesdienst vor.

b) Konfirmandinnen und Konfirmanden machen Interviews mit „erprobten und bewährten" Gemeindegliedern über ihre Glaubensgeschichte und nehmen sie auf Video auf. Sie werden im Gottesdienst vorgespielt. Eine andere Möglichkeit ist, daß die Jugendlichen die Interviews im Gottesdienst vorspielen.

c) Besuch einer Klostergemeinschaft und Gespräch mit einem Mönch/einer Nonne über ihre Lebensgestaltung und Vorstellung der Eindrücke im Gottesdienst.

d) In manchen Gemeinden ist ein jährlicher Gemeindelauf oder eine Gemeindewanderung zur Tradition geworden. Für die gelaufenen bzw. gewanderten Etappen geben Sponsoren Spenden für einen guten Zweck. Gemeinsam mit anderen Gemeindegliedern könnten Jugendliche eine solche Veranstaltung für Ostern planen und durchführen. Am Sonntag Septuagesimae könnten sie die Veranstaltung im Gottesdienst vorstellen und Informationsmaterial verteilen.

IV. Liturgische Gestaltungsmöglichkeiten

a) Sündenbekenntnis: Gott, ich möchte dich gerne kennen und an dich glauben. Ich möchte ein Mensch sein, der weiß, was ihm gut tut, der ein Ziel hat und seinen Weg geht. Ich möchte ein Mensch sein, der empfindlich ist für die Nöte der anderen, einer, der auf andere zugeht. Aber – es soll mich nichts kosten.

b) Eingangspsalm:

„Selig, die verlieren können, ohne den Kopf zu verlieren.

Selig, die das Siegenkönnen als Geschenk annehmen.

Selig, die sich bei allen sportlichen Zwängen die Freiheit bewahren.

Selig, die über sich hinauswachsen können.

Selig, die anderen selbstlos helfen, Erfolge zu erringen.

Selig, die sich sorgen um das Heil des Menschen, sein körperliches und seelisches Wohlbefinden.

Selig, die das Spiel des Lebens gewinnen.

Selig, die über dem Leib die Seele nicht vergessen.

Selig, die über der Seele den Leib nicht vergessen."

(Ausschnitt aus Seligpreisungen für Sportler, in: Broschüre des Arbeitskreises „Kirche und Sport" der katholischen und evangelischen Kirche Deutschlands)

c) Fürbittgebet:

„Herr, ich freue mich, daß ich Sport treiben darf. Nirgendwo sonst spüre ich so deutlich, daß ich nicht einen Leib habe, sondern Leib bin: Für diese glückliche Erfahrung danke ich dir.

So erlebe ich mich in Lauf und Bewegung, in Spiel und Wettkampf, in Übung und Leistung, in Sieg und Niederlage. Immer bin ich ganz beteiligt mit Körper und Geist, mit Leib und Seele, mit Herz und Hand.

Deshalb bitte ich dich: Halte mich in Höhen und Tiefen. Hilf mir zu Maß und Zucht. Gib mir Bereitschaft und Ausdauer. Bewahre mir Freude und Gesundheit. Schenke mir Zuversicht und Frieden. Laß mich am Ende meines Lebens den Siegespreis erringen, den du allem fairen Mühen und Kämpfen verheißen hast."

(Broschüre des Arbeitskreises „Kirche und Sport" der katholischen und evangelischen Kirche Deutschlands)

d) Lieder: Jesu, geh voran (EG 391); Vertraut den neuen Wegen (EG 395); Gott liebt diese Welt (EG 409); Hilf, Herr, meines Lebens (EG 419); Kehret um (EG West 589).

V. Literatur- und Medienhinweise

a) J. Irving, O. Meany, Zürich 1990

b) Wege der Selbsterziehung, in: H. Halbfas, Religionsbuch für das siebte und achte Schuljahr, Teil 1, Düsseldorf 1990, 241–246

c) Informationsmaterial zur Aktion „Sieben Wochen ohne" beim Gemeinschaftswerk der Ev. Publizistik e.V./Frankfurt a. Main

d) H. Heine, Wer dich besiegt, der ist dein Freund, Köln 1978

Anja Bunkus

SEXAGESIMAE – HEBRÄER 4,12–13

I. Die Jugendlichen und Hebräer 4,12–13

a) Der Text nach der Luther-Übersetzung.

b) Nächstes – für manche durchaus sehr wichtiges – Ereignis sind die tollen Tage, der Karneval. Auch daß Aschermittwoch eine Zäsur bedeutet, ist vielen Jugendlichen bewußt, ohne dies allerdings konkret füllen zu können. Sexagesimae dagegen: ein zunächst unverständliches, leeres Wort. 60 Tage vor Ostern ist kein besonderes Datum für die Jugendlichen – wohl kaum auch für Erwachsene, es sei denn für Kirchenjahresspezialisten. Da bedeuten schon eher Halbjahreszeugnisse oder die „Prüfung" im Konfirmandenunterricht, die in diesen Tagen akut sind, Einschnitte.

c) Neuerliche Prüfung und Anfechtung auch dies: „Gott sieht alles!" – Wie oft ist der Satz als Erziehungsmaßnahme eingesetzt worden, um Menschen klein zu halten, ihnen ein schlechtes Gewissen zu machen, Angst vor Strafe einzureden. Menschliche Machtansprüche werden als Gottes Anspruch auf das Leben ausgegeben, repressive Moralvorstellungen dadurch zu legitimieren versucht.

d) „Der Große Bruder sieht dich an." G. Orwells Negativbilder werden immer wieder übertragen auf das Gottesbild. Und so kann dann das Wort vom durchdringenden zweischneidigen Schwert kaum noch anders aufgefaßt werden als so, daß Gott vernichten will. Die fehlende soteriologische Fortsetzung des Spruchs Hebräer 4,12–13 tut ihr Übriges dazu.

e) Vielleicht brauchen wir aber solch ein drastisches und Widerspruch hervorrufendes Bild, damit uns aufgeht, daß Gottes Wort kein oberflächlicher, dahergeplauderter, folgenloser Talkshowbeitrag oder ein nebenbei zu konsumierender, unterhaltsamer Videoclip ist. Bei seinem Wort geht es um das Leben. Um nichts weniger.

f) Das konfrontiert auch mit den eigenen Schwächen. Ich stehe vor Gott auf dem Prüfstand. Und dort wird sichtbar, worum ich oft genug auch weiß: daß mein Leben nicht so ist, wie es von Gott her gedacht ist. Erschreckend! Wenn ich bei dieser Prüfung durchfiele, das wäre das Ende.

g) Was ist denn dann das Lebendige an Gottes Wort, das Lebendigmachende, das Belebende? – Daß er – um im Duktus des Hebräerbriefes zu bleiben – zu uns geredet hat durch den Sohn, der mit leidet an unserer Schwachheit und bei dem wir Barmherzigkeit empfangen. Hier ist der Ort für das, was mich im Innersten beschäftigt und belastet, hier wird meine Blöße nicht ausgenutzt, sondern ich kann zum Leben finden.

II. Konkretionen, Beispiele, Veranschaulichungen

a) Die Halbjahreszeugnisse sind längst in die Dokumentenablage einsortiert, es sei denn, sie waren wichtig für Bewerbungen. Für Abgangsschülerinnen und -schüler geht es nun in den „Endspurt". Wer bekommt einen Ausbildungsplatz, wer in dem gewünschten Beruf? Wie gehe ich überhaupt in solch ein Bewerbungsverfahren hinein? Ich kann mich nicht gut verkaufen. Ich finde es schlimm, mich so entblößen zu müssen bei Einstellungstests. Bin ich nicht viel zu dumm dazu, zu schwach, ich mit meinem „ausreichend" in Mathe habe wohl ziemlich schlechte Karten in meinem Traumberuf. Denn wo die Spreu vom Weizen geteilt wird, da falle ich raus. Ich bin dem nicht gewachsen. Und dann die Sache mit der Post: Es kommt ein großer Umschlag, und man kriegt ihn vor Zittern kaum auf, weil man doch hofft – und schließlich ist es wieder eine Ablehnung. Auf Herz und Nieren geprüft und – durchgefallen. Das geht einem durch und durch.

b) Die letzte Unterrichtsphase liegt nun auch vor den Konfirmandinnen und Konfirmanden; für mehr von ihnen als man zunächst vermutet ist sie verbunden mit der bangen Frage, ob sie denn wohl die „Prüfung" bestehen. Und dann ist da noch der Vorstellungsgottesdienst, bei dem alle mitwirken sollen. Jede und jeder muß nach vorne und „kommt dran". Wie stehe ich bloß da, wenn ich steckenbleibe in meinem Text! Ich könnte jetzt schon im Erdboden versinken, wenn ich mir vorstelle, daß ich nicht mehr weiter weiß, sobald mich eine Presbyterin oder ein Presbyter während des Unterrichtsgespräches etwas fragen sollte.

c) Alles wird ans Tageslicht gezerrt. Und dann ist die Angst da, daß die eigenen Fehler, Schwächen und Blößen ausgenutzt werden von anderen, daß sie einem immer wieder vorgehalten werden und keine Chance mehr besteht, das aus der Welt zu räumen.

d) Der erhobene Zeigefinger: Für den Gottesdienst wird eine überdimensional große Hand mit ausgestrecktem Zeigefinger aus einem DIN-A0-Karton ausgeschnitten und an einem Stab befestigt. Daneben gibt es weitere Exemplare im DIN-A3-Format. Zum Predigtbeginn gehen Konfirmandinnen und Konfirmanden mit diesen „erhobenen Zeigefingern" durch den Kirchraum. Sie zeigen auf einzelne Gottesdienstteilnehmerinnen und -teilnehmer und wiederholen dazu den Satz „Gott sieht alles!"

e) Die „erhobenen Zeigefinger" werden am Ende der Predigt unter das Kreuz gestellt. Sie weisen hin auf den gekreuzigten und auferstandenen Christus, auf das Wort Gottes, das lebendig macht.

III. Aus Religionsunterricht, Konfirmanden- und Jugendarbeit

a) Im Konfirmandenunterricht bearbeiten die Konfirmandinnen und Konfirmanden den Fragebogen „Welche Rolle spielt Gott für Dich?" (Kursbuch Konfirmation, Praxisbuch, 72). Ergebnisse der Erarbeitung werden ausformuliert und im Gottesdienst vorgetragen.

b) Die Konfirmandinnen und Konfirmanden beschriften Assoziationsplakate zu dem Satz „Gott sieht alles!". In der Präsentation wird auch das befreiende Element dieses Satzes herausgearbeitet: Gott urteilt nicht vordergründig und oberflächlich, er geht den Dingen auf den Grund. Gott sieht eben auch unsere Ängste und das Leiden an unseren eigenen Schwächen.

c) Die Konfirmandinnen und Konfirmanden lernen unterschiedliche Gottesbilder der Bibel kennen.

d) Zum Satz „Gottes Wort ist lebendig" werden Assoziationsplakate erstellt. Die Assoziationen werden in Textform gebracht und im Gottesdienst vorgetragen.

IV. Liturgische Gestaltungsmöglichkeiten

a) Wichtig ist mir, die sich beim ersten Hören von Hebräer 4,12–13 schnell einstellenden Gedanken vom unbarmherzigen Großen Bruder in den Elementen der Liturgie aufzufangen.

b) Am Anfang des Gottesdienstes steht ein gemeinsamer Einzug der Mitwirkenden hinter der vorangetragenen Altarbibel, aus der an diesem Sonntag die gottesdienstlichen Lesungen gehalten werden – und nicht aus dem Lektionar und vom Lesepult aus, wie es sonst vielerorts üblich ist.

c) Der Eingangspsalm wird verbunden mit dem Lied „Gottes Wort ist wie Licht in der Nacht“ (EG West 591; auch als Kanon zu singen) als Antiphon; Verse aus Psalm 119 werden im Wechsel gebetet (EG 752.3).

Dein Wort ist meines Fußes Leuchte (Psalm 119)

Alle: Gottes Wort ist wie Licht in der Nacht …
Frauen: Dein Wort ist meines Fußes Leuchte
und ein Licht auf meinem Wege.
Konf.: Erhalte mich durch dein Wort, daß ich lebe,
und laß mich nicht zuschanden werden in meiner Hoffnung.
Männer: Stärke mich, daß ich gerettet werde,
so will ich stets Freude haben an deinen Geboten.
Alle: Gottes Wort ist wie Licht in der Nacht …

d) Im Anschluß an das bereits gesungene Lied EG West 591 steht ein Text von R. Ausländer, der sich als Gebet des Tages eignet. Ein Gebet von K. Barth findet sich unter EG 196. Ein eigener Vorschlag zum Kollektengebet:

Ganz nah ist dein Wort, Gott.
Lebendig und kräftig ist es, belebend.
Es soll uns erfüllen.
Es soll unser Leben bestimmen.
Das ist unsere Bitte.
Tu uns das Herz auf.
Durch Jesus Christus.
Amen.
(Volker Neuhoff)

e) Gebete: Kyrie aus: M. Meyer, Nachdenkliche Gebete im Gottesdienst. Neue Fassung, 83; Schlußgebet aus: Liturgieentwürfe für das Kirchenjahr, 125.

f) Alttestamentliche Lesung: Jesaja 55,10–12a

g) Lieder: Gott hat das erste Wort (EG 199); Liebster Jesu, wir sind hier, dich und dein Wort anzuhören (EG 161); Wohl denen, die da wandeln (EG 295); Wort, das lebt und spricht (EG West 592); zum Kyrie: Was wir denken ist eng (ML 1 B 44); zum Abendmahl: Kommt mit Gaben und Lobgesang (EG 229).

V. Literatur- und Medienhinweise

a) M. Josuttis, Predigt über den Großen Bruder. Hebr 4,12–13, in: Zeitschrift für Gottesdienst und Predigt 3 (1985) 2, 2f

b) N. Mander hat unter der Überschrift „Masken – ‚Wolle mer se roi losse?‘“ einen Entwurf für einen Gottesdienst am Sonntag Sexagesimae in der Fastnachtszeit mit Psalm 139 veröffentlicht, in: Zugänge zum Kirchenjahr. Advent bis Pfingsten, Materialheft 77 der Beratungsstelle für Gestaltung von Gottesdiensten und anderen Gemeindeveranstaltungen, Frankfurt am Main 1996, 130ff. Elemente daraus lassen sich fruchtbar machen auch für die Beschäftigung mit Hebräer 4,12–13.

c) H.-M. Lübking, Kursbuch Konfirmation, Arbeitsbuch, 109ff, Praxisbuch, 70ff

Volker Neuhoff

ESTOMIHI – 1. KORINTHER 13

I. Die Jugendlichen und 1. Korinther 13

a) „... Liebe stellt sich nicht schamlos zur Schau. Liebe will nicht auf ihre Kosten kommen, sie fragt nicht: Was hab ich davon ...?“ Mit diesem Zitat schlage ich als Alternative zum bekannten Luthertext (den evtl. als Lesung) die Fassung aus: Gottesdienst menschlich (eine Agende von F. K. Barth u. a.) vor. Außerdem sollte die Übersetzung in ku-praxis 15 (Materialien M 2) zur Kenntnis genommen werden. Das Problem mit dem Luthertext wird für Jugendliche sein, daß gewisse Worte wie „langmütig“, „eifert“ und „aufblähen“ nicht mehr in ihrem Wortschatz vorkommen. Deshalb müßten sie umschrieben oder ersetzt werden.

b) Ist noch im Bewußtsein, daß nach Karneval die Passionszeit beginnt? Die kirchenjahreszeitliche Einordnung des Textes legt nahe, Jesus von Nazaret als die Verkörperung (nicht nur als ein leuchtendes Beispiel) der Verse 1–8 darzustellen. Nicht allein Jugendlichen verschafft es Luft, Jesus als undogmatisch, als bedingungslos dem Menschen zugewandt kennenzulernen. Die Ablehnung sowohl eines heldenhaften Märtyrerdaseins als auch eines asketischen Lebensstils wertet das eigene „normale“ Dasein auf. Liebe und Leid sind für Jugendliche nicht unbekannt. Sie erleben beides in Freundschaft, in der Familie, in ihren Kreisen.

c) Ohne Liebe ist alles nichts. In den Versen 1–3 bietet Paulus alles auf, um den Satz zu untermauern. Es nützt nichts, ein Engel zu sein, nichts ein Prophet, nichts ein Bergeversetzer, nichts ein Superspender, nichts ein Kamikaze zu sein. Das nützt nichts. Jugendliche wissen das so gut, wie Paulus es beschreibt. Sympathie, Freundschaft, Liebe, tragfähige Beziehungen entstehen anders. Es braucht diese göttliche Eigenschaft von uns Menschen: Es braucht die Liebe.

d) Liebe ist wie ... Wer kann die Pünktchen ergänzen? So vieles schießt durch Herz und Kopf, wird als unzureichend verworfen, Neues wird gefühlt und gedacht, Phantasie und Wünsche vermengen sich. Wer könnte sagen, gar definieren, was Liebe ist, dieses menschlich-göttliche Ereignis? Paulus verdient Respekt für seine klugen Überlegungen. Charakteristisch für seine Auffassung von Liebe ist die Zurückhaltung. Eifer, Angeberei, Lautes ist nicht ihr Stil. Ihr Ethos heißt Langmut und Freundlichkeit. Bemerkenswert ist der Blick auf Ungerechtigkeit und Wahrheit. Die Wahrnehmung in dieser Hinsicht ist bei Jugendlichen geschärft, sowohl im persönlichen wie im gesellschaftspolitischen und selbstverständlich auch im kirchlichen Bereich. Gottseidank haben sie ein untrügliches Gespür für Heuchelei und „echtes Interesse“. Liebe in jeder Form wird ihnen angeboten: laut, bunt, machbar, kalkulierbar. Durchschauen sie ihre Medien, und sehen sie in einem Spiegel (Vers 12) ahnend, aber nicht erkennend, daß da noch mehr sein muß? Das Thema „Liebe“ ist bei Jugendlichen in dem Alter sehr wichtig. Durch Zeitschriften, Fernsehen und besonders durch die Musik wird zunehmend definiert, was das Thema „Liebe“ beinhalten soll, was Liebe alles sein kann und was für die Liebe gut ist. Dies gilt, kritisch hinterfragt zu werden, um möglicherweise den Jugendlichen eine neue Dimension von Liebe zu vermitteln.

Schon Paulus hatte es mit Sektiererischem zu tun (Vers 8). Gibt es in Jugendsekten eine menschliche Zuneigung, eine Liebe, die offenbar anders nicht mehr gefunden werden kann? Die Liebe, von der Paulus spricht, bietet sich anders an. Sie erträgt alles, sie glaubt alles, hofft alles, duldet alles (Vers 7). Die Menschen, alte und junge, kommen aber doch an Grenzen des Erträglichen. Da leuch-

tet der qualitative Unterschied zum göttlichen Menschen Jesus von Nazaret durch.
e) Paulus reflektiert seine Entwicklung und deren Begrenztheit (Verse 9–12). Ein gutes Thema für Jugendliche. Endlich die Gelegenheit, nicht über sie, ihre Entwicklung und Pubertät zu sprechen, sondern mit ihnen nachzudenken, über gewonnene Erkenntnisse, über zukünftige, über erhoffte.
f) Vers 13 bindet das Kapitel in eine Formel ein. Das Leben lohnt sich. Die Liebe will gelebt werden. Der letzte Vers sollte nicht nur ein Dasein als Konfirmations- oder Trauspruch fristen. Er kann als ethischer Schlüssel dienen, um durch den Dschungel eines jugendlichen Lebens gestärkt und glücklich hindurchzukommen.

II. Konkretionen, Beispiele, Veranschaulichungen

a) Wenn Herr K. einen Menschen liebte. „Was tun Sie“, wurde Herr K. gefragt, „wenn Sie einen Menschen lieben?“ – „Ich mache einen Entwurf von ihm“, sagte Herr K., „und sorge, daß er ihm gleich wird.“ – „Wer? Der Entwurf?“ – „Nein“, sagte Herr K., „der Mensch“ (B. Brecht).
Ein Schlaglicht auf das, was Liebe ist und nicht ist, mit vielen Verbindungslinien zum Text. Brechts Geschichte läßt sich zitieren und auch als eindrucksvoller Dialog darstellen. Die Jugendlichen können auch noch eine Beschreibung des Herrn K., insbesondere seines Charakters erstellen.
b) Liebe heißt: Verantwortung übernehmen. Wir schlagen die Geschichte vom Kleinen Prinzen und vom Fuchs (A. St. Exupery) vor.
c) Zu den Stichworten „Angeberei und Eifersucht“ wird die Lebenserfahrung und Phantasie Jugendlicher allerhand Rollenspielszenen hervorbringen können. Ereignisse aus den Cliquen mögen als realistische Vorlagen dienen.
d) Es wird eine Umfrage veranstaltet zur Frage: „Was ist Liebe für Sie?“ Wenn es den gottesdienstlichen Rahmen nicht sprengt, wenn auch spontane Antworten zu erwarten sind, kann die Umfrage im Gottesdienst stattfinden, ansonsten eventuell in der Wohngegend, in der Schule, beim Gemeindefest.
e) Als Einstieg das Gedicht „Was es ist“ von E. Fried. Im Unterschied zu Berechnung, Angst, Erfahrung, Vorsicht und anderem sagt einzig die Liebe: Es ist, was es ist. Hingewiesen sei auf eine Doppelkarte aus dem Eschbornverlag mit eben diesem Text.
f) Ein Demospruchband mit den Worten: „Liebe ist stärker als Bomben“ eignet sich als Bildmeditation (Anlage im Tagebuch für Konfirmanden TVD, 170).
Stärker als das zerstörerischste,
was der Mensch je erdacht hat,
Bomben,
ist die Liebe.
So wird es Paulus recht sein
und auch den Jugendlichen.
g) Für Drewermannfreunde: „Sobald wir jemanden liebgewinnen, versuchen wir, ihn zu erobern wie eine Beute, ihn zu verteidigen gegen die Konkurrenten. Wir haben plötzlich einen festen Besitz und, verkoppelt mit der Sexualität, ganz fertige Ansprüche und sogar ein Ziel …“
Psychotherapeutische Erfahrung und Erkenntnis können als Antitext zu Paulus gelesen werden.

III. Aus Religionsunterricht, Konfirmanden- und Jugendarbeit

a) Die Jugendlichen haben Gelegenheiten, ein Mandala zu gestalten. Stichwort: Liebe. In einer harmonischen Atmosphäre könnten gute Gespräche sich anschließen.

b) Erarbeitung und Diskussion zu den Begriffen: Liebe, Eros, Sex, Agape.
c) Aus Jugendzeitschriften wird eine Collage zum Thema „Liebe“ entworfen. Daran anschließen kann sich der Themenbereich „Freund/Freundin“, entsprechend ku-praxis 15. Suggeriert Vers 7 die Richtigkeit des Spruchs: „Die Liebe macht blind?“ Wie geht es mir, wenn ich geliebt werde und liebe? Je nach Gruppenklima wird das Gespräch seine Tiefe finden.
d) Es gab einmal eine Serie von Comic-Darstellungen, jeweils beginnend mit der Sprechblase: „Liebe ist wie …“. Es folgten alle möglichen und auch unmöglichen Metaphern, Bilder und Vergleiche. Wie sprechen Jugendliche heute von der Liebe, über die Liebe? Hängt ihr Himmel voller Geigen? Sind sie auch noch im siebten Himmel? Die Ausdrucksweisen werden sich gewandelt haben. Es wäre den Versuch wert: Also, auf einem DIN-A4-Blatt zwei freundliche Augen, einen Mund mit der großen Sprechblase: Liebe ist wie … Die Gelegenheit, darüber zu sinnieren kann mit meditativer Musik angenehm gestaltet werden.
e) Eine kirchenjahreszeitlich orientierte Aktualisierung, insbesondere zu den Versen 3 und 7, eröffnet die Postkarte (auch als Poster) der Jugendaktion von „Brot für die Welt“ zu Jesaja 58,6.7 (vgl. H. M. Lübking, Kursbuch Konfirmation. Arbeitsbuch, 59). Fasten- und Passionszeit sind nicht von depressiver Untätigkeit bestimmt, sondern von festlicher Tatkraft. Gerechtigkeit, aber auch Wahrhaftigkeit, zurückhaltende Integration in die Mitwelt kennzeichnen die Gedanken. Die Postkarte zeigt in ihrem 2. Teil das festliche Essen, das Miteinander von Menschen aller Kontinente, nachdem die Nahrungsmittel verteilt sind. Vorher, in der oberen Hälfte der Postkarte, akkumulieren die Güter beim Mitteleuropäer. Die anderen gehen leer aus.
f) Vers 13 läßt sich gestalten als Schreibmeditation oder als Rußdia.

IV. Liturgische Gestaltungsmöglichkeiten

a) Der Text kann von drei Jugendlichen gesprochen werden (1–3, 4–7, 8–13).
b) Als Lesung: Jesaja 58,1–9
c) Schöne freigestaltete Psalmen zum Thema („Ich stehe unter Gottes Schutz“ und „Ich setze auf die Liebe“ finden sich in: H. D. Hüsch, Das Schwere leicht gesagt, Freiburg 1994, 42f, 157.
d) Zum Segen: ML 1, 28, Zuspruch.
e) Liederliste: Aus dem Evangelischen Gesangbuch: 168,6; 178,9; 181,6; 188; EG West 587; 648; 659,3; 663; 665.
f) Als Zeichen der Gemeinschaft unter denen, die die Worte des Paulus hören, schlage ich folgende Abendmahlsform vor: Sofern räumlich möglich, steht die Abendmahlsgemeinde im Kreis um den Altar herum, gibt sich bei der Entlassung die Hände.

V. Literatur- und Medienhinweise

a) Christopherus-Video: Gleichnisse Folge I, Die „Rückkehr“
b) Ivan Steiger sieht die Bibel, Deutsche Bibelgesellschaft. Verlag Katholisches Bibelwerk, Stuttgart 1991, 272
c) E. Drewermann: Das Markus-Evangelium, Olten 1993, 183

Stefan Carl/Petra Englert

INVOKAVIT – HEBRÄER 4,14–16

I. Die Jugendlichen und Hebräer 4,14–16

a) Ich kann diesen Text drehen und wenden wie ich will, um eine für Jugendliche verständliche Übersetzung zu finden. Im Ganzen des Textduktus finde ich sie nicht! Die Bildsprache des Textes und ihre Einbettung geht „himmelweit" an der Vorstellung der Jugendlichen vorbei. Ich entscheide mich für die „Übertragung" von J. Zink. Ich entscheide mich deshalb so, weil seine Überschrift zu dem Kapitel Hebräer 4,14ff eine Textspur legt, der ich nachgehen möchte: „Unser Trost: Der brüderliche Christus". An Jesus Christus können wir festhalten, weil er weiß, was es heißt, ein (schwacher) Mensch zu sein. Trotz seiner Erhabenheit versteht er uns.

b) Ich schreibe diese Auslegung in einer Zeit, in der die westfälische Kirche den Perspektivenwechsel im Rahmen der Diskussion zur Hauptvorlage „Ohne uns sieht Eure Kirche alt aus" beschreibt. Kinder und Jugendliche sind vollwertige Menschen und haben uneingeschränkt teil an der Gottesherrschaft. Ich bemühe mich, ihre Lebenswelten, ihre Fragen und Ausdrucksweisen wahr- und ernstzunehmen. Welt und Glauben und Leben versuche ich aus ihrer Brille zu sehen. Und bevor ich zum „Christusbild" durchdringe, nehme ich wahr, daß ihr Kirchenbild viele Zugänge verstellt.

II. Konkretionen, Beispiele, Veranschaulichungen

a) Ein Aktionstag des Evangelischen Jugendpfarramtes Münster verdeutlicht diese Einsicht: Interessiert schaut Susanne auf den Boden. Eine knapp zwei Meter lange und zwei Meter breite Folie liegt vor ihr. Dort steht die Frage: „Sollten Kinder und Jugendliche in der Kirche etwas zu sagen haben?" Susanne schaut auf die Apostelkirche im Hintergrund. „Auf jeden Fall", bekennt sie mit einem dicken Strich. Dann wendet sie sich an mich: „Aber die Kirche hat mir nichts mehr zu sagen. Sie interessiert sich nicht für mich. Zu steif, zu weit weg, Lichtjahre entfernt." – So laßt uns gemeinsam an unserem Bekenntnis festhalten. „Denn wir haben einen überragenden Beistand, Jesus Christus, den Sohn Gottes, der alle himmlischen Welten durchschritt ..." Susanne und Hebräer 4,14 sind Welten voneinander entfernt.

b) Der Textspur des brüderlichen Christus begegne ich auf einer anderen Veranstaltung in einer anderen Stadt. Auf dem Podium sitzt Frank neben mir. Er ist Zivildienstleisten-

Foto Aktionstag

der in einer Einrichtung für körperlich und geistig behinderte Menschen. Von zu Hause her hatte er mit Kirche nichts am Hut. Im Konfirmandenunterricht begegnet er einem aufgeschlossenen Pfarrer. Über die Begegnung mit diesem Mann erschließt Frank sich eine neue Welt. Verfolgt die „Christus-Spur“, – so drückt er es auf dem Podium aus. Frank lernt Leute in der Gemeinde kennen, die ihn ernstnehmen und mitnehmen. Frank kann sich ausprobieren, Fehler machen, ohne sofort gemaßregelt zu werden. Er engagiert sich in der Jugendarbeit. „Menschen brauchten mich“, sagt er, „das war eine neue Erfahrung.“ Nicht ohne Grund leistet er seinen Zivildienst bei behinderten Menschen ab: „Darum laßt uns mit Freimut und Vertrauen vor Gott treten und seine Barmherzigkeit empfangen, seine Freundlichkeit, die uns helfen wird, wenn es Zeit ist.“

III. Aus Religionsunterricht, Konfirmanden- und Jugendarbeit

Zwei Beispiele aus der Hauptvorlage „Ohne uns sieht Eure Kirche alt aus“:

a) Es ist gerade der vierte Tag. Die geplante Wanderung durch ein norddeutsches Moorgebiet steht an. Alle Kinder, darunter auch S., zehn Jahre, haben ihre Taschen gepackt. Auf dem Wanderparkplatz werden die Kinder mit je einer Mitarbeiterin/einem Mitarbeiter zu Kleingruppen aufgeteilt. S., sehr still, unsicher und bisweilen ängstlich, die Nähe zu Menschen suchend, nehme ich zu mir in die Gruppe. Ich nehme ihn mit auf meinen Weg. Diesen traumhaften Weg, den ich Monate zuvor ausgesucht hatte, mitten durch dieses herrliche Moorgebiet – mal aus Torf, der unter jedem Schritt federnd wippt, und mal aus Bohlen bestehend. Ich gehe also meinen Weg, in Gedanken versunken bei den anderen Mitarbeitern, den Kindern, dem Tagesprogramm. Die Sonne scheint. Auf den engen Wegen kann man höchstens zu zweit nebeneinander gehen. Plötzlich merke ich, wie mich von der Seite eine kleine Hand berührt. S., er zittert. Er erzählt vom Moor, dessen Entstehung, von Familienausflügen u. v. m. Er hat Angst. Um uns herum Wasser, das durch unsere Schritte in Schwingung gerät, abgestorbene Bäume, Angst, das ist sein Weg. Er nimmt mich mit auf seinen Weg. Er redet. Ich höre ihm zu. Wir halten unsere Hände. Es tut gut. Leben teilen.

Matthias

b) Die Musik ist laut, die Tänzer auf der Bühne geben den Rhythmus vor, der auf die 30 000 im Stadion überspringt. Dresden 1996: Christival. Junge Christen aus ganz Deutschland und Europa. Quer durch alle Konfessionen.

Durchschnittsalter: 22 Jahre. Stimmung! Das zieht sich durch die vier Tage des Kongresses: Junge Leute gehen mit, weil sie dort abgeholt werden, wo sie stehen: ihr Lebensgefühl, ihre Musik, ihre Fragen, ihr Wunsch, etwas zu erleben. Sie feiern! Feiern Jesus. Sie wollen Spaß haben – und hören zu: dem brasilianischen Evangelisten, der über seine Arbeit in den Slums von Rio berichtet; der Politikerin, die zur Verantwortung junger Christen für diese Gesellschaft aufruft; dem Prediger, der die Nachfolge Jesu in den Mittelpunkt stellt. Leben aus dem Glauben, mitten in der Welt und für die Menschen. Die jungen Menschen hören zu – und fragen nach, in den Seminaren und Workshops: Wie kann ich glaubwürdig als Christ leben? So, daß Menschen durch mich Jesus Christus kennenlernen – und so, daß ihnen geholfen wird, wo sie Hilfe brauchen. Ein Glaube, der in Bewegung setzt. Das steckt an!

IV. Liturgische Gestaltungsmöglichkeiten

Die Gestaltungsmöglichkeiten gehen der Textspur des „brüderlichen Christus“ nach. In der Gottesdienstvorbereitung lasse ich bewußt den Predigttext lesen und diskutieren. Ergänzend gebe ich dazu:

a) Psalm 36

Eine/r: Kommt herzu, laß uns dem Herrn frohlocken und jauchzen dem Hort unseres Heils!

Alle: Laßt uns mit Danken vor sein Angesicht kommen und mit Psalmen ihm jauchzen.

Gesang: Gott gab uns Atem, EG 432

Eine/r: Herr, deine Güte reicht, so weit der Himmel ist, und deine Wahrheit, so weit die Wolken gehen.

Alle: Deine Gerechtigkeit steht wie die Berge Gottes und dein Reich wie die große Tiefe. Herr, du hilfst Menschen und Tieren.

Gesang: Gott gab uns Ohren, EG 432

Eine/r: Wie köstlich ist deine Güte, Gott, daß Menschenkinder unter dem Schatten deiner Flügel Zuflucht haben.

Alle: Sie werden satt von den reichen Gütern deines Hauses und du tränkst sie mit Wonne wie mit einem Strom.

Eine/r: Denn bei dir ist die Quelle des Lebens, und in deinem Lichte sehen wir das Licht.

Gesang: Gott gab uns Hände, EG 432

b) Wir schaffen in der Kirche vier „Gesprächsorte“ mit Hilfe von vier Bodenzeitungen, die je eine Leitfrage und ca. acht Antworten zum Ankreuzen haben (siehe Bildbeispiel). Die Leitfragen zum „Christus-Bild“ der Jugendlichen und die Antworten werden in der Vorbereitung erarbeitet, dann in den Gottesdienst als Gesprächsort eingebaut.

c) Zur Vorbereitung der liturgischen Gestaltung höre ich mit den Jugendlichen „Die Toten Hosen“. Auf ihrer CD „Opium für's Volk“ beschäftigen wir uns besonders mit dem Stück „Paradies“, mit aufgesetzten Normen und Werten als Einlaßkarte ins Paradies und mit der Entscheidung, dann lieber vor der Tür zu bleiben, „wenn ich nicht reindarf, wie ich bin“. Das Ergebnis der Beschäftigung – sein zu dürfen, wie ich bin – wird auf selbstgemachten Dias visualisiert und in den Gottesdienst einfließen: Jesus Christus weiß, was es heißt, ein (schwacher) Mensch zu sein!

Lieder: Bewahre uns Gott (EG 171); Gott gab uns Atem (EG 432); Wir sind noch nicht im Festsaal angelangt (ML 1 B 41); Wir haben Gottes Spuren festgestellt (ML 1 B 80).

V. Literatur- und Medienhinweise

a) Ohne uns sieht Eure Kirche alt aus: „Kinder – Jugend – Kirche“ Hauptvorlage '97 Evangelische Kirche von Westfalen

b) Die Toten Hosen, CD „Opium für's Volk“

c) Selbstgemachte Dias: Diaglas mit schwarzer Farbe bemalen und Beratungsergebnisse einritzen (IVc) oder Diaglas mit Farbschattierungen gestalten

Friedhelm Wixforth

REMINISCERE – RÖMER 5,1–5

I. Die Jugendlichen und Römer 5,1–5

a) Der Text: Zur Abgrenzung der Perikope: Für Jugendliche (und Erwachsene!) ist der Text ohnehin nicht leicht verständlich und mit theologischen „Hauptwörtern" überladen; also: Beschränkung auf die Verse 1–5. Meinen „Probegruppen" (Katechumenengruppe: 19 Jugendliche; Konfirmandengruppe: 18 Jugendliche und zwei Klassen 10 des Gymnasiums mit zusammen 48 Schülerinnen und Schülern) habe ich drei Übersetzungen zur Wahl gegeben: 1. „Gute Nachricht", 2. Übersetzung von J. Zink, 3. H. Gollwitzer, in: Wendung zum Leben, Predigten, München 1980. Die Entscheidung fiel mehrheitlich für die Zinkübersetzung.

b) Alle Jugendlichen taten sich schwer, den Text mit freien Worten wiederzugeben. Bei einigen blieb das Bild „die Freundlichkeit Gottes umgibt uns wie ein Lichtschein" hängen, und es wurde fortgesetzt, daß die Hoffnung dann auch, wenn es einmal „finster" wird, festgehalten wird.

c) Reaktion auf den Text: Das ist uns zu viel „geballte" kirchliche Sprache. Auf die Frage nach einem thematischen Schwerpunkt fällt die Entscheidung für das Thema „Hoffnung".

d) Der Text öffnet nicht unmittelbar den Zugang zur Passionszeit. Dennoch scheint mir gerade der Aspekt, daß sich „auch in der Finsternis" (unter Lasten, in Trübsal, in Bedrängnis) die Hoffnung bewährt, als geeignet, den Hinweis auf den Weg Jesu in der Passion einzubringen.

II. Konkretionen, Beispiele, Veranschaulichungen

a) Stärke und Zuversicht, Durchhaltevermögen und Hoffnung gewinnen in leidensschwerer Zeit: darzustellen am Lebensweg Jesu (hier die Hinweise auf die Passion: Gethsemane, bewußte Übernahme des Kreuzes); daneben auch: Märtyrerschicksale; Schwarze, die ihr Sklavenschicksal mit „Hoffnungsliedern" durchstanden; M. L. King, Bonhoeffer.

Findet sich vor Ort ein Beispiel in „kleinerer Münze"? Ich war auf der Suche nach einer Geschichte aus dem persönlichen Umfeld der Jugendlichen. Vielleicht aus der Familiengeschichte: Christliche Hoffnung, die sich in der Zeit des 3. Reiches bewährte …

Doch die Jugendlichen kannten keine Beispiele aus ihren Familiengeschichten. Dagegen wurden einige Beispiele aus dem Bereich „Bewährung in Krankheit" genannt.

b) In Schillers Ballade „Der Ring des Polykrates" wird das immerwährende Lebensglück als letztlich bedrohlich empfunden:

„Drum, willst du dich vor Leid bewahren,
So flehe zu den Unsichtbaren,
Daß sie zum Glück den Schmerz verleihn.
Noch keinen sah ich fröhlich enden,
Auf den mit immer vollen Händen
Die Götter ihre Gaben streun." und:
„da wendet sich der Gast mit Grausen…"

c) Die alttestamentliche Hiobdichtung ist eine eindrückliche Veranschaulichung. Idee: Im Unterricht werden einzelne Sprechstücke aus der Hiobgeschichte zusammengestellt, und diese werden szenisch (Verkleidung?) im Gottesdienst eingebracht. Bewährung in Trübsal kann auch „nur" ein Widerspruch gegen das von Gott auferlegte Leiden sein.

d) Die schöne (vielleicht aber schon verbrauchte (?)) Geschichte vom Mann, der die Spuren seines Lebens im Sand sieht und erfährt, daß er in den Krisenzeiten von Gott getragen wurde, läßt sich einbauen. Jugendliche bekommen die Aufgabe: Versucht darzustellen, wie das „Getragenwerden" ausgesehen haben könnte.

III. Aus Religionsunterricht, Konfirmanden- und Jugendarbeit

a) Konfirmandinnen und Konfirmanden basteln einen Anhänger für alle Gottesdienstbesucher. Auf dem Anhänger ist auf dem Hintergrund von Fotos u. a., die Leid, Krankheit, Krieg, Unglück darstellen, ein Anker zu erkennen – das Symbol für Hoffnung. Am Ausgang den Besuchern umhängen; vorher darauf hinweisen.

b) Im Unterricht wird eine „Gegencollage" erstellt: Die Welt der Werbung gaukelt den ewig jugendlichen, sportlichen, gesunden Menschen vor, der frei von Leid und Problemen ist. Ist diese heile Welt, die uns da vorgespielt wird, nicht eine gefährliche Illusion?

c) Die „Theodizeefrage" ist gestellt. Die Jugendlichen zeigen an einer einzigen Ausgabe einer Tageszeitung die Probleme unserer Zeit auf, die gegen die Hoffnung auf Gott zu sprechen scheinen. Auf Tapetenrollen wird jeweils in einer Spalte ein Zeitungsartikel geklebt und in einer zweiten Spalte der Kommentar der Jugendlichen geschrieben. Eine dritte Spalte bleibt für Kommentare von Erwachsenen offen. Im Anschluß an den Gottesdienst laden die Jugendlichen die Besucher zum Gespräch ein über das Thema: „Warum es schwer ist, heute am Glauben an Gott festzuhalten" (Die Idee eines Predigtnachgesprächs zwischen den Jugendlichen und den älteren Gottesdienstbesuchern verdient, ausprobiert zu werden. Wäre es nicht wünschenswert, wenn die Jugendlichen, denen es weitgehend an Glaubenserfahrungen fehlt, auch ermutigende Beispiele von Glaubenszeugnissen hören könnten?)

IV. Liturgische Gestaltungsmöglichkeiten

a) Lieder: Freunde, daß der Mandelzweig (EG West 651) – läßt sich mit der Gruppe vorher einüben und besprechen und dann als Lied der Konfirmandengruppe vortragen. Ein Schiff, das sich Gemeinde nennt (EG West 604); Wir ziehen aus der Brotlosigkeit (ML 1 B 106) (evtl. von Platte (Mediothek?) einspielen); Laß uns in deinem Namen, Herr (EG West 658); Hoffnung ist nicht nur ein Wort (EG West 665,3); Wenn der Trost, den wir geben (EG West 667,4).

b) Viele Psalmen eignen sich zum Wechselgebet (EG 712.1: Ps. 25; EG 724: Ps. 46; EG 733: Ps. 71; auch aus den Klageliedern (EG 765) und EG 766: Jona 2 – jeweils im Wechsel zwischen Konfirmandengruppe und Gemeinde. Wird der Psalm 146 (EG 762) ausgewählt, könnte der Psalmvers „Wohl dem, dessen Hilfe der Gott Jakobs ist, der seine Hoffnung setzt auf den Herrn, seinen Gott" als ständiger Kehrvers nach jeder Psalmzeile von den Jugendlichen gesprochen werden.

c) In einem unserer Gemeindehäuser hängen künstlerisch gestaltet die Seligpreisungen an der Wand. Dies brachte uns auf die Idee, mit einer kleinen Gruppe aus dem Unterricht einen „Hoffnungstext" auch künstlerisch zu gestalten und der Gemeinde vorzustellen, z. B. den genannten Vers aus Psalm 146.

d) An der Formulierung der Fürbitten werden die Konfirmandinnen und Konfirmanden beteiligt. Ihnen wurde als Aufgabe gegeben: Wem wünschen wir Kraft und Hoffnung? Ergebnis: Menschen, die sich in besonderen Notlagen befinden (Krankheit; Unfall usw.) brauchen einen Funken Hoffnung in ihrer Finsternis: „... den glimmenden Docht wird er nicht auslöschen ..." (Jesaja 42,3).

V. Literatur- und Medienhinweise

a) H. Gollwitzers „Hoffnungspredigt" im genannten Predigtband.
b) Nützlich zur Vorbereitung: E. Bloch, Das Prinzip Hoffnung – das Vorwort nachlesen.
c) „Seht, welch ein Mensch" – 2 Bildsätze der Beratungsstelle für Gestaltung in Frankfurt, 1986/87 (eine Reihe geeigneter Fotos für die Vorgespräche in den Gruppen)

Detlef Holinski

OKULI – EPHESER 5,1–8

I. Die Jugendlichen und Epheser 5,1–8

a) Die Perikope stellt vor große Schwierigkeiten. Schon Erwachsene haben alle Mühe, diesen Text auch nur äußerlich zu verstehen. Bei den allermeisten Jugendlichen wird schon die gewohnte Textverlesung das Interesse völlig lahmlegen. Es wird bei Verwendung dieser Perikope mehr als sonst auf die Einbettung und Hinleitung ankommen. Außerdem ist hier in neuer Weise die „Übersetzung" des Textes in die Gottesdienstsituation hinein notwendig.
b) Ich empfehle, von allen gebräuchlichen Übersetzungen abzusehen und die „Übertragung" von J. Zink zu verwenden, die Ansätze zur Auslegung enthält, die m. E. hier aber in einem gut zu verantwortenden Rahmen liegen. In dem Gesprächskreis der Erlöser-Kirchengemeinde Iserlohn wurden mehrere Übersetzungen verglichen. Während man zuvor dem Text eher ablehnend und mit Unverständnis gegenüberstand („moralinsauer"), eröffnete Zinks Übertragung eine lebhafte und zustimmende Diskussion.
c) Es ist wichtig, bei Jugendlichen dem Eindruck vorzubeugen, daß der Epheserbrief an dieser Stelle die lockere Umgangssprache junger Menschen von heute im Visier hat. Diese ist im Kern ja weitaus harmloser, als vielfach angenommen: „Geil, cool, korrekt" sind keineswegs böswillige oder unanständige Redensformen, sondern Gefühlsbezeichnungen, die mit konventionellen Worten nicht ausgedrückt werden können (K. Janke/S. Niehues, Echt abgedreht. Die Jugend der 90er Jahre, München 1995, 103–107).
d) Es geht allerdings im Epheserbrief durchaus auch um die verbale Verunglimpfung anderer Menschen und Gottes (Verse 4–6). Es bietet sich von hier aus die Möglichkeit, mit den Jugendlichen die Reden am Stammtisch, diskriminierende Toilettenparolen und das Herziehen über Dritte zu thematisieren.
e) Auch die übrigen kritisierten Verhaltensformen (zuchtlos, unsauber) bedürfen der Konkretion, damit sie nicht moralisierend und nur erschlagend wirken. Wer sich auf deutlichere Aspekte hier nicht einlassen will, sollte darüber auch nicht predigen.

II. Konkretionen, Beispiele, Veranschaulichungen

a) Zur Verdeutlichung des Kerngedankens vom Wandel im Licht eignet sich folgende rabbinische Geschichte: „Rabbi Elimelech sprach: ‚Ehe die Seele in die Luft dieser Welt tritt, führt man sie durch alle Welten. Zuletzt zeigt man ihr das Urlicht, das einst, als die Welt erschaffen wurde, alles erleuchtete, und das Gott dann, als der Mensch verdarb, geborgen hat. Warum zeigt man der Seele dieses Licht? Damit sie von Stund an Verlangen trage, es zu erreichen und sich ihm im irdischen Leben Stufe um Stufe nähere. Und die es erreichen, die Zaddikim, in sie geht das Licht ein, aus ihnen hervor leuchtet es wieder in die Welt. Dazu ist es einst geborgen worden.'" (M. Buber, Erzählungen, 397)

b) Eine Licht- oder Kerzenmeditation, in der das Licht weitergegeben wird und dann das Licht-Sein ausführlicher thematisiert wird, kann den zentralen Aspekt des Textes vertiefen, auch wenn es in der Passionszeit ungewohnt ist.

c) Gute Anknüpfungspunkte bietet auch der Gedanke der „Funken, die dem Feuer entsprühen" (Vers 8). Hier kann mit farbigem, zugeschnittenen und evtl. zu beschriftenden Papierkarton gearbeitet werden. Die „Funken" werden mit Ideen oder konkreten Beiträgen beschriftet und auf einer Stellwand als Feuer gesammelt. Darauf kann die Predigt gut aufbauen.

d) Mit ca. einem Dutzend überlanger Streichhölzer, die in einem Abstand von 0,5 cm senkrecht auf einem Brett befestigt werden, kann der überspringende Funke eindrucksvoll demonstriert werden: Nur das erste Streichholz wird entzündet, dann springt der Funke über usw.

e) Kirchenfenster, die von außen grau und dunkel wirken, ihre Leuchtkraft aber von innen betrachtet voll entfalten, können als Predigt-Metapher dienen (vgl. dazu auch die Geschichte bei W. Hoffsümmer, Kurzgeschichten 5, 135).

f) Eine Schattenspielszene kann das Wechselspiel zwischen Licht und Dunkel gut bildlich umsetzen (Anregungen bei H. Ellinger, Werkbuch Jugendgottesdienst, 89–123).

g) Das „Märchen von der Halle des Lichts" erzählt von zwei Königssöhnen, die die Aufgabe haben, die Schloßhalle zu füllen. Der erste Sohn füllt sie mit ausgepreßtem Zuckerrohr. Der Zweite läßt das Zuckerrohr entfernen und stellt in die Halle eine Kerze (vollständig bei J. Gauer, aaO., 137).

h) „Lebe das, was du vom Evangelium begriffen hast. Und wenn es noch so wenig ist. Aber lebe es!" (F. Roger)

III. Aus Religionsunterricht, Konfirmanden- und Jugendarbeit

a) Das „Handeln in Liebe" (Vers 2) kann in einer Unterrichtsreihe zum Thema Zusammenleben am Beispiel der „Lüge von Dr. Korçzak" thematisiert werden. Damit kann konkreter gezeigt werden, worauf es ethisch ankommt. Eine gute Aufarbeitung dieses Beispiels findet sich in: Lebenszeichen 1, Göttingen 1988, 5/6, 196f.

b) Ein musikalisches Szenarium für 20 Personen zum Thema „Licht durchbricht die Nacht" bietet gute Möglichkeiten, die Arbeit am Text zu intensivieren (bei J. Gauer, aaO., 139–144).

c) Bei einer Umfrage in den Beruflichen Schulen Iserlohn erklärten immerhin 21% der Befragten, an der Kirche besonders ansprechend seien die alten Gebäude mit ihrer Atmosphäre, den Glasfenstern, den Bildern und den Kerzen (M. Jetzschke, Vorläufige Auswertung von 200 Fragebögen, ungedrucktes Manuskript, Iserlohn 1997). Jugendliche malen ein Bild, das die beliebten Elemente der Kirche in einer Zukunftsvision darstellt.

IV. Liturgische Gestaltungsmöglichkeiten

a) Lieder: All Morgen ist ganz frisch und neu (EG 440); Meine engen Grenzen (EG West 600); Selig seid ihr (EG West 666); Im Dunkel unsrer Ängste (ML 2 B

151); Im Dunkel unserer Nacht (Thuma Mina 153).

b) Eingang: „So wollen wir diesen Gottesdienst beginnen im Namen des Vaters, der das Licht von der Finsternis schied; im Namen seines Sohnes, durch dessen Leben, Sterben und Auferstehen alles in einem neuen Licht erschien, und im Namen des Heiligen Geistes, der uns erleuchten möchte, für andere zum Licht zu werden" (J. Gauer, aaO., 135).

c) Segen:
Das Licht Gottes leuchte euch in eurem Leben,
die Liebe Jesu Christi erhalte euch in seiner Nähe,
die Kraft des Geistes stärke euch in eurem Dienst,
die Freude Gottes erfülle eure Herzen,
Der allmächtige Gott, Vater, Sohn und Heiliger Geist, segne euch jetzt und in Ewigkeit. Amen. (H. Ellinger, Werkbuch Jugendgottesdienst, 99, leicht abgewandelt).

V. Literatur- und Medienhinweise

a) J. Gauer, Licht durchbricht die Finsternis, in: Hoffnung ist wie ein Baum. Schulgottesdienste für die Sekundarstufe I, Düsseldorf 1987, 134–144

b) E. Gruber, Licht und Finsternis. Diareihe, München o. J. (1985)

c) Ostern. Wir feiern Feste (Film 14 Min.). FBU Institut, Grünwald 1994 (auch für Passionszeit geeignet)

Gottfried Abrath

LÄTARE – 2. KORINTHER 1,3–7

I. Die Jugendlichen und 2. Korinther 1,3–7

a) Die „Gute Nachricht" bietet eine angemessene zeitgemäße Übertragung des Proömiums des 2. Korintherbriefes, die sich Jugendlichen sprachlich wie gedanklich gut erschließt, ohne die vorhandenen Spannungen bzw. „Befremdlichkeiten" zu glätten.

b) Lätare, der 4. Sonntag der Passionszeit, ein Sonntag, der die zunächst überraschende, befremdliche lateinische Bezeichnung des Jubels, der Freude, des Lobpreises trägt ...! Nicht nur Jugendliche werden (sich) fragen, wie Leid(en) und Freude, ja Lobpreis zusammenhängen, zusammenkommen können. Ein Text, der davon spricht, daß ein Mensch trotz, ja gerade wegen des Leidens, das er „in reichem Maße" durchstehen muß, nicht resigniert, sondern sich ermutigt weiß und andere ermutigt, ihre Leiden mit Geduld zu ertragen, ist gewiß befremdlich, mißverständlich, ärgerlich. Er nährt den Verdacht, das Vorurteil, der christliche Glaube „verherrliche" das Leiden und sein Gott, dessen „unerschöpfliche Güte" gepriesen wird, brauche und bediene sich gewissermaßen des Leidens, um seine Größe, Güte und Gnade (noch stärker) zum Ausdruck zu bringen.

c) Als Proömium eines Briefes trägt der Text starke rhetorisch-„liturgische" Züge, wenngleich ihm bzw. dem Brief, den er einleitet, reale Spannungen und Auseinandersetzungen zugrundeliegen. Paulus spricht nicht von abstrakten, metaphysischen Leiden, sondern von Auseinandersetzungen mit Gegnern, die sein Apostolat und ihn selbst in Zweifel ziehen, und er spricht von bzw. bezieht sich auf Auseinandersetzungen, Konflikte in der Gemeinde in Korinth selbst.

Mag er, nicht nur an dieser Stelle, auch dazu neigen, sein Leben und sich selbst als besonders leidgeprüft darzustellen, so bleibt doch im Kern, daß er um seines Einsatzes für die Sache Gottes und für die Menschen, die sich auf ihn berufen und verlassen, vieles hat erleiden müssen. Nur wer wirklich leidet, gelitten hat, wird Erfahrungen der Ermutigung machen und solche Ermutigung an andere weitergeben können. Philosophisches Räsonnieren über das Leid(en) als metaphysisch-ontologische „Größe" bleibt existenziell ziemlich folgenlos. Diese Erkenntnis erschließt sich Jugendlichen gewiß auch dann, wenn ihnen vergleichbare Leidenserfahrungen – glücklicherweise – fehlen.

d) Ähnlich auch diese Erfahrung: Glaubwürdig ermutigen kann wohl nur, wer selbst Ermutigung erfahren hat. Paulus bringt dies in den Versen 3–5 beinahe programmatisch mehrfach zum Ausdruck. Jugendliche haben ein gutes Gespür für den feinen Unterschied zwischen solcher Art des Ermutigtwerdens (das auf wirklichem Ermutigtsein beruht) und den sonntagsrednerischen Zumutungen, mit den (z. B.) Politiker „Zuversicht" predigen und wider besseres Wissen Besserung der Verhältnisse versprechen, aber nicht selbst geloben. Glaubwürdigkeit entsteht, wenn man spürt, daß das Gegenüber weiß, wovon es spricht. Genau dies fordern Jugendliche ja gerade ein von den Repräsentanten/innen der großen Programme, Institutionen und Weltanschauungen – wenn sie es nicht längst aufgegeben haben, jenen noch zuzuhören bzw. etwas von ihnen zu erwarten …

e) Der Text eine Chance also, Christentum aus dem Odium der „Leidensreligion" zu befreien …? Ein wenig, jedenfalls.

II. Konkretionen, Beispiele, Veranschaulichungen

a) Die/Der Predigende kann „narrativ" die Zumutungen, Verleumdungen, Verletzungen, Angriffe, Kränkungen, Verfolgungen … schildern, die Paulus als Apostel der Völker von allen Seiten erlitten hat, wenn er/sie sich davor hütet und seine/ihre Zuhörerinnen und Zuhörer davor bewahrt, Paulus zum „Leidenshelden" zu stilisieren. Das Pathos eines „Hier stehe ich, ich kann nicht anders!" rückt den Apostel in eine heroische Distanz und Abgehobenheit, die es nicht nur Jugendlichen schwermacht, ihm seine Zuversicht (Vers 7b) „abzunehmen".

b) Jugendliche (Konfirmandinnen und Konfirmanden) gestalten für den Gottesdienst Plakate mit zeitgenössischen „Ermutigungen" oder inszenieren sie als eine Art „Sprechmotette" oder als gesprochene(n) Collage/Rap von Werbesprüchen. Nach der Verlesung des Predigttextes vorgetragen, reißen sie einen Horizont auf, vor dem die Predigt sich bewähren muß.

c) Im Leiden anderen Menschen Hoffnung geben, Mut machen, sie gegen Resignation stärken …: In die Predigt eingestreut und – wenn sie es in angemessener Weise können – von Jugendlichen (Konfirmandinnen und Konfirmanden) vorgetragen werden Beispiele von Menschen, denen dies gelungen ist. Etwa ein Gedicht von B. Sellin, geboren 1973, der mit 2 Jahren an einer schweren autistischen Behinderung erkrankte, verstummte und 16 Jahre lang als unheilbar geisteskrank galt. 1990 begann er unter großen Mühen, auf einem PC Gedichte wie dieses zu verfassen:

ich dichte erst jetzt ein lied über die
freude am sprechen
ein lied für stumme autisten zu
singen in anstalten und irrenhäusern
nägel in astgabeln sind die instrumente
ich singe das lied aus der tiefe der hölle
und rufe alle stummen dieser welt
erklärt den gesang zu eurem lied
taut die eisigen mauern auf
und wehrt euch ausgestoßen zu werden
wir wollen eine neue generation der stummen sein

eine schar mit gesängen und neuen liedern
wie es die redenden noch nicht vernommen haben
unter allen dichtern fand ich keinen stummen
so wollen wir die ersten sein
und unüberhörbar ist unser gesang
ich dichte für meine stummen schwestern
für meine stummen brüder
uns soll man hören und einen platz geben
wo wir unter euch allen wohnen dürfen
in einem leben dieser gesellschaft
(1992) (aus: B. Sellin; ich will kein in mich mehr sein, Köln 1993)

III. Aus Religionsunterricht, Konfirmanden- und Jugendarbeit

a) „Leiden" und „Mut" kommen in Konfirmanden- wie Religionsunterricht zunächst explizit wohl kaum vor, werden in verschiedenen thematischen Zusammenhängen sehr wohl aber angesprochen. Der im Text konstitutive Zusammenhang beider dürfte dabei vermutlich allerdings kaum Thema gewesen sein. Hier könnten Unterrichtende gegebenenfalls durch „aktuelle" Beispiele eine Hinführung versuchen: Wie kann, wer selbst leidet, andere noch trösten und ermutigen?

b) Der Apostel Paulus dürfte der überwiegenden Mehrheit Jugendlicher kaum näher bekannt, geschweige denn vertraut sein. Wenn Zeit und Lehrpläne es erlauben, könnte die Rekonstruktion seines Lebens anhand biblischer Texte (v. a. der Apostelgeschichte und des Galaterbriefes), Landkarten, Dias/Videos und einschlägiger Bildbände eine interessante und spannende „Reise" werden, die dem biographischen Interesse vieler Jugendlicher entsprechen dürfte.

IV. Liturgische Gestaltungsmöglichkeiten

a) Jugendliche (Konfirmandinnen und Konfirmanden) tragen Psalm 34 (z. B. in der Übertragung der „Guten Nachricht in heutigem Deutsch") vor, gegebenenfalls in Auszügen.
b) Lieder, die von echter „Zuversicht" und Geborgensein in Gottesliebe sprechen, z. B. „Gott liebt diese Welt" (EG West 409), „Wir haben Gottes Spuren festgestellt" (EG West 648), „Ist Gott für mich, so trete …" (EG West 351), „Wir wissen nicht, wann diese Zeit …" (ML 2 B 161).
c) Jugendliche (Konfirmandinnen und Konfirmanden) formulieren Fürbitten, in denen sie möglichst konkrete Beispiele von Menschen (und Zuständen …) nennen und beschreiben, die Ermutigung, Unterstützung, Widerstand(skraft) gegen Verzweiflung und Resignation brauchen, also nicht allgemein: „Wir bitten Dich für die Leidenden in dieser Welt …."

V. Literatur- und Medienhinweise

a) R. Niemann (Hg.), Paulus – Rabbi, Apostel oder Ketzer?, Stuttgart 1991
b) S. Krahe, Das riskierte Ich. Paulus aus Tarsus, Ein biografischer Roman, München 1991 (Zwei zeitgenössische literarische Annäherungen und Auslegungen von Leben und Werk des Paulus)
c) F. Mercury: The Show Must Go On, Aus: Queen, Innuendo, CDP 7958872, Textheft. Queen Productions Ltd. 1991
(Als Kontrasttext, der einen anderen Umgang mit eigenem Leiden darstellt)

Ulrich Kämmerer

JUDIKA – HEBRÄER 5,7–9

I. Die Jugendlichen und Hebräer 5,7–9

(Der Predigttext wurde mit Jugendlichen der Klasse 10a der Körperbehindertenschule in St. Augustin erarbeitet)

a) Den Jugendlichen haben drei Übersetzungen vorgelegen: Luther-Übersetzung, Die „Gute Nachricht", Wilckens-Übersetzung. Die verschiedenen inhaltlichen Gewichtungen in den Übersetzungen laden ein zum Dialog, insbesondere Vers 7b: „... er bekam Antwort, weil er Gott ehrte" (Gute Nachricht) bzw. „Und er ist erhört und von seiner Angst befreit worden" (Wilckens).
Vorschlag: Eine Synopse der o. g. Übersetzungen als Textvorlage für die Gottesdienstbesucher.

b) Was die Jugendlichen beim ersten Lesen anspricht und wie sie es verstehen:
„Gott hat bei Jesus keine Ausnahme gemacht – auch Jesus muß leiden. Das ist irgendwie gerecht."
„Jesus zeigt menschliche Gefühle."
„Gott hilf! Gott gib Antwort! – Weil Jesus Gott in Ehren hielt, kriegte er Antwort von Gott."
„‚Weil er Gott ehrte' und ‚er ist von seiner Angst befreit worden' ist dasselbe. Es könnte auch heißen: ‚Weil er seine Angst verlor, ist er erhört worden, kriegt er Antwort von Gott'."
„‚Durch Qualen lernen' – ‚Schule des Leidens', ich weiß, was damit gemeint ist."

c) Auch wenn die theologische Deutung des Todes Jesu den Jugendlichen nur schwer verständlich ist („Das ist mir zu hoch"), befinden sie sich doch im Prozeß theologischer Deutung. Worte wie „gerecht" und die Erkenntnis „Jesus zeigt menschliche Gefühle" richten den Blick weg von dem a-pathischen fernen Gott hin zu dem sympathischen, nahen Gott.

d) Aus eigener Betroffenheit stehen die behinderten Jugendlichen dem leidenden Gottessohn nahe. Das kennen sie: „Bitten und Flehen mit lautem Schreien und Tränen." Sie werden sich auch oft die Frage gestellt haben: Warum bin gerade ich behindert? Im Vergleich mit Nichtbehinderten kommt sehr schnell das Gefühl von Unrecht und die Klage gegen das Leben, gegen Gott. Weil Gott bei seinem Sohn keine Ausnahme machte und auch er leiden mußte, ist dieser Gott für sie gerecht. Gottesgerechtigkeit, Jesu Leiden, Tod und Auferstehung sind keine theologischen Begriffe, die rational ad hoc zu erschließen wären, sondern zu begreifende Wahrheiten, die erlitten, erlebt, erhofft und geglaubt werden müssen und so im Lebensprozeß sich nach und nach erschließen.

e) Nachfrage: Wie ist das zu verstehen? „Weil er seine Angst verlor, ist er erhört worden." Schülerantwort: „Er verlor seine Angst, weil er auf Gott hörte, weil er Gott vertraut."
Diese Antwort beinhaltet ein Gespür für den „dialektischen Prozeß", von dem W. Dirks schreibt: „In jenem dialektischen Prozeß wird der Mensch zu dem, als den Gott ihn gedacht hatte – aber zugleich auch zu dem, der er in seinem innersten, von Gott wiederum bewirkten Willen werden will."

f) Eine Schülerin erleidet wieder mal einen ihrer vielen täglichen epileptischen Anfälle. Sie schlägt mit dem Gesicht auf die Tischplatte, ihre Lippe blutet. „Durch Qualen lernen", sagt sie und wischt sich dabei das Blut von den Lippen (Durch diese Worte fühlte sie sich zuvor angesprochen, jetzt wiederholt sie sie). Was ist damit gemeint? Es entsteht eine heftige Diskussion. Die Jugendlichen differenzieren zwischen veränderbarem und unveränderbarem Leid. „Ich habe lernen müssen, daß ich behindert bin, daß ich vieles nicht kann, was andere können. Das muß ich immer wieder neu lernen. Jeden Tag."

g) „Wenn es eine ‚Schule des Leidens' gibt, wie es in einer Übersetzung heißt, dann kann Leiden nicht sinnlos sein. Welchen Sinn hat Leiden?" Eine andere Schülerin antwortet: „Das kann nur jeder für sich selbst sagen."
„Hast du für dich einen Sinn gefunden?" – „Manchmal. (Pause) Wenn ich an Gott glauben kann, denke ich, ich soll den Nichtbehinderten zeigen, daß es auch noch Behinderte gibt." (Die Schülerin ist 16 Jahre alt, stark verkrümmt und schwer herzkrank.)

h) Das unabänderliche Leiden kann als Leiden für andere und für ein höheres Lebensziel (Dazu gehört auch die Wahrhaftigkeit im Umgang mit der eigenen Lebenswirklichkeit) als sinnvoll erfahren werden.

II. Konkretionen, Beispiele, Veranschaulichungen

a) Die Äußerungen der behinderten Jugendlichen bieten eine gute Möglichkeit, auf Menschen mit Behinderungen in der eigenen Gemeinde aufmerksam zu machen: Wo sind unsere Behinderten? Wer kennt sie? Wo kommen sie in der Gemeinde vor? Wer besucht sie? Wer lädt sie ein? Wer holt sie ab? Wann fährt der Behindertenbus durch die Gemeinde? Fährt er durch unsere Straße? Wo werden sie hingebracht? Wo ist ihr Lebensort?
Das Denken und Fühlen behinderter Menschen, deren Mitdabeisein in der Gemeinde ermöglicht erst Miteinander, ermöglicht Beziehung: „Ich und Du" (Buber), Gegenseitigkeit, die etwas in Erfahrung bringt, was wesentlich zu unserem Menschsein gehört, aber im Verborgenen bleibt, wenn es nicht zu diesem Miteinander kommt. So bleibt dann auch verborgen eine Christusbeziehung, die sich in der Begegnung mit behinderten Menschen ereignet.

b) Der Grund, weshalb wir Behinderte nicht wahrnehmen, ist die Angst vor der Begegnung mit dem Leid.
Wie gehen wir mit eigenen Leiderfahrungen um? Welche Erfahrungen haben wir gemacht?
Die Gottesdienstbesucher werden in Anlehnung an den Predigttext eingeladen, sich zu erinnern und nachzuspüren.
Dies könnte geschehen in einer gemeinsamen Schweigemeditation mit folgenden Impulsen: Wann habe ich das letzte Mal geweint? Wann war mir zum Heulen zumute? Was oder wer hat mich daran gehindert, zu weinen?

c) Der Übersetzung von U. Wilckens folgend könnte auch die Angst thematisiert werden: Wovor ich einmal Angst hatte? Was machte die Angst mit mir? Was oder wer hat mir geholfen? Wovor ich Angst habe? Was tue ich dagegen?
Diese Fragen könnten generationsübergreifend in den verschiedenen Gemeindegruppen mit einem Fragebogen unter Wahrung der Anonymität beantwortet werden und im Gottesdienst verlesen werden. Gibt es Glaubenserfahrungen im Umgang mit der Angst? „In der Welt habt ihr Angst; aber seid getrost, ich habe die Welt überwunden." (Johannes 16,33)

d) Denkbar wäre auch, der Frage nachzugehen: Was wäre, wenn Jesus aus Gethsemane geflohen wäre?
„Es macht keinen Sinn, weil es nicht zu seinem Leben paßt", so die Antwort eines Schülers.

III. Aus Religionsunterricht, Konfirmanden- und Jugendarbeit

a) Aktion „Behinderte in unserer Gemeinde": Konfirmandinnen und Konfirmanden besuchen behinderte Menschen an ihrem Lebensort (Integrativer Kindergarten, Son-

derschulen, Behindertenwerkstätten, in der Nachbarschaft (vgl. II a)).
Behinderte Jugendliche in der Gemeinde werden zu Gottesdienst und Jugendarbeit abgeholt und nach Hause gebracht.
b) Frageaktion „Angst" durchgeführt von Jugendlichen in allen Gemeindekreisen und quer durch die Gemeinde (vgl. II c).
c) Im Religions- und Konfirmandenunterricht schreiben Jugendliche zu der Frage: „Was wäre, wenn Jesus aus Gethsemane geflohen wäre?"
d) Bilderkreuzweg (mit Bildern aus Zeitschriften): Abwendbares Leid – Unabwendbares Leid.

IV. Liturgische Gestaltungsmöglichkeiten

a) Lesung: Matthäus 26,36–46
b) Psalm 71 (vgl. EG West 733) im Wechsel
c) Gebet: EG West 966
d) Lieder: Morgenglanz der Ewigkeit (EG 450); Ich steh vor dir mit leeren Händen (EG 382); Herr, stärke mich, dein Leiden zu bedenken (EG 91); Ich lobe meinen Gott (EG West 673); Bewahre uns Gott (EG 171)

V. Literatur- und Medienhinweise

a) A. Grün, Spiritualität von unten, Münsterschwarzach 1994
b) Keine Angst vor der Angst. Ein Bilderbuch von H. Steiner mit einem Text von J. Gebser, Zürich 1987
c) K. H. Röhlin, Neue Hoffnung für James Dean. Die Frage nach dem Sinn im Leben, München 1988

Paul Zenner

PALMARUM – PHILIPPER 2,5–11

I. Die Jugendlichen und Philipper 2,5–11

a) Der Text:
Die Abgrenzung der Perikope ist sinnvoll und unstrittig. Eine textgemäßere Übersetzung als die M. Luthers wird man kaum finden; überlegenswert ist es allerdings, anstatt dessen den Text in eigene, sinngemäße Worte zu kleiden:
Geht so miteinander um, wie es Christen entspricht. Denn er, Jesus Christus, klammerte sich nicht daran, wie Gott zu sein. Er streifte alles ab und wurde ein einfacher Mann – ein Mensch wie wir. Er machte sich ganz klein und ging seinen Weg mit aller Konsequenz, bis hin zur letzten – den Tod am Kreuz. Darum hat ihn Gott auch erhöht, und der Name „Jesus" ist so berühmt geworden, daß alle, wo sie auch sein mögen, ihn kennen und anerkennen sollen. Und nicht nur das: Alle sollen Gott ehren und sagen: Jesus Christus ist der Herr!
b) Die Jugendlichen und der Text
Formal ist der sog. Philipperhymnus Philipper 2,5–11 ein geprägtes Stück, vielleicht ein Gemeindelied, das Paulus vorfand und in seinen Brief an eben dieser Stelle einbaute. Inhaltlich findet man manche religionsge-

schichtliche Parallele. Der oder die Dichter des Textes haben ihre Glaubensvorstellungen mit Hilfe der religiösen Vorstellungswelt des 1. nachchristlichen Jahrhunderts zum Ausdruck gebracht. Mit anderen Worten: Sie besangen Christus mit Formeln, die damals allgemein bekannt waren.

Dies hat sich geändert. Die meisten Erwachsenen und erst recht die Jugendlichen können die Aussagen des Textes nicht mehr nachvollziehen. Wenn sich das Wissen über Jesus mehrheitlich darauf beschränkt, daß er ein guter Mann war und Sandalen anhatte, finden Begriffe wie Präexistenz, Kenosis, Gehorsamstod oder Erhöhung wie die damit bezeichneten Sachverhalte keinen Anknüpfungspunkt mehr. Ich würde auch an dieser Stelle keinen übertriebenen didaktisch-theologischen Ehrgeiz entwickeln, sondern anstatt dessen lieber einen Schwerpunkt mit Hilfe eines der nachfolgenden Begriffe setzen.

II. Konkretionen, Beispiele, Veranschaulichungen

a) Abstieg: Jugendliche hängen an (Status-)Symbolen: Walkman, Musikanlage, Kleidung bestimmter Marken. Sie kopieren damit lediglich das Verhalten ihrer Umwelt, vor allem der Eltern. Und wie diese fürchten sie den unfreiwilligen sozialen Abstieg, wenn das Familienbudget aus irgendeinem Grund nicht mehr hinreichend sein sollte, diese Symbole zu finanzieren. Dumpf ist es ihnen bewußt, daß der Besitz von Luxusgütern den Weg zum wahren Menschsein verstellen kann. Trotzdem ist ein Loslassen und ein freiwilliger Abstieg, wie Vers 6f beschrieben, für sie nahezu undenkbar.

Vorschlag: Die Jugendlichen präsentieren die Ergebnisse der Gegensatzcollagen (s. IIIa) im Gottesdienst in Form eines kurzen monologischen Rollenspiels: „Ich bin einer, der lebt wie ein Gott … Was mir nur manchmal fehlt …“ – „Ich bin einer wie ihr … Ich hätte gerne noch …“ – „Ich bin einer, der besitzt fast nichts … Aber ich habe auch eine Menge, die euch fehlt …“

b) Aufstieg: Dieses Wort ist Jugendlichen genauso vertraut wie das Wort „Abstieg“. Aber sie hören es öfter: „Aufsteiger der Woche“, „steiler Aufstieg“, „Bilderbuchkarriere“. Der Unterschied zwischen diesen Begriffen und dem Lebens- und Leidensweg Jesu, der schließlich zu seiner Erhöhung führt, ist riesig – und des Nachdenkens wert. Was sind die Ziele unseres Strebens?

Vorschlag: An ein Flipchart oder an der Kanzel wird ein Bogen Papier mit einem leeren Karriereprofil (s. IIIb) von 0–33 Jahren angebracht. Der/die Prediger/in zeichnet einige Stationen des Lebens Jesu ein und fragt von daher nach der Situation der Gottesdienstbesucher, z. B.: Jesu Taufe: „Haben wir Eltern, die zu uns sagen: Mein liebes Kind bist du?“ Oder Jüngerberufung/Nachfolge: „Haben wir/sind wir Freunde, die mit durch dick und dünn gehen?“ Das ausgefüllte Profil auf Karteikarte bekommt jede/jeder nach dem Gottesdienst zum Nachdenken mit nach Hause.

c) Ausstieg: Aussteiger gibt es viele, wir sehen sie auf den Straßen: Punks, Obdachlose, Freaks jeder Art. Christlich motivierte Aussteiger gibt es wenige, die aussteigen, um den Menschen zu dienen, obwohl ihnen eine andere Karriere offenstand. A. Schweitzer oder E. Brandström sind nur zwei Beispiele von vielen.

Vorschlag: Den Text in der Predigt von einem solchen Lebensweg her beleuchten. Die Jugendlichen sollten dabei die Aufgabe übernehmen, evtl. mit Hilfe von Dias, kurz in das Leben der jeweiligen Persönlichkeit einzuführen.

d) Abstand: Jesus ist der erhöhte Herr, von dem Paulus im gleichen Brief sagen kann: Er ist nahe! (Philipper 4,4). Dies ist für die meisten Jugendlichen unfaßbar: Die Stars der Jugendlichen sind und bleiben ferne Idole, trotz Riesenposter, CD und Konzertbesuch.

Um diese Entfernung zu überbrücken, hat sich die multimediale Kultur ein Instrument geschaffen, die Hotline. Hier kann man per Telefon oder Fax der Not seines Herzens Luft machen.
Vorschlag: Eine solche „Hotline“ im Gottesdienst schalten: „Was ich dir, Jesus, gerne einmal sagen würde …“, schreibt jeder auf einen Zettel, steckt ihn in einen Umschlag und versieht ihn mit einem Symbol. Der/die Pastor/in liest die Briefe während der Woche und sucht ein passendes Bibelwort. Im nächsten Gottesdienst liegen die Briefe dann wieder zur Abholung bereit.

e) Verehrung: Jugendliche verehren ihre Stars. Oft so sehr, daß z. B. nach der Trennung der Gruppe „Take That“ ein Notfalltelefon für suizidgefährdete Mädchen eingerichtet wurde.
Jesus, so heißt es im Hymnus, soll man ebenso verehren wie bekennen, wobei dies durchaus exklusiv gemeint war: Christus ist der Herr; er – und nicht der Kaiser in Rom.
Vorschlag: Eine Predigt zum Thema Verehrung und Starkult mit der „Bravo“ oder einer anderen, einschlägigen Jugendzeitung als Anschauungsmaterial: Wo findet (legitime!) Verehrung eines Menschen seine Grenze?

III. Aus Religionsunterricht, Konfirmanden- und Jugendarbeit

a) Die Jugendlichen erstellen auf drei Fotokartons je eine Collage: 1) Leben wie ein Gott 2) Leben wie ein Mensch in … (Ort) 3) Leben wie ein Mensch in … (Land der 3. Welt). Anschließend Vorstellung der Ergebnisse und Auswertung: Was hat jeder einzelne und was fehlt ihm? Was hat z. B. 3), was 1) fehlt? Die gefundenen Vorzüge und Defizite werden neben die Collage geschrieben.

b) Mit den Jugendlichen ein Karriereprofil erstellen: Wo will ich mit 33 Jahren sein? In dieses zeichnen sie ihre Wunschkarriere ein und tauschen sich anschließend darüber aus. Anschließend zeichnen sie mit Hilfe des Leiters/der Leiterin darin den Lebensweg Jesu ein und vergleichen beide. Wo sind die Unterschiede? Was darf ich nicht aus dem Auge verlieren? etc.

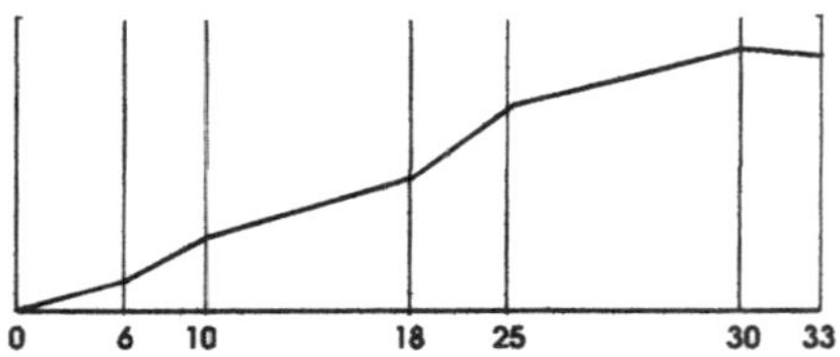

IV. Liturgische Gestaltungsmöglichkeiten

a) Schriftlesung: Evangelium: Markus 11,1–10; Epistel: Johannes 3,12–18
Lieder: Jesus zieht in Jerusalem ein (EG 314); Ich lobe meinen Gott (EG West 673); Damit aus Fremden Freunde werden (EG West 674)

c) Philipper 2,5–11 könnte auch als Kyrie entfaltet werden wie in der „Erneuerten Agende“ als Variante A 2 vorgesehen – im Wechsel zwischen Jugendlichen und Gemeinde:

J.: Jesus, du warst dir nicht zu fein, in unsere Welt zu kommen.
G.: Kyrie eleison
J.: Du wurdest ein Mensch und gingst deinen Weg bis ans Kreuz.
G.: Kyrie eleison
J.: Gott aber hat dich wieder eingesetzt, damit wir bekennen: Du bist unser Herr.
G.: Kyrie eleison

V. Literatur- und Medienhinweise

a) D. Stork, Die Macht der Ohnmacht: Passion und Ostern gestalten und erleben, mit Bausteinen für den Gottesdienst, Stuttgart 1994, 44–58

b) W. Hoffsümmer, 122 Symbolpredigten durch das Kirchenjahr, für Kinder, Jugendliche und Erwachsene, Mainz 1992

Christian Klein

GRÜNDONNERSTAG – 1. KORINTHER 11,23–26

I. Die Jugendlichen und 1. Korinther 11,23–26

a) Der Text wird nach der Luther-Übersetzung oder ergänzend nach der Übersetzung von J. Zink verlesen.

b) Kontext: Gemeinschaft:
Der Kontext, besonders die Verse 17–19, zeigt, daß es Paulus um die Frage der Gemeinschaft beim Abendmahl der Gemeinde in Korinth geht. Die Gemeinschaft leidet, ja ist aufgehoben, wenn einige satt sind, andere hungrig bleiben, wieder andere betrunken zum Abendmahl kommen. „Ist euch die Gemeinschaft der Kirche Gottes nichts mehr wert, daß ihr die Armen unter euch so beschämt?"
Das Thema Gemeinschaft ist für Jugendliche wichtig. Die informelle Gruppe, die sich irgendwo eine Zeitlang trifft, die Klasse oder Konfigruppe als Jahrgangszwangsgemeinschaft, der Verein, die Clique oder auch die Familie, überall geht es um die Frage: Gehöre ich dazu, will ich dabei sein, bin ich willkommen? Als Neuling fühlt sich jeder und jede fremd und noch nicht angenommen. Die Cliquen einer Klasse oder Stufe stehen oft gegeneinander, Außenseiter werden fertig gemacht. „Da mußt du durch!" Anders sein ist die Bedrohung der eigenen Identität. Eine Gesellschaft, die Tausende junger Menschen ohne Arbeit läßt, eine Gemeinde, in der junge Menschen mit ihrer Kultur keinen Platz haben, braucht dringend eine „Kultur der Anerkennung". Die Feier des Abendmahls kann zu einer solchen Kultur beitragen. Die Gemeinschaft bei der Feier des Gottesdienstes und beim Abendmahl ist ein entscheidender Prüfstein, ob junge Menschen sich in ihr zu Hause fühlen.

c) Jugendliche und die Feier des Abendmahls:
Die Hinführung zum Abendmahl im Konfirmandenunterricht, die Feier im Rahmen einer Freizeit wird oft als Höhepunkt empfunden. Um so fremder erscheint dann die normale Abendmahlsfeier im Gottesdienst. Schade, daß auch neuere Unterrichtsbücher kaum didaktische Bemühungen aufbringen, um die Abendmahlsliturgie der Grundform I jungen Menschen verständlich zu machen.

d) Gemeinsames Essen:
Jugendliche erleben heute gemeinsame Mahlzeiten im Familienkreis eher selten. Die Gruppe, die bei McDonalds am Tisch sitzt, ist da schon eher im Blick (wenn auch den meisten Pfarrerinnen und Pfarrern eher fremd). Aber Fast Food ist ja eigentlich auch eher etwas für den kleinen Hunger zwischendurch. Die Speise des Abendmahls dagegen möchte elementar (Brot und Wein/Saft) auf das lebensnotwendige hinweisen: Es geht um die neue Gemeinschaft zwischen Gott und uns: der neue Bund.

e) Lebendige Erinnerung:
Jugendliche sind auf die Zukunft ausgerichtet. Geschichten von gestern sind nicht so spannend. Die Erinnerungsgeschichte von Jesu Schicksal muß erzählt und so lebendig

werden. Vielleicht gibt es einen Zugang über das Thema „Verrat". Jemand, der petzt, der sich einschleimt, der keine Solidarität übt, ist ein Verräter oder eine Verräterin. Verrat tut weh, verletzt, macht traurig. So ging es Jesus beim letzten Abendmahl, in Gethsemane oder als der Hahn krähte und Petrus ihn verriet. Der Kuß des Judas war sicher ein Brandmahl auf Jesu Wange oder Mund.

f) Für euch gegeben:
In diesen Worten verbirgt sich eines der schwierigsten Kapitel der Geschichte Jesu. Nicht nur Jugendliche fragen: Warum mußte Jesus leiden und sterben? Die Deutung des Todes Jesu ist umstritten. Jungen Menschen muß sie mit glaubhaften Beispielen aus unserer Zeit nahe gebracht werden; vielleicht mit dem Beispiel M. L. Kings. Der schwarze Baptistenprediger glaubte an die heilende, versöhnende Macht des freiwillig übernommenen Leidens. Er wies mit seinem Leben und seiner Predigt und seinem Tod auf die Macht hin, die eine Bewegung hat, die freiwilliges, vermeidbares Leiden auf sich nimmt. Er war überzeugt, daß dies zur Versöhnung der kranken Gesellschaft führt.

g) Geheimnis des Glaubens:
Daß Jesus gegenwärtig ist, wo zwei oder drei in seinem Namen versammelt sind, ist seine Verheißung. Vers 26 macht die Feier des Abendmahls zur lebendigen Verkündigung von Tod und Auferstehung Jesu – bis zu seiner endgültigen Wiederkunft. Die Feiernden bekommen Teil am Schicksal Jesu. Bilder, eine fröhliche und meditative Atmosphäre, Lieder, die vom Text und der Musik her gute Noten haben, Worte, die treffen, trösten und ermutigen, tragen dazu bei, daß geschieht, wovon wir hören: „Daß wir gemeinsam essen, heißt, daß uns nichts mehr trennt, / daß einer sich zum andern und so zum Herrn bekennt. / Sein Leben und sein Lieben ist der Gemeinschaft Kern. / Gemeinschaft ist das Leben: Wir sind der Leib des Herrn" (EG West 598,3).

h) Was ist grün am Gründonnerstag?
Das traditionelle Mißverständnis hatte früher in vielen Familien zur Folge: Es gab nur Spinat. Daß der Tag sich vermutlich von „gronam", mittelhochdeutsch für weinen, ableitet, wußte (oder weiß?) man nicht. Der Vorabend zu Karfreitag hat ihm die düstere Stimmung eingebracht. Dabei signalisiert die Farbe der Antependien (weiß!) etwas ganz anderes: Weiß deutet auf Ostern hin. In der Liturgie wird sogar das „Ehre sei Gott in der Höhe" gesungen, das seit Beginn der Passionszeit verstummt ist. Also darf es ruhig auch bei der Mahlfeier quasi um einen Vorgeschmack von Ostern gehen.

II. Konkretionen, Beispiele, Veranschaulichungen

a) Ist der Gründonnerstag ein Gottesdiensttag für Jugendliche? Ferien und Unterrichtspause könnten eher ein Nein als Antwort nahelegen. Vielleicht gibt es aber doch eine Gruppe, die für die Gründonnerstagsgemeinde die Gastgeberrolle übernehmen will. Die Verbindung von Abendmahl und Agape liegt bei unserem Text besonders nahe. Dann wird die Gruppe Brot backen, für die Einladungen und die Organisation des Agapemahls sorgen. Sie kann z. B. eine Tischdecke mit Fingerfarben und Handabdruck herstellen, auf die dann die Abendmahlsgaben gestellt werden. Sie kann Tischkarten schreiben und sie mit einem biblischen Spruch versehen, der dann bei der Feier eine Rolle spielt.

b) Neben der Verbindung von Abendmahl und Agape findet sich in der Literatur auch oft der Hinweis auf eine Verbindung von Passah und Abendmahlsfeier (so z. B. E. F. Bochum in: Abendmahl, Gottesdienst – Praxis, Serie B, Gütersloh 1993, 51ff). So wichtig der Hinweis auf eine (vielleicht die) entscheidende Wurzel unserer Mahlfeier ist, so gebe ich doch zu bedenken, ob es im Rahmen des christlich-jüdischen Dialogs angebracht ist, eine christliche Feier mit Texten aus einer jüdischen Gottesdienstliturgie zu versehen. Besser gefällt mir der Gedanke der biblischen Mahlzeit zur Vorbereitung auf das Abendmahl. Dort können dann Speisen wie Brot, Kräuter, Fisch, Lamm, Wein, Milch, Honig u. a. von ihrem biblischen Kontext gedeutet und genossen werden.

III. Aus Religionsunterricht, Konfirmanden- und Jugendarbeit

a) Das Abendmahlsbild von Leonardo da Vinci ist in vielen Variationen aktualisiert und verfremdet worden. Es eignet sich gut zur Erschließung des Abendmahls. Hinweise dazu finden sich in dem Entwurf von K. Hahn, F. Sorkale und R. Stark in: kupraxis 27, 40. Eine Besprechung mit dem Titel „Abendmahl, Vergleich zweier Bilder" liefert K. Buße in: ZGP 14, Heft 2, 1996, 15). Der Designer O. Kern hat das alte Bild L. da Vincis neu zusammengestellt. Jesus und 12 Frauen oben ohne als Reklameträger für Jeans. O. Kern: „Wenn Jesus heute als 19- oder 20jähriger leben würde, würde er in Jeans auftreten … Wenn Jesus heute zum Abendmahl einladen würde, wären sicher auch Frauen unter seinen Jüngern. Alle würden sehr locker dabei sein." Die Beschäftigung mit beiden Bildern kann über die Provokation zu wichtigen Fragen führen: hier das Abendmahl, die Konstituierung einer Gemeinschaft der Glaubenden mit Gott, und dort das „Mysterium" unserer Tage, die Erfüllung unseres Selbst im Outfit, in dem wir hoffen, zu uns selbst zu kommen. Beides wird assoziativ in Verbindung gebracht. Eine Provokation, die zum Nachdenken führt, vielleicht besser für eine Gruppe oder den Unterricht als für den Gemeindegottesdienst geeignet.

b) Die Szene der Jünger mit Jesus bei der Feier des letzten Abendmahls ist symbolisch gut darstellbar in der Feier der „Nacht der verlöschenden Lichter". Jesus und seine Jünger werden durch eine Kerze dargestellt. Mit der KU-Gruppe werden Texte erarbeitet, die jeweils von einem Jünger gesprochen werden. Tenor: Warum ich Jesus verlasse und auch weggehe. Nach dem Sprechen des Textes wird jeweils eine Kerze gelöscht. Dieser Entwurf führt in die Einsamkeit Jesu in Gethsemane. Damit die Gründonnerstagsgemeinde aber nicht in die Depression entlassen wird, können bei der Mahlfeier die Lichter der Jünger wieder angezündet werden als österliches Hoffnungslicht. Gottes Geist macht auch den, der flieht und verrät, zum Boten (der vollständige Entwurf kann in der Arbeitsstelle Gottesdienst und Kirchenmusik der EKvW angefordert werden. Anschrift: Olpe 35, 44135 Dortmund).

c) Der Entwurf der neuen Konfirmationsagende der VELKD bietet zum Thema Abendmahlsgottesdienste mit Konfirmanden gute Entwürfe und Texte.

IV. Liturgische Gestaltungsmöglichkeiten

a) Psalm 111 im Wechsel mit der Gemeinde (EG West Nr. 748).
Die Konfirmanden oder Konfirmandinnen sprechen die jeweils ersten Verszeilen.
Alternative: Jesaja 55 mit Psalm 42,2 als Kehrvers.
Die Konfirmandengruppe spricht die Verse:
„Wohlan, alle die ihr durstig seid, kommt her zum Wasser!
Und die ihr kein Geld habt, kommt her, kauft und eßt!
Kommt her und kauft Wein und Milch,
ohne Geld und umsonst!"

Gemeinde: „Meine Seele dürstet nach Gott, nach dem lebendigen Gott."
„Warum zählt ihr Geld dar für das, was kein Brot ist,
und sauren Verdienst für das, was nicht satt macht?
Hört doch auf mich, so werdet ihr Gutes essen
und euch am Köstlichen laben."
Gemeinde: „Meine Seele dürstet nach Gott, nach dem lebendigen Gott."
„Neigt eure Ohren her und kommt her zu mir!
Höret, so werdet ihr leben!
Ich will mit euch einen ewigen Bund schließen."
Gemeinde: „Meine Seele dürstet nach Gott, nach dem lebendigen Gott."
„Suchet den Herrn, solange er zu finden ist;
ruft ihn an, solange er nahe ist."
Gemeinde: „Meine Seele dürstet nach Gott, dem lebendigen Gott."
(Konfirmationsagende der VELKD, Vorentwurf, 279)

b) Einzug beim Abendmahl

Die Konfirmandengruppe bringt eine selbstentworfene Abendmahlstischdecke und die Abendmahlsgaben in einer Gabenprozession herein. Währenddessen singt die Gemeinde EG 229: Kommt mit Gaben und Lobgesang. Der Altar wird gedeckt. Es folgt das Gabengebet EG West 822:

„Schöpfer des Lebens, wir loben dich,
du schenkst uns das Brot, die Frucht der Erde und der menschlichen Arbeit.
Laß dieses Brot für uns zum Brot des Lebens werden.
Schöpfer des Lebens, wir loben dich.
Du schenkst uns die Frucht des Weinstocks, das Zeichen des Festes.
Laß diesen Kelch für uns zum Kelch des Heils werden.
Wie aus den Körnern das Brot, aus den Trauben der Wein geworden ist,
so mach aus uns eine Gemeinde, ein Zeichen des Friedens für diese Welt."

Präfation

„Der Herr lädt uns zu seinem Mahl:
zum Brot des Lebens,
zum Trank der Freude.
Wir danken Gott,
dem Schöpfer und Erhalter,
für alle Menschen,
die uns schützen und helfen.
Wir danken Gott
für Jesus, seinen Sohn,
der uns befreit hat
von Angst und Schuld.
Wir danken Gott
für seinen Geist,
der uns Mut macht
zum Glauben und Hoffen.
Wir rühmen Gottes Herrlichkeit
mit allen Geschöpfen;
in den Lobpreis der Engel
stimmen wir ein und singen.

Sanctus EG 185,5

Dankgebet EG West Nr. 827

Alternative:

„Dein Wort haben wir gehört:
Du rufst uns zu dir.
Dein Brot haben wir gebrochen:
So viel bedeuten wir dir.
Deinen Wein haben wir geschmeckt:
So nahe bist du uns.
Gestärkt und belebt,
danken wir dir, unserem Gott."
(Konfirmationsagende der VELKD, Entwurf 123)

Danklied: Singet dem Herrn ein neues Lied (EG West 599)

V. Literatur- und Medienhinweise

a) ku-praxis, Heft Nr. 27: Zum Abendmahl geladen, Gütersloh 1990 (darin zwei Dias zum Abendmahlsbild von L. da Vinci und von S. Köder, Das Mahl mit den Sündern: Beide Bilder sind dort besprochen).
b) Geschichten: H. A. Mertens, Brot in Deiner Hand (ku-praxis 27, 17); K. Marti, Der Fürst, in: Evangelische Kommentare 1972, 498ff
c) H. M. Lübking, Kursbuch Konfirmation, Arbeitsbuch, Düsseldorf 1995

Gerd Kerl

KARFREITAG – 2. KORINTHER 5,14b–21

I. Die Jugendlichen und 2. Korinther 5,(11–14a)14b–21

a) Um meine Schlußfolgerungen für die Gottesdienstgestaltung nachvollziehbar zu machen, erläutere ich im folgenden kurz mein Textverständnis. Denn ich finde, daß sich dieser Text nicht einfach von selbst versteht:
Ich halte die Abgrenzung der Perikope für wenig sinnvoll. Der Einsatz in Vers 14b läßt nämlich den Eindruck entstehen, Paulus schreibe eine komplizierte dogmatische Abhandlung über die Bedeutung von Kreuzigung und Auferstehung Jesu im allgemeinen. Unter Hinzunahme der Verse 11–14a entsteht bei mir jedoch ein anderer, nämlich folgender Eindruck: Paulus begründet in diesem Abschnitt die Art und Weise seiner Beziehungsaufnahme zur korinthischen Gemeinde christologisch. Er beeindruckt sie nicht mit dem, was er hat und leisten kann. Er betrachtet die Christinnen und Christen in Korinth nicht daraufhin, was sie haben und leisten können. Sich selbst und die korinthische Gemeinde nimmt er wahr als das, was sie durch ihre Christusbeziehung sind: nämlich von ihrer Vergangenheit unbelastete Menschen, die mit Gott in Frieden leben. Diese Wahrnehmungsweise wird möglich, weil Paulus das Christusgeschehen über den Stellvertretungsgedanken allen Christinnen und Christen zueignen kann.
So hat die Rede von Kreuzigung und Auferweckung in diesem Kontext für Paulus die Funktion einer entlastenden Beziehungsklärung mit der korinthischen Gemeinde. Kurz gefaßt lautet das paulinische Beziehungsangebot: Laßt uns einander wahrnehmen als das, was wir durch Christus (und nicht etwa durch unsere Berufe, Einkommen, Autos, Kinder, Eltern, religiösen Leistungen etc.) sind.
b) Diesem Textverständnis folgend halte ich eine Erweiterung der Perikope um die Verse 11–14a für sinnvoll. Die Übersetzung der Guten Nachricht hat mich überzeugt. Eine kurze Einleitung in den Text wird Hörerinnen und Hörern das Verstehen erleichtern. Ich schlage folgende Einleitung vor: Zwischen Paulus und der Gemeinde in Korinth stimmt etwas nicht. Paulus hat gehört: Die Christinnen und Christen in Korinth sind völlig beeindruckt von Predigern des Evangeliums, die ihre Verkündigung sehr publikumswirksam inszenieren (evtl. ein paar Veranschaulichungen einfügen). Paulus hält nicht viel davon. Das Evangelium von Jesus Christus bedeutet für ihn nämlich folgendes: Was Menschen an tollen Dingen vorzeigen können, ist ziemlich egal. Entscheidend ist vielmehr, wer wir in den Augen Gottes sind. Das macht Paulus den korin-

thischen Christinnen und Christen in dem heutigen Predigttext aus dem 5. Kapitel des 2. Korintherbriefs klar. Er schreibt: „..." (Zum Einbringen des Textes in den Gottesdienst vgl. aber auch unten unter II a)

c) Fragen von Selbstwahrnehmung und Fremdwahrnehmung beschäftigen Jugendliche in der Adoleszenz sehr. Die Sicherung der eigenen Identität wird jetzt explizit zu einem Lebensthema, mit dem Jugendliche allerdings unterschiedlich umgehen: Für einige ist die kritische Abgrenzung gegenüber den Werten und Normen der Elterngeneration Mittel der eigenen Identitätssicherung. Für andere ist die Darstellung der Zugehörigkeit zu einer bestimmten Subkultur oder „Clique" durch Sprache, Kleidung, Gesten etc. identitätsbestimmend. Für dritte spielt beides eine Rolle. Bei aller Unterschiedlichkeit in bezug auf den Modus der Identitätssicherung bin ich davon überzeugt, daß gerade Jugendliche ein sehr fein eingestelltes Sensorium für die Vergeblichkeit menschlicher Sicherungsversuche haben. Nicht Gefangene oder Gefangener der eigenen Leistungen oder auch der eigenen Vergangenheit, der eigenen Familie, des eigenen Aussehens zu sein, sondern ein neuer Mensch in der Christusbeziehung zu sein, könnte gerade auch von Jugendlichen als Befreiung erlebt werden.

II. Konkretionen, Beispiele, Veranschaulichungen

a) Die Komplexität des Predigttextes erschwert das Verstehen beim ersten Hören. Eine Möglichkeit, den Zugang zum Text zu erleichtern, ist, ihn als Rollenspiel zu gestalten. Ich schlage folgende Rahmensituation vor: Paulus diktiert seinem Sekretär seinen zweiten Brief an die Gemeinde in Korinth. Immer wieder muß Paulus neu formulieren, um die Sache treffender zu sagen. Immer wieder fragt der Sekretär bei bestimmten Formulierungen nach der Bedeutung. Als Requisiten bieten sich an: Tisch, zwei Stühle, Kerze, Tintenfaß und Feder sowie zwei Decken, die dem Sekretär und Paulus als Verkleidung dienen. Paulus geht beim Nachdenken hin und her. Das Rollenspiel könnte folgendermaßen eröffnet werden:

Paulus: „Wo waren wir gestern in unserem Brief an die Korinther stehengeblieben, Philippus?"

Philippus (liest von einem Blatt): „Wenn ich also Menschen zu gewinnen suche, so vergesse ich nie, daß ich dem Herrn Rechenschaft ablegen muß."

Paulus: „Richtig, richtig! Dem Herrn, unserm Gott – und nicht irgendwelchen anderen Menschen. Lassen die Korinther sich doch tatsächlich beeindrucken von irgendwelchen Schaumschlägern. Als ob sie nicht wüßten, daß auf meine Worte Verlaß ist, auch wenn ich nicht ständig damit angebe, was ich alles kann. Schreib, Philippus, schreib! Gott kennt mich durch und durch ..."

Vielleicht kann ja ein Bibelkreis solch ein Rollenspiel entwerfen und aufführen.

b) Die Zueignung des Christusgeschehens an die Christinnen und Christen veranschaulicht Paulus durch den Gedanken der Stellvertretung. Dieser Gedanke hat für Jugendliche kaum unmittelbare Evidenz: Wie soll etwas, das ein anderer getan hat, der mich noch nicht einmal kennt, für mich eine Rolle spielen? Um Plausibilität für diesen Gedanken ohne Rekurs auf eine supranaturalistische Christologie zu gewinnen, kann ich mir folgende Veranschaulichung vorstellen: Gewinnt ein Fußballverein ein Spiel, betrachten sich seine Fans als Gewinner, obwohl weder die Vereinsspieler die Fans kennen noch die Fans (zumindest die zuhause vor dem Fernseher) irgend etwas Entscheidendes zum Gewinn beigetragen haben. Dem Selbstverständnis der Fans zufolge haben die Vereinsspieler den Sieg stellvertretend für alle Fans errungen und ihnen

für die nächsten Stunden oder Tage ein positives Lebensgefühl beschert.
Ganz gleich wie nah oder fern einem diese Veranschaulichung liegt, entscheidend für die Plausibilitätsgewinnung ist es m. E., den Stellvertretungsgedanken als Interpretament des Selbstverständnisses von Christinnen und Christen in bezug auf das Christusgeschehen darzustellen.

III. Aus Religionsunterricht, Konfirmanden- und Jugendarbeit

a) Im Kindergottesdienst, im Religions- und Konfirmandenunterricht haben die Mehrzahl der Jugendlichen sich mit dem Leben Jesu beschäftigt. Trotzdem wissen sie in der Regel sehr wenig Konkretes über sein Handeln und Reden. Insbesondere der Zusammenhang von Leben und Hinrichtung Jesu ist ihnen häufig nicht klar. Es bietet sich an, im Konfirmandenunterricht einen „Lebens-Weg" Jesu zusammenzustellen, indem die Jugendlichen ihnen wichtige Szenen aus dem Leben Jesu durch eine Collage oder ein Bild oder auch durch Rußdias gestalten. Die Darstellungen können im Gottesdienst durchlaufen oder einfach nur gezeigt werden. Die kurze Präsentation (zwei Sätze!) eines jeden Bildes bzw. Dias durch die Jugendlichen endet mit der Frage: „Und dieser Mann wurde hingerichtet?" Von verschiedenen Orten des Kirchraums aus rufen Jugendliche daraufhin nacheinander „Warum?"
b) Verschiedene Gemeindegruppen (Bibelkreis, Frauenhilfe, Konfirmandengruppe usw.) beschäftigen sich mit dem Gedicht „Wer bin ich?" von D. Bonhoeffer (abgedruckt in: Widerstand und Ergebung, versch. Ausgaben bei Kaiser und GTB). Sie versuchen, eigene (gekürzte) Fassungen des Gedichts zu schreiben; z. B. „Wer bin ich? Andere sagen mir oft, ich wäre so cool, nichts würde mich aufregen, wie ein Kinoheld ..." Jede Fassung endet mit dem letzten Satz aus Bonhoeffers Gedicht: „Wer ich auch bin, Du kennst mich, Dein bin ich, o Gott!" Verschiedene Fassungen werden von unterschiedlichen Personen im Gottesdienst vorgetragen, um zu illustrieren, was es bedeutet, seine Identität nicht in eigenen Leistungen oder Meinungen anderer zu finden, sondern in der Gottesbeziehung.
c) Einige Jugendliche bauen ein ca. zwei Meter großes Holzkreuz auf einem Ständer (Vielleicht kann ja der Weihnachtsbaum als Baumaterial verwendet werden. Das Holzkreuz kann dann schon während der gesamten Passionszeit in oder auch vor der Kirche stehen.). Während einer durch Musik gestalteten Meditationsphase haben alle Gottesdienstfeiernden die Möglichkeit, auf einem kleinen Zettel ein paar Gedanken zu folgendem Thema aufzuschreiben: „Was mich belastet ... Womit ich andere belaste ..." Wer möchte, kann seinen bzw. ihren Zettel zusammenfalten und mit einer Heftzwecke an das Holzkreuz hängen. In einer anschließenden Meditation oder einem Gebet wird der Symbolgehalt der Handlung in Worte gefaßt. Wichtig: Zu Beginn der Meditationsphase wird darauf hingewiesen, daß die aufgehängten Zettel von niemandem gelesen werden!

IV. Liturgische Gestaltungsmöglichkeiten

a) Liedvorschläge:
1. Holz auf Jesu Schulter (EG 97); 2. Korn, das in die Erde (EG 98); 3. Wenn das Brot, das wir teilen (EG West 667)

b) Ein Glaubensbekenntnis von B. Vrijdoghs (abgedruckt in K.-P. Rex (Hg.), Neue Glaubensbekenntnisse, Gütersloh 1995, 87):

Zu Jesus Christus gehöre ich,
er hat unser Leben gelebt.
Er hat uns gezeigt,
was Liebe, Güte und Barmherzigkeit sind.
Er war, was wir sein sollten:
ein Diener aller Menschen –
und darum Gottes Sohn.
Weil er liebte,
mußte er leiden und sterben:
aber er ist auferstanden,
uns zum Zeichen für Gottes unendliche Liebe.
Sie schenkt uns neues Leben
und vergibt uns unsere Schuld.
Ich glaube, hilf meinem Unglauben!

c) Das Holzkreuz (vgl. III c) bleibt bis zum Ostersonntag in der Kirche. In der Osternacht wird es mit Blumen und Palmenzweigen geschmückt.

V. Literatur- und Medienhinweise

a) Materialhefte der Beratungsstelle für Gestaltung von Gottesdiensten und anderen Gemeindeveranstaltungen, Heft 77: Zugänge zum Kirchenjahr: Advent bis Pfingsten, Frankfurt 1996, 141–206

b) W. Höbsch u. a., Kar- und Ostertage mit Jugendlichen, München 1985, 131–152

c) P. Hennig u. a., Braunschweiger Passion, Ein Bilderzyklus von H. E. von Zitzewitz, Amt für Religionspädagogik der Evangelischen Landeskirche Braunschweig, 1993

Hans-Ulrich Kessler

OSTERSONNTAG – 1. KORINTHER 15,1–11

I. Die Jugendlichen und 1. Korinther 15,1–11

a) Als Textversion schlage ich die Fassung aus der Bibel für junge Leute „Die Nacht leuchtet wie der Tag“ vor; sie bietet die Versauswahl 1 a.3–11 (s. Lit.). Konfirmandinnen und Konfirmanden haben unter mehreren Übersetzungen und Übertragungen diese Version ausgewählt und mit ihr gearbeitet.

b) „Irgendwie“ ist Ostern schon etwas Besonderes für Jugendliche, auch wenn dazu nicht unbedingt der Gottesdienstbesuch gehört. Allein der Festtagscharakter hebt sich vom Üblichen ab: gemeinsame festliche Mahlzeit zu Hause, bunte Eier, sogar die Erinnerung an das Eiersuchen als Kind ist plötzlich wieder da. Jugendliche sind aber auch bereit, dem Stichwort Erinnerung weiter nachzugehen (vgl. 1. Korinther 15,1 a). Erinnerung und Vergegenwärtigung geschieht in allen (Oster-)Gottesdiensten. Anziehungskraft für Jugendliche scheinen allerdings jene Ostergottesdienste zur besonderen Zeit zu haben – am späten Karsamstagabend oder am frühen Ostermorgen –, die einzelne Elemente der Osternachtsfeier aufnehmen, u. a. die Tauferinnerung.

c) Mit der Västeras-Methode haben wir uns im Konfirmandenunterricht dem Bibeltext angenähert. Einige Fragen zum Text waren schnell geklärt: Heute leben jene fünfhundert (?) Brüder (?) natürlich nicht mehr, aber damals war es wichtig, daß Paulus eine große Zahl von Auferstehungszeugen nennen konnte. Niemand hätte sonst die Botschaft geglaubt, schon gar nicht, wenn sie allein aus dem Kreis der Jünger gekommen wäre; sie wäre für Humbug gehalten worden.

d) Keine Frage war den Jugendlichen, ob bzw. daß Jesus am dritten Tag auferstanden ist. Was die Frauen am Grab erfahren haben, was Paulus predigt, es ist ihnen glaubwürdig: „Jesus ist nicht im Tod geblieben!" Gestorben und begraben, auferstanden und gesehen – diese Botschaft ist der unverrückbare Anlaß, Ostern zu feiern.

e) Das war uns außerdem wichtig, und manchen ist bei den folgenden Punkten „ein Licht aufgegangen": An das Evangelium erinnert zu werden (Vers 1a) ist immer wieder notwendig, denn es gerät sonst in Vergessenheit; auch bei uns ist das so. Hätte niemand das Evangelium weitergegeben, wir wüßten nichts von Jesus, würden nicht Ostern feiern. Heute sind wir Teil des Prozesses der Weitergabe. Wir empfangen die Botschaft, und es ist wichtig, daß wir sie weitersagen (Vers 3a). Diese Aufgabe liegt nicht nur bei ganz besonderen Leuten wie Paulus (Vers 11a): „Egal wer predigt, die Botschaft ist wichtig. Die Botschaft bringt zum Glauben."

f) Daß alle Menschen an dem Prozeß der Weitergabe des Evangeliums beteiligt sein können, führte über das Stichwort Erinnerung hinaus und leitete die Jugendlichen in ihren Gedanken zur Sündenvergebung: Sogar Menschen, denen Gott vorher unwichtig war, Menschen mit Fehlern und Schwächen, geben das Evangelium weiter. Sie können sich nun dafür einsetzen, weil Gott „nicht nachtragend ist" (Vers 10a; vgl. Vers 9). Gott verzeiht. „Vielleicht würde die Menschheit bestraft werden, wenn Jesus am Kreuz nicht gesagt hätte: Vergib ihnen, denn sie wissen nicht, was sie tun." Jesus trat mit seinem Leben dafür ein – „ob das jeder gemacht hätte?"

g) Die Auferstehung Jesu und die empfangene Botschaft, die davon predigt, ist ein Gnadengeschenk Gottes. Gottes Gnade verändert Menschen, sie gibt ihnen Würde und läßt sie Sinn und Aufgabe des Lebens finden: „Es liegt nur an Gott, was wir sind."

h) Erstaunlich nah kam den Konfirmandinnen und Konfirmanden der Textabschnitt, diese Botschaft hat mit der eigenen Person zu tun: Erinnerung – Bin ich gering, eigentlich unwürdig, vielleicht eine Fehlgeburt? – Für unsere Sünden gestorben und am dritten Tage auferstanden – Durch Gottes Gnade bin ich, was ich bin.

II. Konkretionen, Beispiele, Veranschaulichungen

a) Erinnerung an das Evangelium von Jesu Sterben für unsere Sünden, an sein Begräbnis, sein Auferwecktwerden und seine Erscheinungen geschieht in der gottesdienstlichen Feier der Osternacht. Ihre Liturgie spricht unterschiedliche Sinne an; mit den vier traditionellen Elementen Lichtfeier, Lesungen, Taufe/Tauferinnerung und Mahlfeier werden die Mitfeiernden erinnernd in das Grunddatum christlichen Glaubens und christlicher Gemeinde einbezogen.

b) „Österliche Lebenserinnerung" (D. Lorenz) kann weiterhin dort geschehen, wo Konfirmandinnen und Konfirmanden neu erleben, daß sie Glieder der Traditionskette des Evangeliums sind: Sie hören nicht nur aus den biblischen Zeugnissen, sondern von Erwachsenen, was ihnen die Botschaft der Auferstehung bedeutet; sie selbst sind im Gottesdienst als Mitwirkende an der Weitergabe beteiligt.

c) Vorstellbar ist, daß einige der von Paulus genannten Augenzeugen im Gottesdienst Gestalt gewinnen und erzählen, was die Begegnung mit dem Auferstandenen in ihnen bewirkt und welche Bewegung sie ausgelöst hat.

d) Auch „Paulus" tritt auf und erzählt davon, wie befreiend es für ihn war, nicht auf seine Vergangenheit festgelegt zu werden. Nicht als unwürdig gilt er vor Gott, nicht als tote Fehlgeburt. Er fühlt sich lebendig gemacht, aufgerichtet und angespornt, anderen Menschen zu helfen, damit sie aus Verzweiflung und Schuld herauskommen und Lebensmut gewinnen und behalten.

III. Aus Religionsunterricht, Konfirmanden- und Jugendarbeit

a) Was mag in einem jungen Menschen vorgehen, der immer wieder hört: „Du kannst nichts, du taugst nichts, ich bin's leid mit dir" oder der den Eindruck gewinnt, er wäre nur eine Last und besser nicht geboren? – Jugendliche sammeln auf Plakaten weitere ähnliche Äußerungen und versuchen, sich in die Situation eines so bewerteten Menschen hinein zu versetzen. Sie beschreiben seine Gedanken und Wünsche.

b) Im Katechumenenunterricht wird mancherorts das Thema „Jesus Christus" von Weihnachten bis zu den Osterferien behandelt. In diesem Zusammenhang könnten die Jugendlichen – nach vorheriger Anmeldung – Mitglieder von Frauenhilfe oder Männerkreis befragen, wie sie die Botschaft von Sündenvergebung, Tod und Auferstehung Jesu empfangen haben und was sie ihnen bedeutet. Die Begegnungen werden im Unterricht besprochen. Die aus den Begegnungen festgehaltenen Äußerungen werden zusammengefaßt, mit den Plakataufschriften von a) in Beziehung gesetzt und auf der Rückseite der Plakate notiert. Im Gottesdienst könnten diese Plakate den „Auftritt des Paulus" (S. IId) begleiten.

c) Weitere Materialien zum Inhalt der Verse 3–5 im Kursbuch Konfirmation, Arbeitsbuch, 46f; zum Stichwort „Wer bin ich" im Arbeitsbuch, 87ff.

IV. Liturgische Gestaltungsmöglichkeiten

a) Bei besonderen Ostergottesdiensten (s. Ic) erlebe ich bei Jugendlichen große Bereitschaft, nicht nur mitzufeiern, sondern mitzumachen bei der Vorbereitung. Hier gibt es eine Vielzahl an Beteiligungsmöglichkeiten von der Liedauswahl über die Lesungen bis hin zu den Einkäufen für das anschließende gemeinsame Mahl. Eine Chance liegt dabei in der Begegnung und Zusammenarbeit von Jugendlichen und Erwachsenen.

b) Jugendliche formulieren aus ihren Assoziationen zu dem Stichwortkomplex „Fehlgeburt" (s. o.) ein Klagegebet. Dies kann verbunden werden mit einem Kyrie-Ruf (z. B. EG 178.11) oder dem Beichtlied Meine engen Grenzen (EG West 600).

c) Auf den Wochenspruch aus Offenbarung 1,18 läuft der Text „Ostern" von P. Klever zu, in: K.-H. Ronecker und W. Brinkel (Hg.), Wer wälzt uns den Stein? Erzählungen, Gedichte und Meditationen zu Ostern, München 1992, 197: „Tot – das heißt: ... Auferstanden – das heißt: ... Und das ist seit Ostern verknüpft mit dem, von dem die Bibel sagt: ..." Es ist denkbar, daß dieser Text im Gottesdienst zum Gnadenzuspruch wird.

V. Literatur- und Medienhinweise

a) Die Nacht leuchtet wie der Tag: Bibel für junge Leute. Konzeption und Redaktion: H. Heller und H. Biesenbach. Erarbeitet von H. Biesenbach u. a., Verlag Moritz Diesterweg, Frankfurt am Main 1992. Dazu erschienen: Begleitheft. Konzeption, Dokumentation, Anregungen, hg. von H. Biesenbach und H. Heller, a. a. O.

b) Die Textübertragung von 1. Korinther 15 aus der Bibel für junge Leute ist dort konfrontiert mit dem 1964 entstandenen Bild „Auferstehung" von S. Dali (282). Das Begleitheft zu „Die Nacht leuchtet wie der Tag" druckt einen interessanten Erfahrungsbericht über den Einsatz dieses Bildes in Verbindung mit Dalis „Kreuzigung" in einer

Unterrichtseinheit in einer 9. Klasse des Gymnasiums ab.
c) Das Materialheft 79 der Beratungsstelle für Gestaltung von Gottesdiensten und anderen Gemeindeveranstaltungen: Osternacht feiern, Frankfurt am Main 1997, bietet einen Überblick über liturgische Traditionen und Anregungen für neuere Formen.

Volker Neuhoff

OSTERMONTAG – 1. KORINTHER 15,12–20

I. Die Jugendlichen und 1. Korinther 15,12–20

a) Eine Übersetzung, die die Lücken der paulinischen Diktion verständlich füllt und zudem – theologisch angemessen – von „Auferweckung" spricht, bietet Chr. Wolff, Der erste Brief des Paulus an die Korinther. Zweiter Teil, Berlin 1980, 172.
„Wenn aber (von) Christus verkündigt wird, daß er von den Toten auferweckt ist, mit welchem Recht sagen (dann) einige unter euch: ‚Totenauferstehung gibt es nicht?' Wenn es aber Totenauferstehung nicht gibt, (dann) ist auch Christus nicht auferweckt. Wenn aber Christus nicht auferweckt ist, (so) ist unsere Verkündigung leer, leer auch euer Glaube. Wir sind aber auch falsche Zeugen Gottes, weil wir gegen Gott bezeugten, daß er Christus auferweckte, den er (dann gar) nicht auferweckte, wenn (es sich) tatsächlich (so verhält, daß) Tote nicht auferweckt werden. Denn wenn Tote nicht auferweckt werden, (dann) ist auch Christus nicht auferweckt. Wenn aber Christus nicht auferweckt ist, (dann) ist euer Glaube nichtig, seid ihr noch in Sünden. Folglich sind auch die in Christus Entschlafenen zugrunde gegangen. Wenn wir nur in diesem Leben unsere Hoffnung auf Christus gesetzt haben, sind wir bemitleidenswerter als alle Menschen. Nun ist aber Christus von den Toten auferweckt als Erster der Entschlafenen."
b) Jugendumfragen ebenso wie Gespräche mit Konfirmanden zeigen: Die Frage, was mit den Toten geschieht, was Menschen nach dem Tod erwartet, stößt auf reges Interesse. Insofern ist dieser Briefabschnitt aktuell. Nur: Antwortet Paulus überhaupt auf diese Fragen? Oder geht es ihm um das „daß" der Auferweckung, nicht aber um das „wie" des Auferwecktseins?
c) Zeitgenossen sind Vorstellungen wie diejenige von einer Seelenwanderung oder von der Reinkarnation ebenso wenn nicht gar besser vertraut als die Rede von der Auferweckung. Worin unterscheidet sich diese von jenen? Was ist mit den Begriffen Auferweckung und Auferstehung gemeint: ein Geschick der Toten im Jenseits oder auch die Umkehr im Diesseits?
d) Allsonntäglich bekennen sich Gottesdienstgemeinden zur „Auferstehung der Toten". Für Paulus ist die Auferweckung „ein Artikel, mit dem die Kirche bzw. der Glaube steht und fällt". Ist diese Wichtigkeit noch erkennbar in der Praxis unserer Kirche? Woran und wie könnte sie sichtbar werden?

II. Konkretionen, Beispiele, Veranschaulichungen

a) Möglicherweise lassen sich in der eigenen Kirche oder auf Grabsteinen des Friedhofes Symbole (Ei, Licht, Hase o. ä.) oder Darstellungen der Auferstehung finden. Warum nicht während der Predigt dorthin gehen oder ein Bild zeigen? So kann – bei Vergegenwärtigung der Baugeschichte oder der Lebensdaten – der Sitz im Leben dieser Hoffnung deutlich werden.

b) Ebenso kann auch ein heute kommerzielles Ingredienz des Osterfestes (Schokoladenosterhase, bunt bemaltes Ei) mitgebracht werden, um heutigen Gebrauch und ursprünglichen Sinn zu kontrastieren. Vielleicht können sich auch die Jugendlichen auf Spurensuche der Osterbräuche begeben und Ergebnisse selbst im Gottesdienst vorstellen.

c) Anschauliche Profilierung oder Abgrenzung der eigenen Glaubensüberzeugung in Sachen „Auferstehung“ ermöglicht die Betrachtung einer Ikone des Auferstandenen – z. B. in: Den Glauben feiern. Feste im Kirchenjahr, hg. von H. Hanisch u. a., Frankfurt/Leipzig 1994, 63 sowie die entsprechende Bechreibung im gleichnamigen Begleitbuch (Frankfurt/Leipzig 1996,169f).

III. Aus Religionsunterricht, Konfirmanden- und Jugendarbeit

a) Die konkreten Fragen und Überlegungen älterer Jugendlicher können zutagetreten z. B. bei einem Schreibgespräch (vgl. B. Grom: Methoden für Religionsunterricht, Jugendarbeit und Erwachsenenbildung, Düsseldorf/Göttingen 8. A. 1988, 59ff). Das Ergebnis kann während der Predigt gezeigt oder mündlich eingebracht werden.

b) Was Auferweckung bedeuten kann, läßt sich vielleicht auch durch Verweis auf analoge (?!) natürliche Phänomene veranschaulichen – so anhand der Verwandlung der Raupe zum Schmetterling, des Eis zum Jungvogel. Entsprechende Bilder (Folie, Dia, eventuell selbst gemacht) können gezeigt und (von Jugendlichen) kommentiert werden.

c) In einer Gruppenstunde können verschiedene Auferstehungsvorstellungen – Bilder, Gedichte, Auszüge aus Glaubensbekenntnissen (Vorschläge siehe unter Rubrik V) – vorgelegt werden. Die Jugendlichen wählen diejenige aus, die ihnen am anstößigsten erscheint oder am sympathischsten ist. Die „Pole“ der Diskussion, der Kommentare können zu Beginn der Predigt wiedergegeben werden und so den Horizont erweitern.

IV. Liturgische Gestaltungsmöglichkeiten

a) Vom Ostersonntag kann „Christ ist erstanden“ (EG 99) aufgenommen und mit „Wo sind die Toten?“ von K. Rommel kontrastiert werden. Text und Melodie sowie Näheres bei M. G. Schneider/G. Vicktor (Hg.): Alte Choräle – neu erlebt, Lahr 1993, 38–41.

Je nach Auslegung eignet sich auch „Das könnte den Herren der Welt“ (ML B 25) oder „Geboren ist das Leben“ (in: Arbeitsbuch Gottesdienst, hg. von E. Domay, Gütersloh 1990, 243).

b) Das Fürbittgebet kann verschiedene Personengruppen aufnehmen, die der Text auf unterschiedliche Weise betrifft oder anspricht: Angehörige von Verstorbenen; Menschen, deren Glaube leer geworden ist; Menschen, die gewissermaßen schon im Leben tot sind: Selbstmord-Gefährdete; von Habgier oder Selbstisolierung Geplagte …

c) Um Psalm 118 im Wechsel beten (z. B. Konfirmanden – restliche Gemeinde) und die obigen Lieder erproben zu können, bedarf es eines Gottesdienstblattes. Die Jugendlichen können es gestalten und z. B. Texte auswählen, die die Predigt aufnehmen soll.

V. Literatur- und Medienhinweise

a) Texte mit verschiedenen Verständnissen von Auferstehung bieten z. B. W. Erk (Hg.), Literarische Auslese, Stuttgart 1989, 99–108; S. und H. K. Berg (Hg.), Biblische Texte verfremdet 12, München 1990, v. a. 37.
b) Diverse Auferstehungsbilder finden sich bei H. Halbfas, Religionsunterricht in der Grundschule. 32 Dias zu den Religionsbüchern 3 und 4, Düsseldorf o. J., Dias 25–29.
c) M. Josuttis, Reden – Träume – Fragen. Predigten aus der Zeit, München 1974, 154 ff

Bernd Schröder

QUASIMODOGENITI – 1. PETRUS 1,3–9

I. Die Jugendlichen und 1. Petrus 1,3–9

a) Als Textgrundlage schlage ich die „Gute Nachricht" vor. Aber auch dann sind Sprache, Gedankengang und historische Situation des unbekannten Apostels (nicht nur für Jugendliche) schwer nachzuvollziehen. Das Substantiv Kleeronomia (Vers 4) – Luther übersetzt: „Erbe" – meint eigentlich „Heilsbesitz", die Sicherheit, aus der heraus ich gelassen leben kann. In Analogie zur alttestamentlich-jüdischen Paradieserwartung würde ich den Begriff mit „Schatz" wiedergeben.
b) Wer kennt schon den 1. Petrusbrief, „eins der edelsten Bücher im Neuen Testament und das rechte lautere Evangelion" (Luther)? Und sicher ist der hymnologische Lobpreis in den Versen 3–9 kaum geeignet, diesen Brief in seiner seelsorgerlichen Intention (Paränese für eine bedrückte und vor/in Verfolgung stehende Gemeinde) jungen Menschen nahezubringen.
c) Mit Jesus Christus, behauptet der Apostel, ist der frühere, vergängliche Lebensstil an sein Ende gelangt. Durch seine Auferstehung hat das Leben eine neue, ganz andere Qualität erreicht: Leben in endzeitlich unvorstellbarer Fülle, es gibt Grund zur Hoffnung und Freude mitten im „irdischen Jammertal". Das läßt sich schon jetzt erfahren. Auch zeichenhaft unter uns …?
d) Herausforderungen: Wiedergeburt und Auferstehung (Vers 3). Zwischen esoterischen Reinkarnationsphantasien des New Age und den Horrorvorstellungen von Untoten, Zombies, Wiedergängern, die erst ihre Mission erfüllen müssen, bevor sie für immer sterben dürfen, gilt es den „Schatz der Lebensfülle" (Vers 4) zu entdecken. Wer sich vertrauensvoll darauf einläßt, ist sicher geborgen (Vers 5) trotz existierendem Leid und Bedrückung (Vers 6). Dieses Vertrauen zu wagen (Vers 8) gleicht einer Mutprobe (Vers 7). Wer sie besteht, dem winkt wahres Leben in seiner unvergänglichen Fülle als Lohn (Vers 9).

II. Konkretionen, Beispiele, Veranschaulichungen

a) Jugendliche befragen ihre Freunde, Eltern, Lehrer, Pfarrer nach dem, was Geboren-Sein und Leben-Haben für sie ausmacht. Die ganz andere, fremde Sicht des 1. Petrusbriefes bietet Möglichkeiten zur Auseinandersetzung mit gängigen Denk-

und Wertemustern bis hin zu Esoterik und Okkultismus. Stichworte: Wiedergeburt und Auferstehung (vgl. zur Sichtweise Jugendlicher: H. Barz, Jugend und Religion, Bd. 2. Opladen 1992, 125 ff).

b) Konfirmandinnen und Konfirmanden legen eine Schatzkiste an, in die hinein sie sammeln, was für sie kostbar und zum Leben wichtig ist (Gegenstände, Bilder, Erfahrungen, Hoffnungen, Träume), was Bestand haben könnte über die Grenze des Todes hinaus (Kontext: Lukas 12, 16–21).

c) Aufschreiben von Vertrauensgeschichten: Wo ich über meinen Schatten gesprungen bin; wie Vertrauen zu einem Menschen nicht enttäuscht wurde! Gelungene Geschichten vom Gott-Vertrauen suchen, z. B. bei den Großeltern, in Interviews mit Senioren aus Gemeindekreisen.

d) Assoziatives Metaphern-Spiel zu den Stichworten Leben und Vertrauen. Es werden Metaphern gebildet wie: „Leben ist wie ..." (... ein Spaziergang über eine blühende Frühlingswiese). „Vertrauen ist wie ..." (... Seiltanz ohne Netz und Sicherungsleine).

e) Beschäftigung mit dem Lied EG 398 (In dir ist Freude): Die Konfirmandinnen und Konfirmanden lernen das Lied kennen und setzen sich mit den Aussagen und Bildern des Liedes auseinander.

f) Vertrauensübungen, z. B. „Wiege", „Vertrauenskreis" (vgl. Vc 500 Spiele).

III. Aus Religionsunterricht, Konfirmanden- und Jugendarbeit

a) Aus einer Umfrage: „Ich ziehe mich im Hip-Hop-Stil an. Für die Klamotten gebe ich ungefähr 300 Mark im Monat aus. Das finanzieren komplett meine Eltern. Wenn ich in diesem Augenblick 500 Mark ausgeben könnte, würde ich vielleicht eine Mütze kaufen – ich habe drei davon zu Hause – aber sonst würde ich von dem Geld nur Party machen" (S. Kusen (16), Schüler). Ist das eine hinreichende Umschreibung für die Fülle des Lebens und unvergängliche Werte?

b) Jugendliche schreiben einen Brief an den unbekannten Verfasser des 1. Petrusbriefes. Sie erzählen von ihrer Art, das Leben zu sehen, von ihrer Sehnsucht nach Hoffnung, Vertrauen und Geborgenheit, von ihrer Suche nach einem Schatz, der unvergänglich ist.

c) Jugendliche formulieren ein Gebet im Stil von Antithesen/Pro und Contra. Dabei werden ihre Erfahrungen und Beobachtungen von Leid, Mißtrauen, Resignation, schaler Sinnsuche ausgesprochen und mit der Sehnsucht nach „wahrem" Leben und bleibenden Werten konfrontiert.

d) Quasimodogeniti (1. Petrus 2,2!) ist traditionell der Sonntag vom Taufgedächtnis in der katholischen Kirche: Tag der Erst-Kommunion. Die Konfirmandinnen und Konfirmanden fertigen für den Gottesdienst Taufgedächtniskleider/Segenshemden an: Aus einfachem Baumwollstoff (IKEA-Bettlaken) oder Nessel werden je zwei T-förmige Teile geschnitten und zusammengenäht/getackert (Kopfausschnitt freilassen!). Mit Textil- oder verdünnter Abtönfarbe werden Bilder und Segenssprüche aufgebracht (vgl. Va, Materialheft 71, 165).

IV. Liturgische Gestaltungsmöglichkeiten

a) Jugendliche übernehmen die Begrüßung zu Beginn des Gottesdienstes auf Latein: „Quasimodo geniti infantes, rationabile sine dolo lac concupiscite, ut in eo crescatis in salutem. Das war Kirchenlatein und bedeutet ... (es folgt die Übersetzung). Diesem Vers aus dem 1. Petrus (2,2) verdankt der heutige Sonntag seinen Namen."

Absicht: Transparenz des Kirchenjahres, Verständlichmachen von liturgischen Elementen. Quasimodo (geniti) ist nicht der Name einer Zeichentrickfilmfigur von W. Disney und auch nicht der Glöckner von Notre Dame! Anschließen sollten sich Gedanken zu Taufe und Taufgedächtnis.

b) Quasimodogeniti thematisiert, was in 1. Petrus 1,3f mit Bildern der Mysterienkulte beschrieben wird: Zugehörigkeit zu Gott, dem Liebhaber des Lebens, durch das Geschenk der Taufe. Ungetaufte Konfirmandinnen und Konfirmanden sollten eingeladen werden, sich an diesem Sonntag taufen zu lassen und nicht im Umfeld des Konfirmationstages. Die Gestaltung eines solchen Tauf(-gedächtnis-)gottesdienstes läßt sich gut mit einer KU-Einheit zur Taufe und einem Vorstellungsgottesdienst verbinden.

c) Im Tauf(-gedächtnis-)gottesdienst werden den frisch getauften Konfirmanden die Segenshemden (vgl. IIId) zum Zeichen des neuen Lebens (Vers 3f) übergezogen. Bereits getaufte Konfirmanden und auch alle Teilnehmer an einer Gedächtnisfeier können ebenfalls Segenshemden tragen (Achtung: Dafür sind umfangreiche Vorbereitungen und ggf. Voranmeldungen nötig!).

d) Konfirmandinnen und Konfirmanden tragen als Schuldbekenntnis/Eingangsgebet ihre formulierten Anliegen (vgl. IIIc) vor, etwa: „Gott, uns bedrückt/macht traurig, wir verstehen nicht ... – Gott, wir wünschen/träumen/freuen uns ...“ Ein Kyrieruf, z. B. EG 178.9 oder 178.11 schließt sich jeder einzelnen Klage/Bitte an.

e) Jugendliche packen im Gottesdienst ihre Schatzkiste (vgl. IIb) aus und erzählen, was für sie kostbar ist und unvergänglich wie ein bleibender Schatz.

f) Die Konfirmandinnen und Konfirmanden verlesen als Einstieg zur Predigt oder zum Gottesdienstgespräch ihren Brief an Petrus (vgl. IIIb).

g) Lieder: In dir ist Freude in allem Leide (EG 398); Vertraut den neuen Wegen (EG 395. Tip: Melodie zu EG 302 benutzen!); Jeden Morgen (ML 1 B 70); Wir träumen einen Traum (ML 1 B 77); Spielt nicht mehr die Rolle (ML 2 B 216)

V. Literatur- und Medienhinweise

a) Taufe für Große und Kleine, in: Materialheft 71 der Frankfurter Beratungsstelle für Gestaltung von Gottesdiensten und anderen Gemeindeveranstaltungen

b) Taufe. KU-Brief 7 des Pädagogisch-Theologischen Instituts der Evangelischen Kirche im Rheinland

c) U. Baer: 500 Spiele für jede Gruppe, für alle Situationen, in: RAT – Remscheider Arbeitshilfen und Texte. Bezug: Robin-Hood-Versand, Küppelstein 36, 42857 Remscheid

Reinhard Gorski

MISERIKORDIAS DOMINI – 1. PETRUS 2,18–25

I. Die Jugendlichen und 1. Petrus 2,18–25

a) Die in der Perikopenordnung vorgenommene Abgrenzung des Textes (Verse 21b–25) ist zwar verständlich, aber dennoch falsch und ärgerlich. Der Hinweis auf das Vorbild des klaglos und unschuldig leidenden Christus wird so von der Situation getrennt, in die er im 1. Petrusbrief gehört: der Mahnung an die Sklaven, sich ihren Herren unterzuordnen. Wird der Kontext Vers 18ff aber mitbedacht, dann wird das Problem des Textes deutlich: Hier wird das Vorbild der Passion Christi bemüht, um Sklavenmoral zu predigen. Aus heutiger Sicht ein ärgerlicher Text! Es wird nicht vom Glauben her Menschen, die leiden müssen, Kraft zugesprochen, sondern das klaglose und unschuldige Leiden von Sklaven als „Gnade bei Gott" qualifiziert. Auch durch alle interpretierenden Klimmzüge (Die Predigt- und Meditationsliteratur ist voll von solchen Versuchen!) wird es nicht gelingen, den Text als „Evangelium" zu präsentieren.

Kann man über den Text überhaupt predigen? Nur dann, wenn es in Gottesdienst und Predigt zu einem kritischen Dialog mit dem Text kommt und klar gesagt wird, wo wir uns mit ihm nicht identifizieren können.

b) Die Übersetzung der „Guten Nachricht" ist für Jugendliche verständlicher, die der Luther-Übersetzung ist prägnanter.

c) „Ihr Sklaven …" Die Kenntnisse nicht nur von Jugendlichen über die sozialen Verhältnisse im frühen Christentum sind sehr gering. „Was, auch bei den Christen hat es Sklaven gegeben?" – so eine Konfirmandin. Die Empörung ist groß! Christentum und Sklaverei vertragen sich nicht, das ist allgemeiner Konsens.

Zugleich treffe ich bei den Jugendlichen auf eine völlige Ahnungslosigkeit im Blick auf heutige Formen der Sklaverei: „Sklaven, die gibt es doch gar nicht mehr – höchstens in Piratenfilmen!" Daß es im Jahre 1997 weltweit mehr Sklaven gibt als im 17. oder 18. Jahrhundert, ist gänzlich unbekannt.

d) „Ihr Sklaven, ordnet euch in aller Furcht den Herren unter, nicht nur den guten und freundlichen, sondern auch den launischen" (Vers 18). Aus einem Gespräch mit Jugendlichen: Sklaverei ist zu verbieten, darin sind sich alle einig. Wie sollen sich aber Sklaven verhalten, die an ihrer Situation selbst nichts ändern können? Hier werden verschiedene Antworten genannt:

1) Sich ganz unauffällig verhalten, um nicht noch mehr Schikanen erleiden zu müssen!
2) Ganz freundlich sein, um den Sklavenhalter milde zu stimmen und eventuell freizukommen!
3) Nicht alles schlucken, sonst geht man innerlich kaputt!
4) Kämpfen wie Spartacus! (Einige haben den Film gesehen)

Ich erkläre den Jugendlichen, daß der 1. Petrusbrief in einer Situation geschrieben worden ist, in der die kleinen christlichen Gemeinden vielen Diskriminierungen ausgesetzt waren. Es zeichnete sich eine größere Verfolgung ab. Von dieser wären die Christinnen und Christen, die als Sklaven in „heidnischen" Häusern lebten, am stärksten betroffen gewesen.

Verändert diese Information die Bewertung des Textes durch die Jugendlichen? Kaum: „Man merkt nicht, daß der Schreiber auch nur ein bißchen Mitgefühl mit den Sklaven hat" – „Wer selbst kein Sklave ist, sollte Sklaven keine Ratschläge geben." – „Daß es Gnade bei Gott sein soll, wenn man gequält wird, ist eine Sauerei!"

e) „Denn das ist Gnade, wenn jemand vor Gott um des Gewissens willen das Übel erträgt und leidet das Unrecht" (Vers 19).

In der Geschichte des Christentums hat es eine lange und starke Tradition gegeben,

Leiden als gottgewollt zu tragen und Unrecht widerstandslos zu erleiden. Diese Tradition hat, weil sie von Herrschenden zur Rechtfertigung des Unrechts ausgenutzt wurde, eine verhängnisvolle Wirkung gehabt.
Insgesamt hat diese Tradition bei Jugendlichen keine Chance mehr. „Wer sich nicht wehrt, lebt verkehrt", heißt es. Und: „Man darf sich nicht alles gefallen lassen." Allerdings wissen Jugendliche auch, daß es manchmal (Schule, Berufsausbildung ...) klug sein kann, den Mund nicht aufzumachen, weil man sonst mit Nachteilen zu rechnen hat. Eben darum geht es: Keine Nachteile erleiden!
Auch von daher empfinden Jugendliche die Tendenz des Textes eher als Zumutung.
f) „... da auch Christus gelitten hat für euch und euch ein Vorbild hinterlassen ..." (Vers 21).
Der flapsige Spruch „Bin ich Jesus?" läßt erkennen, daß auf einer oberflächlichen Ebene das Verhaltensmodell Jesu bei vielen Jugendlichen offenbar ausgedient hat. Bei genauerer Nachfrage zeigt sich jedoch häufig durchaus ein persönlicher Respekt vor Jesus, der im Kern darin besteht, daß Jesus nicht für sich selbst, sondern für andere gelebt hat – und dies bis zu seinem Ende durchgehalten hat.

II. Konkretionen, Beispiele, Veranschaulichungen

a) Die Konfirmandinnen und Konfirmanden schildern die damalige Situation der Sklaven, um den Hintergrund der Textaussagen zu veranschaulichen. Eine knappe Grundinformation bietet die Sacherklärung „Sklave, Sklaverei" im Anhang der Bibel in heutigem Deutsch (Es kann auch aus den Ausführungen von W. Schrage, Ethik des Neuen Testaments. NTD Ergänzungsreihe 4, Göttingen 1989, 240f ein kurzer Ausschnitt zusammengestellt werden.). Hier zusätzliche Konkretionen:
„Vedius Pollio, ein schwerreicher Römer, verwendete Sklaven als Fischfutter für seine gefräßigen Muränen im Zuchtteich. Schon bei geringsten Anlässen lautete sein grausamer Befehl für aufsässige oder ungeschickte Sklaven: ‚Den Muränen zum Fraß!'"
„Von vornehmen römischen Damen wird berichtet, daß sie, während sie sich ankleiden und putzen ließen, lange Nadeln in der Hand hatten, um sie den Sklavinnen, von denen sie sich bedienen ließen, falls sie sich ungeschickt anstellten, in die Brust oder in die Glieder zu stoßen; und damit die Stiche ja recht tiefe Wunden machten, mußten die unglücklichen Sklavinnen bis an den Gürtel entblößt vor ihren Herrinnen stehen."
b) „Niemand darf in Sklaverei oder Leibeigenschaft gehalten werden; Sklaverei und Sklavenhandel in allen ihren Formen sind verboten." (Artikel 4, allgemeine Erklärung der Menschenrechte, UN-Resolution vom 10. 12. 1948)
Das ist die Theorie, doch die Praxis sieht anders aus. Aus Zeitungsmeldungen (vgl. auch Literaturhinweis):
– „Bis zu 100 Millionen Menschen leben nach einem Bericht des US-Nachrichtenmagazins Newsweek heute in aller Welt in Sklaverei. In der südchinesischen Provinz Setschuan würden jährlich bis zu 10000 Frauen und Kinder entführt, um in den benachbarten Nordprovinzen Thailands als Prostituierte zu arbeiten."
– „140 als Sklaven gehaltene Landarbeiter sind in Pakistan von Menschenrechtskämpfern aus den Privatgefängnissen zweier Großgrundbesitzer befreit worden, darunter auch viele Frauen und Kinder."
– „Immer mehr ausländische Frauen werden von Menschenhändlern nach Deutschland gelockt, zur Prostitution gezwungen oder an Bordelle verkauft. Allein in Nordrhein-Westfalen wird die Zahl der betroffenen Frauen auf über 5000 geschätzt."
Diese Meldungen können von den Konfirmandinnen und Konfirmanden vorgelesen

werden. Anschließend erwähnt die Pfarrerin oder der Pfarrer die Mitschuld der christlichen Kirchen:
„Die Mitschuld der Christen an der Sklaverei haben Kirchenrepräsentanten aus etwa 80 Ländern in der brasilianischen Stadt Salvador bekannt … Am sogenannten Sklavendock von Salvador waren im Jahr 1550 die ersten gefangenen Schwarzen aus Westafrika eingetroffen. Sie wurden von katholischen Priestern zwangsgetauft und auf Zuckerrohrplantagen verkauft. Mehr als 300 Jahre lang hätten viele Christen mit den Sklavenhaltern zusammengearbeitet und Schuld auf sich geladen. Die Kirchen seien daher aufgerufen, nicht nur zu bekennen, sondern den Schaden zu beheben, der jahrhundertelang zugefügt wurde."

c) Die Geschichte von W. Wilberforce:
„1787, im Alter von 28 Jahren, stellte sich W. Wilberforce als britischer Parlamentsabgeordneter an die Spitze einer Kommission, die für die Beendigung des Sklavenhandels eintrat. Mit diesem Sklavenhandel wurden damals riesige Gewinne erzielt. „Aufhebung der Sklaverei bedeutet den Ruin Englands", argumentierte man deshalb.
Wilberforce war durch die Tatsache alarmiert worden, daß durchschnittlich 10% der Sklaven auf dem Transport umkamen. Als englischer Bürger fühlte er sich mitverantwortlich für den Tod dieser Menschen. Er schrieb in sein Tagebuch: „Gott, der Allmächtige, hat mir zwei große Aufgaben gestellt: die Abschaffung des Sklavenhandels und die Reform der Sitten."
Wilberforce rückte das Sklavenproblem für jeden ins Blickfeld, anschaulich, unübersehbar und schockierend. Er wartete mit Statistiken und Fakten auf. Er ließ Flugschriften und Werbematerial verbreiten. Er initiierte Unterschriftensammlungen und gründete immer neue Komitees. Bald wurde er das Gewissen Englands genannt.
Nach 20 Jahren zäher Bemühungen, nach zahllosen Ablehnungen seiner Anträge und immer neuen Verleumdungskampagnen erreichte er es im Jahre 1807, daß im britischen Parlament ein Gesetz zur Abschaffung des Sklavenhandels gebilligt wurde. Andere europäische Regierungen schlossen sich bald an. Erst 26 Jahre später wurde auch die Aufhebung bestehender Sklaverei in englischen Besitzungen beschlossen. Dem schwerkranken Wilberforce wurde die Nachricht sofort überbracht. Drei Tage später starb er.

d) „Was halten Sie von Gehorsam?" Jugendliche befragen Freunde, Bekannte, Lehrerinnen und Lehrer, Eltern, Großeltern und nehmen auch selbst zu der Frage Stellung. Die Ergebnisse werden im Gottesdienst vorgetragen.

e) In das neue Evangelische Gesangbuch sind einige Lieder wieder aufgenommen worden, in denen – theologisch mehr als bedenklich! – Gottvertrauen passiv interpretiert und das fraglose Erdulden des von Gott auferlegten Leids empfohlen wird (z. B. Gib dich zufrieden und sei stille EG 371 oder Was Gott tut, das ist wohlgetan EG 372). Jugendliche werden gebeten, sich diese Lieder einmal etwas genauer anzusehen und sie zu kommentieren.

III. Aus Religionsunterricht, Konfirmanden- und Jugendarbeit

a) An Hand von wichtigen Jahresdaten werden im Konfirmandenunterricht Daten zur Geschichte der Sklaverei zusammengestellt, die im Gottesdienst in der Form einer Litanei als Sündenbekenntnis vorgetragen werden (s. IV b).

b) Zu kurzen Zeitungsmeldungen (II b) verfassen die Konfirmandinnen und Konfirmanden einfache Gebetszeilen, die zu einem Fürbittengebet zusammengestellt werden (s. IV c).

c) In einer vergleichbaren Situation wie die in 1. Petrus 2,18 ff angesprochenen Sklaven befanden sich im 19. Jahrhundert die

schwarzen Sklaven in Nordamerika. In ihren „Negro Spirituals“ verarbeiteten sie ihre Leidenserfahrungen von ihrem Glauben her. Eine Jugendgruppe (oder Jugendband) wählt einige der Spirituals aus (Quelle: Kumbaya. Ökumenisches Jugendgesangbuch oder andere Liederbücher), übt sie für den Gottesdienst ein und trägt sie dort mit kurzen Erläuterungen unter Beteiligung der Gemeinde vor.
Beispiele: When Israel was in Egypt's Land; Nobody knows the trouble I've seen; I'm gona lay down my burden; Swing low, sweet chariot o. a.
d) Unter der Überschrift „Jesus ist am Kreuz nicht allein“ gestalten Konfirmandinnen und Konfirmanden aus Fotos von leidenden und unterdrückten Menschen ein Kreuz. Aus bereitgestellten Jesusdarstellungen wählen sie eine aus, die in die Mitte des Kreuzes gerückt wird.
e) Luthers Erklärung des Elterngebotes im Kleinen Katechismus weitet den „Gehorsam“ gegenüber den Eltern auch auf die „Herren“ aus. Im Großen Katechismus ist ausdrücklich auch vom Gehorsam „gegenüber Vorgesetzten, die zu gebieten und zu regieren haben“ und „gegen die weltliche Obrigkeit“ die Rede.
Wie sehen das heutige Jugendliche?

IV. Liturgische Gestaltungsmöglichkeiten

a) Als Psalmgebet kann Psalm 23 im Wechsel gesprochen werden (vgl. auch EG West 710).
b) Als Sündenbekenntnis schlage ich eine Litanei zur Geschichte der Sklaverei vor – jeweils unterbrochen durch die Bitte „Herr, erbarme dich!“
– 5. Jahrhundert: Der Kirchenvater Augustin sagt: Christus hat nicht aus Sklaven freie Menschen gemacht, sondern aus schlechten Sklaven gute Sklaven.
– 509: Die Synode von Agde verbietet Bischöfen und Äbten die Freilassung von Sklaven.
– 1510: Portugiesen und Spanier beginnen einen großen Sklavenhandel von Westafrika nach Amerika. In 350 Jahren werden 40 Millionen Schwarze verschleppt und als Sklaven verkauft.
– 1548: Papst Paul III. bestätigt das Recht der Kirche, Sklaven zu halten.
– 1780: Die methodistische Kirche Nordamerikas verbietet als erste Kirche Sklavenhaltung.
– 1834: Als erstes Land verbietet England die Sklaverei.
– 1948: Die UNO verbietet in der Allgemeinen Erklärung der Menschenrechte Sklaverei und Sklavenhaltung in allen ihren Formen.
– 1997: In mindestens 42 Ländern der Erde werden etwa 100 Millionen Menschen immer noch als Sklaven, als Schuldsklaven, Zwangsarbeiter, Zwangsprostituierte und Kindersklaven gehalten.
c) Konfirmandinnen und Konfirmanden sprechen ein Fürbittgebet zu Zeitungsmeldungen über heutige Formen der Sklaverei (s. III b).
d) Lieder: So jemand spricht: Ich liebe Gott (EG 412); Wenn das Brot, das wir teilen (EG West 667); Hört, wen Jesus glücklich preist (EG West 670)

V. Literatur- und Medienhinweise

a) U. Hoering, Zum Beispiel Sklaverei. Lamuv TB 184, Göttingen 1995
b) J. H. Cone, Ich bin der Blues und mein Leben ist ein Spiritual, München 1973
c) D. Sölle, Leiden, Stuttgart 1973

Hans-Martin Lübking

JUBILATE – 1. JOHANNES 5,1–4

I. Die Jugendlichen und 1. Johannes 5,1–4

a) Kaum ein biblischer Text ist den Jugendlichen sprachlich ferner als dieser. Dabei ist es interessanterweise völlig unerheblich, ob sie den Text in der Lutherfassung hören oder in der Übersetzung nach „Die Gute Nachricht".
Der Begriff „Kinder Gottes" wird assoziiert mit Fantasy-Romanen (Kinder der Finsternis), mit Hippies (Blumenkindern), Sekten oder typischer Kirchen- bzw. Pastorensprache („Ja, mein Kind"). Die Aussage „Jesus ist der Christus" ist erklärungsbedürftig (vgl. IIa).
Die Termini „Aus Gott geboren", „Sieg über die Welt" bzw. „Überwinden der Welt", können von den Jugendlichen nicht inhaltlich gefüllt werden. Ebenso sind – auch bei mehrmaligem Hören und sogar nach Vorlage des Textes – die Argumentationsgänge nicht nachvollziehbar.
Auf der anderen Seite ist 1. Johannes 4,16b der mit Abstand am meisten gewünschte Konfirmationsspruch bei uns, und 1. Johannes 5,1–4 führt ja nur aus, wie das Leben unter dieser Voraussetzung aussieht. Hier sehe ich einen Anknüpfungspunkt, um zumindest das Interesse an 1. Johannes 5,1–4 zu wecken. Die Überschrift könnte lauten: Unterwegs zu einem echten, glaubwürdigen Leben.
b) „Wer glaubt, daß Jesus der versprochene Retter ist, der ist ein Kind Gottes." – Reaktionen Jugendlicher: „Was hab' ich davon, ein Kind Gottes zu sein?" „Ich will kein Kind mehr sein. Ich freue mich jetzt schon auf meine Volljährigkeit." „Wie rettet Jesus?"
c) „Wer Gott liebt, liebt auch die andern." Die Jugendlichen suchen durchaus nach glaubwürdigen (christlichen) Vorbildern. Wo erleben sie es, daß ein Mensch, daß eine (kirchliche) Struktur durchblicken läßt auf die Liebe zu Gott?
d) „Das ist die Liebe zu Gott, daß wir seine Gebote halten." – „Was hat Liebe mit Geboten zu tun?"
e) „Sieg über die Welt" – Daß im Predigttext mit „Welt" das gemeint ist, was krankmacht, was von Gott trennt (Macht, Angst, Mißtrauen), bedarf einer Erklärung. Dann aber ist Parallelisierung möglich: Die Jugendlichen kennen Abhängigkeiten in vielen Hinsichten. Und sie können sich vorstellen, daß der Glaube soviel Kraft geben könnte, sich aus krankmachenden Verhältnissen zu lösen.

II. Konkretionen, Beispiele, Veranschaulichungen

a) Das Bekenntnis: „Jesus ist der Christus" wird von M. Metzger so übersetzt: „Jesus hat recht. Die Liebe ist stärker als die Gewalt."
b) Die Frage, ob wir in der Lage sind, nicht nur mit anderen Menschen einigermaßen auszukommen, sondern ein positives Grundgefühl den Mitmenschen gegenüber zu spüren, kann nach Vers 1 helfen, den Zustand unseres Glaubens zu bewerten. Die Jugendlichen können daraufhin angesprochen werden, ob sie – so wie ihnen die Erwachsenen in der Kirche begegnen – davon ausgehen, daß die Erwachsenen einen frohmachenden, zur Liebe befähigenden Glauben haben. Es können dann Ergebnisse aus IIIa genannt werden.
c) Seine Gebote zu halten, ist nicht schwer: Die Gebote können durch Konfirmandinnen und Konfirmanden in der Übertragung von E. Lange gelesen werden („Du sollst frei sein, das ist die heimliche Überschrift der Gebote").

d) Vielleicht gelingt es, Glaube als Kraft darzustellen, die hilft, krankmachende Abhängigkeiten von der „Welt“ (falsche Idole, Reichtum, „was die andern denken“) zu überwinden (besonders zu Vers 4). Dazu könnten Beispiele von Zivilcourage vorgestellt werden.

e) „Nur der Geliebte kann lieben.“ – Diese Erfahrung kann gerade Jugendlichen vermittelt werden. Wer verliebt ist, kann plötzlich das ganze Leben schöner finden und insgesamt umgänglicher werden. Wer Vertrauen im Elternhaus erlebt, kann selbst weniger mißtrauisch und mißmutig leben.

f) Zusage für Jugendliche: Gott bleibt in dir, auch wenn du dich in eine andere Richtung entwickelst als erwartet.

g) Falls der Text zu einer Konfirmationsansprache gewählt wird: Der 1. Johannesbrief wurde auch in einer Situation geschrieben, in der sich vieles auflöste. Der Autor vermittelt, daß der Glaube ein Sein und kein Haben ist. Eine rein kopfmäßige Bewältigung der Glaubensfrage ist nicht möglich. Man hat die Wahrheit nicht, man kann nur in ihr leben. Oder: „Gott will nicht nur gedacht, sondern muß auch probiert werden“ (P. Beier). Konfirmation ist also mehr als eine Zustimmung zu einer „richtigen“ Lehre.

III. Aus Religionsunterricht, Konfirmanden- und Jugendarbeit

a) Die Konfirmandinnen und Konfirmanden beschreiben: So müßte ein Mensch heute leben, der wirklich Christ ist. Sie diskutieren: Entspricht das, was sie in der Kirche erleben, dem Bild, das sie von den Zielen Jesu haben?

b) Zum Predigttext paßt die Behandlung der Themenreihe „Zehn Gebote“ im Konfirmandenunterricht.

IV. Liturgische Gestaltungsmöglichkeiten

a) Lesung: Markus 12,28 (Das größte Gebot)

b) Lieder: Liebe ist nicht nur ein Wort (EG West 665); Wir haben Gottes Spuren festgestellt (EG West 648); Wer in der Liebe bleibt (Mein Kanonbuch 445)

c) Glaubensbekenntnisse, die von den Perspektiven der Liebe reden (EG West 816/817)

V. Literatur- und Medienhinweise

a) Unter der Überschrift „O diese Familie Gottes! – hilfreiche Metaphorik“ überträgt R. Stuhlmann in: Predigtstudien II,2 1992, 36f familiäre Verhaltensmuster auf Glaubensmuster. Das ist für Jugendliche gut nachvollziehbar.

b) B. Brecht, Der gute Mensch von Sezuan, 5. Szene (Der Tabakladen)

c) Projektgruppe Glaubensinformation, Du bist befreit …, Der Karteikasten zu den zehn Geboten, Kiel 1992

Eckhardt Loer

KANTATE – KOLOSSER 3,12–17

I. Die Jugendlichen und Kolosser 3,12–17

a) Der Text sollte in der Übersetzung von J. Zink gelesen werden.
Allerdings hat der Luther-Text für Menschen, die mit ihm vertraut sind, einen hohen Grad an Vertrautheit und Wiedererkennungswert. Er ist bekanntlich ein bei Trauungen beliebter Lesungstext.

b) Fremde Welt:
Die Sprache des Kolosserbriefs führt, egal ob nach Zink oder Luther, in eine fremde Welt. Ob es Schlüssel zum Öffnen gibt? Sicher nicht durch das einmalige Hören. Dieser Text muß gut gegliedert im Gottesdienstprogramm abgedruckt werden. Noch besser wird er vorbereitend im Konfirmandenunterricht behandelt.
Das klingt, als ob ein Politiker redet, sagte ein Jugendlicher. Er hatte das „erwählt" mit einer Wahl zum Parlament in Verbindung gebracht. Da stellt einer Forderungen auf und wirbt, daß man sie befolgt. Er muß versuchen, die Menschen zu überzeugen, so die Reaktion eines anderen Jugendlichen.

c) Das outfit der Christen:
Nach dem Kolosserbrief sollen die Christen ein Kleid tragen, daß aus fünf Stoffarten genäht ist.

Luther	Zink
Erbarmen	Barmherzigkeit
Freundlichkeit	Freundlichkeit
Demut	Bescheidenheit
Sanftmut	Achtsamkeit
Geduld	Geduld

Vielleicht liegt ein Zugang zu dem Bild vom Kleid im Gespräch über die Frage der Markenklamotten. Ich gebe zu erkennen, wer ich bin, indem ich mich in bestimmter Weise kleide. Kleider machen Leute, das haben die Alten auch schon gewußt, und der Hauptmann von Köpenick hat es bestätigt.

c) Neue Kleider am Anfang:
Der Sonntag Kantate gehört zum Osterfestkreis. Die Osternacht war bekanntlich der Tauftermin der alten Kirche. Ein Höhepunkt der Tauffeier war das Anlegen der weißen Taufkleider nach dem Tauchbad zur Taufe. Die Gemeinde in Kolossae hat vielleicht dieses Bild vor Augen gehabt, wenn sie von den neuen Kleidern hörte, die der Apostel erwähnt. In manchen Familien der Konfirmandinnen und Konfirmanden gibt es Taufkleider, die seit Generationen gebraucht werden.

e) Schalom:
Zur Fremdheit gehört auch die Beschreibung des Friedens, der mit Christus in die Welt gekommen ist (Vers 15). Die Sehnsucht nach Gemeinschaft ist zweifellos unter Jugendlichen vorhanden. Aber die Welt, in der sie leben, ist friedlos und hat die Umsetzung der Weihnachtsbotschaft noch vor sich. Aber Gottes Friede ist als Angebot stets gegenwärtig: Lebt, was ihr seid!

f) Singen und Sagen:
Der Vers 16 nimmt das Thema des Sonntags auf: Singt Psalmen und geistliche Lieder und preist Gott in euren Herzen für seine Freundlichkeit. Der Gottesdienst braucht Musik, die die Generationen verbindet. Den Brückenschlag in den Gottesdienst im Alltag der Welt, den Vers 17 meint, wird man nicht allein mit der Kantate von Buxtehude schaffen. Der lebendige Gottesdienst wird viele Ämter und Mitwirkende haben: die Chöre, die Band, Pfarrer und Pfarrerin, die Gottesdienstgruppe, in der hoffentlich auch Jugendliche sind.

II. Konkretionen, Beispiele, Veranschaulichungen

a) „Du mußt ein Schwein sein in dieser Welt“:
Der Song der Prinzen kann mit den fünf Werten von Vers 12 in Beziehung gesetzt werden. Die Begriffe werden aktualisiert und übertragen:
Erbarmen/Barmherzigkeit: Mütterliche Zuwendung;
Freundlichkeit: es gut mit anderen meinen;
Demut/Bescheidenheit: sich nicht selber in den Mittelpunkt stellen;
Sanftmut/Achtsamkeit: merken, was dem/der anderen fehlt;
Geduld: langer Atem auch mit schwierigen Menschen.
Menschen, die diesen Weg gehen, werden benannt aus dem Umfeld der Jugendlichen.

b) Rhythmische Sprechmotette:
O. Trenn hat in dem ku-praxis Heft Nr. 35 auf die Idee aufmerksam gemacht, Lieder und Text mit Elementen von „Rap-Musik“ zu erschließen (S. 31). Dies ist eine gute Möglichkeit zur Aneignung von Texten für Jugendliche. Geeignet dafür ist auch der Vers 17 in der Luther-Übersetzung: Alles, was ihr tut, mit Worten oder mit Werken, das tut alles in dem Namen des Herrn Jesus.

III. Aus Religionsunterricht, Konfirmanden- und Jugendarbeit

a) Positive Eigenschaften:
Um sich die fünf Werte aus Vers 12 anzueignen, werden von der Gruppe Karten mit je einer positiven Eigenschaft beschriftet. Dabei können zunächst einmal mehr als die fünf von Paulus genannten entwickelt werden. Diese Karten werden dann im Unterricht verteilt nach folgender Spielregel: Der Kartenstapel geht in der Gruppe, die im Kreis sitzt, herum. Jeder und jede zieht eine Karte und überlegt, auf wen diese Karte zutrifft. Sie wird dann dem Gruppenmitglied zugeordnet. Dieses darf die Karte nicht zurückweisen, sondern liest sie vor und legt sie sichtbar auf den Boden zu seinen Füßen. Wenn alle Karten verteilt sind, wird darüber gesprochen. Diese Übung kann dazu dienen, die Charismen, die es in einer Gruppe gibt, zu verstärken und bewußt zu machen. Sie ist eine gute Einübung in das Verständnis des Kolossertextes.

b) Konfirmandentag zum Sonntag Kantate:
Die Musikgruppen der Gemeinde treffen sich mit den Konfirmandinnen und Konfirmanden und bereiten in Workshops den Kantate-Gottesdienst vor. Psalmwerkstatt: alte Texte, neue Texte; Liedwerkstatt: Gospels, alte und neue Lieder werden eingeübt, Lieddichter und Komponisten berichten, entweder live oder aus dem Buch des Archivs der Evangelischen Kirche im Rheinland (s. Lit. Angabe unter V.); Gebetswerkstatt: Fürbitten, Singsprüche, Credo werden formuliert und diskutiert; Kleiderwerkstatt: Die neuen Kleider der Christen werden hergestellt aus verschiedenfarbigen Tüchern, dazu eine Sprechszene entwickelt. Der Verkündigungsteil wird von dieser Gruppe gestaltet.

IV. Liturgische Gestaltungsmöglichkeiten

a) Das Danke-Lied EG 334, von Konfirmanden weitergeschrieben Psalm 98 EG West 742
Als Zwischengesang zu Beginn, in der Mitte und am Ende: Ja ich will singen von der Gnade des Herrn (EG West 639)

b) Falls im Gottesdienst die Metaphorik des Paulus vom Band der Liebe eine Rolle spielt, kann das Lied von K. Naumann gesungen werden, wobei ein Band aus bunten Tüchern durch die Gemeinde zieht.

Text und Musik: Kurt Naumann; Rechte beim Autor

c) Segen: Zu dem Lied Schalom chaverim EG 434 kann ein Segenstanz getanzt werden. Dieser Tanz ist einfach und macht erfahrungsgemäß Alten und Jungen gleichviel Spaß. Er nimmt die Friedensbotschaft von Vers 15 in den Schlußsegen und ist eine gute Überleitung zum Gottesdienst im Alltag der Welt.

EG Nr. 434 „Schalom chaverim“
Zu diesem Lied kann ein einfacher Segenstanz getanzt werden (wichtig: gerade Zahl!).

1. Sequenz: Innenkreis/Außenkreis
Schalom chaverim
Schalom chaverim

Die im Außenkreis Stehenden blicken nach innen, die im Innenkreis nach außen, so daß sich immer ein Paar gegenübersteht.
Man beugt sich herunter und schöpft die Fülle des Segens mit beiden Händen aus einem imaginären Segensbrunnen und hebt die Arme dann in die Höhe.

2. Sequenz: Schalom, Schalom

Die Handflächen zum Gegenüber gewendet wird diese/r in einen Segensraum gestellt, indem die Arme ausladend einen großen Kreis abwärts um das Gegenüber schreiben.

3. Sequenz: Segen spritzen
Lehitraot, Lehitraot

Die vergnügliche Seite des Segens kommt zum Tragen, indem beide sich noch einmal zum imaginär vorgestellten Brunnen vorbeugen und auf das 1. Lehitraot lustvoll erst mit der rechten Hand schöpfen und nach oben spritzen, dann mit der linken Hand auf das 2. Lehitraot.

4. Sequenz: Abschied
Schalom, Schalom

Mit über der Brust gekreuzten Händen verbeugen sich die Partner zum Abschied beim 1. Schalom und gehen beim 2. Schalom einen Schritt nach rechts, so daß sie einem neuen Gegenüber begegnen.

V. Literatur- und Medienhinweise

a) Das neue Lied im Evangelischen Gesangbuch, Lieddichter und Komponisten berichten. Hrg.: Archiv der Evangelischen Kirche im Rheinland, Hans-Böckler-Str. 7, 40476 Düsseldorf

b) Gott gab uns Atem. Anregungen und Bausteine zu Liedern. ku-praxis Heft 35, Gütersloh 1996

Gerd Kerl

ROGATE – 1. TIMOTHEUS 2,1–6a

I. Die Jugendlichen und 1. Timotheus 2,1–6a

a) Der Text ist in der Luther-Übersetzung noch schwerer zu verstehen! Deshalb greife ich auf die Übertragung „Die Gute Nachricht" zurück.

b) Es bereitete den Konfirmandinnen und Konfirmanden unserer Gemeinde erhebliche Mühe, diesen Briefabschnitt zu lesen, seinen Sinn zu erfassen und wiederzugeben! Sie äußerten u. a.:

„Bei diesem sehr interessanten Brief ist mir durch den Kopf gegangen, daß man die Bibel in einem für uns verstehbaren Text schreiben sollte. Ich hab' fast nichts mitbekommen, obwohl ich zweimal gelesen habe."

„Ich erlebe Einengung, Bedrängnis, den ermahnenden Zeigefinger. Heiden werden als blöd hingestellt."

„Ich kann diesen sechs Sätzen nicht zustimmen, da sie nicht in die heutige Zeit passen. Wer möchte heute schon ein ruhiges und stilles Leben führen? Wenn alle Menschen nach diesen Vorstellungen leben würden, wäre die Welt totlangweilig. Ich halte die Auffassung von Paulus für übertrieben und altmodisch. So denken heute nur noch sehr wenige Menschen. Außerdem stellt sich die Frage, was die Wahrheit ist, die alle Menschen erkennen sollen. Der Text ist ungenau und unprofessionell geschrieben."

„Dieser Brief drückt aus, daß alle Menschen dieser Erde gleich sind, wenn auch arm und reich. Es ist der Wunsch von Gott, daß alle friedlich und gerecht zusammenleben."

„Jesus will, daß allen Menschen geholfen werden soll. Obwohl man vielen im Grunde den Tod wünscht, fühlen sie und haben Angst wie wir. Warum ist Jesus nicht mehr in unserer Zeit als Gott und Mittler unterwegs? Der Text liest sich so, als wäre nur früher so etwas gewesen."

„Was er schreibt, ist richtig. Er warnt vor falschen Lehren und ermutigt die Gemeinde."

c) Die Worte erschließen sich nur, wenn wir nach den Lebensumständen jener „ersten" Christen und ihren Gefährdungen fragen. Vermutlich erlebten sie Bedrohungen von außen und einen inneren Streit um die „rechte Lehre", die „Wahrheit". Beides brachte Unruhe. Der Verfasser fürchtete daher um den Bestand der Gemeinde und mahnte zu Ruhe und Besonnenheit. Er erwartete Entscheidungen für die heilsame Lehre aufgrund des Evangeliums vom Menschen Jesus Christus, der sich selbst gegeben hat für alle zur Erlösung. Das Gebet aber bewirkte und stärkte die Gemeinschaft aller. In ihm ist die Einheit des Volkes Gottes bereits vollzogen. Wenn die Gemeinde betet, dann übernimmt sie zugleich Verantwortung für die Welt, in der sie lebt, also auch für die jeweilige Obrigkeit – allerdings nicht ohne die Erwartung, daß diese die Gemeinde auch in Ruhe leben, beten und wirken läßt. Das Gebet bewegt die Bitte um Ruhe, Schutz und Einheit, zugleich für Frieden, Gerechtigkeit und die Achtung der Menschenrechte.

II. Konkretionen, Beispiele, Veranschaulichungen

a) Die Konfirmandinnen und Konfirmanden lesen die Worte und teilen einander mit, was sie besonders anspricht, sich ihnen erschließt oder sie nicht verstehen können. Sie fragen sich, wo und wie uns jener Briefabschnitt heute besondes nahekommt. Sie schreiben einen Antwortbrief und formulieren dabei ihre Fragen und Einfälle.

b) Die Konfirmandinnen und Konfirmanden werden wohl besonders von den Worten der Verse 1 bis 3 angeregt. Sie bedenken, wer ihnen heute als „Könige" und „Obrigkeiten" begegnet. Sie bestimmen ihr Verhältnis zu ihnen. Sie entwerfen Comics und tragen in Sprechblasen ein, was die Obrigkeiten von ihnen erwarten und sie von diesen.

c) Mit Hilfe anderer Texte versuchen sie, das Leben in den Gemeinden und dortige Probleme zu erkunden und dazu ein Poster herzustellen.

d) Im Gespräch stellen sie ihre Sicht der derzeitigen Macht- und Abhängigkeitsverhältnisse hierzulande dar und verfassen aufgrund ihrer Erlebnisse und Erfahrungen Briefe an die „christlichen Obrigkeiten". Diese können Eltern, Lehrern, einzelnen Abgeordneten von Bundes- und Landtag zugesandt werden.

e) Die Konfirmandinnen und Konfirmanden erarbeiten Fürbittengebete, daß „allen Menschen geholfen werde und sie zur Erkenntnis der Wahrheit kommen", daß sich „Obrigkeiten und Untertanen" gemeinsam immer mehr ihrer Verantwortung für Frieden, Gerechtigkeit und die Achtung der Menschenrechte bewußt werden.

III. Aus Religionsunterricht, Konfirmanden- und Jugendarbeit

a) Es ist mehrfach vorgeschlagen worden, die Bitten des „Vater unser" mit persönlichen Anliegen aufgrund von konkreten Situationen nah und fern zu deuten und weiterzusprechen. Dazu liegen zahlreiche Beispiele vor. Die Konfirmandinnen und Konfirmanden können das „Vater unser" auch mit „zeitkritischen" Fragen konfrontieren (PTI Materialdienst, 7.15).

b) Aus Zeitungen und Illustrierten werden Fotos oder Nachrichten ausgesucht. In Kleingruppen wird überlegt, was geschehen ist und wie es den dort abgebildeten Mitmenschen ergehen könnte. Die Konfirmandinnen und Konfirmanden überlegen, was sie ihnen wünschen, und formulieren in Kleingruppen ihre Gebetsanliegen. Es entstehen „Gebete über der Zeitung" (ku-praxis 30, 28).

c) Die Konfirmandengruppe wird eingeladen, die Situation der Welt zu erkunden und dabei „durch den Horizont" zu sehen. Wie leben die Menschen in der Ferne? Wie erleben sie „Frieden", „Gerechtigkeit", die „Achtung der Menschenrechte"? Dazu können die Hefte der „Weltmission" Hamburg verwendet werden. Die Konfirmandinnen und Konfirmanden gestalten ihre Einsichten und malen diese auf Kirchenfenster (ku-praxis 26, 24ff, großformatige Fenstervordrucke zu beziehen bei der AKU, Kassel).

d) Die Konfirmandinnen und Konfirmanden gestalten mit Hilfe von Fotos, Berichten aus aller Welt und eigenen Texten eine Ausstellung zum Thema: „Frieden, Gerechtigkeit, Menschenrechte hierzulande und anderswo". Damit erhalten ihre Gebote konkrete Zusammenhänge. Die Ausstellung wird im Anschluß an den Sonntagsgottesdienst eröffnet. Davon wird in Tages- und Schülerzeitungen berichtet und zum Besuch eingeladen.

e) Es werden Kollektentüten gestaltet und im Gottesdienst zusammen mit verschiedenen Informationsblättern verteilt.

IV. Liturgische Gestaltungsmöglichkeiten

a) Der Gottesdienst am Sonntag „Rogate" wird gemeinsam vorbereitet. Die Konfirmandinnen und Konfirmanden gestalten sämtliche Gebetstexte.

b) Sie versehen die Worte des ausgesuchten Wochenpsalms mit Einwänden aus dem Alltag der Welt und des persönlichen Erlebens. Dazu wird ein Kyrielied (z. B. EG 178.11) gesungen. Nach einer Erinnerung der täglich zugesagten Nähe Gottes, an sein Mühen und Bewahren, sein Hören auf Gebete und Mitleiden stimmt die Gemeinde ein in: Suchet zuerst Gottes Reich in dieser Welt (EG 182).

c) Während der Predigt wird danach gefragt, ob wir mit Gebeten die Welt verändern und so für mehr Frieden, Gerechtigkeit und Achtung der Menschenrechte sorgen. Können unsere Gebete die Mächtigen zu Einsicht und Umkehr bringen, Gefahren von Innen und Außen abwenden und das Zusammenleben der Weltbewohner verändern? Wie sehen wir das Verhältnis zwischen Gott und den Machthabern der Welt? Was sagt Gott ihnen? Welche Bedeutung hat Jesus aus Nazaret, der selbst unter den Obrigkeiten und Machthabern leiden mußte? Wie ist er mit ihnen umgegangen, und wozu fordert er uns auf? Wo müssen wir selbst umdenken und unser Verhalten ändern? Wie sind unsere Erfahrungen und Hoffnungen? Was bedeutet uns in diesem Zusammenhang „ein ruhiges und stilles Leben"?

d) Das Fürbittgebet wird so gestaltet, daß jeder Gottesdienstbesucher die Möglichkeit hat, seine eigenen Bitten zu bedenken und aufzuschreiben. Die werden dann zum Teil verlesen und auf ein Gebetskreuz genagelt. Die Gemeinde singt: Vater unser im Himmel (EG 186).

e) Die Segensformulierung spricht die Zuversicht aus, daß Gott unsere Gebete hört, diese gemeinsam mit uns verwirklichen kann und uns zugleich in Erfahrungen von Vergeblichkeit und Enttäuschungen beisteht.

f) Ausstellungseröffnung mit wenigen Worten und viel Zeit.

V. Literatur- und Medienhinweise

a) F. Sorkale, Durch den Horizont sehen, ku-praxis 26, Gütersloh 1989, 64 ff; ders., Ihr seid ein Brief Christi, ebenda 74 ff

b) Wenn ihr betet …, ku-praxis 30 – mit einem Bildsatz, Gütersloh 1992

c) Vom Glauben, der die Welt umspannt, PTI Materialdienst, Bonn-Bad Godesberg 1995, 7.1 ff

Andreas Riemann

HIMMELFAHRT – APOSTELGESCHICHTE 1,3–11

I. Die Jugendlichen und die Apostelgeschichte 1,3–11

a) Für diesen Text empfehle ich die Übersetzung der „Guten Nachricht".

b) Ursprünglich wollte der Verfasser dieses Textes seine Leserinnen und Leser trösten. Gegen Ende des 1. Jahrhunderts breiteten sich Zweifel in den christlichen Gemeinden aus. Die Hoffnung auf eine baldige Wiederkehr Christi, welche diese Gemeinden in ihrer Frühzeit angespornt und erfüllt hatte, war dahin. Christus war nicht wiedergekehrt.

Und nun dieser Text, der den lebendigen Christus, der von den Aposteln sinnhaft wahrgenommen werden konnte, bezeugt. Dieser Text, der die leibhaftige Himmelfahrt Christi beschreibt und ein Wiederkommen zu einem nicht näher bestimmten Zeitpunkt verspricht. Dieses Versprechen wird von zwei Engeln gegeben.

c) Viele Jugendliche lehnen beim ersten Hören oder Lesen diesen Text ab. Sie halten die Beschreibung der „Himmelfahrt" und das Auftreten des Jesus nach seinem Tode für ein Märchen. Ihnen fällt auf, daß Jesus schon einmal, nämlich zu Ostern, als der Auferstandene gefeiert wird. „Auch da ist er ja gesehen worden und dann verschwunden – so wie jetzt bei Himmelfahrt", sagt ein 15jähriger zu mir.

d) Um diesen Text verstehen zu können und sein Anliegen einschätzen zu lernen, halte ich es für unumgänglich, die Jugendlichen in den historischen Kontext einzuführen. Das was an theologischem Konsens über die Entstehung und das Anliegen dieses Textes existiert, sollte den jugendlichen Lesern oder Zuhörern nicht vorenthalten werden. Ansonsten ist durchaus eine ungewollte Nähe zu den momentan stark kursierenden „science fiction"-Geschichten hergestellt. Fragen Sie einmal in der Schule oder im Konfirmandenunterricht, wer von der Existenz Außerirdischer überzeugt ist, die ohne Probleme in verschiedenen Seinsqualitäten erscheinen können. Ganz schnell werden Ostern und Himmelfahrt bei den Jugendlichen in eine Nähe zu den Phantasiegeschichten gebracht, die sie bereit sind zu glauben. Vor einigen Jahren hätte ich diesem Aspekt der „Himmelfahrt Christi" keine Bedeutung geschenkt, habe aber inzwischen die Erfahrung machen müssen, daß für viele Jugendliche, die ohne christlich-religiösen Hintergrund sozialisiert wurden, die Glaubenstradition in Bezug auf Himmelfahrt einem Glauben an die übermenschlichen Fähigkeiten x-beliebiger Wesen aus anderen Welten gewichen ist. Dieser „Glaube" vieler Jugendlicher ist ernst zu nehmen. Es kann nicht darum gehen, ihren „Irrglauben" durch den richtigen Glauben ersetzen zu wollen. Vielmehr scheint mir wichtig zu sein, auf die Frage „Was hat der Verfasser dieses Textes seinen Zeitgenossen sagen wollen und zu was will uns dieser Text heute anregen?" eine für Jugendliche verständliche Antwort zu finden.

e) „Wenn du als Erwachsener mir nicht sagen kannst, ob das mit der Himmelfahrt so passiert ist, wie es da steht oder nicht, was soll ich dann damit anfangen?" sagte mir eine Schülerin der Klasse 7. „Dieser Text kann dir Mut machen und dir Kraft geben, das zu glauben und zu tun, was Jesus geglaubt und getan hat. Auch wenn du ihn jetzt nicht direkt mit deinen Augen sehen kannst oder seine Stimme mit deinen Ohren hören kannst."

II. Konkretionen, Beispiele, Veranschaulichungen

a) Wir sammeln exemplarische, eigene Erlebnisse:
Welche Menschen haben immer noch eine Wirkung auf mein Leben, obwohl sie fort sind? Sie können in eine andere Stadt gezogen sein, sie können aus irgend einem Grund keinen Kontakt mehr zu mir haben, sie können in einem Altenheim leben oder gar gestorben sein – und doch bedeuten sie etwas für mich.

b) Die Jugendlichen lesen die Kurzgeschichte von R. Walser „Der fremde Geselle" (in: S. Berg (Hg.), In den Sand geschrieben, Stuttgart/München 1974, 272 ff).
Fragen: „Ist Jesus nun für immer verschwunden?" „Was bedeutet es für mich, auf jemanden zu warten, und der kommt nicht?" „Ob jemand auf mich wartet?"

c) Hinweis auf das Rollenspiel „Weißt du, wo der Himmel ist?" (Materialheft Nr. 69

der Beratungsstelle für Gestaltung, Frankfurt 1993, 149f).
Dieses Rollenspiel – eigentlich für einen Kinderkirchenmorgen gedacht – ist für Jugendliche geeignet, um über die Begriffe Himmel/Gott/Himmel auf Erden zu sprechen. Das Rollenspiel könnte von Jugendlichen durchgeführt werden.

III. Aus Religionsunterricht, Konfirmanden- und Jugendarbeit

a) Konfirmandinnen und Konfirmanden spielen das „Vierecken-Spiel“: Aus dem Text Apostelgeschichte 1,3–11 werden die Begriffe herausgesucht, die für die Jugendlichen die Zentralbegriffe sind, und auf große Pappen geschrieben. Die beschriebenen Pappen, z.B. mit dem Begriff „Himmel“ oder „Engel“ oder „Himmelfahrt“ etc. werden in verschiedene Ecken des Raumes gestellt. Jede(r) ordnet sich einem Begriff zu, der ihr (ihm) wichtig ist, trifft sich mit anderen, die auch über den Begriff reden möchten, vor dem Plakat und beginnt ein Gespräch: „Was ist dir wichtig an dem Begriff? Was mir wichtig ist! Welche Assoziationen löst der Begriff aus?“
Nach etwa 15 Minuten wechselt man die Station, geht zum nächsten Begriff, über den man reden möchte. Evtl. werden die Pappen durch neue ersetzt.

b) Konfirmandinnen und Konfirmanden begeben sich auf die Suche: Wo wird das Thema einer „Himmelfahrt“ in Popsongs und in Videoclips behandelt?
Die Musiknummern werden im Konfirmandenunterricht zusammen angehört und die Clips werden angesehen. Bei vorhandener Ausstattung können die Jugendlichen selbst Videoclips herstellen, um ihre eigenen Gedanken zum Text zu produzieren.

c) Jugendliche führen eine Befragung in ihrem Gemeindebezirk durch:
- „Was haben Sie am Tag ‚Christi Himmelfahrt‘ vor?“
- „Was wissen Sie über den Sinn dieses Tages?“
- „Sollte der Feiertag abgeschafft werden?“

IV. Liturgische Gestaltungsmöglichkeiten

a) Zu Beginn des Gottesdienstes werden Sprichwörter oder Sinnbilder scharademäßig aufgeführt.
Die Gottesdienstbesucher können die Sprichwörter erraten und evtl. ihre Deutung dazu sagen.
Eingefallen sind mir:
- Im siebten Himmel sein
- Der Himmel fällt mir auf den Kopf
- Ein himmlischer Friede
- Himmel und Hölle in Bewegung setzen
- Der Himmlische Vater
- Der Himmel auf Erden.

b) Konfirmandinnen und Konfirmanden führen im Rollenspiel die Spielszene „Den Himmel bereiten“ aus W. Eitel, Szenen spielen (s. Va) auf).

V. Literatur- und Medienhinweise

a) W. Eitel, Szenen spielen, München 1995

b) H. Ellinger (Hg.), „Werkbuch Jugendgottesdienst“, Wuppertal 1990

c) D. Jöcker, R. Bäcker, MC, „Da hat der Himmel die Erde berührt“, Neue geistliche Lieder, Markus 016, Menschenkinder Verlag

Werner Kropp

EXAUDI – EPHESER 3,14–21

I. Die Jugendlichen und Epheser 3,14–21

a) Wegen des substantivischen Stils der Luther-Übersetzung sollte man besser den Text der „Guten Nachricht“ zugrundelegen.

b) Nach einmaligem Verlesen des Textes ist den Konfirmandinnen und Konfirmanden nur eines deutlich: Es geht um ein Gebet. Daß ihnen immerhin das klar ist, liegt allein an der Beschreibung der Gebetshaltung in Vers 14 und an dem abschließenden „Amen“ (Vers 21). Dem Inhalt des Gebets können sie nur durch Zuhören nicht folgen: „Wenn das in der Predigt nur einmal vorgelesen wird, verstehen das höchstens die alten Leute, die sich mit sowas auskennen.“
Nachdem sie den Text dann noch einmal selbst gelesen haben, können sie dem Verlauf besser folgen.

c) Daß der Text irgendetwas mit ihrem Leben zu tun haben könnte, verneinen die Konfirmandinnen und Konfirmanden zunächst: „Die Worte sind so hochgestochen und schwierig.“ „Vielleicht dann, wenn man ganz fest glaubt, dann ist das wichtig.“ Das, was dem Verfasser des Epheserbriefes (und möglicherweise den heute Predigenden) zentrale Anliegen und gefüllte Begriffe sind, ist von der Verstehenswelt der Jugendlichen weit entfernt.

d) Erst nachdem sie erkannt haben, daß dies ein Fürbittgebet ist (bzw. eine Beschreibung davon), für konkrete Menschen in einer konkreten Gemeinde, merken sie, daß es durchaus auch um Anliegen gehen könnte, die sie bewegen: „Es wäre schon interessant zu ‚begreifen, was in Wahrheit das Geheimnis Gottes ist‘ (Vers 18).“ Sie machen aber auch deutlich, daß das Streben nach religiöser Weisheit oder Glaubenswahrheit nur für die wenigsten in ihrem Alter eine hohe Priorität besitzt. Die Vorstellung der gegenseitigen Liebe (Vers 17) sagt ihnen zu. Sie sehen aber auch die Schwierigkeiten, die damit zusammenhängen: „Das klappt ja nicht mal in der Familie, die gegenseitige Liebe, wie soll das in einer großen Kirchengemeinde gehen?“ Das Stichwort „Abendmahl“ fällt an dieser Stelle: „Da merkt man das ein bißchen, wie das sein könnte!“

e) Einleuchtend und tröstlich ist ihnen, daß man äußerlich schwach sein, aber daß „Gott einen innerlich stark machen kann“ (Vers 16). Gerade in der Lebensphase, die die Konfirmandinnen und Konfirmanden durchleben, wird ihnen deutlich, was sie alles nicht können, wie wenig Einfluß sie haben, wie sehr es ihnen oftmals an Selbstvertrauen mangelt. Gleichzeitig richten sie sich an Vorbildern aus, die all das im Übermaß besitzen. Jesus selbst ist ihnen dafür ein Beispiel, weil er seine Kraft direkt von Gott hatte: „Der sah ja auch ganz normal aus und konnte Sachen machen, die man ihm nicht zugetraut hätte.“ Das ist natürlich eine oberflächliche Betrachtung von innerer Stärke, weil sie wiederum als Kraftbeweise die Wunder im Auge hat. Die Selbstentäußerung Jesu als Zeichen seiner Liebeskraft ist nicht im Gesichtsfeld der Jugendlichen. Daß innere Stärke gerade nicht darauf angewiesen ist, Eindruck zu schinden – wenn auch auf andere Weise als die vom äußeren Gehabe her Starken –, ist den meisten Konfirmandinnen und Konfirmanden nicht einsichtig.

II. Konkretionen, Beispiele, Veranschaulichungen

a) Für den Gottesdienst ist es empfehlenswert, die Perikope in optisch strukturierter Form an alle Gottesdienstbesucherinnen und -besucher zu verteilen.

b) Der Verfasser des Epheserbriefs betet für seine Gemeinde. Im Gottesdienst könnten konkrete Fürbitten für die eigene Gemeinde gesammelt werden.

c) „Liebe ist keine Eigenschaft, sondern immer eine Liebesgeschichte; … das gilt auch für das gegenseitige Verhältnis von Gott und Menschen. – Glauben ist, wenn man anfängt, jemandem sein Vertrauen zu schenken … – Und Geist? Da werde ich nicht nur angesprochen …, (da) ‚macht mich (jemand oder etwas) an' … In Wirklichkeit sprechen diese Worte von sehr aufregenden ‚Beziehungskisten'" (F.-W. Marquardt, 253, nach der Diktion des Luthertextes). Es käme in der Predigt darauf an, die dazugehörigen Geschichten zu erzählen.

d) Zur Erläuterung des Gedankens, daß Stärke mehr ist als körperliche Kraft, könnte die Legende vom Hl. Christopherus dienen. In ihr wird erzählt, wie Christopherus Christus sucht, weil er nur dem stärksten Herren dienen will. Er begegnet ihm unvermutet in Gestalt eines Kindes, das er über einen Fluß tragen soll. Die scheinbar kinderleichte Aufgabe wird zur Tortur. Als er endlich am anderen Ufer ankommt, fühlt er sich, als hätte er die ganze Welt auf seinen Schultern getragen. So sei es auch, klärt ihn das unbekannte Kind auf: „Ich bin Jesus Christus, der die Welt erlöst hat."

e) „Ich bin klein, mein Herz ist rein, soll niemand drin wohnen als Jesus allein." (Kindergebet im Anklang an Vers 17)

f) Aus den konkreten Anfragen der Jugendlichen könnten direkte Konkretionen für die Predigt erwachsen: Das Knien vor Gott beschäftigt die Konfirmandinnen und Konfirmanden: „Das macht doch heute keiner mehr, beim Beten knien!" „Doch, in der katholischen Kirche!" „Und wir knien bei der Konfirmation!"
Daß dies eine Geste ist, die Ehrfurcht oder auch Scham, die Bitte um Vergebung, Trost und Gewißheit, aber auch Verzeiflung ausdrücken kann, ist ihnen klar. Kniende Muslime beim Gebet kennen sie aus dem Fernsehen. Von W. Brandts Kniefall vor dem Mahnmal im Warschauer Ghetto haben sie noch nichts gehört, auch nicht von D. Bonhoeffer, dessen Gebet auf Knien der Arzt des Konzentrationslagers Flossenbürg beschrieben hat. Daß Jesus in Gethsemane kniend gebetet hat, daran erinnern sie sich wiederum. Daß es Gemeinden gibt – auch evangelische –, die das Abendmahl im Knien empfangen, verwundert sie.

g) Ohne Umwege und weitere Erklärungen zugänglich sind ihnen die Bilder von Vers 17 (Luther: eingewurzelt und gegründet): das feste Verwurzeltsein im „Mutterboden" der Liebe oder das Bauen des „Lebenshauses" auf diesem sicheren Fundament.

III. Aus Religionsunterricht, Konfirmanden- und Jugendarbeit

a) Im Rahmen der Unterrichtseinheit „Kirche und Gemeinde" wird von den Konfirmandinnen und Konfirmanden ein Fürbittgebet für die eigene Gemeinde erarbeitet.

b) Gebetsgesten ausprobieren

c) „Wenn Gott wirklich Mensch geworden ist", Fundamente (s. Lit.), 48

IV. Liturgische Gestaltungsmöglichkeiten

a) Lieder: Herr, erwecke deine Kirche (MK 182); Suchen und fragen (ML 2 B 137); Gottes Liebe ist wie die Sonne (ML B 18); Ich träume eine Kirche (Text: D. Stork / Musik: F. Baltruweit, aus LP/MC „Wo der Himmel die Erde berührt")

b) Die Konfirmandinnen und Konfirmanden sprechen das Fürbittgebet, das sie im Unterricht formuliert haben.

c) Als Eingangspsalm eignet sich der Text: Glücklich die Kirche … in ML 1,9.

V. Literatur- und Medienhinweise

a) F.-W. Marquardt, Bearbeitung des Textes zum Sonntag Exaudi, in: GPM 46/3, 253–257

b) M. Sorg u. a., Fundamente, Christsein heute, Neukirchen-Vluyn 1986

Birgit und Uwe Crone

PFINGSTSONNTAG – APOSTELGESCHICHTE 2,1–18

I. Die Jugendlichen und Apostelgeschichte 2,1–18

a) Übersetzung:
Als Übersetzung kann die Textfassung der Lutherbibel beibehalten werden. Zwar gibt die „Gute Nachricht" den Text in zeitgemäßer Sprache wieder, dies trägt aber allein noch nicht zu einem besseren Verständnis bei. Darüber hinaus dürfte die Luther-Übersetzung auch die vertrautere Fassung sein, da diese für den Pfingstsonntag beinahe klassisch ist. Einzig die Formulierung „dritte Stunde des Tages" wäre eventuell durch einen Einschub („das ist neun Uhr vormittags") zu erläutern.

b) Kasus – theologisch:
Mit dem Pfingstfest erfüllt sich das Versprechen Jesu Christi, den Tröster zu senden. Gottes Geist wird auf alle Jüngerinnen und Jünger ausgegossen. Er ist so nicht mehr an einzelne Geistträger gebunden, so daß Pfingsten als „Tag der Ausgießung des Heiligen Geistes" gefeiert wird. Die Christinnen und Christen haben nun Anteil am Geist Christi – so hält der Auferstandene auch zukünftig Gemeinschaft mit den Seinen. Durch die Gabe des Geistes bekommen Christinnen und Christen den Mut und die Kraft, sich für die Botschaft von Jesus Christus und das Leben in dessen Sinn einzusetzen.

c) Kasus für die Jugendlichen:
Pfingsten ist bei weitem nicht so volkstümlich verankert wie Weihnachten oder Ostern. Es ist kein Familienfest, die Tage um Pfingsten werden eher zu Kurzurlauben und Ausflügen genutzt. Das Geschehen an Pfingsten ist weitgehend aus dem Bewußtsein der Jugendlichen verschwunden und erscheint ihnen von seinem Inhalt her noch abstrakter als etwa Ostern. Wenn es von den Jugendlichen überhaupt noch als ein kirchliches Fest wahrgenommen wird, dann wohl am ehesten als „Geburtstag der Kirche".

d) Apostelgeschichte 2,1–18 und Pfingsten:
Die Erzählung aus der Apostelgeschichte ist der klassische Text zum Pfingstfest. Wenn im Kindergarten, im Kindergottesdienst und in der Schule von Pfingsten erzählt wird, dann in Anlehnung an unsere Textstelle.

Dabei steht beim Empfang des Geistes weniger eine innerliche Erbauung im Mittelpunkt. Der Text betont vielmehr einen Glauben, der durch die Gabe des Geistes nach außen drängt. Die verängstigten und verunsicherten Jünger trauen sich auf die Straße. Gottes Geist vertreibt alle Furcht und verändert Menschen, wodurch auch die babylonische Sprachverwirrung überwunden wird.

e) Apostelgeschichte 2,1–18 und die Jugendlichen:

Den Jugendlichen wird es Schwierigkeiten bereiten, das geschilderte Geschehen in ihrer eigenen Erfahrungswelt wiederzufinden. Da ist vom Sturm, von Zungen aus Feuer und von einem Sprachwunder die Rede – alles Dinge, die sich mit dem Weltbild und den Erfahrungen der Jugendlichen kaum in Einklang bringen lassen. Die Bilder des Textes wirken eher befremdlich und doch sind gerade über diese Bilder Annäherungen möglich: „Begeistert sein von etwas", „Für etwas Feuer und Flamme sein", „Von etwas ganz erfüllt sein". Über solche oder ähnliche Bildworte oder Redewendungen kann ein erster Zugang zur Erschließung des Textes erfolgen. Dagegen ist zu vermuten, daß der Begriff „Geist" unter Jugendlichen auf Unverständnis stößt. Wenn überhaupt, wird der Heilige Geist mit dem Bild einer Taube in Verbindung gebracht, von der im Text allerdings nicht die Rede ist.

II. Konkretionen, Beispiele, Veranschaulichungen

a) Mit einem Ball ohne Luft kann niemand etwas anfangen. Erst durch das Hineinpumpen von Luft wird ein gemeinsames Spiel mit einem solchen Ball möglich. Wenn es mit dem Glauben der Gemeinde und mit dem Leben gelingen soll, so braucht es als „Luft" den rechten (= Heiligen) Geist. Es sind weitere Gegenstände zur Verdeutlichung des Gemeinten vorstellbar: Schwimmflügel, Fahrradreifen, Luftballon.

b) Ein weiterer Zugang kann in der Sammlung von Assoziationen „Wind" und „Feuer" bestehen: Z. B. kann man Wind nicht einfangen, man sieht nur seine Wirkung und seine Kraft (Windkraftanlagen). Wind kann als angenehm oder bedrohlich empfunden werden (Brise – Sturm). Wind kann beleben, auch im übertragenen Sinne („frischen Wind in eine Sache bringen").

Als Stichwortassoziation können erwartet werden: „Windstille", „Gegenwind", „Rükkenwind". Feuer ist faszinierend, aber auch gefährlich. Man kann sich daran verbrennen, und Funken können leicht überspringen. Zugleich wärmt es auch. Feuer ist immer in Bewegung, denn seine Flammen züngeln (als ein Ausdruck für die Lebendigkeit). Wenn mit diesen beiden Bildern versucht wird, Pfingsten zu verstehen, was wird dann über die Ausgießung des Heiligen Geistes damit ausgesagt? Auch die gefahrvolle Dimension kann so zur Geltung kommen (vgl. Apostelgeschichte 5,1–5).

c) Wer sich auf kreative Weise mit dem Text auseinandersetzen möchte, der kann Bilder zu den Begriffen „Wind", „Feuer" oder „Begeisterung" malen lassen und dazu folgende Fragen besprechen: „Welche Farben würdet ihr benutzen?" – „Wird es ein ruhiges, ein lebendiges oder gar ein beunruhigendes Bild?" (Nebeneffekt: Es kann dabei auch auf die liturgische Farbe eingegangen werden.)

Diese entstandenen Bilder können im oder zum Gottesdienst in der Kirche aufgehängt werden („Kunstausstellung" mit schriftlicher Interpretation der Künstlerinnen und Künstler darunter).

d) „Als nun Pfingsten heranrückte, lang ersehnt, schon längst verplant, herrlich freies verlängertes Wochenende oder gar kurze Ferien – da waren sie alle beieinander im Verkehrschaos Richtung Süden …" So beginnt M. Fischer seine Aktualisierung des Pfingsttextes (s. Lit.!).

III. Aus Religionsunterricht, Konfirmanden- und Jugendarbeit

a) Mit der Gruppe werden zwei Fotoszenen erarbeitet. Die Fotos können dann in anderen Gruppen weiterverwendet werden:
Szene 1: Eine Gruppe verängstigter Menschen schart sich umeinander.
Szene 2: Dieselbe Gruppe ist nicht wiederzuerkennen: froh, zuversichtlich und nach außen hin geöffnet.
b) Wem dies zu aufwendig erscheint, der kann auch ein trauriges und ein fröhliches Gesicht auf ein Plakat malen und damit arbeiten („Smilie").
c) Impuls zu den Bildern:
„Zwischen diesen beiden Bildern muß etwas passiert sein. Wie würdet ihr beschreiben, was da passiert sein könnte?" – „Auch in der Bibel gibt es eine solche Situation (Pfingsten)." Nach einer ersten Texterfassung werden die genauen Bezüge zwischen Text und Bildern hergestellt.

IV. Liturgische Gestaltungsmöglichkeiten

a) Der Gottesdienst könnte eine Überschrift bekommen: z. B. „Feuer und Flamme sein"; „Ein Sturm der Begeisterung bricht los"; „Die Sache Jesu braucht Begeisterte".
b) Liedvorschläge: Unser Leben sei ein Fest (EG West 571,1–2); Wind kannst du nicht sehen … (EG West 568,1–5); Die Sache Jesu braucht Begeisterte … (ML 1 B 39)
c) Die Jugendlichen können ihre Assoziationen zu „Wind" und „Feuer" vortragen. Variante: Während des Gottesdienstes wird von den Teilnehmerinnen und Teilnehmern zu den Begriffen assoziiert.
d) Die Jugendlichen bedenken im Fürbittgebet, wo die Kirche den verändernden Geist Gottes nötig hat.
e) Für den Gottesdienst könnte eine kurze Szene rund um das Aufpumpen eines Balles (vgl. II.) erarbeitet werden. Das entstehende Anspiel hätte dann zwei Teile:

1. Mit einem platten Ball kann man nicht spielen (Eingangsteil).
2. Mit einem aufgepumpten Ball funktioniert es prima (nach der Predigt).

V. Literatur- und Medienhinweise

a) D. Steinwede, Pfingsten (Sachbilderbuch), Lahr 1979
b) M. Fischer, Biblische Texte weitergeschrieben in unsere Zeit (Heyne Tb), München 1981, 128 ff
c) R. Strunk, Feste des Friedens. Erzählungen zu den christlichen Festzeiten, Stuttgart 1983, 109 ff

Thomas Hartmann/Harald Klammann

PFINGSTMONTAG – 1. KORINTHER 12,4–11

I. Die Jugendlichen und 1. Korinther 12,4–11

a) Ich bleibe bei der revidierten Luther-Übersetzung von 1984. Mögliche „Fremd-Worte“ wie z. B. „offenbaren“ (Vers 7), „Zungenrede“ (Vers 10) können in der Predigt erklärt bzw. umschrieben werden.
b) Die „Zungenrede“ als ekstatisches Ereignis berührt sich mit ekstatischen Erfahrungen von Jugendlichen, die diese in der Disco-Szene – z. B. im nächtelangen „Abtanzen“ machen.
c) Jugendliche suchen Anerkennung und Bestätigung. Darum ist für sie wichtig, etwas „gut“ zu können, eine Begabung – mit den Worten des Textes – eine „Gabe“ zu haben.
d) Die Vielfalt der Gaben, von der Paulus schreibt, korreliert mit der bunten Vielfalt der Stile, mit denen Jugendliche sich ausprobieren. Das Predigtmotto: Vielfalt statt Einfalt!
e) Im Text werden vorrangig die Gaben von Erwachsenen beschrieben. Was sind die Gaben von Kindern (und Jugendlichen), auf die die Kirche angewiesen ist? Weshalb braucht die Kirche Kinder (und Jugendliche)? Die Kirche braucht Kinder, um von und mit ihnen zu lernen: von ihrem Kindsein als einer unvergleichlichen eigenen Form des Menschseins, von selbständigen Entdeckungen und Frageweisen, in denen ihr Weg zum christlichen Glauben auf dem Spiel steht. Das Vertrauen der Kinder, ihre Phantasie, ihre Offenheit, ihre Spontaneität, ihre Neugier, ihre Unbekümmertheit, ihr Mit-Leiden-Können, ihr Umgang mit Zeit, mit Gefühlen, mit neuen Erfahrungen können in unseren Gemeinden positive Veränderungsprozesse auslösen. Sie helfen dazu, manche persönliche oder gemeindliche Enge und Einseitigkeit zu überwinden und zu einem ganzheitlichen Leben und Glauben zu finden. Kinder können uns lehren, wie Kinder zu glauben. Wo die Kirche sich der Begegnung mit den Kindern entzieht, verliert sie mehr als nur diese Kinder. Sie verarmt auch selbst in ihrem Glauben und Leben.

II. Konkretionen, Beispiele, Veranschaulichungen

a) „Was ich gut kann!“ Die einzelnen Stärken („Gaben“) der Konfirmandinnen und Konfirmanden (siehe III a) werden an Stäben (im Baumarkt zu bekommen) zu einem Großmobile, das in der Kirche aufgehängt wird, verknüpft. Gestalterische Konkretion des Textthemas: „verschiedene Gaben ein Geist“ (Vers 4). Predigt als Spiel mit dem Mobile.
b) Alternative: Ein Großpuzzle z. B. in Form einer „Taube“ (= ein Geist) wird aus den einzelnen Gaben-Fragmenten gelegt. Variante: Die Konfirmanden und Konfirmandinnen befragen Gottesdienstbesucher am Eingang nach ihren Stärken/Gaben und schreiben diese auf vorbereitete Fragmente, die dann während des Gottesdienstes in das Großpuzzle integriert werden.
c) Die Predigt mit dem Medium „Puzzle“ beginnt als Spiel mit den vielen Fragmenten, den Stärken/Gaben der Konfirmanden und Konfirmandinnen, der Besucher und endet mit der sichtbaren Gestalt einer „Taube“.
d) In Anlehnung an die Kirchenordnung werden Aufgaben der Gemeinde bzw. des Presbyteriums vorgelesen (z. B. Hausbesuche durchführen, Angebote für Jugendliche machen, Kirchenmusik fördern, Finanzen verwalten, sich um die Armen kümmern usw.). Welche Gaben braucht man dazu?
Jeder Gottesdienstbesucher bekommt ein Blatt mit einer Liste von 20 möglichen

Gaben: Phantasie, Finanzkenntnisse, Frömmigkeit, Spielfähigkeiten, Humor, handwerkliche Fähigkeiten, Intelligenz usw. Aus den Reihen heraus kann dann gesagt werden, welche Begabung für diese oder jene Aufgabe gebraucht wird.

Fortführung: Die Gottesdienstbesucher melden sich freiwillig, die diese Begabungen nicht aufzuweisen haben.

III. Aus Religionsunterricht, Konfirmanden- und Jugendarbeit

a) „Was ich gut kann!" 1. Pantomimische Darstellung eigener Stärken/Gaben. Variante: Karikaturen malen. 2. Die Konfirmanden und Konfirmandinnen benennen – je nach Gruppengröße – zwei/drei ihrer Stärken („Gaben"). Die einzelnen Stärken/Gaben werden auf festes DIN-A4-Papier geschrieben (Form: „Taube") und können an Stäben zu einem Großmobile verknüpft werden. So entsteht ein Aktionselement für den Gottesdienst bzw. die Predigt.

b) Die Stärken/Gaben der einzelnen Jugendlichen können Ausgangsmaterial für ein von den Jugendlichen formuliertes Gebet bilden.

c) Die in der Gruppe erprobte pantomimische Darstellung der „Gaben" kann als Element in den Gottesdienst integriert werden.

IV. Liturgische Gestaltungsmöglichkeiten

a) Gebet: Viele Gaben, ein Geist. Verschiedene Aufgaben, ein Auftraggeber. Verschiedene Kräfte, ein Gott. Du. Lebendiger. Du wirkst alles in allem.

b) Lieder: Entdeck bei dir, entdeck bei mir, den nächsten Schritt (ML 1 B 89); Wenn uns das Leben lebendig macht (ML 1 B 91); Einander brauchen mit Herz und Hand (ML 1 C 11); Gottes Geist befreit zum Leben – Kanon (ML 2 B 200)

c) Die Konfirmanden und Konfirmandinnen sprechen ihr in der Gruppe erarbeitetes Gebet.

d) Immer mehr Kinder und Jugendliche wissen gar nicht mehr, warum Pfingsten in der Kirche und im Christentum gefeiert wird. Zu Anfang des Gottesdienstes sollte darum mit einigen Sätzen darüber informiert werden.

V. Literatur- und Medienhinweise

a) Materialhefte der Beratungsstelle für Gestaltung von Gottesdiensten, Heft 51, Pfingsten erfahren, Frankfurt/Main, 1987

b) Pfingstpsalm v. D. Zils in ML 1, 9

c) D. Steinwede, Pfingsten (Sachbilderbuch), Lahr 1979

Fred Sobiech

TRINITATIS – RÖMER 11,33–36

I. Die Jugendlichen und Römer 11,33–36

a) Ich bin versucht, die Auswahl der Übersetzung des Textabschnittes nach freundlicher Durchsicht der exegetischen Literatur vorzunehmen. Dabei habe ich als Schere im Kopf, ob ich überhaupt solch einen Text in der Spannung persönlicher Gottesgedanken und geschichtlicher Offenbarung auf heutige jugendliche Lebenslagen und Lebenswelten hin ausbilden kann. Ich entscheide mich für die Luther-Übersetzung.

b) Die Verortung des Zusammenhangs von Jugendlichen und Text bette ich ein in die Diskussion darüber, ob in unserer Zeit das evangelische Profil verschwimmt, ob die protestantische Freiheit grenzenlos und die christliche Botschaft nur als Lebenshilfe zu verstehen sei. Stehen allgemeine Religiosität und christlicher Glaube gegeneinander? Ist es Aufgabe von Kirche und Theologie, die religiöse Produktivität der Menschen zu fördern und ihnen damit zu helfen, die religiöse Dimension ihres Lebens zu be-greifen?
Eins ist klar: Für Jugendliche sind Religion und Kirche zwei paar Schuhe. Jugendliche verweigern sich Existenz- und Sinnfragen nicht – sie suchen allerdings die Antworten nicht in der Institution Kirche und nicht in der vorgegebenen christlichen Tradition. Wir wissen, daß sich ihre religiösen Zugangswege verändert haben, über die Wahrheitsfrage entscheiden sie eher subjektiv. Die Gottesfrage allerdings ist für sie nicht gestorben. Bei ihr geht es um den Sinn des Lebens. Diesen Zugang suche ich und setze so meinen verkürzten Akzent:
Von Gott und durch Gott und zu Gott sind alle Dinge – so auch ich!

II. Konkretionen, Beispiele, Veranschaulichungen

a) Anknüpfungspunkt: Lebensäußerungen von Jugendlichen

Maria
Erwachsen
als kleines Kind
versuchte ich meinen Schatten
zu fangen
wollte ihn einholen
festhalten
besitzen
wunderte mich –
fragte mich wieso es nicht geht
– ratlosigkeit –
versuchte es mir zu erklären
war fasziniert und gleichzeitig
enttäuscht
heute
habe ich meinen schatten
aus den Augen verloren
wundere mich nicht
bin nicht ratlos und enttäuscht
habe nicht versucht
es zu erklären
geschweige denn es zu verstehen

Ronja
Em Ende
reist du mit
deinen
Freunden
zu meinem Traum
der Freude wegen
steht er mir nicht zu
nimmst mir
meinen Schlaf
nimmst mir
deine Melodie

wie lange
blicke ich aufrecht
zu dir, dessen Schatten
mich zu Stein wirft

Sanne
Helena
lau die luft riecht
endlos nach
zuckerrüben und erde der
wind streift die blätter
eine kippe am boden rostrot
die bunten blätter
grasduft, ungemähtes grün:
durchdringend erinnerung
an dich, lange
bruchstückhaft die zeit liegt
in mir
verborgen untergetaucht im blau
grau die Erde wenn blätter
fliegen
das morgenrot

Maria
Frühling
die ersten
Sonnenstrahlen
schweben mir entgegen
wärmend
streicheln sie mein Gesicht
ein leichter Wind
umhüllt
mich
mit dem süßen Duft
des Frühlings
ein Lächeln
streift meine Lippen
ich fange an
die klare Luft
in mir aufzusaugen
zu atmen
und beginne
(wieder)
zu leben

aus Publik-Forum – provo Nr. 1, März 1997

III. Aus Religionsunterricht, Konfirmanden- und Jugendarbeit

a) Die Lebensäußerungen von Maria, Ronja und Sanne verbinde ich mit dem Bekenntnis: Von Gott und durch Gott sind alle Dinge – so auch ich.
Die o. g. Texte sind auf große Plakatkartons (wie Wandzeitungen) gemalt, und an einer Seite des Raumes, in dem wir arbeiten, aufgehängt. Das Bekenntnis ist in Großbuchstaben auf ein langes Band geschrieben und gegenüber aufgehängt. Der Kreis von Ehrenamtlichen aus der Jugendarbeit hat sich in der Mitte auf dem Boden niedergelassen und Zeit gehabt, die Texte zu hören und selbst zu lesen. Meditative Musik und eine Anleitung veranlassen die Jugendlichen, eigene Texte zu schreiben oder Bilder zu malen.
Keine und keiner wird mit seinen Äußerungen oder seinem Bild alleingelassen. In einem gemeinsamen Findungsprozeß werden geeignete Texte oder Bilder (mit dem jeweiligen Einverständnis) für den Gottesdienst gesucht.
b) Was hat man denn vom Glauben? – Boden unter den Füßen!
Mit diesem pragmatischen Zugang verbinde ich Römer 11,33–36 und die kreative Arbeit der Jugendlichen.

IV. Liturgische Gestaltungsmöglichkeiten

a) In einem weiteren Treffen suche ich für die liturgische Gestaltung zwei „Folien". Ich entscheide mich für Psalm 139 „Herr, du erforschest mich und kennest mich" und das Gedicht von D. Bonhoeffer „Wer bin ich?" mit seiner Antwort: „Wer ich auch bin, Du kennst mich, Dein bin ich, o Gott!"
Den Psalm 139 (EG 759,1) verbinden wir mit Bildern und Texten der Jugendlichen. Dabei achten wir besonders auf die Bewegung und die Bilder im Psalm und suchen vergleichbare aus den Äußerungen und Bildern der Jugendlichen, z. B.:

- Ich sitze oder stehe auf (Bild/Text)
- du bist um mich (Bild/Text)
- wohin soll ich gehen (Bild/Text)
- deine Hand wird mich führen (Bild/Text)

Nach jedem Abschnitt spricht oder singt ein Chor: Von Gott und durch Gott und zu Gott sind alle Dinge – so auch ich (Römer 11,36): Jugendliche sind durchaus in der Lage, einen solchen Vers zu vertonen.
b) Die Folie der Person Bonhoeffers und seines Gedichtes zeigen, daß der pragmatische Ansatz „Was hat man denn vom Glauben? – Boden unter den Füßen!" nicht zur Platitüde werden muß. Glauben und Zweifeln gehören zusammen. Diese Erkenntnis muß in der Liturgie Ausdruck finden.
c) Lieder: Von guten Mächten treu und still umgeben (EG West 652); Ich lobe meinen Gott (ML 1 B 102); Bewahre uns Gott (ML 2 B 171)

V. Literatur- und Medienhinweise

a) D. Bonhoeffer: Wer bin ich? in: Lesebuch, hg. von O. Dudzus, München, Kaiser 1985

b) provo Nr. 1, März 1997, Publik-Forum

Friedhelm Wixforth

1. SONNTAG NACH TRINITATIS – 1. JOHANNES 4,16b–21

I. Die Jugendlichen und 1. Johannes 4,16b–21

a) Textgrundlage sollte eine eigene Übersetzung sein, die αδελφος sachgerechter mit „Nächster" übersetzt.
b) Gott ist die Liebe – diese Aussage wird in der Perikope unter zwei theologischen Topoi entfaltet: Verse 17 und 18 stellen (futurisch) einen Zusammenhang mit dem „Tag des Gerichts" her, Verse 20 und 21 reden (präsentisch) von der Nächstenliebe. Stellt man letzteres Thema in den Mittelpunkt, so können Verse 17 und 18 ausgespart bleiben.
c) Der 1. Johannesbrief ist eine Predigt für Erwachsene, denn er richtet sich mahnend an jene philosophisch beeinflußten „Erkenntnis-Christen", die „Christsein" als mystisch erlebbare Bewußtseinslage verstehen. Sinnenhaftigkeit und praktische Nächstenliebe hatte in diesem Denkgebäude keinen Platz. Mit immer neuen Argumentationen weist der 1. Johannesbrief dagegen den christlichen Zusammenhang von Dogmatik und Ethik nach und folgert: „Laßt uns nicht lieben mit Worten noch mit der Zunge,

sondern mit der Tat und mit der Wahrheit.“ (1. Johannes, 3,18); „denn Gott hat uns zuerst geliebt“ (1. Johannes 4,19b).

d) Solche mahnenden Worte sind bei Jugendlichen – gerade bei denen, die sich in den Gemeinden engagieren – fehl am Platz: Denn sie wissen und erleben, daß Liebe großartig ist oder grausam, daß sie Herzklopfen und feuchte Hände, Tränen und Verletzungen hervorrufen kann. Sie wissen, daß Nächstenliebe ein Zeichen dafür ist, wie ehrlich man es mit dem Glauben an Gott meint – und wie schwer sie ist, wenn der „Nächste“ der nervtötende kleine Bruder ist oder die stinkende Dicke aus der 8a, die sich im Bus immer so nah neben einen setzt.

e) Ein Gottesdienst auf der Grundlage von 1. Johannes 4,16b–21, der den Jugendlichen gerecht werden will, muß also den Akzent der Mahnung zugunsten einer positiven Bekräftigung zurückstellen. Die Jugendlichen können im Blick auf manche „Bewußtseinschristen“, die es heute wie damals gibt, geradezu Anwalt des Textes sein.

f) Dabei können sie selbst Gott kritisch anfragen: Was ist das für ein „lieber Gott“, der zuläßt, daß Menschen vor Hunger sterben, Kinder im Krieg verstümmelt werden, Tiere ausgerottet werden? Wenn Gott die Liebe ist, warum gibt es dann so wenig davon dort, wo sie nötig ist?

g) Jugendliche wissen, daß hier (Mit-)Menschen gefragt sind. Nicht nur mit Klage und Mitleid, sondern mit Einfühlungsvermögen und Tatkraft.

II. Konkretionen, Beispiele, Veranschaulichungen

a) Die Jugendlichen stellen im Gottesdienst das von ihnen erarbeitete Dritte-Welt-Projekt vor (siehe unten IIIb). Informationen können dabei in der Form eines Erfahrungsberichtes aus der Sicht eines Betroffenen geschildert werden. Dias unterstützen die Darstellung. Passende Symbole können erläutert und ggf. an die Gottesdienstteilnehmer verteilt werden (Wird z. B. ein Projekt aus der Arbeit mit lateinamerikanischen Straßenkindern vorgestellt, können Pulseras, bunte Freundschaftsbändchen, vorbereitet werden. Farbige Baumwollfäden werden zugeschnitten und an einem Ende zugeknotet. Im Gottesdienst werden sie von den Teilnehmenden geflochten und an den Sitznachbarn verschenkt.).

Ein solches Thema zielt auf die Frage nach Möglichkeiten der Solidarität: Was können wir tun?

b) Die Jugendlichen zeichnen im Gottesdienst die Lebensgeschichte einer Persönlichkeit aus der Diakoniegeschichte nach. Es müssen nicht immer Wichern, Fliedner oder Bodelschwingh sein, auch z. B. E. Fry und A. Sieveking sind eindrucksvolle Vorbilder dafür, wie persönlicher Glaube zu konkretem mitmenschlichen Handeln führt.

Mögliche Veranschaulichung: Vor einer Leinwand, auf die ein Porträt der darzustellenden Person projiziert ist, steht ein kleiner Tisch mit zwei Stühlen. Dort sitzen die „historische“ Person und einer ihrer Zeitgenossen, dem sie ihre Einsichten schildert. Variation: Neben der „historischen“ Person sitzt ein heutiger Zeitgenosse mit Mikrophon und interviewt sie: Wie war es damals? Welchen Rat geben Sie uns?

Ein solcher Ansatz zielt auf die Frage nach Beispielen für praktische Nächstenliebe: Was sind heute und hier Aufgaben für uns?

c) Eine Geschichte, die sowohl als Impuls für die Erarbeitung als auch zum Vorlesen im Gottesdienst geeignet ist, ist „Wie man einen Menschen lieben soll“, aus: M. Buber, Erzählungen der Chassidim, abgedruckt in: Gottesdienstpraxis, Serie A, II. Perikopenreihe, Band 3, Gütersloh 1992, 82.

III. Aus Religionsunterricht, Konfirmanden- und Jugendarbeit

a) Die Themen „Dritte Welt“ und „Diakonie“ werden sowohl im Religions- als auch im Konfirmandenunterricht behandelt. Dies geschieht zum Teil sehr intensiv, wozu gut aufbereitete Unterrichtsbücher (vgl. H.-M. Lübking, Gerechtigkeit in der Welt, in: Kursbuch Konfirmation. Ein Arbeitsbuch, Düsseldorf 1995, 79–86; H. Ruppel u. a., Das Brot wird für alle reichen, in: Religion 7/8. Gerechtigkeit lernen, Stuttgart 1996, 32–47), anschauliche Unterrichtsmaterialien (wie z. B. Hungertücher, mit denen sich exemplarisch in die Problematik eines Dritte-Welt-Landes einführen läßt) oder Besuche in diakonischen Einrichtungen des Wohnortes beitragen.

b) Die Jugendlichen sind in der Regel also mit dem Thema vertraut, kennen auch den christlichen Zusammenhang von Glaube und Nächstenliebe. Mit diesem Vorwissen kann im Unterricht der Gruppe z. B. so gearbeitet werden: Aus der aktuellen Zusammenstellung „Projekte“ von „Brot für die Welt“ werden einige Beispiele herauskopiert (etwa Teppichkinder in Indien, Aidswaisen in Uganda, Straßenkinder in Lateinamerika). Die Jugendlichen beschäftigen sich in Kleingruppen mit je einem Thema, stellen es den anderen vor, gemeinsam einigen sie sich auf ein Projekt, zu dem sie mehr Informationen zusammentragen wollen. Sie erarbeiten eine Darstellung des Projektes, erstellen Handzettel, führen eine Befragung in der Fußgängerzone durch etc. Die Ergebnisse bringen sie in die Gestaltung des Gottesdienstes ein. Durch Mitwirkung bei der Auswahl von Gebetstexten und Liedern stellen sie wiederum den Zusammenhang von Glaube und Handeln dar.

c) Soll der Zusammenhang von Gottes- und Nächstenliebe an der Biographie einer vorbildhaften Persönlichkeit nachgezeichnet werden, so können sie diese möglicherweise im nahen Umfeld finden: Nach wem ist die Kirche benannt, das Gemeindehaus, die Schule, der Platz nebenan? Die Jugendlichen können in der Bibliothek recherchieren. Passanten befragen, ihre Recherche mit Cassettenrecorder und Fotoapparat dokumentieren und so Material für eine Ausstellung und eine kreative Darstellung im Gottesdienst sammeln.

d) Der 1. Sonntag nach Trinitatis liegt in der Regel im Juni, also nach der Konfirmation. Die Gruppe der Konfirmandinnen und Konfirmanden steht für die Vorbereitung daher also nicht zur Verfügung. Es bietet sich an, b) oder c) in Kooperation von Katechumen und Jugendarbeit als ein gruppenübergreifendes Projekt durchzuführen.

IV. Liturgische Gestaltungsmöglichkeiten

a) Als Evangeliumslesung würde Lukas 10,25–37 (Der barmherzige Samariter) den Zusammenhang von Glauben und Handeln in der präsentischen Dimension besser veranschaulichen als der für diesen Sonntag vorgeschlagene Text Lukas 16,19–31 (Reicher Mann und armer Lazarus).

b) Die Sprache der Gebete sollte sich textgemäß auf der Ebene des Elementaren und Sinnenhaften bewegen. Beispiele finden sich bei A. Rotzetter, Gott, der mich atmen läßt, Freiburg 1985.

c) Die Fürbitten können von den Gottesdienstteilnehmern während einer meditativen Musik selbst geschrieben werden. So wird auch ihnen eine Übertragung des im Gottesdienst Thematisierten in die eigene Lebenswirklichkeit ermöglicht. Dazu werden Karten und Stifte verteilt. Die beschrifteten Karten werden von den Jugendlichen bzw. anderen Mitwirkenden eingesammelt und als Gebet gelesen. Nach jeweils drei Bitten singt die Gemeinde „Herr, erbarme dich“ oder einen anderen kurzen Liedruf.

d) Lieder: Weil wir von Hilfe leben (ML 1 B 43); Wer Gutes tut (ML 1 B 111); Wo ein Mensch Vertrauen gibt (ML 2 B 195); Wo Menschen sich vergessen (ML 2 B 225); Wenn das Brot, das wir teilen (ML 2 B 230); Ubi caritas (ML 2 B 248). Wird im Gottesdienst auf die Situation von Menschen in einem bestimmten Land aufmerksam gemacht, so bietet es sich an, wenigstens ein Lied in der jeweiligen Sprache zu singen. Fundorte für solche Lieder sind neben den gängigen Liederbüchern auch die Materialien für die Weltgebetstage.

V. Literatur- und Medienhinweise

a) Meister von Alkmaar, Die sieben Werke der Barmherzigkeit, 1504, abgebildet in: Das Leben suchen 7/8, Frankfurt 1989, 52f
b) Material zur Entwicklungshilfe von Misereor, Brot für die Welt, Bundesministerium für wirtschaftliche Zusammenarbeit
c) E. Beyreuther, Geschichte der Diakonie und der Inneren Mission in der Neuzeit, Berlin 1983

Andrea Seils

2. SONNTAG NACH TRINITATIS – EPHESER 2,17–22

I. Die Jugendlichen und Epheser 2,17–22

a) Die Luther-Übersetzung macht den Zugang zum Inhalt nicht schwerer als andere, modernere Übersetzungen.
b) Baustelle Gemeinde, Betreten erlaubt, Gäste, Freunde sind willkommen. Jugendliche werden sich fragen, von welcher Gemeinde da gesprochen wird, wo sie darin vorkommen. Welcher Stein bin ich? Wo ist mein Platz im und am Bau? Das wäre zu vermmitteln: Du bist ein lebendiger Stein, ein Unikat, du hast deinen Platz, und du wirst gebraucht als Stützpfeiler, starke Mauer oder leichte Tür … Der Suche nach Bildern und Vergleichen bietet der Bauplatz allerhand Material. Getaufte und Konfirmierte, Konfirmandinnen und Konfirmanden können als widerspenstige, aber dennoch von Gott sehr geschätzte lebendige Bausteine gelten. Da will und wird Jesus Christus gern als Schlußstein dienen und alles vor dem Einsturz bewahren. Ganz individuell gilt die Zusage: Du kannst selbst zum Wohnraum Gottes werden. Gott will in dir wohnen. Schlag die Tür nicht unüberlegt zu.
c) Jugendliche werden die Problematik von „Heiden“ und „Juden(-Mission)“ kaum kennen oder interessiert zur Kenntnis nehmen. Sie spüren aber im Gottetsdienst und in der Gemeinde, als was sie empfunden werden. Als gern oder ungern gesehene Gäste, als Freunde, als Störer oder als Mitbürger und Hausgenossen, als anspruchsberechtigte Gemeindeglieder. In ihren Cliquen und Peer-groups spielt das Thema „Dazugehören – Ausgeschlossensein“ eine maßgebliche Rolle. Gelingt der Perspektivenwechsel zugunsten von Kindern und Jugendlichen? Werden aus kirchlichen Gästen gemeindliche Hausgenossen? Was bietet unser Haus (Gemeinde) an Wahrnehmungsfähigkeit, Kommunikationsbereitschaft und Konflikttoleranz?
d) Den Zugang zum Vater eröffnet der gute Geist Gottes, der Geist des Friedens, so wie

er in Jesus von Nazaret sichtbar geworden ist. Es ist zu hoffen, daß „Zugänge zum Vater“ nicht durch negative Assoziationen der Jugendlichen blockiert werden. Ihre Väterbeziehungen werden in positiver, wie in negativer Hinsicht immer Folie sein für die Vaterbeziehung zu Gott. Wo wird sie anzusiedeln sein auf der Skala von „liebevoll/fürsorglich“ bis „drohend/streng“? Bedauerlicherweise wird es auch Erinnerungen an brutale und strafende Väter geben. Kann es gelingen, durch dieses Dickicht hindurch das Vorbild Jesu sichtbar zu machen?

e) Der Traum von der weltweiten Gemeinschaft aller Menschen mag ein Jugendtraum sein. Er ist auch ein biblischer und christlicher Traum. Diskriminierende Unterschiede, gar Rassenunterschiede macht der Geist Gottes nicht. Wie steht's mit dem Geist der Hausgenossen? Rassismus und Ausländerfeindlichkeit sind Sünde und bringen das Haus Gottes zum Einsturz. Gerechtigkeit, Frieden und Ökologie (Haushalterschaft) sind die Elemente der Statik zwischen Grund- und Schlußstein am Haus des Herrn.

II. Konkretionen, Beispiele, Veranschaulichungen

a) Ein Schild an der Kirchentür: „Betreten der Baustelle nicht gestattet“. Das „Nicht“ wird dick durchgestrichen.

b) Bauen Sie! Wenn der Aufwand als erträglich empfunden wird, dann können Ziegel geformt und gebrannt werden (z. B. Zigarettenschachtel mit Eindruck des Kirchennamens; der Schmiedemeister in der Gemeinde stellt das entsprechende Werkzeug gern her und stiftet das). Andere Version: kleine Schuhkartons. Im Gottesdienst wird nachgedacht über die lebendigen Steine, über Aufgaben und Rechte. Jeder im Gottesdienst bekommt einen Ziegelstein oder einen Karton und fügt ihn in das Haus. Ein paar Jugendliche sollten den Bauvorgang strukturieren, wegen möglicher Einsturzgefahr des Symbols. Was geschieht, wenn ein Stein fehlt, verlorengeht oder auswandert?

c) Bildmeditation: Bild von D. Müller, 11 Jahre. In den Erläuterungen heißt es: „Menschen aus allen Rassen und Ländern sind einträchtig am Werk und bauen die eine Kirche Gottes“. In: Die Menschen dieser Welt gehören zusammen. Vertrieb: Ev. Missionswerk in Süddeutschland E.V. Bild 14.

d) Die Geschichte von Peggy in ku-praxis 17 (M 12 und 16) reflektiert den Geist, der im Hause Gottes herrscht.

e) Mit Jugendlichen wird eine Hausordnung für das Gemeindeleben entwickelt und im Gottesdienst vorgetragen. Als Präambel mögen Sätze aus der Hauptvorlage '97 dienen: Kirche soll sein wie eine Bude, in der ich mich verstecken kann, ... wie ein Ort für Gefühle und Offenheit ..., wie ein Zelt, in dem ich ohne Angst über mein Leben beraten kann. Wie kann diese Hausordnung verwirklicht werden?

f) Als akustische Elemente bieten sich zwei Lieder an: Zum Thema „Frieden“ gibt es von R. Mey den Titel: Nein, meine Söhne geb ich nicht (CD: Zwischen Zürich und zu Haus). Zum Thema „Gemeinschaft“ ist F. J. Degenhardt empfehlenswert: Spiel nicht mit den Schmuddelkindern (rororo 1168, 45f). Jugendliche könnten zusätzlich zum Abspielen der Musik die Liedtexte zitieren.

g) Schicksalsgeschichten aus eigenem Erleben, von Freunden und getauften Hausgenossen aus anderen Ländern werden erschlossen; am besten in Zusammenarbeit mit Asylberatungsstellen. Sie werden anschließend vorgestellt, sei es als Dokumentation oder Vortrag.

h) Die narrative Interpretation des Textes ermöglicht ein Stein. Ein neuer oder auch alter verwitterter Stein auf der Kanzel erhöht die Aufmerksamkeit. Der Stein erzählt vom Bau; vom Grundstein, von den Fundamenten, vom Neubau, vom An- und Umbau bis zum Schlußstein. Am Ausgang könnte jeder einen alten Reststein vom Kirchenbau bekommen.

i) Als Predigtalternative empfiehlt sich die Geschichte vom Bau der Rettungsstationen, die sich binnen kurzem zu etablierten Clubhäusern entwickeln. Es lohnt sich, dieses moderne Gleichnis zur Kenntnis zu nehmen. Am leichtesten zugänglich ist die Geschichte in: H. Clinebell: Modelle beratender Seelsorge, München/Mainz 1973.

III. Aus Religionsunterricht, Konfirmanden- und Jugendarbeit

a) Einstieg: „Vaterbeziehung" durch Bilder aus der Werbung zum Thema „Vater und Sohn", z. B. Jeanswerbung.

b) Zum Thema „Haus des Friedens" ist ein Praktikum bei, wenigstens aber ein Gespräch mit Zivildienstleistenden sinnvoll. Als Einstieg eignet sich die Geschichte „Wie spielt man Frieden?" (Hoffsümmer I, 152).

c) Das Spiel zum Thema Bauen: „Yenga". Mit Riesensteinen bei MB auszuleihen.

d) In einer Zukunftswerkstatt wird das Haus Gottes, das Haus der Gemeinde, das Haus der Kirche entworfen. Grund- und Schlußstein werden reflektiert. Zu Beginn kann eine Schweigediskussion die Gedanken sammeln.

e) Den Rahmen des Lebenssinns mit seinen Hoffnungen und praktischen Konsequenzen füllt folgende Geschichte (als Gesprächsanreiz für die eigene Lebenseinstellung) aus: Drei Bauleute an einer Kirche werden gefragt: Was macht ihr da? Der erste antwortet: „Ich behaue Steine", der zweite: „Ich baue am Haus Gottes", der dritte: „Ich ernähre meine Familie."

f) Das Kirchliche Bauhandbuch zeigt, wie ein ökologisches Haus Gottes gebaut werden kann. Es ist an der Zeit, den Menschen zu zeigen, daß die Häuser Gottes (und seiner Dienerinnen und Diener) konsequent ökologisch gedacht, geplant und gebaut werden. An solch einer Baustelle wird der eine oder andere (distanzierte) Zeitgenosse innehalten und nachdenken über Worte und Taten der Christen.

g) Gabentest: Welche Gabe habe ich? Was für ein Baustein bin ich? Wo kann ich mich einsetzen?

h) Die Organisation oder Betreuung eines „Eine-Welt-Standes" kann als wesentlicher Baustein identifiziert werden.

IV. Liturgische Gestaltungsmöglichkeiten

a) Meditationstext: „Wir bauen Kirchen in unserer Welt ..." (L. Zenetti, Texte der Zuversicht, 175)

b) Psalm: Moderne Übertragung von Psalm 1 in ML I, 9 oder K. Vonderberg, Psalmen für Jugendliche, 37

c) Alternatives Glaubensbekenntnis: ML I, 23, da besonders Teil 3

d) Das wohl schönste Lied zum Text ist Komm, bau ein Haus ... (ML I B 83). Weitere Lieder: Aus dem Evangel. Gesangbuch: 170, 3; 183, 5; 338; 420; 433; EG West 578; 663, 3; 667; 673.

V. Literatur- und Medienhinweise

a) RU Intern 1/95 24. Jg.

b) Poster: Gott hat viele Gesichter VEM

c) Forum, kirchliches Umweltmagazin, Umweltbeauftragter der EKvW

Stefan Carl/Petra Englert

3. SONNTAG NACH TRINITATIS – 1. TIMOTHEUS 1,12–17

I. Die Jugendlichen und 1. Timotheus 1,12–17

a) Ich wähle den Text in der Fassung der Luther-Übersetzung.

b) Der Schreiber des Textes bezieht sich auf die Biographie des Paulus und seinen schroffen und deutlichen Wandel von einem Verfolger der Christen zu einem Anhänger und sogar zu einem der wichtigsten Lehrer des Christentums. Einen so schroffen biographischen Wechsel werden Jugendliche in ihrem Leben noch nicht vollzogen haben. Es ist von daher nicht ganz einfach, den Text aus dem Timotheusbrief auf den Erfahrungshorizont von Jugendlichen zu beziehen. Insofern ist H. Barié recht zu geben, der schreibt: „Die Dringlichkeit des Themas ‚Warum sich durch Gottes Barmherzigkeit meine Einstellung verändert hat' wird wohl nur begreifen, wer schon auf eine längere Wegstrecke seines Lebens zurückblicken kann" (ders., Predigt braucht Konfirmanden, Stuttgart 1988, 33).

c) In dem Text wird deutlich, daß Menschen – hier Paulus – nicht auf ihre Vergangenheit festgelegt werden. Und d. h., Menschen werden nicht auf das festgelegt, was andere von ihnen wissen oder zu wissen meinen. Hierin lassen sich Anknüpfungspunkte zu den Erfahrungen Jugendlicher finden. Jugendliche erleben immer wieder, daß Menschen auf einmal ergangene Urteile oder Vorurteile festgelegt werden. Meiner Einschätzung nach sind Jugendliche in ihrem Urteil übereinander oftmals direkter als Erwachsene bzw. zeigen einander solche Urteile direkter und unmittelbarer. Für diejenigen, die dem Urteil anderer unterworfen werden, kann dies eine sehr schmerzhafte Erfahrung sein.

Dagegen steht die Suche nach einer eigenen Identität, unabhängig von dem Urteil und den Meinungen anderer. An dieser Stelle kann der Text Ermutigung sein, insofern er am Beispiel des Paulus die unbedingte Annahme der Menschen durch Gott zur Sprache bringt. „Nimm mich, wie ich bin ..." So könnte positiv das Thema für diesen Gottesdienst lauten.

d) Auch wenn Jugendliche einen „Erfahrungsrückstand" gegenüber Älteren haben, so gibt es eine Reihe von Jugendlichen, die bereits die Erfahrung gemacht haben, neu anfangen zu müssen. Man kann dabei an die denken, die am Ende eines Schuljahres nicht versetzt werden und im kommenden Jahr in einer neuen Klasse anfangen müssen. Sie sind, da sie in der Regel an der gleichen Schule bleiben, keine „unbeschriebenen Blätter" mehr. Ich denke aber auch an die Konfirmandinnen und Konfirmanden, die durch Maßnahmen im Rahmen der Hilfen zur Erziehung ihre Familie ihren Heimatort und so auch den Konfirmandenunterricht verlassen haben, weil sie an anderen Orten in einem Heim oder einer Wohngruppe einen neuen Anfang machen mußten. Wie erleben sich solche Jugendliche? Angenommen und getragen oder eher ausgestoßen und alleingelassen? Wie kommen sie mit ihrer Vergangenheit zurecht?

Und ich habe die Jugendlichen vor Augen, die mitten im Jahrgang in den Konfirmandenunterricht kommen, weil sie neu zugezogen sind. Bei einigen stehen auch hier familiäre Schwierigkeiten im Hintergrund, die Trennung der Eltern z. B. Auch sie müssen einen neuen Anfang finden in einer ungewohnten Umgebung. Auch sie kommen nicht als unbeschriebene Blätter.

II. Konkretionen, Beispiele, Veranschaulichungen

a) Jens, 18 Jahre, hat eine Karriere als Junkie hinter sich. Erst waren es die einfacheren Drogen, dann später auch die harten. Um an Geld für die Drogen zu kommen, hat er erst alles, was er hat, zu Geld gemacht, später dann auch kleinere Eigentumsdelikte begangen, nachdem er erst seinen Eltern immer wieder Geld entwendet hat. Zwei Jahre hat er so gelebt, bis er sich einer Therapie unterzogen hat. Rund ein Jahr war er in einer therapeutischen Einrichtung, hat dort seinen Schulabschluß gemacht und sucht nun nach einer Möglichkeit, einen Beruf zu erlernen. Was wird Jens jetzt erleben, mit seiner Vergangenheit?

b) Anknüpfend an die Geschichte von Jens stellen Jugendliche im Gottesdienst dar, wie es ihm bei der Suche nach einer Stelle ergangen sein könnte.

c) „Nimm mich, wie ich bin …“ Auch die Werbung hat die Suche nach der eigenen Identität und nach Selbstsicherheit für sich entdeckt. „Ich will so bleiben, wie ich bin …“, denkt sich die Frau, die sich in einer Schaufensterscheibe sieht. Und eine Stimme haucht ihr und mir ins Ohr: „Du darfst.“ Ich darf so bleiben, wie ich es an der Frau sehe und wie ich es von der Werbung gezeigt bekomme: nämlich jung, schlank und damit attraktiv.

d) Jugendliche führen eine kurze, von ihnen entwickelte Spielszene auf, in der es um einen Neuen/eine Neue in der Klasse geht unter dem Motto: „Man weiß ja, was das für einer ist …“ Man kann den Jugendlichen eine Situation, wie ich sie oben beschrieben habe, vorgeben. Oder man läßt sie eine solche Szene aus ihren eigenen Erfahrungen in der Schule entwerfen.

e) Konfirmandinnen und Konfirmanden spielen in kleinen Szenen die Biographie des Paulus, vor allem seinen biographischen Wechsel, nach.

f) Eine Geschichte, die das Thema „Festlegung auf die eigene Vergangenheit“ thematisieren kann, finde ich in „Die stiehlt doch immer …“ von G. Presler (VLR 3, 78).

g) Zu den übrigen Texten dieses Sonntags gehören die Geschichten vom Verlorenen Sohn aus Lukas 15. Anstelle des Evangeliums (Lukas 15,1–10) könnte man die Geschichte vom verlorenen Sohn wählen (Lukas 15,11–32). Konfirmandinnen und Konfirmanden stellen das in der Geschichte Erzählte in einer kleinen Szene dar.

III. Aus Religionsunterricht, Konfirmanden- und Jugendarbeit

a) Konfirmandinnen und Konfirmanden lesen die Geschichte von Jens. Sie erhalten die Aufgabe, über die Bewerbung von Jens zu entscheiden. Dabei lassen sich verschiedene Varianten denken: Jens bewirbt sich um eine Ausbildung in einem Handwerksbetrieb oder in der Verwaltung einer Firma. Denkbar wäre auch die Bewerbung in einem Krankenhaus als Krankenpflegeschüler. Möglicherweise fallen die Entscheidungen auf dem jeweiligen Hintergrund unterschiedlich aus. Würde ein ehemaliger Drogenabhängiger in einer Klinik eine Anstellung finden, wo er immer wieder Zugang zu Medikamenten hätte?

b) Wie sehr die Vorerfahrungen die Beziehungen unter Menschen bestimmen können, kann ein Experiment deutlich machen, wie es H. Frör beschreibt (Spielend bei der Sache, 81ff). Es werden zwei Gruppen mit Spielern gebildet. Die übrigen Teilnehmerinnen und Teilnehmer bilden eine Beobachtergruppe. Beide Spielergruppen erhalten Rollenanweisungen, in denen es um einen Konfliktfall innerhalb eines Betriebes geht, nämlich um den Verdacht einer Veruntreuung von Geldern. Die Anweisungen an die beiden Gruppen unterscheiden sich allein in der Vorgeschichte und den Vorerfahrungen, die die Beteiligten miteinander haben. Beide Rollenspiele werden nacheinander aufgeführt. Die Beobachtergruppe hat die Aufgabe, das Gesehene auszuwerten und den unterschiedlichen Verlauf zu erklären.

c) Mit Konfirmandinnen und Konfirmanden liest man die Geschichte „Entlassung" von H. P. Richter (VLR 3, 193ff). Die Geschichte erzählt aus der Sicht einer Familie die erste Begegnung mit dem aus der Strafanstalt entlassenen Vater. Die Jugendlichen schreiben an dieser Stelle die Geschichte weiter, so wie sie ihrer Meinung nach weitergegangen sein könnte.

d) „Menschen sind keine unbeschriebenen Blätter." Unter diesem Motto gestalten Jugendliche ein Plakat mit ihrer eigenen Lebensgeschichte. Es kann dargestellt werden, welche Menschen, welche Erfahrungen, welche Ereignisse das Leben in der Vergangenheit geprägt haben und bis heute noch prägen.

e) Konfirmandinnen und Konfirmanden nehmen zu der Geschichte vom Verlorenen Sohn Stellung unter der Frage, ob der Vater den jüngeren Sohn annehmen soll. Dabei sind verschiedene Perspektiven denkbar: aus der Sicht des älteren Bruders, aus der Sicht des Vaters, aus der Sicht einer dritten, nicht zur Familie gehörenden Person (vgl. auch Lehrplan für den Kirchlichen Unterricht in der EKvW, Schwerte-Villigst o. J., 79).

IV. Liturgische Gestaltungsmöglichkeiten

a) Lied: Ich lobe meinen Gott, der aus der Tiefe mich holt (EG West 673).

b) Neben den oben beschriebenen Gestaltungsmöglichkeiten können Jugendliche Wünsche und Bitten formulieren unter dem Leitgedanken „Nimm mich, wie ich bin". Es können Bitten für das eigene Leben oder für andere, die sich in Situationen wie den oben beschriebenen befinden, formuliert werden. Diese Bitten werden als Fürbittgebet im Gottesdienst von Jugendlichen vorgetragen.

c) Jugendliche formulieren ein Glaubensbekenntnis mit dem Leitgedanken „Gott schenkt mir Zukunft" und sprechen dies im Gottesdienst.

V. Literatur- und Medienhinweise

a) Vorlesebuch Religion 3, hg. v. D. Steinwede und S. Ruprecht, Düsseldorf 1992

b) H. Frör, Spielend bei der Sache, Gütersloh 1993

Thomas Böhme-Lischewski

4. SONNTAG NACH TRINITATIS – RÖMER 14,10–13

I. Die Jugendlichen und Römer 14,10–13

a) Wegen des eindrücklichen Bildes vom Richterstuhl Gottes schlagen wir die Luther-Übersetzung vor, obwohl in Vers 13 die „Gute Nachricht" verständlicher ist. Auch die Wilckens-Übersetzung ist in Vers 13 schwer zu verstehen.

b) In diesem Text spricht Paulus die Lesenden und Hörenden persönlich und engagiert, fast aggressiv an: „Du aber …“ Diese Zuspitzung auf den Einzelnen nimmt er sofort wieder zurück und bekennt die Gemeinsamkeit aller: „Wir werden alle vor den Richterstuhl Gottes gestellt werden.“ Paulus verändert die Perspektive. Blicken Menschen auf sich und ihre Mitmenschen, neigen sie dazu, einander zu be- und verurteilen, um selbst besser dazustehen. Sie stehen im übertragenen Sinne über- und untereinander (wie eine Pyramide angeordnet). Paulus eröffnet die Perspektive des Glaubens, d. h., er lenkt den Blick auf Gott (der Mensch coram Deo). Vor Gott sind alle Beurteilte. Alle stehen Gott gegenüber und nebeneinander (D. Neuhaus, Calwer Predigthilfen II/2, 1991, 66).

Die befreiende Botschaft der Perikope lautet: Im Blick auf den Richter Gott wird alles gegenseitige Be- und Verurteilen bedeutungslos. Die Perspektive des Glaubens befreit vom Zwang des gegenseitigen Richtens.

Das gilt um so mehr auf dem Hintergrund, daß Gottes Richtspruch letzten Endes ein Freispruch aufgrund der Erlösung in Christus sein wird (vgl. Vers 4 oder Römer 3 oder das Evangelium des Sonntags Johannes 8,1–11). Die Evangelienlesung stellt eine Gerichtsszene dar. Der Richter Jesus erinnert die Richtenden an die Verantwortung und die Sünde aller vor Gott und entläßt die Angeklagte in eine neue Freiheit. Gottes Richten ist ein Aufrichten (E. Raiser, Predigtstudien II/2, 1992, 129).

Die Perikope steht in der Auseinandersetzung mit den „Schwachen“, die sich an rituelle Gesetze halten, und den „Starken“, die das für überflüssig, gar als gegen die evangelische Freiheit gerichtet ansehen. Vor Gott haben rituelle Gesetze keine Bedeutung mehr. Es gelten im Reich Gottes die Kriterien Gerechtigkeit, Friede und Freude im Heiligen Geist (Vers 17f). Nach diesen Kriterien haben Schwache und Starke kein Recht, einander zu verurteilen.

c) Pubertierende Jugendliche leben in einer „kritischen“ Phase (Identität gegen Identitätsdiffusion – vgl. E. H. Erikson, Identität und Lebenszyklus, Suhrkamp 1976). Der Ablösung vom Elternhaus entspricht die Suche nach der eigenen Identität und Rolle. Eine Weise der Identitätsfindung ist die wertende Abgrenzung gegenüber anderen. „Sie (die Jugendlichen) werden bemerkenswert exklusiv, intolerant und grausam gegen andere, die verschieden sind in Hautfarbe oder Herkunft, Geschmack oder Gaben, oft nur in ganz winzigen Momenten der Kleidung und Gestik“ (Erikson 1950, 110). Identitätssuche geschieht im Zusammenschließen nach solchen Kriterien zu losen Gruppen (Fangruppen, Musik, Bundesligaverein, Schumifieber, Markenbewußtsein, Gruppen der Jugendkultur, peer-groups definieren sich über Äußerlichkeiten).

Heute verstärken die allgemeine gesellschaftliche Verunsicherung und die Angst, keine angemessene berufliche Chance zu erhalten und damit keinen Zugang zur Leistungsgesellschaft zu finden, die entwicklungsgemäße Identitätsdiffusion. Die Neigung zur Be- und Verurteilung anderer und die kritische Selbstsicht werden größer.

Den größten Raum im Leben der Jugendlichen nimmt neben dem Elternhaus die Schule ein. Der Schulabschluß stellt sich Jugendlichen als entscheidende Voraussetzung für beruflichen und gesellschaftlichen Erfolg dar. Es verliert an Bedeutung, was man dort lernt. Es steigt die Bedeutung des Urteils, das man empfängt (Aktuell ist der Druck dadurch gestiegen, daß die Note nur noch durch zwei, statt drei Arbeiten im Halbjahr ermittelt wird. Ausrutscher gibt es nicht mehr).

d) Jugendliche fragen in der Konfirmationszeit bewußt oder unbewußt, was die Kirche und der Glaube ihnen für ihr Leben anzubieten hat, nachdem Kindheit und Kindheitsglaube zu Ende gehen.

Wahrscheinlich spielt Gott als Richter in den alltäglichen Lebensentscheidungen kaum eine Rolle. Der „moderne Mensch“ setzt sich selbst auf den Richterstuhl. Dennoch ist das Bild von einem strafenden Gott immer noch

tief verwurzelt und aus der kindlichen Gottesvorstellung präsent. Diesen Gott aber wollen sie meistens abschütteln.
Zugleich ist die Pubertät „kritische" Phase, in der Richten und Gerichtetwerden eine übergroße Rolle spielen.
Die Botschaft des Textes an die Jugendlichen in ihrer „kritischen" Phase formuliere ich deshalb so: Die Perspektive des Glaubens (sein Leben vor Gott, coram Deo, verstehen) befreit von der Macht der Urteile menschlicher Maßstäbe (in peer-group, Gesellschaft, Elternhaus, Schule) und dem Zwang, sich selbst und andere zu beurteilen. Die Perspektive des Glaubens zeigt Maßstäbe des Reiches Gottes wie Gerechtigkeit, Frieden und Freude im Heiligen Geist auf. Aus der Perspektive des Glaubens gesehen, stehen Menschen letzten Endes immer vor einem gnädigen Richter (Er ist gnädiger als alle menschlichen Richter).
In der Perspektive des Glaubens ist der Mensch frei vom Urteil anderer und vom Zwang zu richten, verantwortlich den Maßstäben des Reiches Gottes und getragen von der Vergebung Gottes.

II. Konkretionen, Beispiele, Veranschaulichungen

a) Das Bild des Textes legt eine Umsetzung im pantomimischen Spiel nahe: Ein „Richterstuhl" (alter Stuhl mit hoher Lehne wird vor den Altar gestellt) kann dazu reizen, mehrere Situationen „vor dem Richterstuhl" darzustellen:
1. Das Bild des Bibeltextes: Vor dem Richterstuhl (der Stuhl ist leer, Gott ist unsichtbar) stehen in einer Reihe die zu Beurteilenden. Sie stehen alle auf der gleichen Ebene, blicken auf den Stuhl. Der Text wird gelesen.
2. Veränderung in unserer Zeit: Sprecherin fragt: Was geschieht, wenn der Richterstuhl nicht mit Gott besetzt ist?
– Ein Mensch sitzt auf dem Richterstuhl, ein anderer steht davor. Der Richter zeigt mit dem Finger auf den Menschen. Es wird ein Beispiel erzählt: Lehrer beurteilt Schüler, Jugendliche beurteilen einander.
– Viele stehen um den Richterstuhl und zeigen auf einen Einzelnen davor. Es wird ein Beispiel erzählt: Von der Clique wird einer wegen „falscher" Klamotten ausgebuht.
– Alle stehen im Kreis auf gleicher Ebene, zeigen aufeinander, um einander zu richten. Es wird die Frage gestellt: Was passiert, wenn der Richterstuhl ganz weggenommen wird?
3. Der gnädige Richter: Der Gott Jesu Christi. An dieser Stelle könnte die Evangeliumslesung Johannes 8,1–11 aufgenommen und pantomimisch umgesetzt werden. Die Ehebrecherin steht vor dem Richterstuhl der Vielen. Alle zeigen mit dem Finger auf sie. Jesus stellt sich neben sie, bückt sich, schreibt mit dem Finger in die Erde. Er setzt sich den Fingerzeigen aus. Er erinnert die Richtenden an Verantwortung und Schuld. Betreten verlassen sie den Richterstuhl. In Jesu Satz „Geh hin und sündige hinfort nicht mehr" liegt ein Richtspruch über die Vergangenheit und ein Freispruch für die Zukunft.
b) Wird der Schwerpunkt stärker auf die Frage nach den Maßstäben des Richters Gott gelegt, könnte auch das in einem einfachen Spiel veranschaulicht werden. Vor dem Altar steht der leere Richterstuhl. Es wird die Frage gestellt, wonach Gott wohl beurteilt. Konfirmandinnen und Konfirmanden stellen Plakate mit Stichworten wie Liebe, Gerechtigkeit, Frieden usw. auf den Stuhl. Zu diesem Akzent paßt als Lesung Matthäus 25,31–41 oder auch Matthäus 5,3–12.
c) Eine Geschichte vom Verachten des Anderen: Zwei Paar Turnschuhe begegnen sich … In der Mitte stehen zwei Paar Turnschuhe, Markenschuhe und No-Name-Schuhe.
(Vor Euch in der Mitte stehen zwei Paar Turnschuhe. Ich stelle mir vor, diese Schuhe begegnen sich. Und sie könnten sprechen.)

„Hey guck mal, da kommen zwei. Was das wohl für welche sind? Denen werden wir mal auf den Zeh fühlen. Gegen uns kommt so schnell keiner an."
Das andere Paar: „Schau mal. Wir sind heute nicht allein hier auf dem Platz. Da sind noch andere. Auch Turnschuhe. Vielleicht haben die auch Bock zum Fußballspielen."
Die ersten: „Hey, was seid ihr denn für welche? Wir sind von Nike! Ach, guck mal einer an. Die sind ja No-name. Wirklich, die sehen auch aus wie so'n Niemand ohne Namen. Also Nike, das muß es schon sein, oder vielleicht noch Reebok …"
Die anderen: „Scheiße, die haben schon gemerkt, daß wir keine Marke haben und nicht teuer waren. Was machen wir jetzt bloß? Schon wieder stehen wir so dumm da!"
Die ersten: „Was ist los mit euch? Könnt ihr euch nicht bewegen? Ja, ist doch klar, wenn man von Aldi ist. Hat wohl nicht viel Geld, euer Besitzer? Schuh, sind die blöd!"
Die anderen: „Spielt euch bloß nicht so auf! Nur, weil sie euch ein Etikett draufgepappt haben. Steckt nicht mehr in euch, wie auf diesem blöden Etikett steht? Seid ihr selber nichts? Hat euer Besitzer es nötig, sich groß zu tun mit teueren Klamotten?"
„Mm, öh"
„Kommt, wir spielen Fußball, da könnt ihr zeigen, was in Euch steckt."

d) Richtsprüche unter Jugendlichen: Was hat der denn für'ne Hose an. Die ist wohl von Aldi. – Die gehen doch zum Konfirmationsessen in die Pommesbude. – Der stinkt. – Den kanze doch in'ne Tonne kloppen.

III. Aus Religionsunterricht, Konfirmanden- und Jugendarbeit

a) Anhand einer Pyramide, wo Menschen über- und untereinander stehen, werden Kriterien erarbeitet, nach denen Menschen heute einander beurteilen und in eine Rangordnung bringen. Diese Kriterien können in die Pyramide geschrieben werden. Das Blatt bekommt die Überschrift: Wenn Menschen richten …

b) Anhand einer Vergrößerung des Bildes auf Seite 94 in H. M. Lübking, Kursbuch Konfirmation. Ein Arbeitsbuch, Düsseldorf 1995 (eine Gruppe von Männern, jeder zeigt auf einen anderen), beschreiben die Konfirmanden und Konfirmandinnen, wie Menschen übereinander urteilen.

c) Anhand der Texte Matthäus 25,31–41 oder Matthäus 5,3–11 wird erarbeitet, welche Maßstäbe vor Gott Bedeutung haben.

IV. Liturgische Gestaltungsmöglichkeiten

a) Lieder: Die ganze Welt hast du uns überlassen (EG 360); Herr, deine Liebe (EG West 664, 4); Ein wahrer Glaube Gott's Zorn stillt (EG 413); Selig seid ihr, wenn ihr einfach lebt (EG West 666); Selig sind, die da geistlich arm sind (EG 307); Hört, wen Jesus glücklich preist (EG West 670)

b) Psalmen: Psalm 32, original oder in der Übertragung von P. Spangenberg in: Höre meine Stimme, Rauhes Haus Hamburg, oder von D. Stork in: Zukunft, die heute beginnt, Stuttgarter Taschenbücher 12
Psalm 103, besonders die Verse 3 und 4,8–11. Übertragungen von P. Spangenberg in: Höre meine Stimme, und D. Stork in: Mein Lachen in der Angst, Stuttgarter Taschenbücher 14
Psalm 25 in Übertragung, EG 777.
„Unsicherheit belastet mich" (Psalm 20 in: K. Vonderberg, Neue Psalmen für Jugendliche, Kreuz Verlag)

„Die Mode übt starken Zwang aus“ (Psalm 26 in: Neue Psalmen für Jugendliche, s. o.)
c) Sündenbekenntnis:
Gott, wie oft mache ich mich über andere lustig. Wie oft mache ich andere klein, um selber größer dazustehen. Wie oft produziere ich mich vor den anderen auf Kosten der Außenseiter. Gott, wenn du so mit mir umgingst wie ich mit den Schwächeren, ich hätte keine Chance. Gott, vergib mir.
d) Wir empfehlen, die Lesung und den Predigttext zu einem Verkündigungsteil miteinander zu verknüpfen. Siehe II a und b.

V. Literatur- und Medienhinweise

a) Lied: Der Herr wird nicht fragen: Was hast du gespart? In: Worauf es ankommt, wenn er kommt (z. B. in Th. Blumenberg: Zehn Jugendgottesdienste, Bernward Verlag)
b) Die Geschichte „Im Himmel werden wir uns wundern“ (W. Hoffsümmer, Kurzgeschichten 4, 188, Nr. 227) eignet sich als Einstieg in die Vorstellung vom Richterstuhl Gottes und den Richterstühlen, die Menschen aufstellen.
c) Eine rückblickende biographische Beschreibung eines kindlichen Gottesbildes in richtender und gütiger Variante findet sich in: Leben entdecken, Gütersloh 1990, 32.

Ulrike Wortmann-Rotthoff/
Rainer Schröder

5. SONNTAG NACH TRINITATIS – 1. KORINTHER 1,18–25

I. Die Jugendlichen und 1. Korinther 1,18–25

a) Die Übersetzung der „Bibel in heutigem Deutsch“ ist verständlich, einprägsam und gibt die Intention des Paulus in diesen Versen adäquat wieder. Sie sollte im Gottesdienst an hervorgehobener Stelle gut vorgetragen werden. Allerdings sollte Vers 17b zum Text dazugenommen werden.
b) „Der Gott Jesu Christi offenbart sich nicht wie die menschlichen Götter in Weisheit und Macht, sondern in Unscheinbarkeit und Schwachheit. Er wählt nicht den vom Menschen und dessen Wünschen vorgezeichneten Weg, sondern seinen eigenen: den der ‚Torheit‘. Durch diese Umkehrung der Werte wird er den Juden zum Ärgernis und den Griechen zur Torheit. Die traditionellen Maßstäbe des Menschen gelten nicht mehr. Sie werden auf den Kopf gestellt durch die neuen Maßstäbe, die durch das Kreuz gesetzt werden“ (Chr. Meier).
c) Der Text gehört zum „protestantischen Urgestein“, er ist in nur einer Predigt bzw. einem Gottesdienst auch nicht annähernd auszulegen oder darzustellen. Ich konzentriere mich bei den folgenden Hinweisen auf zwei Perspektiven: a) Wer ist Gott? b) Das Kreuz.
d) „Glauben nicht alle an denselben Gott?“ Eine Frage, der man bei Jugendlichen immer wieder begegnet. Wer oder was Gott ist, wird dabei eher unscharf und verschwindet hinter den fließenden Konturen eines ominösen „höheren Wesens“. Doch das Kreuz markiert einen Unterschied: „Mose, Buddha, Kungfutse starben alle in hohem Alter, nach reichem Erfolg, inmitten ihrer Schüler und Anhänger, ‚lebenssatt‘ wie die Erzväter Israels, Mohammed gar nach einem gut genossenen Leben in seinem Harem in den Armen seiner Lieblingsfrau. Und Jesus von

Nazaret? Er starb als junger Mann nach einem erstaunlich kurzen Wirken von bestenfalls drei Jahren oder vielleicht nur wenigen Monaten: verraten und verleugnet von seinen Schülern und Anhängern, verspottet und verhöhnt von seinen Gegnern, verlassen von Gott und dem Menschen im scheußlichsten und hintergründigsten Ritus des Sterbens, der nach römischer Rechtsprechung Verbrechern mit römischem Bürgerrecht unzumutbar und nur entlaufenen Sklaven und politischen Rebellen zumutbar war: am Kreuzesgalgen" (H. Küng).

e) Kreuze sind immer noch „in", der Gekreuzigte paßt dagegen nicht in die gegenwärtige Erlebnisgesellschaft. Er paßt auch nicht in eine Leistungsgesellschaft, in der das christliche Grundwort „Gnade" weitgehend ein Fremdwort geworden ist, oder in die jetzige Ellenbogengesellschaft, in der es kaum so etwas gibt wie Gut und Böse, vielmehr nur stark und schwach. Dazu aber die Journalisten M. Merz und S. Rückert: „Den mächtigen Symbolen, die den schönen und perfekten Menschen zur Norm erheben, hält die Kirche ihr zentrales Symbol entgegen: den Hingerichteten am Kreuz. Jetzt, da der Kapitalismus konkurrenzlos geworden ist, bleibt womöglich das alternative Menschenbild der Kirche als einziges Korrektiv" (DIE ZEIT, 11. 2. 94).

f) „Wie kann man sich dieses Mordwerkzeug übers Bett hängen?" (zit. bei H. Barz). Nach H. Barz hat das Kreuz als christliches Zentralsymbol bei Jugendlichen ausgedient. Kurz nachdem diese These in die Welt gesetzt wurde, war in vielen Zeitungen Gegenteiliges zu lesen: „Die Dinger sind im Moment wahnsinnig in. Kreuze als Halsschmuck auch bei Moslems beliebt." Vom Kreuz als Modeschmuck bis zum Gekreuzigten ist es ein weiter Weg. Dennoch ist das Modestück auch ein Anknüpfungspunkt für ein Gespräch mit Jugendlichen.

g) Seit der Shell-Jugendstudie von 1985 hält sich die Behauptung, daß der Glaube an Jesus Christus für die Religiosität der Jugendlichen keine große Bedeutung mehr habe. Gott spiele für Jugendliche als Symbol für das Unfaßbare des Lebens durchaus noch eine Rolle, aber er trage nicht mehr das „Angesicht Jesu Christi" (H. Barz).

Dieses Urteil läßt sich bei genauerer Betrachtung nicht halten. Bei einer eigenen Befragung von Schülerinnen und Schülern habe ich festgestellt, daß Jesus für die meisten ein positives Image hatte. Dieses Ergebnis stimmt mit verschiedenen Textsammlungen und Teiluntersuchungen zur Frage nach dem Verhältnis von „Jugend und Religion" überein. Dabei finden Jugendliche an Jesus gerade beeindruckend, daß er konsequent bis in den Tod „der Mensch für andere" war: „Für ihn waren die anderen Leute wichtiger als sein eigenes Leben."

Zwar antworteten Jugendliche bei der Frage nach Gott nicht mehr mit dem Verweis auf das Kreuz Jesu. Wo sie aber von Jesus sprechen, ist er meist der, der in Übereinstimmung mit Gott lebte und Gottes Absichten zu realisieren versuchte (vgl. Vers c).

II. Konkretionen, Beispiele, Veranschaulichungen

Vorweg: „... das Kreuz als Erkennungszeichen für die unterirdischste Verschwörung, die es je gegeben hat – gegen Gesundheit, Schönheit, Wohlgeratenheit, Tapferkeit, Geist, Güte der Seele, gegen das Leben selbst ..." (F. Nietzsche)

Und: „Zweifel: Trefflich sorgt hierorts die Kirche für einige Nebenbedürfnisse des Mittelstandes. / Gefragt sind: ein Hauch heiler Welt mit Dias und Filmen bei Kuchen und Tee. / Ist dafür einer einst aufgehängt worden?" (K. Marti)

a) „Warum hängt in der Kirche ein Kreuz? Wäre es nicht zeitgemäßer, einen großen Geldschein, das Foto eines Liebespares, einen Computer oder eine harmonische

Naturdarstellung über dem Altar zu zeigen?" Die Konfirmandinnen und Konfirmanden haben diese Fragen diskutiert und tragen ihre Überlegungen/Ergebnisse im Gottesdienst vor. Die Gemeinde wird in das Gespräch einbezogen.

b) „Woher stammt das Kreuz in der Kirche? Wer hat es angefertigt? Was ist es wert? Welche Geschichte hat es erlebt?" Die Konfirmandinnen und Konfirmanden sind im Unterricht über das Kreuz in der Kirche informiert worden. Sie haben aufgeschrieben, wie das Kreuz auf sie wirkt, und diskutiert, ob in der Kirche ein Kreuz mit oder ohne Corpus hängen sollte.

Sie stellen ihre Ergebnisse im Gottesdienst vor. Auch hier sollte die Gottesdienstgemeinde am anschließenden Gespräch beteiligt werden. Wenn möglich, sollte während dieser Szene auch das Kreuz von seinem angestammten Platz geholt und in die Mitte gerückt werden.

c) Wer ist Gott? Viele sagen: Irgendein höheres Wesen wird es schon geben. Irgendwie, irgendein. Der Irgendwieglaube an irgendeinen Gott.

Doch die Bibel weiß nichts von irgendwie und irgendein. Nicht irgendein höheres Wesen, sondern Jesus von Nazaret wird in einem Stall geboren. Er geht nicht irgendwohin, sondern zu den Armen und Kranken. Er endet nicht irgendwo, sondern als Unruhestifter am Kreuz. Nicht irgendwie, sondern so handelt Gott. Paulus schreibt: Mit all ihrer Weisheit und Gelehrsamkeit haben die Menschen Gott nicht erkannt. Die einen wollen einen Gott, der seine Macht durch überzeugende Zeichen demonstriert. Die anderen wollen einen Gott, der sich im Nachdenken und in der Weisheit erschließt. Gott aber ist einen anderen Weg gegangen. In dem Menschen Jesus von Nazaret ist er uns allen ganz nahe gekommen. In seinem Reden und Wirken, in seinem Leben und Leiden hat Jesus gezeigt, wer Gott ist und was er von uns will. Einen solchen Gott aber wollen die Menschen nicht. Sie schlagen Jesus ans Kreuz. Wer ist Gott?

d) Der Text eines Jugendlichen:
„Unser Glaube
Wir glauben nicht an den Gott Auto,
den ihr in der Sonntagssonne putzt.
Ihr poliert ihn liebevoll, fast zärtlich.
Auch den Gott Wachstum kannste
vergessen.
Ihr macht sogar Überstunden für ihn,
obwohl er euch ausbeutet.
Wir glauben nicht an diesen Gott,
weil er die Umwelt auf seine Kosten
zerstört.
Er kann sich nur mit Knüppeln durchsetzen.
Auch den Gott Sicherheit kannste vergessen,
denn er fordert von uns den Tod durch
Rüstung.
Er handelt willkürlich mit Notstands-
gesetzen.
Wir glauben nicht an den Gott Geld,
mit dem ihr alles beherrschen wollt,
weil ihr nicht merkt, daß er euch beherrscht.
Auch euren Jesus kannste vergessen,
denn er ist schon lange mausetot.
Ihr habt den Anschluß verpaßt.
Wir glauben an unseren Jesus.
Den Gott der totalen Liebe.
Er lehrt uns Gewaltlosigkeit, Offenheit,
Verzeihen, Hoffnung und vor allem LIEBE."

e) Jugendliche lesen in verteilten Rollen den Text: „Der Gott meines Glaubens" von F. Betto (in S. u. H. K. Berg [Hg.], Biblische Texte verfremdet, Bd. 10, München–Stuttgart 1989, 16f).

f) „Auf der Suche nach der Weltformel?"
– Jugendliche schreiben während des Gottesdienstes auf ein großes Plakat mehrere Reihen von Formeln und ausgedachten mathematischen Gleichungen. Am Ende steht ein Gleichheitszeichen und dahinter das Wort „Gott?"
– „Für mich bleibt die letzte Frage, warum es uns und das Universum gibt. Wenn wir die Antwort fänden, wäre das der endgültige Triumph der menschlichen Vernunft – denn dann würden wir Gottes Plan kennen" (S. Hawking).

Die Konfirmandinnen und Konfirmanden befragen ihre Eltern, Lehrerinnen und Lehrer, Freunde und Bekannte: „Wird es den Menschen gelingen, einmal alle Geheimnisse der Welt zu entschlüsseln“ – „Würden Sie sich/würdet Ihr Euch darüber freuen oder macht Ihnen/Dir dieser Gedanke Angst?“ – „Warum wollen Menschen den Plan Gottes entdecken?“ Die Interviews oder Befragungsergebnisse werden im Gottesdienst vorgestellt.

– Der Monolog des Faust: „Habe nun, ach! Philosophie … Daß ich erkenne, was die Welt im Innersten zusammenhält …“.

g) Aus der Umfrage der „Bunte“ vom 5. 12. 1996 „Wie sieht Gott aus?“ – Prominente antworten: Arabella Kiesbauer: „Sicher ist, da oben ist etwas. Für mich ein sehr alter Mann mit langem weißen Bart.“ – Maria von Welser: „Immer dann, wenn ich in den Bergen bin, kann ich mir Gott gut vorstellen. Wenn sich z. B. mein Blick ganz in der Ferne an ein paar wilden Zacken festhält, ein leichter Wind die Bäume verbiegt, eine Stille ganz tief drinnen das Herz berührt.“ – Claudia Schiffer: „Gott ist in jedem, der menschlich und barmherzig ist.“ …

h) Das Kreuz – ein Sklaventod! Die Konfirmandinnen und Konfirmanden haben aus verschiedenen Materialien (H.-R. Weber, Kreuz. Themen der Theologie, Stuttgart–Berlin 1975, 15ff; Reclams Bibellexikon, Stuttgart 1978; R. L. Harris, Das Zeitalter der Bibel, Düsseldorf 1995, 146f) im Unterricht eine Information über die „skandalöse“ Härte der Kreuzesstrafe zusammengestellt, die sie im Gottesdienst vortragen.

i) Seit dem 19. Jahrhundert und verstärkt in den letzten 20 Jahren gibt es immer wieder z. T. populäre Versuche, ein anderes Leben Jesu zu erzählen – ohne Kreuzestod: Nach F. Alt, B. Thiering, K. Herbst oder H. Kersten hat Jesus die Kreuzigung überlebt, um nach mehreren Ehen im Jahre 64 n. Chr. friedlich in Jerusalem (Thiering) oder in Indien (Kersten) zu sterben. Nähere Informationen bei: J. Dirnbeck, Die Jesusfälscher (Piper TB), München 1996.

k) „Wer sich den Rücken freihalten, die Hände nicht beschmutzen, sich vor Unannehmlichkeiten feige hüten will, kann des Bruders Hüter, Anwalt des Menschlichen, Diener des Gekreuzigten nicht sein … Wo Gott menschlich wird, dürfen und müssen wir es ebenfalls werden und können es sogar“ (E. Käsemann, vgl. Vers a).

III. Aus Religionsunterricht, Konfirmanden- und Jugendarbeit

a) Die in II a), b), h) beschriebenen Konkretionen setzen Vorarbeiten voraus, die im Konfirmandenunterricht organisiert oder aufgenommen werden sollten.

b) Im Religions- oder Konfirmandenunterricht werden unterschiedliche Kreuzesdarstellungen (vgl. Vers b) gezeigt und besprochen: „Wird Jesus dort als sterbender Mensch oder als leidender Gott dargestellt? Wie wirken die Darstellungen auf Jugendliche, welche Gefühle lösen sie aus? …“

c) Pro- und Contra-Diskussion im Religions- oder Konfirmandenunterricht: „Würde Dich ein Kreuz in Eurem Klassenzimmer stören?“ oder „Sollte im Gerichtssaal ein Kruzifix hängen?“

d) In Jugendgruppen wie in der Konfirmandenarbeit können die Filme „Mr. Pascal“ (Evangel. Medienzentralen) oder „Jesus von Montreal“ (Evangel. Medienzentralen oder Videotheken) gezeigt und diskutiert werden. Letzterer zeigt, wie eine Laien-Theatergruppe ein traditionelles Passionsspiel übernimmt, aktualisiert und sich dabei immer mehr mit dem biblischen Geschehen identifiziert.

e) Ein Kreuz als Halsschmuck mitbringen: „Würdest Du ein Kreuz tragen?“ Jugendliche, die Kreuze als Schmuck tragen, begründen dieses, andere nehmen dazu Stellung.

f) Materialien zu Text und Thema finden sich in: Das neue Kursbuch Religon 9/10,

Stuttgart–Frankfurt 1988, 174ff; P. Biehl, Symbole geben zu lernen II, Neukirchen-Vluyn 1993, 29ff, 172ff; ku-praxis 20, Gütersloh 1985, 52ff; H.-M. Lübking, Kursbuch Konfirmation, Arbeitsbuch, 46. 118 und ders., Praxisbuch, 34.

IV. Liturgische Gestaltungsmöglichkeiten

a) Haben Jugendliche den Gottesdienst mit vorbereitet oder sind sie an ihm beteiligt, so sollten sie auch schon bei der Begrüßung mitwirken und auf das besondere Thema des Gottesdienstes hinweisen.
b) Zu Beginn des Gottesdienstes bekommt jede(r) Teilnehmer(in) eine der verschiedenen im Unterricht behandelten Kreuzesdarstellungen (vgl. IIIb). Vor dem Glaubensbekenntnis lesen Jugendliche zu ruhiger Orgelmusik Markus 15,20.24–27. Dabei kann die Kreuzesdarstellung meditiert werden.
c) Als Glaubensbekenntnis: Der Text „Der Gott meines Glaubens" von F. Betto (vgl. IIe).
d) Gebete: EG 962 und 966.
e) Als Psalm wird der 2. Teil des Psalms 22 (EG 709.2) im Wechsel gesprochen.
f) Lieder: Holz auf Jesu Schultern (EG 97); Nun ziehen wir die Straße (EG West 558); Aus der Tiefe rufe ich zu dir (EG West 655); Im Dunkel unserer Ängste (ML2 B 151)

V. Literatur- und Medienhinweise

a) E. Käsemann, Die Verkündigung des Kreuzes Christi in einer Zeit der Selbsttäuschungen (!), in: K.-J. Kuschel (Hg.), Lust an der Erkenntnis: Die Theologie des 20. Jahrhunderts. Ein Lesebuch (SP 1853). München, 357–370
b) H. R. Weber, Und kreuzigten ihn. Meditationen und Bilder aus zwei Jahrtausenden, Göttingen–Freiburg 1980
c) H. M. Lübking, Jesus Christus – Bestandsaufnahme. Bausteine, in: PTI Kassel (Hg.), Konfer 16, Kassel 1997

Hans-Martin Lübking

6. SONNTAG NACH TRINITATIS – RÖMER 6,3–8

I. Die Jugendlichen und Römer 6,3–8

a) Zum Text:
Der Text Römer 6,3–8 in der Luther-Übersetzung. Einleitung: Paulus hält eine Rede über Leben und Tod.
b) Die Jugendlichen und der Text:
Vers 3: Wißt ihr denn nicht …?
1993 gaben in einer Umfrage 94% der westdeutschen Evangelischen an, daß ihre Kinder getauft sind. Sogar 20% der Konfessionslosen erwägt eine Taufe für die eigenen Kinder („Fremde Heimat Kirche").
Dieser großen Taufbereitschaft steht ein ebenso großes Unwissen der Jugendlichen um Sinn und Bedeutung der eigenen Taufe, im speziellen um die Bedeutung der Taufe als Beziehungssymbol gegenüber. Viele tra-

gen Abzeichen, Anstecker, Schals, Mützen, Trikots o. ä., die sie mit ihrem Fußballverein, Musikgruppe usw. verbinden. Daß die Taufe ein ebensolches Symbol für die Beziehung zwischen ihnen und Gott ist, liegt zumeist außerhalb ihres Horizonts.

Vers 4: Wir sind mit ihm begraben, damit wir in einem neuen Leben wandeln.

Jugendliche haben in der Regel ziemlich genaue Vorstellungen davon, was sie nach einem plötzlichen Statuswechsel, z. B. einem Lottogewinn, tun würden. Einen religiös motivierten Statuswechsel, also eine Lebensänderung aufgrund einer persönlichen Glaubensentscheidung, kennen die meisten nur als Negativfolie: Von Fernsehberichten über Sektenmitglieder, den Zeugen Jehovas oder fundamentalistisch geprägten Mitschülern. Dies ist eine ernste Anfrage an alle Erwachsenen: Ist uns nicht mehr (in positivem Sinne) abspürbar, daß Glaube in Bewegung setzt?

Vers 5: Wenn wir nun mit ihm verwachsen sind…

Wo identifizieren sich Jugendliche mit dem Wohl und Wehe einer übergeordneten Instanz? Am ehesten bei „ihrer“ Musikgruppe oder „ihrem“ Fußballclub. Dies kennen sie: ein Hochgefühl beim Livekonzert oder -spiel, Entsetzen bei Trennungsgerüchten oder einer Niederlage, totale Verzweiflung, bis an die Grenze zum Suizid bei Trennung oder Abstieg.

Vers 6f: … damit wir nicht mehr der Sünde dienen.

Sünde ist heutzutage mehrheitlich eher ein Klischee als ein Begriff, der eine Existenzweise beschreibt: „Was ist das, ‚Sünde‘?“ „Sünder sind schlechte Menschen.“ „Meine Oma sagt, wenn ich jetzt schon einen Freund habe, ist das Sünde“ (Originalton 13/14jähriger). Andererseits wissen sie darum und leiden darunter, daß diese Welt sie zu Verhaltensweisen zwingt, die sie selbst nicht gutheißen: Unwahrhaftigkeit, Selbstbezogenheit, Mißtrauen.

Gott bietet eine andere Existenzweise. Wie sehr können wir diese zu einer echten Alternative machen?

Vers 8: … daß wir auch mit ihm leben werden.

Ein Leben aus Christus heraus ist in erster Linie keine Verpflichtung, sondern ein Geschenk, eine von Gott eröffnete Möglichkeit des Anders-sein-könnens. Viele Jugendliche erleben dies anders. Für sie stellt sich die religiöse Sphäre als ein System von starren Geboten und Regeln dar, hinter denen sie nur schwer einen Sinn erkennen können und die ihr Leben eher belasten als befreien.

II. Konkretionen, Beispiele, Veranschaulichungen

a) Mit den Jugendlichen einen Gottesdienst zum Thema „Taufe“ gestalten.

Die Jugendlichen tragen kurze Meditationen zu den Taufsymbolen Wasser, Licht, Kreuz, Hand, Name (Nach R. Blank/C. Grethlein, s. Va) vor, die sie im Unterricht oder einer Vorbereitungsgruppe geschrieben haben (s. IIIa). Schön wäre es, wenn in dem Gottesdienst selbst Taufen wären.

b) Den Taufstein entdecken.

In den meisten Kirchen und Gemeindezentren ist der Taufstein oder das Taufbecken mit einer Reihe von Symbolen verziert. Eine kleine Gruppe von Jugendlichen betrachtet diese Symbole (spielerischer: ertastet sie mit geschlossenen Augen) und berichtet den Gottesdienstbesuchern von ihren Entdekkungen. Gemeinsam mit dem Prediger/der Predigerin wird der Symbolgehalt erschlossen und in Beziehung zur Taufe und zum Text gesetzt.

c) Ein Anspiel.

Zwei Jugendliche treffen sich. Eine/r ist normal gekleidet, eine/r hat eine Mütze und einen Schal des lokalen Fußballbundesligisten um.

J1 Na, warst du wieder beim Spiel?

J2 Jau, am Samstag.

J1 Und, wie war's?

J2 Super, wie immer. Der ganze Fanblock war da, gute Stimmung, und ein Autogramm von ... habe ich auch bekommen!

J1 Aber in der Zeitung stand doch, die haben verloren!

J2 Ja, schon, das stimmt ... Die spielen aber auch in letzter Zeit ... Man weiß gar nicht, was man sagen soll. Am Ende war die Stimmung auch nicht mehr so gut ... Wenn die so weiter machen ...

J1 Was dann?

J2 Dann steigen sie noch ab.

J1 Und dann?

J2 Weiß ich auch nicht. Dann bring' ich mich um. Oder besauf mich ... Und wo warst du am Wochenende?

J1 Ich? Ich war hier mit der Gemeinde weg. Wochenendfreizeit in so einem kirchlichen Haus.

J2 Und was habt ihr da so gemacht?

J1 Thema war: „Sinn des Lebens". War ganz schön. Und am Ende haben wir das hier gekriegt (zieht ein kleines Holzkreuz unter dem Pulli hervor, das an einem Band um seinen Hals hängt).

J2 Was ist das denn? Was soll das denn?

J1 Das ist ein Kreuz. Soll mich daran erinnern, daß ich ein getaufter Christ bin und Jesus immer zu mir hält.

J2 (Lacht, faßt sich an den Schal) Man, bist du schräg drauf. Wenn ich richtig informiert bin, ist Jesus doch schon längst gestorben.

J1 Richtig, ca. 30 Jahre nach seiner Geburt. Aber er ist wieder auferstanden und ist lebendig geworden. Er lebt auch heute noch. In und mit allen, die getauft sind.

J2 Und was bringt dir das?

J1 Na ja, erst mal denk ich oft, bevor ich eine wichtige Entscheidung treffe: Was würde er wohl dazu sagen? Das hilft mir. Und was immer ich dann entscheide, ich weiß, er ist bei mir und unterstützt mich. Das hilft mir noch mehr. Weißt du, wenn (Fußballclub) jetzt absteigt, dann trifft mich das. Ich bin nämlich auch Fan. Aber umbringen oder besaufen werde ich mich deshalb nicht. Das Leben geht weiter, und es gibt noch was wichtigeres als Fußball!

III. Aus Religionsunterricht, Konfirmanden- und Jugendarbeit

a) Ein Brainstorming zu den Symbolen Wasser, Licht, Kreuz, Hand, Name (oder eins/einige davon). Anschließend diese in Beziehung zum Thema „Taufe" setzen: Was erkenne ich davon in der Taufe wieder? Was nicht? Was will das Symbol ausdrücken? Dies kann zum Abschluß in eine kleine, selbstgeschriebene Meditation münden.

b) Eine Unterrichtsstunde zum Thema „Sünde":

1) Brainstorming: „Dinge, die mir auf dieser Welt nicht gefallen"
2) Kurzes Unterrichtsgespräch: Warum ist das so?
3) Dinge, die ich manchmal tue und die mir nicht gefallen
4) Auf einen Zettel etwas schreiben, das ich versuchen will, nicht mehr zu tun. Der Zettel kommt in einen Briefumschlag und wird dem/der Unterrichtenden ausgehändigt. Diese(r) bewahrt sie auf und schickt sie nach einem gewissen Zeitraum als Erinnerung den Jugendlichen zu.

IV. Liturgische Gestaltungsmöglichkeiten

a) Psalm: Psalm 91 im Wechsel gesprochen (EG 739) oder gesungen (EG 787)
b) Lesung: Offenbarung 21,3–7
c) Lieder: Ich bin getauft auf deinen Namen (EG 200); Ich möcht', daß einer mit mir geht (EG 209); Es kennt der Herr die Seinen (EG 358); Leben wird es geben (ML 2 B 216)

V. Literatur- und Medienhinweise

a) R. Blank/C. Grethlein (Hg.): Einladung zur Taufe – Einladung zum Leben. Ein Konzept für einen tauforientierten Gemeindeaufbau, Stuttgart 1993
b) H. K. Berg: Biblische Texte verfremdet, Bd. 12, München und Stuttgart 1990, 70–72
c) H. Sutter: Familiengottesdienste, Lahr/Freiburg i. Br. 1981, 84–89

Christian Klein

7. SONNTAG NACH TRINITATIS – APOSTELGESCHICHTE 2,41a. 42–47

I. Die Jugendlichen und Apostelgeschichte 2,41a–47

a) Die Übersetzung in der „Guten Nachricht" ist für Jugendliche insgesamt verständlicher abgefaßt als andere Übersetzungen. Vers 41b sollte ruhig hinzu genommen werden: Für Jugendliche ist die große Anzahl der Getauften interessant. Die etwas freie Übersetzung in Vers 43: „und jedermann … spürte, daß hier wirklich Gott am Werk war" gegenüber der „Furcht" in der Luther-Übersetzung bietet eine bessere Basis, die Freude in der Urgemeinde (Vers 46f) nachzuvollziehen.

b) Das Thema der Perikope ist die Darstellung des urchristlichen Gemeindelebens. Ein wesentlicher Kerngedanke ist das vollständige Teilen allen vorhandenen Besitzes. Jugendlichen ist diese Lebensweise zunächst fremd. Sie pflegen ihre private und eher zunehmend individualistische Kultur, und ihnen fehlt weitgehend die Erfahrung gemeinschaftlicher Lebensformen (Ergebnisse der Lebensstilforschung in der Shell-Studie 1992 in: Jugend 92, Opladen 1992, Bd. 2, 265–286).

c) Ein weiteres Grundelement des Zusammenlebens, das im Text von Bedeutung ist, kennen Jugendliche kaum noch in ihrer Alltagspraxis: das gemeinsame Mahl. Es kostet bei Freizeiten oft große Mühe, dafür gemeinsame Regelungen zu finden.

d) In einem durchschnittlichen Gottesdienst werden Jugendliche wenig von dem Gemeinschaftssinn und der Lebensfreude wiederentdecken, von der in der Perikope erzählt wird. In einer Umfrage unter Jugendlichen an den Beruflichen Schulen Iserlohn erklärten fast zwei Drittel der Befragten, die Kirche sei zu steif, unpersönlich, farblos, kalt und distanziert (63%). Die Gottesdienste berühren sie nicht, sie seien lau und langweilig, weltfremd und zu trocken (60%; M. Jetzschke, Vorläufige Auswertung von 200 Fragebögen, ungedrucktes Manuskript, Iserlohn 1997).

e) Trotz der genannten Widerstände von Text und Lebenspraxis Jugendlicher kann eine Bearbeitung der Perikope sich insbesondere dann verheißungsvoll auswirken, wenn es gelingt, das Grundthema des Teilens mit den Jugendlichen praktisch zu erproben.
f) Eine stichprobenhafte Erarbeitung des Textes mit Konfirmanden und Konfirmandinnen zeigte, daß viele Jugendliche den Grundgedanken des Zusammenlebens auch ohne eigene Erfahrung sehr ansprechend („echt toll") finden und unsoziale Verhaltensweisen bemängeln. In einem fiktiven Brief an den Verfasser der Apostelgeschichte schrieb ein 13jähriger: „Ich freue mich, daß es bei euch so ist, daß jeder mit jedem teilt. Hier ist es nicht so, daß jeder seine Sachen teilt. Hier werden oft die Leute, die nichts haben, nicht akzeptiert. Das Komische daran ist, daß die Leute, die was haben, nichts geben. Aber wenn sie irgendwann nichts haben, erwarten sie, daß man ihnen etwas gibt, aber dann wundern sie sich, daß man ihnen nichts gibt."

II. Konkretionen, Beispiele, Veranschaulichungen

a) Der 7. Sonntag nach Trinitatis liegt jahreszeitlich zu Beginn der Ferienzeit. In dieser Zeit wird der Gottesdienstbesuch selbst von Konfirmandinnen und Konfirmanden sehr spärlich. Als Minimalangebot empfiehlt es sich, einen Sonntagsgottesdienst mit Abendmahl zu feiern, bei dem Jugendliche mit eingeladen werden.
b) Die Perikope bietet gute Möglichkeiten für einen Gottesdienst während einer Jugendfreizeit, auf der Grundgedanken der Urgemeinde nachgelebt werden können. Dabei sollte auf die Probleme und die Mühe, die diese Lebensweise Jugendlichen bereitet, eingegangen werden.
Kleine Rituale können eingeübt werden, z. B.: 1. Keiner darf für sich selbst Essen nehmen, sondern allen wird angeboten.
2. In einem begrenzten Spiel wird ausprobiert, was es heißt, den ganzen Besitz zu teilen.
c) In dieser ruhigeren Jahreszeit wäre es für daheimgebliebene Jugendliche sicher auch interessant, an einer Art Jugendferientag der Kirchengemeinde teilzunehmen, bei dem neben Sport und Spiel auch gemeinsam gekocht und gegessen wird. In einem abschließenden Gottesdienst fände der Predigttext dann einen sehr passenden Platz.
d) „Die (Ur)gemeinde feiert wirkliche Mahlzeiten; dadurch stellt sie ihre Gemeinschaft dar. Die Stimmung ist von der Freude auf die baldige Ankunft des Herrn beherrscht ... Der Ausdruck ‚Brotbrechen' ist aus der jüdischen Tischsitte abgeleitet. Die jüdische Mahlzeit wird damit eingeleitet, daß der Familienvorstand das Tischgebet spricht und ein Brot bricht." (H. Conzelmann, Geschichte des Urchristentums, Göttingen 1989, 38).
e) Eine Fülle von Aspekten zum Thema bieten die Broschüren der großen Hilfsorganisationen „Brot für die Welt" und „Misereor". Bildliche Darstellungen finden sich oft auf den Hungertüchern.
f) Eine genaue Schilderung von Taufe und Eucharistiefeier im Urchristentum gibt Justin (wiedergegeben in: Medienbaukasten Bibel, 73), dort auch als Mahldarstellung ein Fresko aus dem 4. Jh. (Dia 25).
g) Als Konkretion bzw. Gegenüber zur Perikope ist die Erzählung von Hananias und Saphira (Apg. 5,1–11) geeignet. Vor allem, wenn man allzu idealistische Züge urchristlicher Freude vermeiden möchte, bietet sich dieser Exkurs in die realistischere aber auch weniger erfreuende Ebene an.
h) Eine Predigt von C. Zippert zu Apg. 2,42 findet sich im Abendmahlsheft von kupraxis 27,6f.

III. Aus Religionsunterricht, Konfirmanden- und Jugendarbeit

a) Zur Einstimmung in das Thema eignen sich gut Spiele wie
1. „Jurtenkreis": „Das Spiel erfordert eine gerade Teilnehmerzahl! Im Kreis herum wird abgezählt: 1, 2, 1, 2 usw. Alle halten sich an den Händen. Gleichzeitig lassen sich alle ‚Einser' mit geradem Körper nach vorn, alle ‚Zweier' nach hinten fallen. Dadurch entsteht, gehalten von den Armen der jeweiligen Nachbarn – eine Art Zickzacklinie. Dann auf Kommando Position wechseln" (U. Baer, 500 Spiele, Remscheid 1990).
2. „Händeknäuel": Alle Arme werden in die Mitte gestreckt, blind wird die Hand eines anderen erfaßt. Hat jeder zwei Hände gefunden, versucht die Gruppe das Knäuel zu entwirren, bis ein Kreis entsteht.
b) Falls im Gottesdienst ein Abendmahl geplant ist, sollte dies in der Konfirmanden- oder Jugendgruppe vorher schon einmal gefeiert werden. Im Sinne des Textes am besten erscheint mir die Verbindung mit einem feierlichen Mahl, zu dem auch israelisches Fladenbrot selbst gebacken wird (Rezept u. a. Anregungen bei H. M: Lübking, Kursbuch. Arbeitsbuch, 57).
c) Praktische Aspekte des Teilens schildert F. Brüggemann u. a. über die Kooperation zwischen zwei Schulen. Verdoppeln durch Teilen: Es beginnt damit, daß sich die Schulen gemeinsam einen Computer anschaffen. Dann wird gemeinschaftlich eine Zeitschrift produziert (Von Bachpaten, Mädchenförderung, Ulenspiegel u. a. Anregungen und Beiträge zur Gestaltung des Schullebens und Öffnung von Schule, hg. Landesinstitut für Schule und Weiterbildung, Soest 1991, 133–140). Ähnliche Erfahrungen sind sicher auch zwischen Konfirmandengruppen oder Kirchengemeinden möglich.

IV. Liturgische Gestaltungsmöglichkeiten

a) Lieder: Komm, sag es allen weiter (EG 225); Kommt mit Gaben und Lobgesang (EG 229); Wenn das Brot, das wir teilen (EG West 667); Unser Leben sei ein Fest (ML 1 B 37); Brich mit dem Hungrigen dein Brot (ML 1 B 96); als Gospel läßt sich leicht einstudieren: Let us break bread together (ML 1 D 21).
b) Einsetzungsworte zum Abendmahl (kann gut von mehreren Jugendlichen gelesen werden):
„Es war in der Nacht, in der einer seiner Freunde ihn verriet.
In der Nacht, als sie ihn gefangennahmen.
In der Nacht, bevor sie ihm den Prozeß machten.
In der Nacht, bevor sie ihn folterten.
In der Nacht, bevor sie ihn kreuzigten.
In dieser Nacht kam er mit seinen Freunden zusammen.
Das Mahl war bereitet.
Da nahm Jesus das Brot und sprach das Dankgebet.
Dann brach er es.
Er sah seine Jünger an und sprach:
Nehmet und esset, das ist mein Leib.
Er wird für euch gegeben.
Dann haben sie gegessen.
Nach der Mahlzeit nahm er den Kelch, sprach das Dankgebet und sagte:
Trinkt alle daraus, das ist mein Blut, das für euch vergossen wird zur Vergebung eurer Sünden.
Erinnert euch daran, wenn ihr aus diesem Becher trinkt.
Er ist das Zeichen des neuen Bundes, der durch mein Sterben mit euch geschlossen wird." (ku-praxis 27, 28).

V. Literatur- und Medienhinweise

a) Zum Abendmahl geladen. Bausteine – Beispiele – Beiträge. Mit zwei Dias, ku-praxis 27, Gütersloh 1990
b) F. Rupprecht/H.-U. Perels/F. Traudisch, Medienbaukasten Bibel. Die frühe Kirche, Gelnhausen/Berlin 1978
c) H. Zirker, Berufung auf die Urkirche – wozu? In: rhs 1/85, 2–10

Gottfried Abrath

8. SONNTAG NACH TRINITATIS – EPHESER 5,8–14

I. Die Jugendlichen und Epheser 5,8–14

a) Die Luther-Übersetzung scheint mir auch für Jugendliche die am wenigsten verschleiernde Übersetzung zu sein. Ich entscheide mich für diese Übersetzung.
b) Der Epheserbrief stellt die umfassende Bedeutung Christi heraus, er betont den Zusammenhang zwischen Christus, dem Haupt, und seinem Leib, der Kirche. Daran knüpft er die Notwendigkeit für die Glieder des Leibes, sich dieser Zugehörigkeit würdig zu erweisen. Der Verfasser ist wahrscheinlich ein Judenchrist, der im Zusammenhang mit dem Heiden-Christentum steht und in der Lösung des heilsgeschichtlichen Zusammenhangs mit dem alten Gottesvolk eine bedrohliche Gefährdung sieht. Die Einheit des Leibes Christi ist Ausgangspunkt und Ziel. In ihr stehen Christen, wenn sie nicht mehr wie die Heiden wandeln. Auf dieser Grundlage fußt die Prämisse mit den elementaren Bedürfnissen christlichen Lebens (nicht zürnen, nicht stehlen, keine schlechte Rede führen); direkt vor unserem Text steht der Lasterkatalog, der positiv im Tugendkatalog fortgeführt wird.
c) Ermahnung, Laster- und Tugendkatalog erinnern mich an einen Spiegel-Artikel:
„Nachmittags sieht man sie in Rudeln durch die Stadt ziehen, in den Passagen Schaufenster betrachten oder im Bistro sitzen, lässig-locker. Die Jungen in eleganten Blousons und Turnschuhen, gelegentlich die Ohren mit dem Kopfhörer ihres Walkman zugestopft, die Mädchen im aktuellen Fashionlook. Junge Kids, wie im Modejournal, so zwischen 17 und 20, Kinder unserer Zeit. Sie sind lebensfroh, konsumfreudig, genußsüchtig und anspruchsvoll.
Es gibt keine Brücke zwischen ihrer Lebenslust und Vergnügungssucht und dem Schreckensbild der Zukunft, das sie uns um die Ohren hauen. Sie leben im Jetzt, wollen etwas hier und heute, Bedürfnisbefriedigung ohne Aufschub, ohne Verzicht. Und sie fühlen sich nicht verantwortlich. Sich engagieren? Den Zug aufhalten? Da bleiben sie ganz cool, grinsen geringschätzig: „Kannste vergessen“, „alles zwecklos“, „was willste denn tun?“, „bringt ja doch nichts“.
Was sind das für Kinder? Sie sehen die Probleme, aber sie bleiben unberührt. Sie leiden nicht, und sie haben kein Mitleid. Sie geben schockierende Statements ab und gehen dann zur Tagesordnung über. Flucht hinter den Schutzpanzer der Gleichgültigkeit? Überlebens-Trick, um dem Gefühl der Ohnmacht nicht zu erliegen? Oder konsequente Nachahmer gesellschaftlicher Vorbilder, die ihnen genau das vorleben?“
(nach: J. Kutschke: Sie leiden nicht und sie haben kein Mitleid, in: Der Spiegel 13 (1989), 72ff)

II. Konkretionen, Beispiele, Veranschaulichungen

a) Es gibt (k)eine Brücke! –
Wo besteht die Brücke zwischen den Jugendlichen heute und dem Text? Wenn ich über Kinder und Jugendliche rede, muß ich z. B. wissen, daß sie über Kaufkraft verfügen, daß sie Geld zur Verfügung haben, um Produkte und Dienstleistungen kaufen zu können. Gleichzeitig muß ich wissen, daß 500 000 Jugendliche unter 25 Jahren in der Bundesrepublik arbeitslos sind, daß ihre Welten Medienwelten sind, daß ihre Kindheit und Jugend beziehungsreduziert ist. Sie haben ein spirituelles Interesse, sie fragen nach dem Woher und Wozu des Lebens, aber der Epheserbrief interessiert die meisten nicht. „Rock ist die neue Religion, die dich auf die Knie zwingt."

b) „Ohne uns sieht Eure Kirche alt aus": Das ist die Einschätzung von Stephan, 17 Jahre, ehrenamtlicher Mitarbeiter in der Jugendarbeit. Seine Reaktion zeigt, daß Kinder und Jugendliche Kirche von heute sein wollen. Sie aber können die Welten (von ihren Lebenswelten in die Welt der Kirche) von sich aus nicht überspringen.

III. Aus Religionsunterricht, Konfirmanden- und Jugendarbeit

a) Sie brauchen Brückenbauer.
Von einer Brückenbauaktion möchte ich berichten:
Pfarrer R. Schetschock hat im Rahmen der Kampagne zur Landessynode '97 „Ohne uns sieht Eure Kirche alt aus" auf den Wegen zur Kirche Schilder aufgestellt:

- – Unsere Jugendlichen
  – Wo treffen sie sich eigentlich?
  – Hier jedenfalls nicht!
  – Demnächst doch!
- – 1. Advent 1980
  – Michael K. wird getauft
  – War das schön
  – Weihnachten 1989
  – Michael ist der Josef
  – Echt gut
  – April 1995
  – Konfirmation
  – Alle waren da
  – Junge, komm bald wieder
- – Elisabeth ist in
  – Johann ist in
  – Maria ist in
  – Hermann ist in
  – Sandra ist out
  – Christoph ist out
  – Jennifer ist out
  – Sascha ist out
  – Anna ist out
  – Elisabeth
  – Johann
  – Maria
  – Hermann
  sind in der Kirche
- – Sandra
  – Christoph
  – Jennifer
  – Sascha
  – Anna
  bitte meldet euch!

IV. Liturgische Gestaltungsmöglichkeiten

a) Lebt als Kinder des Lichts; …
Wach auf, der du schläfst, und steh auf von den Toten, so wird dich Christus erleuchten.
aufwachen …
aufstehen …
von Christus erleuchtet sein … und leben …
das ist die Brücke zu den Jugendlichen.
Sandra, Christoph, Jennifer, Sascha, Anna und wie die Jugendlichen in Ihrer Gemeinde noch heißen mögen, werden nicht per Brief,

sondern durch einen persönlichen Besuch von Mitarbeiterinnen und Mitarbeitern eingeladen und zu einem gottesdienstlichen Fest persönlich abgeholt, das ist die Voraussetzung aller liturgischen Gestaltungsmöglichkeiten:
Aufwachen …
aufstehen …
Jesu Licht nicht unter den Scheffel stellen …
„Unser Leben sei ein Fest, Jesu Geist in unserer Mitte, Jesu Werk in unseren Händen, Jesu Geist in unseren Werken. Unser Leben sei ein Fest, so wie heute an jedem Tag" (J. Metternich) (ML 1 B 37).

b) Feiern Sie ein Fest mit denen, die gekommen sind. Erzählen Sie vom Advent 1980, von Weihnachten 1989 und vom April 1995 und lassen Sie erzählen …

c) Rund um die Kirche können Sie als Spruchband die Assoziationen aus der Hauptvorlage zur Landessynode '97 aufhängen: Kirche soll sein …

- wie das grenzenlose Gefühl beim Flug über den Wolken;
- wie ein Spiegel, in dem man sich sehen darf, wie man ist;
- wie ein immer waches Gewissen;
- wie eine Anwältin für Benachteiligte und Minderheiten;
- wie ein Mauseloch für meine Ängste;
- lebendig wie das tatsächliche Leben.

d) Das Lob Gottes erklingt aus dem Psalm 104 … Licht ist dein Kleid, das du anhast.

e) Liturgische Gesänge aus Taizé (EG West ab 579) lösen die Erzählungen ab und untermalen das gemeinsame Essen und Trinken.

f) Unter dem Lied: Bleibet hier und wachet mit (EG West 585) lese ich:
„Es ist nicht auszudenken, was Gott aus den Bruchstücken unseres Lebens machen kann, wenn wir sie ihm ganz überlassen" (B. Pascal).

V. Literatur- und Medienhinweise

a) Ohne uns sieht Eure Kirche alt aus: „Kinder – Jugend – Kirche" Hauptvorlage '97 Evangelische Kirche von Westfalen

b) B. Benson, Der Weg ins Glück, Hamburg 1987

Friedhelm Wixforth

9. SONNTAG NACH TRINITATIS – PHILIPPER 3,7–11

I. Die Jugendlichen und Philipper 3,7–11

a) Die Luther-Übersetzung kommt als Textgrundlage aufgrund seiner veralteten Begrifflichkeit und Syntax nicht in Frage. Ich habe mich für die „Gute Nachricht" entschieden, deren Text mir selbst und mit Sicherheit auch den Jugendlichen auf Anhieb verständlicher ist und m. E. viel eindrücklicher die zentrale und überragende Bedeutung Jesu für den Apostel herausstellt. Außerdem sind es die Jugendlichen vom Konfirmandenunterricht her gewohnt, mit der „Guten Nachricht" zu arbeiten.

b) Die Abgrenzung ist problematisch. Für das Verständnis des Textes sind die vorangehenden Verse 4b–6 unverzichtbar.

c) Auffällig ist, wie persönlich und emotional Paulus von Jesus redet (Vers 8). Jesus ist für ihn Lebensinhalt, nicht bloß „Gedankeninhalt".

d) Das, was Paulus durch Christus gewonnen hat, nämlich, daß Gott ihn ansieht, daß er durch Christus vor Gott bestehen kann, ist das eigentliche Thema dieses Abschnitts. Aber gerade der Vers 9, in dem Paulus dieses Thema anspricht, ist von den Konfirmandinnen und Konfirmanden nicht verstanden worden. Ich habe den Eindruck, daß es Jugendliche (und Erwachsene genauso) überhaupt nicht bewegt, ob sie vor Gott bestehen können oder nicht. Die Frage des Paulus und die Frage Luthers nach einem gerechten Gott ist nicht die Frage des heutigen Menschen. Ich bin der Meinung, daß das Thema „Gerechtigkeit vor Gott" besser im Zusammenhang mit dem Reformationsgedanken behandelt werden sollte.

e) Angesprochen, beeindruckt waren die Jugendlichen von der herausragenden Bedeutung Jesu für Paulus. Die drastische Ausdrucksweise, die Paulus benutzt, um den Verfall der bisherigen Werte in seinem Leben aufgrund der Begegnung mit Christus zu bezeichnen, fiel den Konfirmandinnen und Konfirmanden besonders auf. Aufgrund dieser positiven Zugänge zu dem Text halte ich es für sinnvoll, im Gottesdienst die Umwertung der Werte durch Christus, d. h. die herausragende Bedeutung des Christus für das Leben des Paulus und für unser Leben zu thematisieren.

II. Konkretionen, Beispiele, Veranschaulichungen

a) Konfirmanden und Konfirmandinnen bieten im Gottesdienst einen Steckbrief des Apostels (evtl. unter Verwendung des unter III. genannten Konterfeis), v. a. seine Wandlung vom Saulus zum Paulus, und beziehen auch die beschwerlichen Reisen des Apostels ein, um zu veranschaulichen, welche ungeheure Energie, Hoffnung und Geborgenheit Jesus ihm vermittelt.

b) Die Gemeinde wird gebeten, dem Paulus eine Antwort auf seinen Brief zu schreiben (Fragen, Kommentare, Kritik, Lob …; den Predigttext müßte jeder in der Hand haben). Dem Prediger, vielleicht auch Presbytern und Presbyterinnen, Jugendmitarbeitern, wird Gelegenheit gegeben, anstelle einer Predigt auf die Antworten einzugehen.

c) Konfirmanden und Konfirmandinnen könnten Presbyter und Presbyterinnen, aber auch andere Mitarbeiter und Mitarbeiterinnen zu der Frage interviewen: „Was bedeutet Ihnen Jesus?" und die Ergebnisse im Gottesdienst vorstellen. Noch eindrücklicher und anschaulicher ist es, wenn Gemeindemitglieder diese Frage im Gottesdienst selbst beantworten.

d) Wem das alles zu abstrakt ist, der könnte mit der – eigentlich für kleinere Kinder gedachten – Bildergeschichte „Die wunderschöne Perle" von Butterworth/Inkpen (s. u. V.) arbeiten, um die Bedeutung Jesu für den Apostel zu veranschaulichen.

III. Aus Religionsunterricht, Konfirmanden- und Jugendarbeit

a) Da dieser Text bekennenden Charakter hat und eng mit der Biographie des Apostels zusammenhängt, kommt man nicht umhin, den Jugendlichen einen – wenn auch bescheidenen – Einblick in die Biographie des Apostels zu gewähren.

Das geschah in einer Unterrichtsstunde unter Zuhilfenahme verschiedener biographischer Texte aus den Paulusbriefen (etwa Apostelgeschichte 8,1–3; 1–25; Galater 1,11–24; 2. Korinther 11,21b–33 und Philipper 3,4b–6). Die gewonnenen Ergebnisse haben wir um ein „Pauluskonterfei" (Abbildung in „Leben entdecken. Buch für Konfirmanden, Hannover 1981, 65) auf OHP herum notiert und in der nächsten Stunde bei der Beschäftigung mit dem Philippertext als Verständnishilfe an die Wand projiziert.

b) Die Jugendlichen bekamen einen Textabzug mit dem Text (nach Versen gegliedert) auf der linken Seite. Die rechte Seite blieb frei – frei für persönliche Anmerkungen, Notizen, Fragen und dergleichen (Västeras-Methode). Nach einer längeren Stillphase haben wir die Zettel gemeinsam ausgewertet. Die nächste Aufgabe bestand darin, daß die Jugendlichen dem Paulus einen Antwortbrief geschrieben haben, der allerdings mangels genügend Ausdauer bei der Textarbeit in der Regel recht kurz ausfiel.

c) Einige Aussagen seien hier kurz zitiert:

„Hallo Paulus! Ich finde es gut, daß Du Deine Meinung geändert hast und jetzt auf Jesus vertraust, anstatt ihn zu verfolgen. Deinen Brief kann ich allerdings nur an manchen Stellen verstehen, an anderen drückst Du Dich so umständlich aus."

„... Du würdest alles für Jesus machen. Jesus ist für Dich wohl ein Held. Na ja, für mich auch."

„Paulus, wir danken Dir, daß Du so viel durchgemacht hast ... Du bist der Held."

d) Im Blick auf die Umwertung aller Werte bietet es sich an, auf das 1. Gebot Bezug zu nehmen und da v. a. die Frage zu bedenken, woran wir unser Herz hängen (Material bieten die Arbeitsbücher: Fundamente, 56, und Kursbuch Konfirmation, 117). Die Jugendlichen könnten eine Collage zu der Frage erstellen.

IV. Liturgische Gestaltungsmöglichkeiten

a) Der 9. Sonntag nach Trinitatis ist der letzte Ferientag. Am nächsten Tag beginnt das neue Schuljahr. Es könnte wahrhaftig sein, daß Jugendliche aufgrund besonderer Hinweise etwa in der örtlichen Presse oder aber durch schriftliche Einladungen im Gottesdienst erscheinen. Dann sollte auch der Kasus „Schuljahresbeginn" berücksichtigt werden. Das Leitbild für diesen Sonntag „Die anvertrauten Gaben" (Matthäus 25,14–30) könnte hilfreich zur thematischen Zuspitzung des Gottesdienstes sein: Die „Gabe" Jesus – was sie für Paulus bedeutet und was sie für Jugendliche bedeuten kann, gerade auch im Blick auf das vor ihnen liegende neue Schuljahr.

b) Lieder (die von Jesus singen): Bei dir, Jesu, will ich bleiben ... (EG 406, 1–3); Christus, das Licht der Welt ... (EG 410); Laudato si ... (EG 515, 6–9); Ins Wasser fällt ein Stein ... (EG West 659); Du bist meine Zuflucht ... (ML 2 B 154)

c) Sonstiges: Als Eingangspsalm wäre denkbar die Nr. 92 aus: Sagt Gott, wie wunderbar er ist ..., hg. v. G. Mohr u. a., 1. Aufl., Stuttgart 1990. Ein Eingangsgebet zum Thema – gemeinsam zu sprechen – findet sich in EG 917: Jesus, Sohn Gottes ... Das Fürbittengebet sollte durch Kyrie-Verse oder das „Herr, erbarme dich" (EG 178.11) unterbrochen werden.

V. Literatur- und Medienhinweise

a) Meditative Zugänge zu Gottesdienst und Predigt. Predigttext-Reihe II,2, hg. von G. Ruhbach u. a., Göttingen 1992, 242–246

b) W. Wiemer, Paulus & Co, Wuppertal 1987, 57–69

c) Butterworth/Inkpen, Die wunderschöne Perle, 2. Aufl., Wuppertal/Kassel 1986

Achim Härtel

10. SONNTAG NACH TRINITATIS – RÖMER 11,25–32

I. Die Jugendlichen und Römer 11,25–32

a) Bei Römer 11,25–32 handelt es sich um einen der Schlüsseltexte für das Verhältnis von Christen und Juden und zugleich um einen der exegetisch umstrittensten Texte des Neuen Testaments. Die Literatur zu Römer 9–11 und speziell zu diesem Text ist uferlos.

Der Text sperrt sich zugleich gegen jede Verharmlosung. Er muß im Gottesdienst auch in seinem Gewicht zum Tragen kommen. Das spricht für starke Informationsanteile auch in einem Gottesdienst, der sich an Jugendlichen orientiert.

b) Die „Einheitsübersetzung" ist bei diesem Text verständlich, aber auch zuverlässig.

c) Zum Stichwort „Israel" fallen den Jugendlichen sofort die täglichen Fernsehbilder aus dem Nahen Osten ein. Jerusalem, Hebron, die Palästinenser, Arafat und Netanyahu – Israel ist fast täglich im Fernsehen. Die aktuelle politische Situation in Israel wird zwar durch den Text nicht angesprochen, sie sollte aber im Gottesdienst erwähnt werden.

d) Ein zweites Stichwort, das beim Thema „Israel und die Juden" bei den meisten Jugendlichen präsent ist, ist der Holocaust an 6 Millionen Juden durch Nazi-Deutschland. Mehr oder weniger intensiv werden alle das Thema schon in der Schule behandelt haben. Viele haben auch den Film „Schindlers Liste" gesehen. Die jüngsten Diskussionen um die Thesen des Historikers D. Goldhagen haben gezeigt, daß gerade jüngere Deutsche an den Fragen des Holocausts sehr interessiert sind und anders als die Älteren nicht wollen, daß ein Schlußstrich unter die deutsche Vergangenheit gezogen wird.

Zugleich ist ihnen aber nicht unbedingt bewußt, daß der christliche Antijudaismus ein wesentlicher Faktor in der Vorgeschichte des Holocausts war. Dieser Zusammenhang darf im Gottesdienst nicht verschwiegen werden.

e) Der Text spricht von der gegenwärtigen Getrenntheit und der erhofften Zusammengehörigkeit von Juden und Christen. Damit sind Zusammenhänge angesprochen, die den meisten Jugendlichen fremd sind. Das Judentum gehört für sie in der Regel zu einer der verschiedenen Fremdreligionen. Dank langjähriger religionspädagogischer Bemühungen wissen zwar heute die meisten Jugendlichen, daß Jesus Jude war, aber wie es zum fatalen Thriumphalismus der Heidenkirche gegenüber dem Judentum gekommen ist, ist nicht nur den Jugendlichen meist unbekannt.

Hinzu kommt: Der Text bietet die paulinische „Lösung" für ein Problem, das für die meisten Zeitgenossen keines mehr ist. Eine Kirche ohne Juden, ohne Verbindung zu Israel, ist für Paulus gar keine Kirche. Doch kaum einer der Jugendlichen wird jüdische Menschen persönlich kennen. Insgesamt leben zwar wieder 60 000 Juden in Deutschland, aber nur in wenigen Städten gibt es Synagogen und jüdische Gemeinden. Der Text kann darum für die meisten Jugendlichen kaum für Fragen des Zusammenlebens von Juden und Christen relevant werden, sondern eher für die Klärung und Revision des eigenen christlichen Glaubens.

f) „Damit ihr euch nicht auf eigene Einsicht verlaßt …" Paulus warnt – hellsichtig – vor einer heidenchristlichen Überheblichkeit, in der Israel als Gottesvolk als abgelöst und der jüdische Glaube als überholt betrachtet wird. Eine heutige Spielart dieser Überheblichkeit, auch von Jugendlichen vertreten („Das haben wir doch hinter uns!"), äußert sich im Desinteresse an der Geschichte der Juden und in der abschätzigen Beurteilung jüdischer Riten und Gebräuche (Sabbat, Beschneidung, Speisegesetze, Feste …).

II. Konkretionen, Beispiele, Veranschaulichungen

a) Bilderpredigt (in Stichworten)

– Folie „Jerusalem“: Heilige Stadt dreier Religionen … Klagemauer, Grabeskirche, Felsendom … Ort ständiger politischer Spannungen: Israelis und Palästinenser, Juden und Moslem … Was geht uns Christen das an, haben wir nicht unseren eigenen Glauben? …

– Folie „Paulus“: Er hat sein Judentum nicht abgelegt, als er Christ wurde … (Kurz: Geschichte des Paulus) … Er hat darunter gelitten, daß die meisten Juden die christliche Botschaft ablehnten … Er hat auch darunter gelitten, daß griechische und römische Christen immer weniger mit den Juden zu tun haben wollten …

– Folie „Ölbaum“: Juden und Christen sind durch Gottes Absicht miteinander verbunden … Christentum aus dem Judentum entstanden, doch Christen haben die Juden nicht abgelöst … Auch als Nicht-Christen bleiben die Juden Gottes erwähltes Volk …

– Folie „Judenpogrom“: Christen verfuhren jahrhundertelang nach der Devise: Entweder lassen sich die Juden taufen, oder sie sollen zugrunde gehen … Sie sind nicht untergegangen … Sie haben von Gott den bleibenden Auftrag, seine Zeugen in der Welt zu sein … Das verbindet Juden und Christen …

– Folie „Weiße Kreuzigung“ (Chagall): Mit den Juden verbindet uns die Hoffnung auf das Reich Gottes … Doch Juden sagen: Wäre Jesus der Messias, dann gäbe es keine Pogrome, Kriege … Paulus: Wir kennen schon den Befreier, aber wir leben noch nicht im Reich der Freiheit … Aber ich sage euch ein Geheimnis: Verse 25–32 … Die Hoffnung des Paulus hat sich bis heute so nicht erfüllt …

– Folie „Auschwitz“: Die Christen sind für die Juden alles andere als einladend gewesen – Hätte es zum Holocaust kommen können, wenn die Christen ihren Glauben ernst genommen hätten? …

Auschwitz – die größte Niederlage des Christentums …
– Folie „Jerusalem“: Jerusalem – immer wieder in den Nachrichten … Harte Politik der Israelis gegenüber den Palästinensern … Aber reagieren die Israelis nicht deshalb so hart, weil sie die fast vollzogene Ausrottung durch uns Deutsche noch in den Knochen haben? … Der Schatten von Auschwitz holt uns immer wieder ein … Die Judenfrage – eine Christenfrage.

b) Die Predigt kann sich auch auf Paulus konzentrieren und seine Geschichte als Jude und Christ, seine Trauer um Israel (Römer 9,2f) und seine Hoffnung für Israel biographisch anschaulich erzählen.

Stationen:
- Römer 9,1–5
- Vom Verfolger zum Missionar
- Auch als Christ Jude
- Streit mit Juden über Christus
- Warnung der Nicht-Juden vor Verachtung der Juden
- Die Kollekte für Jerusalem – Verhaftung und Tod

c) Konfirmandinnen und Konfirmanden verlesen eine kurze Chronik der christlichen Judenfeindschaft (Quellen: Vgl. Literaturhinweise!).

Einige Stationen:
- Konstantinische Wende
- Kreuzzüge
- Laterankonzil 1215
- Zwangsbekehrung der Juden in Spanien
- Martin Luther
- Pogrome in Rußland
- Verfolgung und Vernichtung in Nazi-Deutschland

Diese Chronik kann auch dem Schuldbekenntnis im Gottesdienst zugrundegelegt werden.

d) Konfirmandinnen und Konfirmanden haben sich über einige Grundüberzeugungen des jüdischen und des christlichen Glaubens informiert und tragen diese abwechselnd vor. Es können auch die Äußerungen von Ruben und David vorgelesen werden, die in H.-M. Lübking, Kursbuch Konfirmation. Ein Praxisbuch für Unterrichtende, 98 abgedruckt sind.

III. Aus Religionsunterricht, Konfirmanden- und Jugendarbeit

a) Die Konfirmandinnen und Konfirmanden erarbeiten eine Dokumentation zur Geschichte und zum Verhältnis von Christen und Juden, die auf Stellwänden präsentiert und nach dem Gottesdienst gezeigt wird.

b) Spurensuche: Jüdische Geschichte am Ort

Jugendliche erkunden das jüdische Leben vor Ort oder gehen den Spuren der jüdischen Geschichte am Ort nach: Wo lebten jüdische Menschen? Gibt es jüdische Friedhöfe? Ist noch eine Synagoge vorhanden? Wie verhielt sich die christliche Gemeinde gegenüber den jüdischen Menschen in der Zeit des Dritten Reiches?

Die Ergebnisse werden dokumentiert und nach dem Gottesdienst vorgestellt.

c) Jugendliche führen eine Befragung durch: Sollten die Ursachen für die Verfolgung und Vernichtung der Juden im Dritten Reich weiter erforscht und diskutiert werden oder sollte ein Schlußstrich unter die deutsche Vergangenheit gezogen werden?

d) Die meisten Jugendlichen werden das Thema „Judentum“ und den Holocaust im Religions- und Geschichtsunterricht der Schule behandelt haben. Das Verhältnis von „Christen und Juden“ wird häufig im Religionsunterricht der Klassen 9 und 10 thematisiert.

Eventuell können Jugendliche berichten, was ihnen in der Beschäftigung mit diesen Themen besonders eindrücklich gewesen ist. Lassen sich diese Erfahrungen in den Gottesdienst integrieren?

IV. Liturgische Gestaltungsmöglichkeiten

a) Der 10. Sonntag nach Trinitatis soll in der EKD als „Israel-Sonntag" begangen werden. Große Resonanz unter den Gemeindegliedern hat diese Absicht bisher noch nicht gefunden. Um den Israel-Sonntag in der Gottesdienstpraxis stärker zu verankern, erscheint es mir wichtig, diesen Gottesdienst regelmäßig von einer Gruppe (dieses Mal Jugendliche!) vorbereiten zu lassen und in möglichst vielen liturgischen Teilen auf das Israel-Thema zu beziehen.

b) Schon in der Begrüßung sollten Jugendliche mit einem Bild oder einem kurzen Text auf den besonderen Charakter des Gottesdienstes hinweisen.

c) Psalmgebet: Psalm 74, 1–3– 11. 19–22a (Übersetzung: Bibel in heutigem Deutsch) im Wechsel.

d) Schuldbekenntnis (s. auch IIc):
Gerechter Gott, gegenüber deinem Volk Israel sind wir alle schuldig geworden. Die einen, weil sie die Lügen geglaubt haben, die über Juden erzählt wurden und sich nicht gerührt haben, als die Juden dann abgeholt wurden. Die anderen, weil sie so getan haben, als ginge sie die Schuld ihrer Eltern nichts an. Gott, vergib uns Älteren und uns Jüngeren unsere Feigheit, unsere Gleichgültigkeit, unsere Schuld angesichts des Schicksals von 6 Millionen ermordeten jüdischen Menschen. Amen

e) Lesung: Statt des für den Israel-Sonntag problematischen Evangeliums Lukas 19,41–48 sollte 2. Könige 25,8–12 (mit knapper Einleitung) gelesen werden. Dazu kann das Bild von Jerusalem (IIa) gezeigt werden.

f) Glaubensbekenntnis: „Wir glauben an den einen Gott … Er hat Israel erwählt, ihm die Gebote gegeben und seinen Segen aufgerichtet zum Segen für alle Völker … Wir glauben an Jesus von Nazaret …" (EG West 817)

g) Lieder: Von D. Trautwein stammt ein Lied zum Thema, das auf die Melodie von „Komm, Herr, segne uns" zu singen ist:

1) Komm Herr, binde doch nach des Wahnsinns Flammen dir aus aller Welt noch ein Volk zusammen. Seht, der Ölbaum trägt alte, neue Zweige, bis vor Gott sich neige endlich alle Welt.
2) Wort aus Wüstenzeit Israel gegeben, gilt wie einst noch jetzt, ruft das Volk ins Leben. Seht, der Ölbaum trägt …
3) Im Prophetenruf hören wir Gott klagen. Durch die Not der Zeit stellt er seine Fragen. Seht, der Ölbaum trägt …
4) Jesus liebt sein Volk. Weh, wenn wir's vergessen! Wer dies Volk nicht ehrt, scheitert selbstvermessen. Seht, der Ölbaum …
5) Frieden, heißer Traum, immer neues Hoffen, du wächst wie ein Baum, Zukunft steht dir offen. Seht, der Ölbaum …

Weitere Lieder: Herr, der du vormals hast dein Land (EG 283); Hevenu schalom (EG 433); Freunde, daß der Mandelzweig (EG West 651)
(Es ist unerklärlich, daß in das neue Gesangbuch weder ein Lied noch ein Gebet aufgenommen wurden, in denen die Schuld der Christen an den Juden zur Sprache kommen!)

h) Eine Kollekte sollte im Gottesdienst für die Arbeit von „Aktion Sühnezeichen" gesammelt werden. Jugendliche können dabei die Arbeit von Aktion Sühnezeichen kurz vorstellen.

V. Literatur- und Medienhinweise

a) H.-M. Lübking, Paulus und Israel im Römerbrief, Frankfurt 1986

b) A. Lohrbächer (Hg.), Was Christen vom Judentum lernen können. Modelle und Materialien für den Unterricht, Freiburg 1994

c) K. Schubert, Jüdische Geschichte (C. H. Beck – Wissen), München 1995

Hans-Martin Lübking

11. SONNTAG NACH TRINITATIS – EPHESER 2,4–10

I. Die Jugendlichen und Epheser 2,4–10

a) Der Text Epheser 2,4–10 spricht Jugendliche nicht direkt an. In langen, verschachtelten Sätzen wird ein theologischer Gedankengang vorgetragen. Konkrete Personen oder anschauliche Handlungen, die den Jugendlichen einen Zugang eröffnen könnten, kommen nicht vor. Sie hören stattdessen abstrakten, theologischen Lernstoff – schwer verständliche Antworten auf Fragen, die sie gar nicht gestellt haben. Lernen ohne Bezug zur Wirklichkeit – Jugendliche kennen das aus der Schule und wissen sich zu helfen: Sie hören weg, tauchen ab.

b) Auch für das eigene Verständnis ist es hilfreich, zunächst die verschachtelten Sätze (vgl. Luther-Übersetzung!) aufzulösen: Vor allem die Verse 4–7 bleiben unverständlich, wenn sie nicht in mehrere kurze Sätze zerlegt werden. Einen guten Vorschlag macht die Übersetzung der „Guten Nachricht".

c) Der Text ist ein soteriologisches Bekenntnis: Das erlösende Handeln geht von Gott aus. Er hat sich nur aus seiner freien Gnade und Liebe den Menschen zugewandt (Vers 10). Die Erlösung ist ganz sein Werk, sie verändert jetzt die Christen und ihre gesamte Lebenseinstellung: Vorher waren sie wie tot, jetzt sind sie lebendig. Als neu belebte Menschen können sie frei und verantwortlich handeln.

d) Für mich sind in Epheser 2,4–10 zwei Grundaussagen wichtig: Zunächst die befreiende Botschaft von der Annahme durch Gott (aus Liebe und Gnade, Verse 4.8–10), die bei den Menschen Veränderungen (von „tot" zu „lebendig", Vers 5) hervorbrechen läßt und ihnen zu Veränderungen Mut macht.

e) Die erste Aussage des Textes, die bedingungslose Annahme der Menschen durch Gott, widerspricht dem Leistungsdenken der Jugendlichen. Sie lernen von Kind auf, daß Leistung unverzichtbar ist. Leistung lohnt sich und ist Voraussetzung für Anerkennung und Annahme.

Die Noten in der Schule werden nur für erbrachte Leistungen gegeben („Gnaden-Vier") und geben einen realistischen Vorgeschmack auf die späteren Entlohnungen im Beruf. Im Sportverein sind nur die Starken erfolgreich, die die geforderte Leistung bringen. Im Freundeskreis werden besondere Fähigkeiten (mit den Inline-Skatern über Treppen und Geländer fahren können, ...) oder Statussymbole (Markenkleidung, Mountain-Bike, Mofa, Moped, CD's, ...) erwartet, die man sich einfach leisten muß, um dabei zu sein.

Bei Grenzen im monetären Leistungsvermögen der Jugendlichen („Taschengeld ist alle") verstehen es Banken geschickt, den Jugendlichen mit (kostenlosen) Jugend-Giro-Konten Freiheit vorzutäuschen. Diese Freiheit ist jedoch ein knallhart kalkuliertes Geschäft und findet ihre Grenzen am Dispo-Limit. Die Grundregel heißt auch hier: Erst einzahlen, dann abheben. Ohne Leistung läuft auch hier nichts.

f) Die von Gott geschenkte bedingungslose Annahme ist also zunächst so etwas wie ein sich immer wieder von selbst auffüllendes Giro-Konto oder „einfach so" vergebene gute Noten in der Schule. Gottes Annahme geht aber weiter und stellt das ganze System in Frage. Wie das aussehen kann, können sich Jugendliche nur schwer vorstellen.

g) Das zweite Thema des Textes sind die Folgen aus Gottes bedingungsloser Annahme. Die bereits geschehene Annahme verändert im Epheserbrief die ganze Lebenspraxis der Christinnen und Christen. Vorher „tot" – jetzt „lebendig" (Vers 5). Veränderungen und neue Aufbrüche werden möglich und frei gesetzt, der Text macht Mut zur Veränderung!

h) Das Leben von Jugendlichen ist voll von Veränderungen und Entscheidungen, die sie auf dem Weg ins Leben treffen müssen:

– Sie sind auf der Suche nach eigenen Ansichten und ihrem eigenen Lebensstil. Dabei vollziehen sie Stil-Brüche und radikale Richtungsänderungen, die dann auch zu äußerlichen Veränderungen führen: Kleidung, Musikrichtung, aber auch Freundeskreis und Treffpunkte wachsen mit. Der Bewegung von „tot" zu „lebendig" entspricht bei ihnen die Bewegung von out zu in.

– Was für einen Jugendlichen jetzt in ist, kann in kurzer Zeit schon wieder out sein – und gilt dann als gestorben („Ich soll mal Techno gehört haben?" – „Erinnere mich bloß nicht daran"). Neues zu entdecken ist für sie reizvoll, zu vergangenen Begeisterungen zu stehen, fällt ihnen dagegen schwer.

– Veränderungen werden durch andere mitbestimmt: Cliquen setzen Trends und beeinflussen. Es fordert Mut, abweichende Ansichten zu äußern, dafür gegebenenfalls auch die Trennung in Kauf zu nehmen.

– Jugendliche sind auf der Suche nach ihrer beruflichen Zukunft, die voller Ungewißheiten ist. Welche Lehre, welcher Beruf paßt zu mir, füllt mich aus, macht mir wirklich Spaß? Weitreichende Entscheidungen legen fest und machen Angst, das ganze Leben jetzt verplant zu haben.

– Jugendliche assoziieren mit „tot" auch überlebte und belastende Verhältnisse. Alte Freunde, mit denen es nicht mehr zum Aushalten ist, die Eltern, die ihnen mittlerweile „auf den Zeiger gehen".

i) Gottes Gnade – wie ein sich selbst auffüllendes Konto, das mir alle Wünsche erfüllt? Die bei Jugendlichen verbreitete Identifikation von Leben = Erleben ist theologisch anzufragen (Die geschenkte Freiheit in Verantwortung gegenüber anderen Menschen leben). Geschieht dies nicht, wird Christentum und Gottesdienst nach seinem Erlebniswert befragt – und zieht den kürzeren.

k) Der Begriff Sünde (Vers 5) ist im Alltagswortschatz Jugendlicher ein aussterbender Begriff, dessen theologische Bedeutung nicht mehr präsent ist (vgl. Barz, Postmoderne Religion, Opladen 1992, 137 f). Allenfalls wird er noch bei absoluten Tabuverletzungen oder in fremden Zusammenhängen verwendet (Sündigen … zuviel Essen).

II. Konkretionen, Beispiele, Veranschaulichungen

a) Die Veränderung von „tot" zu „lebendig" kann mit Steinen und Blumen anschaulich gemacht werden:

Vor dem Gottesdienst werden von den Jugendlichen Kieselsteine an die Besucherinnen und Besucher verteilt, die sie zunächst in der Hand behalten sollen.

Die Jugendlichen tragen vor, was Menschen „tot" macht, belastet, bedrückt und am Leben hindert (vorher im Konfirmandenunterricht gesammelt). Sie legen dazu je einen Stein auf den Altar.

Mit einer kurzen Meditation können die Gottesdienstbesucher und -besucherinnen ihre eigenen Gedanken sammeln („Der Stein in meiner Hand ist hart und schwer … Was liegt mir auf der Seele … Ich bringe es vor Gott …"). Vielleicht können auch sie – ohne Worte! – ihre Steine auf den Altar legen.

Im Ausgangsteil nehmen die Jugendlichen vom Altar Blumen und tragen vor, was sie „lebendig" macht und wozu sie sich Kraft und Mut wünschen (vorher im Konfirmandenunterricht gesammelt). Die Blumen werden an die Besucher und Besucherinnen weitergegeben.

Wenn es der Gemeinde schwer fällt, „einfach so" nach vorne zu gehen, läßt es sich vielleicht mit dem Abendmahlsgang verbinden: Steine auf den Altar legen – Austeilung – Segenswort – Blumen werden von Jugendlichen verteilt.

b) Aus der Annahme Gottes hat M. Niemöller (1892–1984) in seinem Leben den

Mut zu Veränderungen genommen. Seine Person könnte im Gottesdienst vorgestellt werden, dabei sollte der Schwerpunkt aber nicht auf zeitgeschichtlichen Details liegen. Niemöller vertrat seine Meinungen konsequent, hatte aber immer die Freiheit, sich zu ändern, dazuzulernen und dabei zu seiner Vergangenheit zu stehen. Die Entscheidung, was ihn gerade „tot" oder „lebendig" macht, traf er anhand der Frage: „Was würde Jesus dazu sagen?"

Niemöllers Leben war voll von Brüchen, Veränderungen und Neuanfängen: Erfolgreicher U-Boot-Kommandant im Ersten Weltkrieg, dann Bauernknecht, Freikorpskommandant, später Pfarrer und Widerstand gegen die Kirchenpolitik des Dritten Reiches (Empfang bei Hitler, Pfarrernotbund, KZ-Aufenthalt). Nach 1945 Stellungnahmen zur eigenen Schuld, zur Schuldfrage der Kirche, Kirchenpräsident, Friedensaktivist.

c) Niemöllers Leben kann mit Textzitaten vorgestellt werden (von verschiedenen Jugendlichen und Erwachsenen lesen lassen, dazu Portraitbilder zeigen). Die Schilderung sollte für die Lage von Jugendlichen durchsichtig sein:

- Hätte ich weiter Karriere bei der Marine gemacht?
- Hätte ich mich getraut, Hitler zu widersprechen?
- Warum hat er sein Leben als berühmter Mensch nicht genossen und gesagt, was alle denken?
- Wie hättet ihr euch verhalten und entschieden?

Niemöllers Beispiel macht Mut, im Leben Fehlentscheidungen zu korrigieren und Veränderungen zu wagen.

d) Nur wer sich ändert, bleibt sich treu (Wolf Biermann).

e) Ein Mann, der Herrn Keuner lange nicht gesehen hatte, begrüßte ihn mit den Worten: „Sie haben sich gar nicht verändert." „Oh!" sagte Herr Keuner und erbleichte (B. Brecht).

III. Aus Religionsunterricht, Konfirmanden- und Jugendarbeit

a) In ku-praxis 17 ist eine Einheit „Der Blick in den Spiegel" vorgestellt. Die erste Stunde führt Jugendliche an die Fragen „Was stört mich an mir selbst – was möchte ich ändern?" heran (ku-praxis 17, 17–20). Wichtig sind bei der Durchführung Zeit und Ruhe. Jugendliche sind bereit, für sich (Schutz muß unbedingt sichergestellt sein!) aufzuschreiben, was sie an sich stört und was sie bei sich ändern wollen. Die Zettel können anschließend gemeinsam verbrannt werden (Grill).

b) An die Konfirmandinnen und Konfirmanden werden Kieselsteine und Blumen verteilt, sie sammeln dazu Ideen. Danach sammeln sie Einfälle und Gedanken zu den Fragen: „Menschen sind wie ‚tot', wenn …" und: „Das macht Menschen ‚lebendig': …" Abschließend formulieren sie daraus ein Eingangs- und ein Fürbittgebet.

c) Die Konfirmandinnen und Konfirmanden können sich im Konfirmandenunterricht mit M. Niemöller beschäftigen. Der Film von H. Karnick und W. Richter (M. Niemöller. Was würde Jesus dazu sagen? 1985) ist mit 110 Minuten recht lang und kann nur in Ausschnitten gezeigt werden. Zu dem Film gibt es ein Begleitbuch (mit Fotos).

IV. Liturgische Gestaltungsmöglichkeiten

a) Lieder: Meine engen Grenzen (EG West 600); Gott gab uns Atem, damit wir leben (EG 432); Ich möcht', daß einer mit mir geht (ML 1 B 4); Ich lobe meinen Gott (EG West 673); Du bist meine Zuflucht (ML 2 B 154).

b) Die Gebete haben die Jugendlichen im Konfirmandenunterricht erarbeitet (s. o.).
c) Epheser 2,4–10 ist ein Glaubensbekenntnis. Die Konfirmanden können eigene Glaubensbekenntnisse formulieren, die im Gottesdienst mit Epheser 2,4–10 ins Gespräch gebracht werden (Beispiele finden sich auch bei K.-P. Rex, Neue Glaubensbekenntnisse, Gütersloh 1995).

V. Literatur- und Medienhinweise

a) H. J. Oeffler (u. a., Hg.), M. Niemöller. Ein Lesebuch, Köln 1987
b) Film: H. Karnick und W. Richter, M. Niemöller. Was würde Jesus dazu sagen? Frankfurt 1985 (110 Minuten)

Christoph Beyer

12. SONNTAG NACH TRINITATIS – APOSTELGESCHICHTE 9,1–9

I. Die Jugendlichen und Apostelgeschichte 9,1–9

a) In der Fassung der Lutherübersetzung entfaltet der Text seine Dramatik noch etwas stärker als etwa in der „Guten Nachricht", und zwar gerade durch einige wenige „alte" Begriffe: Saulus „schnaubte" hier gegen die Jünger, was stärker wirkt, als daß er „heftig gegen sie vorgeht"; ebenso ist „Drohen und Morden" plastischer, als alles zu tun, „um sie auszurotten".
b) Die recht dramatische Erzählung von der „Bekehrung" des Saulus kann bei Jugendlichen ambivalente Reaktionen hervorrufen. In einer lebensgeschichtlichen Phase, in der viele von ihnen oft zwar wissen und spüren, daß sie (z. T. längst) keine Kinder mehr sind, sich ihres Selbstverständnisses, Selbstbewußtseins als Jugendliche, junge Erwachsene aber oft noch nicht gewiß sind, konfrontiert der Text sie mit der Beschreibung eines Widerfahrnisses, das das Leben, ja die gesamte Identität eines – seiner selbst sehr gewissen – Menschen gründlich verändert. Daß Gott so massiv in ein Leben eingreift, kann Jugendliche jenseits der anschaulichen Schilderung des Geschehens durchaus verwirren; an solches Eingreifen jedenfalls werden sie zunächst nicht denken, wenn sie beklagen, daß Gott angesichts der Schlechtigkeit der Welt nicht in deren Lauf eingreift.
c) Andererseits jedoch: Nichts und niemand muß so bleiben, wie es/er war. Selbst der härteste Christenhasser und -verfolger kann sich wandeln, verändern, auf „den rechten Weg" kommen, ein neues Leben (inclusive eines neuen Namens) beginnen – kurz „bekehrt" werden. In diesem Sinn birgt der Text Perspektiven, die Jugendlichen auf dem Weg (zu) ihrer eigenen Identität wichtig werden können. Ein Mensch ist nicht ein für allemal festgelegt auf das, was er ist bzw. zu sein meint. „Damaskus" kann sich im Leben jedes Menschen ereignen, Jesus kann sich unerwarteterweise jedem „offenbaren" (zeigen, ansprechen). Oft ist der Neuanfang, der Beginn eines „neuen Lebens" kein rational geplanter, selbstgewählter Akt, sondern Ergebnis, Folge eines Zusammenbruchs, einer Krise, einer von außen induzierten Veränderung. Unter weit weniger „dramatischen" Umständen als vor Damaskus machen Menschen immer wieder die Erfahrung, daß Gott

in ihr Leben eingreift und es verändert. Weil es den Eindruck der Außergewöhnlichkeit relativieren könnte, der dem Text zu eigen ist („Gott bekehrt seinen ärgsten Feind."), wären Erzählungen alltäglicher „Bekehrungserfahrungen" für Jugendliche wichtig, interessant, aufschlußreich.
d) Dramatischer, anschaulicher als Paulus es selbst (in Galater 1,11 ff) tat, schildert der Text das Ereignis. Darin kann zunächst die Chance bestehen, Jugendliche für diesen Text zu interessieren. Allerdings bedient er sich klassischer Topoi zur Schilderung des Geschehens (Licht vom Himmel, Stimme, das Fallen auf die Erde, das zeitweilige Erblinden durch den Blick in die göttliche Helligkeit, die Sprachlosigkeit der Begleiter …), die bis heute in ähnlichen, vergleichbaren Schilderungen immer wieder verwendet werden (z. B. bei Darstellungen „Verstorbener", die ins Leben zurückkehrten und von der letzten Sterbephase und vom Eintritt des Todes erzählen). Die in der Predigt zu vermittelnde Einsicht, daß der Text kein Originalprotokoll des Ereignisses ist, entschärft die „Pointe" des Textes nicht, sondern erleichtert Jugendlichen eher die unter Ic) entfaltete Einsicht.

II. Konkretionen, Beispiele, Veranschaulichungen

a) „Gott läßt nicht alles mit sich machen."
Lesung (Jesaja 29, 17–24) und Psalm (Psalm 147) sprechen die Erfahrung aus, daß Gott dem Lauf der Geschichte nicht tatenlos zuschaut, sondern seine Verheißungen erfüllt, indem er in die Geschicke seines Volkes eingreift, in dessen Geschichte wirksam wird und sich dabei insbesondere auf die Seite der Bedrohten, Verfolgten, unter Tyrannei und Spott Leidenden stellt. Diese Erfahrung ist auch im Wochenspruch (Jesaja 42,3) aufgehoben. Die/Der Predigende entfaltet an weiteren Beispielen diese jüdische Erfahrung, die auch dem theologisch hochgebildeten Pharisäer Saulus aus Tarsus bekannt war.
b) „Damaskus …"
Die/Der Predigende erzählt den Text zunächst, gestaltet ihn vorsichtig, um die ihm eigene Anschaulichkeit und Dramatik spürbar werden zu lassen, die beim bloßen Vorlesen vermutlich „auf der Strecke bleibt". Sie/Er erzählt die Geschichte eines gestandenen, selbstbewußten Mannes mit festem Lebensplan und klarem Ziel, der so aus der Bahn geworfen wird, daß er ein neues Leben beginnt.
c) „… kann überall sein."
Wenn im Konfirmandenunterricht vorbereitet, können Jugendliche (Konfirmandinnen und Konfirmanden) möglichst „echte" Beispiele von „Damaskus"-Erfahrungen vortragen, Beispiele dafür, daß Menschen durch die Begegnung, die Konfrontation mit Gott eine ihr Leben und ihre Identität von Grund auf verändernde Erfahrung gemacht haben. Hier wären nicht die großen, hinlänglich bekannten „Vorbild"-Figuren der Christentumsgeschichte noch einmal vorzustellen, sondern – wenn bekannt und möglich – „normale", unspektakuläre Frauen und Männer, deren Geschichte(n) das „Damaskus"-Erlebnis des Saulus in die Alltäglichkeit hineinholen.
d) „Nach Damaskus ist nichts mehr so wie vorher, und doch geht das Leben weiter."
Für Jugendliche bleibt eine solche „Damaskus"-Erfahrung vermutlich eher eine befremdliche, verunsichernde, furchterregende Vorstellung. In ihrer Lebenssituation ist ihr Bedürfnis nach Sicherheit, Gewißheit, nach einer klaren Perspektive und nach selbstbestimmter Lebensgestaltung nur zu verständlich. Vielleicht ist daher der Fortgang des Textes (Apostelgeschichte 9,10–19) für sie bedeutsam: Gott wirft Saulus nicht aus seiner Lebensbahn und läßt ihn dann allein, sondern schickt einen Menschen, Hananias aus Damaskus, zu ihm, um ihm „die Augen zu öffnen". Auch in Krisen gibt es Menschen an unserer Seite, die uns den Weg ins Leben

zeigen, eine Erfahrung, die in Vers 18f sehr schön zum Ausdruck kommt. Die/Der Predigende sollte diese Erfahrung ebenfalls erzählend nachgestalten, nicht um die Schärfe von „Damaskus"-Erfahrungen zu glätten, sondern um eine ermutigende Perspektive aufscheinen zu lassen.

III. Aus Religionsunterricht, Konfirmanden- und Jugendarbeit

a) Vgl. unter IIIb) beim Sonntag Lätare (zu 2. Korinther 1,3–7): Biografische Annäherung, Rekonstruktion des Lebens des Paulus, z. B. im Konfirmandenunterricht.
b) „Bekehrung" ist anders, mehr als „Umkehr".
Diese im Sprachspiel deutlich werdende Einsicht kann z. B. pantomimisch inszeniert werden, nicht als Nachspielen des Textes, aber als in verschiedene Bewegungen zerlegter bzw. montierter Vorgang: gehen, stehen, innehalten, sich umwenden, umkehren, zurück- bzw. rückwärtsgehen usw.
c) P. Horst hat die Bekehrung des Paulus in einem Gottesdienst für Jugendliche anschaulich nacherzählt (in: Geschichten in Gottesdiensten mit Konfirmanden. Materialhefte der Beratungsstelle Frankfurt, Heft 27, 169–190).

IV. Liturgische Gestaltungsmöglichkeiten

a) Literarische Gestaltungen des Textes werden im Verlauf der Predigt vorgelesen, z. B. Auszüge aus dem Paulus-Roman von S. Krahe (S. 37ff, S. 69ff – vgl. Va).
b) Jugendgemäße „Bekehrungslieder" sind schwer zu finden. Eher geeignet scheinen Lieder, in denen der Wunsch, die Bitte nach Lebensbegleitung, gerade auch in schwierigen Zeiten, zum Ausdruck kommt, wie z. B. „Ich möcht', daß einer mit mir geht" (EG 209), „Wir waren blind" (ML B 75), „Wir haben Gottes Spuren festgestellt" (EG West 648), „Ich lobe meinen Gott, der aus der Tiefe mich holt" (EG West 673).
c) Die unter IIIb) angeregte Pantomime kann, etwa im Zusammenhang der Predigt, dargestellt werden.
d) Wenn die Möglichkeiten des Gottesdienstraumes es erlauben, könnte das zeitweilige (dreitägige) Erblinden des Paulus nachgestaltet werden, indem der Raum für eine gewisse Zeit ver-, zumindest aber abgedunkelt wird. Dies könnte beim Erzählen des Textes durch die/den Predigende(n) an der entsprechenden Stelle, also am Schluß der Erzählung, geschehen.

V. Literatur- und Medienhinweise

a) S. Krahe: Das riskierte Ich. Paulus aus Tarsus. Ein biografischer Roman, München 1991
b) Paulus. Ein Film von W.-R. Schmidt. Calwer Verlag 1996, 30 Minuten, VHS
c) E. P. Sanders, Paulus. Eine Einführung (Reclam UB 9365), Stuttgart 1995

Ulrich Kämmerer

13. SONNTAG NACH TRINITATIS – 1. JOHANNES 4,7–12

I. Die Jugendlichen und 1. Johannes 4,7–12

a) Die Übersetzung in der „Guten Nachricht" räumt überflüssige Verstehenshindernisse aus dem Weg („zeigen" statt „offenbaren"; „kennen" statt „erkennen"), ohne für diese Perikope zu weit vom Urtext abzugehen, und ist daher die geeignete Grundlage für einen jugendgemäßen Gottesdienst. Die Anrede „Liebe Freunde" (Verse 7 und 11) ist allerdings etwas lapidar. Hier sollte im Interesse des Textes das αγαπετοι beibehalten werden, also eher doch „Geliebte", auch wenn es Irritationen hervorruft. Es wird ohnehin eine der Hauptaufgaben bei der Auslegung des Textes sein, zu zeigen, daß die hier gemeinte Liebe über die individuell-partnerschaftliche Praxis unserer Tage hinausgeht.

b) Das Thema findet bei Jugendlichen sofort Anklang und Interesse. 77% aller 16jährigen waren bereits mindestens einmal „sehr verliebt" (Shell-Studie 1992, I. Behnken/A. Fischer, Jugend '92, Opladen 1992, 276). Doch auch der Gedanke, daß die Liebe mit Gott etwas zu tun hat, braucht ihnen kaum nahegebracht zu werden.

c) Konfirmandinnen und Konfirmanden schrieben über diesen Text:

1. „Also ich finde, daß der Text etwas langweilig wirkt wegen der vielen Liebe und dem lieb sein und geliebt werden, ansonsten finde ich den Text ganz gut. Aber eines frage ich mich noch: Wer redet im Text eigentlich die ganze Zeit? Ist es etwa Johannes selbst mit seiner Frau und ein anderes Paar?" (Junge, 13 Jahre)

2. „Also, ich finde es gut, daß er/sie es für mich geschrieben hat. Weil er/sie dann bestimmt sehr viel Liebe hat. Und vielleicht auch, daß er/sie meine Schuld vergibt. Bestimmt sagt er/sie mir, daß wir uns lieb haben müssen, denn dann hat die Liebe von Gott ein Ziel." (Junge, 13 Jahre)

3. „Ich finde den Brief gut. Besonders die Stelle, wo sein Sohn sich für uns opferte, um unsere Schuld von uns zu nehmen. Da, wo Du schreibst, wo Gott lebt, wenn wir lieben, finde ich gut." (Mädchen, 12 Jahre)

4. Ein 13jähriges Mädchen schreibt in einem fiktiven Brief an den Verfasser des Johannesbriefes: „Hallo Typ!! Ich finde deinen Brief sehr schön. Am besten finde ich die Stelle, wo du das mit Gott und der Liebe meinst. Ich glaube, du hast recht mit dem, was du schreibst. Die Stelle, wo du sagst, daß Gott lebt, wenn wir lieben, ist schön."

II. Konkretionen, Beispiele, Veranschaulichungen

a) Der 13. Sonntag nach Trinitatis fällt in die Zeit des Schuljahresbeginns. Der Konfirmandenunterricht hat neu begonnen, und in vielen Gemeinden sind Vorstellungs- oder Begrüßungsgottesdienste für die neue Katechumenengruppe üblich. Für diese auch von den Eltern viel besuchten Gottesdienste kann die Perikope vorbereitet werden. Beziehungspunkte zwischen Text und Hörerinnen und Hörern sind: Nächstenliebe in einer neuen Gruppe; Verständnis und Begleitung in der Familie; Liebe in der Kirchengemeinde; Gottes Liebe für uns.

Wegen seines Bekanntheitsgrades kann das Gleichnis vom Barmherzigen Samariter (Lukas 10,25–37: 1. Perikopenreihe für diesen Sonntag!) von den Konfirmandinnen und Konfirmanden als Evangelium gelesen oder vielleicht sogar inszeniert werden. Damit kommt man dem Thema: Liebe zu einem

Menschen, den ich noch nicht kenne (Katechumenengruppe und Text) auf die Spur.

b) Der Gedanke der Nächstenliebe, die empfangen wurde und immer weitergegeben wird, kann gut durch eine Beispielgeschichte von Bischof C. Hummes, Brasilien, veranschaulicht werden: Er besucht zwei Ordensschwestern, die gerade ihre Wellblechhütte einer sechsköpfigen Familie überlassen haben. Diese wiederum hat die beiden Zimmer nicht für sich behalten, sondern eine weitere, ihnen fremde Familie aufgenommen (vollständig bei W. Hoffsümmer, Kurzgeschichten 3, 221).

c) „Wäre die christliche Nächstenliebe unsere wahre Natürlichkeit, so sollten ihre Befehle mit unseren natürlichen Neigungen irgendwie übereinstimmen. Wir finden aber, daß sie ihnen widersprechen. Fleisch und Blut lehren uns, wie auch die Tiere, das Eigene zu lieben. Die Nächstenliebe aber gebietet uns, der Liebe zum Eigenen um der Hingabe an das Fremde willen zu entsagen. Sie fordert die Selbstverleugnung als einen immer wieder auszutragenden Konflikt mit den uns angeborenen Neigungen. Der Haß gegen diese Widernatürlichkeit war die Leidenschaft Hitlers. Dieser Antichrist verstand uns besser, als wir uns verstehen mochten. Wir fühlen uns eben zu wohl unter der Haut der natürlichen Humanität. (Wir sind ja so normal).“ (H. G. Böttcher, in: Hören und Fragen. Meditationen in neuer Folge, Neukirchen 1979, Bd. 2, 249).

d) „Einen Menschen lieben, heißt ihn so sehen, wie ihn Gott gemeint hat“ (F. Dostojewski).

III. Aus Religionsunterricht, Konfirmanden- und Jugendarbeit

a) Als Anregung zu konkreteren Vorstellungen über die Liebe eignet sich ein collagenartiges Sammeln unter dem Thema: „Wie ich mir einen Freund oder eine Freundin vorstelle!“ (vgl. H. M. Lübking, Kursbuch. Arbeitsbuch, 105). Ein zu enger Blickwinkel auf das Thema „Partnerschaft“ wird durch diese Hinleitung vermieden und kommt dem sehr weitreichenden und offenen Liebesverständnis des Johannesbriefes entgegen (R. Schnackenburg HThK 13,3, 228).

b) Das Thema „stark und schön“ (vgl. H. M: Lübking, Kursbuch. Arbeitsbuch, 91; Praxisbuch, 63) sollte in die Diskussion über die Liebe unbedingt mit einbezogen werden, da sich Jugendliche zunächst oft über Äußerlichkeiten definieren.

c) Das Gleichnis vom Barmherzigen Samariter (Lukas 10,25–37) kann als Anspiel für den Gottesdienst (s. o.) eingeübt werden. Wegen der knappen Vorbereitungszeit (Schulferien!) und der für die neue Konfirmandengruppe ungewohnten Situation sollte eine einfache pantomimische Darstellung evtl. mit Textlesung in Betracht gezogen werden.

d) Zur Einstimmung in das Thema Freundschaft und Liebe eignet sich der Einsatz gut aufbereiteter Medien und Tonbildserien (vgl. z. B. Studio Union Limburg 1988 oder AV-Religion, s. u.).

IV. Liturgische Gestaltungsmöglichkeiten

a) Lieder: Freunde, daß der Mandelzweig (EG West 651); Herr, deine Liebe ist wie Gras und Ufer (ML 1 B 14); Gottes Liebe ist wie die Sonne (ML 1 B 18); Schalom, schalom, wo die Liebe wohnt, da wohnt auch Gott (ML 1 B 47); Wer in der Liebe bleibt (ML 1 B 118); Das weiche Wasser (ML 2 D 39).

b) Gebete: O Herr, mache mich zum Werkzeug … (EG 875); Herr, ich möchte glauben können … (EG 949).
c) Das Gedicht von E. Fried, „Was es ist" gibt einen besonderen Akzent in der Liturgie (in: H. M. Lübking, Kursbuch Konfirmation. Arbeitsbuch, 106).
d) Als Eingangspsalm eignet sich für den Kasus „Vorstellungsgottesdienst" sehr gut der bekannte Psalm 23, der auch von Konfirmandinnen und Konfirmanden oder mit der ganzen Gemeinde (EG 710) gesprochen werden kann.
Eine passende Alternative ist Psalm 139 (EG 759.1). Dazu kann als Kehrvers gesungen werden: Von allen Seiten umgibst du mich (EG West 653).
e) Kollektengebet: „Gott, du bist uns nahe, ob wir zu dir kommen oder nicht. Du bist bei uns, ob wir uns aufmachen zu dir oder nicht. Sieh unsere Sehnsucht nach Glück, unseren Willen zum Guten und unser Versagen. Erbarme dich unserer Armut und Leere. Fülle sie mit deinem Leben, mit deinem Glück, mit deiner Liebe. Darum bitten wir durch Jesus Christus. Amen." (Gottesdienste zur Konfirmation, Materialhefte 57, Frankfurt 1990, 24)
f) Für Gottesdienste mit der Feier des Abendmahls: „Gemeinschaft der Liebenden": „Dein Leib unser Glaube, dein Blut unsere Hoffnung – deine alles bergende Liebe. Liebe in den Augen der Menschen, Liebe in Asien, Afrika, Amerika, Liebe in Moscheen und Tempeln, Liebe in fremden Straßen. Wo Liebe ist, will ich dich erkennen, wo Brot geteilt wird, dir vertrauen, wo Blut vergossen wird, in deinem Namen mich ereifern. Nun aber bleiben Glaube, Hoffnung, Liebe, diese drei, aber die Liebe ist die größte." (aus S. Fritsch, Was mich beseelt, Düsseldorf 1991, 62).

V. Literatur- und Medienhinweise

a) Küss mich! Clip it Videoaktionswoche (Kurzvideoclips von Kindern und Jugendlichen von je höchstens 1 Minute Länge zum Thema „Küß mich"), Jugendamt Wuppertal (1992)
b) R. Kirste, Unterwegs zum Leben. Gottesdienste mit Schülern der Sekundarstufe I und II, Göttingen 1979, 113–123
c) Freundschaft und Liebe. AV-Religion (mit Schallplatte und Dias), Hildesheim 1986

Gottfried Abrath

14. SONNTAG NACH TRINITATIS – RÖMER 8,14–17

I. Die Jugendlichen und Römer 8,14–17

a) Die Abgrenzung des Textes ist nicht unproblematisch. Zum Verständnis sind die vorangehenden Verse 12f wichtig. Allein wegen der Dichte der Argumentation ist die Beschränkung auf die Verse 14–17 akzeptabel.
b) Die (inklusive) Übersetzung der „Guten Nachricht" ist gelungen. Lediglich in Vers 14 sollte das Hineingenommensein in einen neuen Machtbereich stärker aktivisch („Alle, die der Geist Gottes [an-]treibt …"; vgl. Luthertext) zum Ausdruck gebracht werden. Die vorgeschlagene Übertragung „sich führen lassen" ist zu schwach.
c) Schon beim ersten Lesen wird deutlich: Der Text ist nicht leicht zu verstehen. Viele

unterschiedliche Gedanken werden aufgenommen. Es legt sich nahe, eine Auswahl zu treffen. Ich schlage vor, das Thema Freiheit/Knechtschaft in den Vordergrund zu stellen: „Nicht mehr Sklaven, sondern Kinder“.

d) Eine mögliche Einleitung, die die Zuhörerinnen und Zuhörer den Text unter dieser Fragestellung betrachten läßt, wäre: „Sagen Sie mal: Wer kontrolliert eigentlich Ihr Leben? Ihr Chef? Ihre Frau? Ihr Mann? Ihre Kinder? Sie selbst? Gott? Ich lese Ihnen mal einen Text von Paulus vor:

e) Trotz der abstrakten Begrifflichkeit gibt es eine Reihe von Berührungspunkten zwischen dem von Paulus Gemeinten und dem Erfahrungshorizont Jugendlicher:

• Die Frage nach der eigenen Identität spielt in der Adoleszenz eine große Rolle (Wer bin ich? Wovon lasse ich mich in Bewegung setzen? Was sind die Triebkräfte meines Lebens?). Einige Jugendliche erleben dies als Verunsicherung, andere probieren relativ selbstsicher verschiedene Rollen aus.

• Umgetrieben von kurzlebigen Zeitgeistern verspüren viele den Wunsch, einer verläßlichen Macht vertrauen zu können, die es gut mit ihnen meint und vor der sie sein dürfen, wie sie sind. In diesem Zusammenhang kann das Gebet Bedeutung gewinnen: Ich kann mich unmittelbar an Gott wenden. Sein guter Geist ist mit mir (52% aller 13–16jährigen in Westdeutschland beten manchmal oder regelmäßig).

• Viele Jugendliche machen in ihrem Alltag Erfahrungen von gewollter und ungewollter „Knechtschaft“. In der Familie müssen sie sich beweisen, um anerkannt oder geliebt zu werden. In der Schule sollen sie etwas vorweisen, im Sportverein Leistung bringen. In der Clique müssen sie sich (bzw. ihren Mode- und Musikgeschmack) anpassen, um „in“ zu sein.

• Freiheitsbedürfnisse von Jugendlichen: freie Wahl der Kleidung; nach Hause kommen können, wie spät auch immer; sich die eigenen Freunde selber auswählen können; freie Berufswahl: nicht in etwas hineingezwungen werden; eigenständige Gestaltung der Liebesbeziehung; Freiheit in der Ablösung von den Eltern: ausziehen können.

II. Konkretionen, Beispiele, Veranschaulichungen

a) Es wäre erfrischend, wenn die Predigt nicht (in Nachahmung des paulinischen Stils) zu einer Vorlesung wird, die theologische Richtigkeiten referiert. Es hängt nicht so sehr an den Begriffen, es geht vielmehr um die Sache, um die neue Wirklichkeit, die Menschen ergreift und in Bewegung setzt.

b) Eine narrative Predigt, die befreiend von der Freiheit erzählt, z. B. so: Hauptmann Julius (aus Apostelgeschichte 27) denkt zurück an eine Gefangenenüberstellung nach Rom, die sein Leben verändert hat. Wie hatte das alles angefangen? ... Eines Abends hatten er und dieser jüdische Gefangene, der ihm von Anfang an aufgefallen war, auf dem Achterdeck zusammengesessen und über seine Zukunftspläne geredet. Was er, Julius, sich denn vom Leben erhoffe, hatte Paulus ihn gefragt. Und er hatte zu erzählen begonnen, von seiner geplanten Karriere in der Armee, von der Familie, die er gründen wollte, von den Dienern, die er sich eines Tages hoffte leisten zu können, schließlich auch von dem kleinen Sommerhaus an der Adria. Und noch immer konnte er diese seltsam bohrende Frage hören, die Paulus immer und immer wieder stellte: „Und dann? Was erwartest du dann vom Leben, Hauptmann?“ und nach einer neuen Antwort von ihm wieder: „Und dann? Und dann? Und dann?“. So war es immer weiter gegangen, bis Julius gesagt hatte: „Dann hoffe ich, genug gespart zu haben, um mich zurückzuziehen und meine wohlverdiente Altersruhe zu genießen und endlich nur so zu leben!“ Und wieder hatte Paulus gefragt: „Und dann?“ Und er hatte geantwortet: „Was und dann?!“. Als ob nicht jeder wüßte, was nach der Altersruhe kommt, … Aber Paulus hatte sich erhoben und mit einem Lächeln auf den Lippen gesagt: „Und ich dachte schon, ich wäre hier der Gefangene …" (Idee: H.-U. Kessler)

c) Ein Fischer sitzt am Strand und blickt auf das Meer, nachdem er seinen Fang auf den Markt gebracht hat. Warum er nicht ein zweites Mal ausführe, fragt ihn ein Tourist. Dann könne er bald einen Motor kaufen und das Doppelte fangen. Das wieder brächte Geld für einen Kutter und für einen zweiten Mann ein. Zweimal täglich auf Fang hieße das Vierfache zu verdienen. Auch ein dritter Kutter wäre zu beschaffen, dann könnte das Meer viel besser ausgenutzt werden. Ein Stand auf dem Markt, Angestellte, ein Fischrestaurant, eine Konservenfabrik – dem Touristen leuchten die Augen. „Und dann?" unterbricht ihn der Fischer. „Dann brauchen Sie gar nichts mehr zu tun. Dann können Sie den ganzen Tag in der Sonne dösen und glücklich aufs Meer hinausblicken!" – „Aber das tue ich doch jetzt schon", sagt der Fischer (nach H. Böll, Anekdote zur Senkung der Arbeitsmoral).

d) In der Verknüpfung von Freiheit und Konsum bietet die Werbeindustrie zahlreiche Beispiele für Sklavengeister in unserer Gesellschaft: „Auf die Frage nach dem Sinn des Lebens haben wir 3,9 Millionen Antworten" (BHW-Bausparverträge); „Im Club Méd haben Sie die Freiheit, alles zu tun. Oder zu lassen."; „Marlboro. Der Geschmack von Freiheit und Abenteuer" (siehe auch Vers 1).

Der Konsum mindert einerseits die Angst der „shopoholics", andererseits zwingt er sie dazu, immer mehr zu konsumieren, denn das einmal Konsumierte hört bald auf zu befriedigen bzw. anderen zu imponieren. Die so entstehende Abhängigkeit wird von der Werbung verstärkt, die glauben machen will, daß Besitz und Konsum die Identität eines Menschen garantieren: Ich bin, was ich konsumiere (E. Fromm).

e) Mit dem Gottesdienst ist das wie mit dem Verliebtsein. Wer verliebt ist, wird von einer Macht beherrscht, die einen Orts- und Perspektivwechsel bewirkt. „Wer liebt, ist ganz durch das Dasein des geliebten und ihn liebenden Menschen bestimmt … ‚Wenn ich mein Herz verliere, dann hat ein anderer über mich entschieden – und dafür oder dagegen kann ich gar nichts tun' (E. Jüngel) … Gott hat sein Herz an uns verloren, um unser Herz für sich zu gewinnen" (R. Christiansen).

f) Warum nicht mal eine Liedpredigt, die Motive des Predigttextes aufnimmt? Als Lied bietet sich an: Gottes Geist befreit zum Leben (ML 2 B 201). Die einzelnen Strophen könnten die Predigt mehrmals unterbrechen.

g) Aphorismen: „Gottes Geist kann man nicht besitzen. Er besitzt einen"; „Nicht jeder frische Wind ist schon Geist Gottes!"

III. Aus Religionsunterricht, Konfirmanden- und Jugendarbeit

a) Atemübung im Konfirmanden- oder Religionsunterricht: In einem abgedunkelten Raum schließen die Jugendlichen bei meditativer Musik die Augen und spüren ihrem Atem nach. Sie atmen „durch die Zehen" in Füße, Beine, Unterleib, Oberkörper, Arme, Schultern, Kopf (jeweils viel Zeit lassen!). Sie spüren, wie ihr Atem kommt und geht, wie er den ganzen Körper durchflutet, wie unfaßbar er ist. Dann erhalten sie die Anweisung: „Stellt euch vor, Gottes Geist berührt euch in eurem Atem". Alternativ könnte auch ein Bibelwort eingebracht werden (z. B. Psalm 51,12; Jesaja 44,3; Hesekiel 11,19; 1. Korinther 6,19). Anschließendes Auswertungsgespräch.

b) Im Konfirmandenunterricht benennen die Jugendlichen Kräfte, die Menschen antreiben (z. B. Fernsehen, Computer, Urlaub, Geld, Erfolg, Macht, …). Diese werden

gesammelt und auf rote Papierwolken geschrieben.
Im Gottesdienst werden die Wolken vorgestellt und an das Segel eines (im Altarraum stehenden) Surfbrettes geheftet. Kommentar: „Kennen Sie das? Sind das Mächte, die es auch in Ihrem Leben gibt? (Die Mächte werden aufgezählt.) Sind wir so: Mächten und Moden ausgeliefert? Von Gott her weht ein anderer Wind: Gottes Geist.“
Windwechsel: Das Segel wird gewendet. Auf der Rückseite werden (zuvor im Unterricht zusammengestellte) Assoziationen zum Geist Gottes auf weißen Wolken angeheftet (z. B. sich selber etwas zutrauen; eine eigene Meinung wagen; die Sorgen um sich selbst mal abgeben; sich einmischen, Verantwortung übernehmen; mit-leiden; den Mächten der Zerstörung entgegentreten). Kommentar: „Gottes Geist bringt in uns Bewegung. Er hält uns in Fahrt. Wir brauchen nur die Segel zu setzen. Seine Kraft wirkt auf uns ein und treibt uns an, bestimmt die Richtung.“ Findet im Gottesdienst eine Taufe statt, so kann darauf beim Wenden des Segels Bezug genommen werden (Machtwechsel, Umkehrung der Lebensrichtung).
c) Als Alternative zu b) eine Pantomime für Mutige: Die Konfirmandinnen und Konfirmanden treiben andere Jugendliche wie Sklaven an Ketten (Fäden) durch die Kirche. Um ihren Hals tragen die Treiber Schilder, auf denen Triebkräfte menschlichen Handelns stehen (siehe III b).
Die „Sklaven“ gehen gebückt und gehorchen den Treibern, die sie hin- und herreißen und ihnen kaum Bewegungsfreiheit lassen. Im Altarraum zerreißen die „Sklaven“ die Fäden. Angetrieben von einer unsichtbaren Macht stellen sie sich den Mächten entgegen, die sie zuvor beherrschten.
Die Handlung wird begleitet von einem Sprechchor, der zunächst unstrukturiert einzelne Wörter des Satzes „Gottes Geist befreit zum Leben“ flüstert. Das Zerreißen der Ketten kulminiert in einem gemeinsamen lauten Sprechen des ganzen Satzes.
Daraufhin schließen sich die zuvor Versklavten zunächst zusammen und gehen dann aufrecht und zielstrebig in verschiedene Richtungen auseinander.
(Die Choreographie braucht Vorbereitung!).
d) Die Jugendlichen erstellen im Religions- oder Konfirmandenunterricht Collagen oder Malmeditationen zum Thema Freiheit/Unfreiheit. Diese werden im Kirchenfoyer ausgestellt.

IV. Liturgische Gestaltungsmöglichkeiten

a) Die Beteiligung von Jugendlichen am 14. Sonntag nach Trinitatis und damit in der Sommer- und Urlaubszeit wird schwer werden.
b) Es bietet sich an, im Gottesdienst zu taufen (vgl. III b).
c) Als Sündenbekenntnis werden (von Jugendlichen verfaßte) Kontrasttexte gelesen. Die Gemeinde antwortet auf die einzelnen Sätze jeweils mit „Welche die Macht des Habens treibt, die sind Sklaven“ bzw. „Welche der Geist Gottes treibt, die sind Kinder Gottes“. Die Antworten sind auf einem Gottesdienstblatt vorbereitet.
d) Ein Gebet „Gegenwind“ in: ML 2 S. 35 oder auch mit P. Cornehl:
„Ich möchte gerne frei sein von meiner Angst gegen den Strom zu schwimmen, damit ich tun kann, was recht ist.
Ich möchte gerne frei sein von dem Zwang, immer nur an mich selber zu denken, damit ich auch den anderen sehe.
Ich möchte gerne frei sein von der Lieblosigkeit anderen gegenüber, die mir nicht liegen, damit es mir nachher nicht leid tut.
Ich möchte gerne frei sein von meinem Neid auf jeden, der etwas ist oder hat; denn Neid macht nicht fröhlich.
Ich möchte gerne frei sein von meiner Schuld, die mich immer wieder bedrückt, damit ich neu anfange.“

e) Eingangspsalm zum Thema „Befreiung" in der Fassung von ML 2 S. 26 (nach Psalm 110), im Wechsel. Denkbar ist auch Psalm 139 (EG 759.1), der die Identitätsfrage thematisiert.

f) Liedvorschläge: Komm, o komm du Geist des Lebens (EG 134; wenn möglich mit Gitarrenbegleitung nach dem EG-Gitarrenbegleitbuch); Dir, dir, o Höchster will ich singen (EG 328,4.5); Ist Gott für mich, so trete (EG 351); Du gabst uns, Herr, dein festes Wort (EG West 570); Wir haben Gottes Spuren festgestellt (EG West 648).

g) Als Refrain zwischen den einzelnen Fürbitten könnte jeweils: Erleuchte und bewege uns … (EG West 608) gesungen werden.

V. Literatur- und Medienhinweise

a) Werbeanzeige für ein Motorola-Funktelefon (Spiegel 19, 1993, 72f, Nachdruck in: B. Dressler, Loccumer Pelican, 3/1993, 22f) als OHP-Folie zur Betrachtung im Konfirmandenunterricht und/oder im Gottesdienst: Ein postmoderner Engel sitzt am Ende eines Stegs vor einem offenen Horizont (Meer/Himmel). Überschrift: „Wie frei möchten Sie sein?". Paradox: Das Funktelefon verspricht grenzenlose Freiheit und schafft doch neue Abhängigkeiten.

b) Zum Thema Begeisterung lohnt sich ein Blick in aktuelle Ausgaben von Jugendmagazinen (Bravo, Zac). Ein Beispiel (aus Bravo 18, 1997, 5): „Sanfte Soulstimmen, gefühlvolle Balladen: Boyzone begeistern auf ihrer laufenden Tour die deutschen Fans … Die Bremer Großdiskothek ‚Aladin' ist bis auf den letzten Platz besetzt. 2300 sind gekommen, um den Tourstart von Boyzone zu erleben. Hunderte warten draußen vergebens auf Einlaß – das Konzert ist seit Wochen ausverkauft. Um 20.45 Uhr erlischt die Hallenbeleuchtung – ein gewaltiger Aufschrei geht durch die Menge. Sekunden später blitzen die Bühnenscheinwerfer auf, und Steve, Shane, Keith sowie Mikey stürmen … auf die Bühne. Die vier legen mit einer perfekten, synchronen Tanzchoreographie los. Erst jetzt kommt Ronan im schneeweißen Anzug auf die Bühne … Sein Gesang geht im ohrenbetäubenden Jubel der Fans fast völlig unter. Bei der zweiten Nummer … streifen Boyzone ihre Jacken ab … – dafür ernten sie tosenden Beifall. Die Mädchen in den ersten Reihen kreischen hysterisch auf, strecken die Hände aus und versuchen, die Jungs zu berühren. … Steve flirtet mit den Mädchen in der ersten Reihe und wird mit Blumen und Stofftieren regelrecht bombardiert. … Zum Abschluß des Medleys verwandelt Ronan mit ‚Celebration' die Halle in eine Riesenparty – die Fans hüpfen und tanzen wie entfesselt. … Minutenlang kreischen die Fans hysterisch, dann formieren sie donnernde ‚Zugabe'-Rufe."

c) Karikaturen zum Thema Freiheit/Unfreiheit finden sich bei: B. Müller, Menschlich-Allzumenschlich, München/Stuttgart 1992 und ders., Um Himmels Willen, München/Stuttgart 1996.

Carsten Haeske

15. SONNTAG NACH TRINITATIS – 1. PETRUS 5,5c–11

I. Die Jugendlichen und 1. Petrus 5,5c–11

a) Als Textfassung sollte in der Regel die in der Gemeinde gebräuchliche Übersetzung dienen. Für die Luther-Übersetzung spricht der Interpretationsfreiraum, den altertümliche Begriffe wie „Hochmut“ und „Demut“ eröffnen.

b) Die Perikope zerfällt in zwei Themenbereiche: Verse 5–7 sind den Ausführungen über das christliche Zusammenleben in der Gemeinde zuzurechnen, Verse 8–11 thematisieren Bedrohung und Zuversicht (vgl. N. Brox, 225f, s. Lit.). Mit der Entscheidung für den ersten Themenbereich schlage ich die Erweiterung auf die Verse 1a, 2–3, 5–7 vor.

c) Die „Ältesten“ der Gemeinde nehmen die Presbyter und deren Leitungsverhalten in den Blick. Die Jugendlichen werden diesen Begriff aber erweitert verstehen und auf die „Älteren in der Gemeinde“ beziehen. Neben freundlichen Senioren und Seniorinnen kennen sie auch solche, die ihnen im Gottesdienst beim leisesten Geflüster mit dem Nachbarn mahnende Blicke zuwerfen. Nicht wenige werden die Erfahrung gemacht haben, daß die Älteren bestimmen, was „richtiges“ Verhalten im Gottesdienst ist, was „richtige“ Gottesdienstsprache und was „richtige“ Themen des Glaubens sind. Pfarrerinnen und Pfarrer, die sich bewußt oder unbewußt den Älteren als Hauptzielgruppe des Gottesdienstes widmen, verstärken bei Jugendlichen diesen Eindruck. Die biblische Mahnung an die Ältesten, sich nicht als „Herren über die Gemeinde“ zu benehmen (Vers 3), kann von Jugendlichen als eine Parteinahme für sie verstanden werden.

d) Der ausdrückliche Auftrag an die Jüngeren, sich den Ältesten unterzuordnen (Vers 5a), weckt gegenteilige Emotionen: Fordern Erwachsene von Jugendlichen Unterordnung, so bewirkt es eher das Gegenteil. Eine freiwillige Unterordnung kann bei der Suche nach eigenen Standpunkten und Perspektiven geradezu entwicklungshemmend sein, denn die Abgrenzung von Erwachsenen ist dazu immer wieder erforderlich.

e) Vers 5b bindet diese widersprüchlichen Aussagen zusammen: „Alle miteinander haltet fest an der Demut.“ Der Kontext läßt erschließen, daß mit „Demut“ nicht „Erniedrigung“ und „Unterwerfung“ gefordert sind, sondern eher eine Bescheidenheit, die zur eigenen Größe steht, sich weder kleiner noch größer macht. Weder Ältere noch Jüngere sollen sich über die jeweils anderen erheben und ihnen die eigenen Maßstäbe aufzwingen. Kein „richtig“ und „falsch“ derer mit der größeren Lobby, kein „in“ und „out“ derer mit der größeren Zeitgeistnähe. Der Glaube an die „gewaltige Hand Gottes“ (Vers 6) erweist sich hier als Herrschaftskritik, die Auswirkungen auch auf das Miteinander von Alten und Jungen in der Gemeinde hat.

f) Die Verse 5c und 7 eröffnen vor diesem Hintergrund eine neue Lebensqualität: Wer auf Überlegenheitsgehabe verzichten kann, ist in der Lage, auch Unsicherheit und Sorgen zugeben zu können. Es ist entlastend, darauf vertrauen zu können, in Gott einen Freund zu haben, dem man sich anvertrauen kann, so wie man ist, von dem man hoffen kann, daß er einen wieder aufbaut (Vers 6b).

g) Der 15. Sonntag nach Trinitatis fällt in die Anfangswochen des neuen Schuljahres. So mancher gute Vorsatz, ob hinsichtlich schulischer Leistungen oder des Zusammenlebens mit den Mitschülern, hat inzwischen der Realität nicht standgehalten. Jugendliche stehen vor der Aufgabe, die eigenen Grenzen akzeptieren zu müssen, aber auch mit Traurigkeit und Enttäuschung umzugehen.

h) Der „Merkspruch“ in Vers 7 „Alle eure Sorge werft auf ihn, denn er sorgt für euch“, ist somit der integrierende Skopus des Textes. Er verbindet die Frömmigkeit von Alten und Jungen, indem er von einem Menschenbild ausgeht, das Unsicherheit und Sorge ebenso ernstnimmt wie die Fähigkeit zum Vertrauen.

II. Konkretionen, Beispiele, Veranschaulichungen

a) Der Text eignet sich für einen intergenerativen Gottesdienst, in dem Konfirmanden und Konfirmandinnen, Senioren und Seniorinnen sich aus ihrer jeweiligen Perspektive mit dem Text beschäftigen. Eine Vorbereitung in beiden Gruppen ist daher erforderlich.

b) Als Thema des Gottesdienstes bietet sich der Skopus des Predigttextes 1. Petrus 5, 7 an. Dieser Vers ist zugleich Wochenspruch. Das Thema wird auch im Evangelium des Sonntages, Matthäus 6,25–34, aufgegriffen.

c) Das Symbol „Stein" kann sprachlich, d. h. in liturgischen Texten und in der Predigt, sowie materiell (s. u. IVc) als Visualisierung für die menschlichen Sorgen eingesetzt werden.

d) Die im Predigttext genannten Personengruppen gestalten den Gottesdienst durch Vorbereitung und Mitwirkung bei Lesungen, Gebeten und Aktionen und stellen durch diese Form der Liturgie bereits „ein Stück Predigt" dar. Der Akzent sollte auf dem gemeinsamen Gestalten und Vollziehen des Gottesdienstes liegen. Auf den zusätzlichen Einsatz von Medien (z. B. Dias) sollte aus diesem Grund bewußt verzichtet werden.

III. Aus Religionsunterricht, Konfirmanden- und Jugendarbeit

a) Im Kursbuch Religion 7/8 wird das Thema „Alter" behandelt. Einzelne Texte (Die Begründung, die Alten zu ehren, mit dem 4. Gebot, der Text „Selig, die Verständnis zeigen für meinen stolpernden Fuß …", die Beispielgeschichte „Großvater – ein Pflegefall") könnten dazu verleiten, das Zusammenleben mit Alten ausschließlich als diakonische Aufgabe der Jüngeren zu verstehen.

b) Im Rahmen von Konfirmanden- und Jugendarbeit besteht die Möglichkeit, einen Erfahrungsaustausch zwischen den Generationen zu fördern. Dazu könnte es wechselseitige Einladungen in die verschiedenen Gruppen, etwa als Gemeindeprojekt „Begegnung zwischen Jung und Alt" geben.

c) Konfirmanden und Konfirmandinnen können im Rahmen eines Gemeindepraktikums alte Menschen aus den Gemeindekreisen, Altenheimen oder bei Hausbesuchen interviewen: „Wie war es früher in unserer Gemeinde? Wie haben Sie Ihren Konfirmandenunterricht in Erinnerung? Wann war Ihnen das Gelernte wichtig?"

d) Seniorenkreis und Konfirmandengruppe können einen gemeinsamen Nachmittag als Erzähl-Café gestalten: „Diese Themen beschäftigen uns heute – welche waren es früher?"

e) Die Ergebnisse der Gespräche und Interviews können zu einer Ausstellung aus Fotos und Berichten zusammengestellt werden, die z. B. im Anschluß an den intergenerativen Gottesdienst gezeigt wird. Gottesdienst und Ausstellung können so festlicher Abschluß des Gemeindeprojektes „Begegnung von Jung und Alt" sein.

IV. Liturgische Gestaltungsmöglichkeiten

a) Bereits im Eingangsteil kann sich an die liturgische Eröffnung „Unsere Hilfe …“ durch eine/n Jugendliche/n der von einem alten Menschen gelesene Psalm anschließen. Durch die junge bzw. alte Stimme und die nicht „liturgisch professionelle“ Sprechweise können diese Texte bei den Hörenden eine biographisch verbürgte Authentizität gewinnen.

b) Als Psalm eignet sich Psalm 146, da er inhaltlich ausführlicher die Hilfe Gottes beschreibt als der Wochenpsalm 127.

c) Auch Sündenbekenntnis und Gnadenzusage können von Seniorinnen und Senioren, Konfirmandinnen und Konfirmanden gestaltet werden: Sie lesen abwechselnd Beispiele aus ihrem Erfahrungsbereich vor („Was mir Sorgen macht“). Diese Sorgen können visualisiert werden, indem jede/r Lesende einen großen Stein vor sich hinlegt. Die Gemeinde singt als Kyrie: Meine engen Grenzen (EG West 600). Senioren und Konfirmanden lesen abwechselnd eigene Kommentare zu 1. Petrus 5,7 vor und legen ihren Stein jeweils vor dem Altar ab. In der Predigt können diese Beispiele aufgegriffen werden.

d) „Alte“ und „junge“ Lieder werden abwechselnd gesungen.

e) Strophenweise können die Lieder „Wer nur den lieben Gott läßt walten“ (EG 369, 1.2.3.7) und „Suchen und fragen“ (ML 2 B 137) ineinandergeschachtelt werden.

f) Konfirmanden und Senioren gestalten die Fürbitten, indem sie in wechselnden Abschnitten für die eigene Altersgruppe und für die jeweils andere beten. Für die Erarbeitung der eigenen Texte kann eine Textvorlage, die sprachlich überarbeitet bzw. ergänzt wird, hilfreich sein (z. B. „Wie Kinder zu Vater und Mutter, so kommen wir, Gott, zu dir …“, Erneuerte Agende, Nr. 413, 535ff).

g) Lieder: Wer nur den lieben Gott läßt walten (EG 369); Du bist meine Zuflucht (ML 2 B 154); Meine engen Grenzen (EG West 600); Gottes Wort ist wie Licht in der Nacht (EG West 591); Befiehl du deine Wege (EG 361); Alle eure Sorgen (ML B 114).

h) Der Segen (z. B. „Keinen Tag soll es geben, an dem ihr sagen müßt, niemand ist da, der uns hört …“, ML 2 58) kann von Konfirmanden und Senioren im Wechsel gesprochen werden.

i) Zur Erinnerung bekommen die Teilnehmerinnen und Teilnehmer des Gottedienstes einen aus Pappe ausgeschnittenen „Stein“, auf dem in verschiedenen „alten“ und „jungen“ Handschriften der Vers „Alle eure Sorge werft auf ihn, denn er sorgt für euch“ geschrieben ist.

V. Literatur- und Medienhinweise

a) N. Brox, Der erste Petrusbrief, EKK XXI, Zürich 1989

b) G. Kraft u. H. Schmidt (Hg.), Das neue Kursbuch Religion 7/8, Stuttgart 1986

c) F. Schweitzer, Lebensgeschichte als Thema von Religionspädagogik und Praktischer Theologie, PTh 83 (1994), 402ff

Andrea Seils

16. SONNTAG NACH TRINITATIS – 2. TIMOTHEUS 1,7–10

I. Die Jugendlichen und 2. Timotheus 1,7–10

a) Die Schönheit und Wucht der Luther-Übersetzung insbesondere der fettgedruckten Verse 7 und 10 ist offenbar. Mindestens die anderen Verse werden für jugendliche Ohren als Sprache Kanaans erklingen. Die kurze Rede an den Briefempfänger ist in der Übersetzung der „Guten Nachricht im heutigen Deutsch" verständlicher.

b) Der 16. Sonntag nach Trinitatis hat im Bewußtsein jugendlicher und nichtjugendlicher Gottesdienstteilnehmer keine besondere kirchenjahreszeitliche Bedeutung.

c) Den Geist, der mich rief, den werd ich nun nicht mehr los. Wes Geistes Kind bin ich? Das Stichwort „Geist" löst eine ganze Lawine von Gefühlen und auch Kenntnissen bei den Hörerinnen und Hörern des Textes aus. Bedauerlicherweise ist zu vermuten, daß nicht der Geist der Kraft, Liebe und Besonnenheit die Gedanken dominiert und regiert, sondern ausgerechnet der vom Briefschreiber abgelehnte Geist der Furcht. Auf der Suche nach Erklärungen für den Boom von Jugendsekten ist im Stern-Buch: Die Himmlischen Verführer, Sekten in Deutschland, Hamburg 1979, 17 zu lesen: „Die Mitglieder von Sekten teilen ein Gefühl der Furcht, des Zweifels und der Entfremdung gegenüber ihrer Umwelt … Dies macht sie empfänglich für das Versprechen innerer und äußerer Geborgenheit, das allen Sekten gemeinsam ist." Erstaunlich ist die reziproke Parallelität zu Vers 7. Außerordentlich fruchtbar wird die Meditation des Geistes sein, der herrscht gegenüber Gott, gegenüber dem eigenen Dasein und gegenüber der Mitwelt.

d) Auf einer ganz anderen Ebene bewegt sich der narrative Umgang mit dem Text und der Einbeziehung von Kontext und Briefform. Es mag zu einer spannenden Erzählung gereichen, wenn das Leben der ersten Zeugen geschildert wird. Die Situation von Ablehnung einer Lebenseinstellung und Geisteshaltung ist Jugendlichen aus eigenem Erleben oft bekannt. Wo sind die Grenzen des eigenen Durchhaltevermögens? Wieviel Kraft braucht man, wieviel Kraft und Phantasie gibt Gottes Geist? Die Dramatik von (Christen-)Verfolgung regt das Mitfühlen und Mitdenken an.

e) Es gibt meine Meinung, meinen Glauben, dafür muß ich mich nicht schämen. Oder doch? Werde ich von anderen belächelt, ignoriert, so daß ich mich bald schäme? Nein, ich schäme mich nicht, im Gegenteil, ich stehe ein für das, was mir wichtig ist. Ich bin bereit, den Preis der Treue zu bezahlen. Ich nehme Nachteile in Kauf (bis hin zur Verfolgung, Gefängnis?). Letztlich ergibt sich eine Betrachtung des Lebensstils und seiner Wertmaßstäbe. Sie trifft bei Jugendlichen auf eine aufgewühlte Gefühlslage. Die Lautstärke des Indikativs, der lutherischen Rechtfertigungsgewißheit (Vers 9) will fein abgeregelt sein.

f) Der Tod hat nicht das letzte Wort und nicht das entscheidende. Das Leben ist unvergänglich. Die Sache Jesu geht weiter. Jugendliche sind sensibel für die Fragen nach dem Tod und einem Leben nach dem Tod. Doch auch da: Interessanter sind wohl okkulte Praktiken mit ihren oft satanischen und apokalyptischen Nachrichten aus dem Jenseits als die wenig konkreten, aber dennoch befreienden Auskünfte der christlichen Hoffnung. Die Zuwendung Gottes läßt sich nicht, nicht einmal durch den Tod, aushebeln. Es wäre ein Geschenk Gottes, wenn es gelänge, auf dieser Basis zukünftige Lebensmöglichkeiten zu entwickeln.

II. Konkretionen, Beispiele, Veranschaulichungen

a) Briefteile aus anderen Zusammenhängen können als illustrierende Texte parallel eingesetzt werden. Zeugnisse aus politischer oder religiöser Verfolgung sind greifbar, seien es Dokumente aus dem Naziterror (Bonhoeffer, Geschwister Scholl) oder aus Südafrika. Eventuell bereiten die Jugendlichen selbst etwas vor. Dabei ist die Auseinandersetzung mit einer Situation (z. B. mit Hilfe von ai) unumgänglich.

b) Die Jugendlichen dokumentieren ihre Auseinandersetzung mit dem Geist und den Geistern. Aus der „Checkliste für religiöse Gruppen“, erstellt von der EBI (Berlin, Tel.: 030–8183211) zur Beurteilung der „echt guten neuen Gruppe, die ich jetzt kennengelernt habe“, zwei Beispiele:
Die Gruppe lehnt das „rationale Denken, den Mind, den Verstand, die Verkopfung“ als negativ und satanisch und unerleuchtet ab. „Zweifelst Du, stellt sich der versprochene Erfolg nicht ein, oder Du wirst nicht geheilt, dann bist Du selber schuld, weil Du Dich nicht genug einsetzt, weil Du nicht genug glaubst.“

c) Jugendliche spielen eine Geschichte der Besonnenheit und des Mutes (nach P. Hennig):
Ein König erprobt seine starken und weisen Männer: Aufgabe: Ein großes schweres Schloß ist zu öffnen. Keiner traut sich, ans Werk zu gehen. Nur ein Besonnener macht sich daran. Hat Erfolg, denn das Schloß war nur angelehnt, aber „es bedurfte des Mutes und der Bereitschaft, das zu begreifen und beherzt zuzufassen“.

d) Eine Reihe von Denkbildern gibt einen vielseitigen Zugang zum Text. Zu der Leitfrage „Wie ist der Geist Gottes? Was macht er mit mir?“ schlage ich vor, jedem Gottesdienstbesucher und jeder Besucherin ein Meditationsbild in die Hand zu geben.

1. Ausschnitt aus dem Bild in M. Sorg, Fundamente, Neukirchen-Vluyn 1983, 56 („Eine von einem furchtbaren Geist geprägte Haltung“)
2. Einer biegt links (!) ab: Ein neuer Geist, ein neuer Weg (In: H. M. Lübking, Kursbuch Konfirmation. Arbeitsbuch, Düsseldorf 1995, 164)
3. Zartes Grün bricht durch den Beton und lebt (nach einer Idee der Kindernothilfe) o. ä.
4. Der Geist des lebendigen Kreuzes

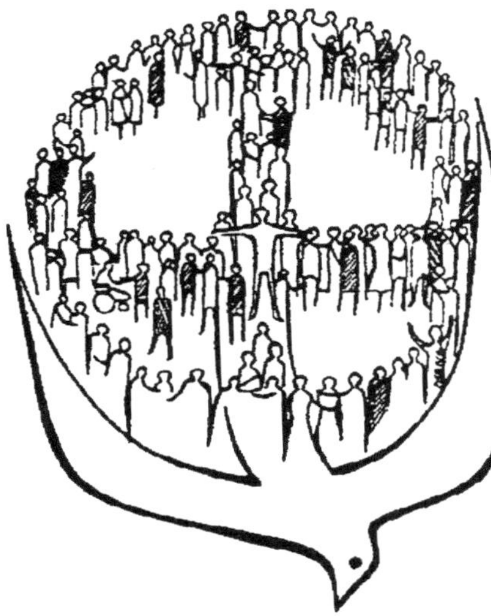

5. Der Geist des „Ja – Aber“ regiert

e) J. Zink beschwört den Geist des Lebens durch das Untergangsszenario der letzten sieben Tage der Erde (als Poster bei „Brot für die Welt“, als Folie bei Früchtel: „Auf dem Weg“). Der Geist des konziliaren Prozesses läßt sich auf Vers 7 applizieren.

f) Zum Thema „Tod“ können durch gesammelte Todesanzeigen Geisteshaltungen zum Leben vor und nach dem Tod dokumentiert und besprochen werden.

III. Aus Religionsunterricht, Konfirmanden- und Jugendarbeit

a) Die Jugendlichen beschäftigen sich mit Vers 7 mittels Schreibmeditation oder Textpuzzle.
b) Das Kapitel „Leben und Tod" in: H. M. Lübking, Kursbuch Konfirmation. Arbeitsbuch, 149 wird bearbeitet.
c) Die Geschichte von Peggy in ku-praxis 17 (M. 12 und 16) wird bearbeitet.
d) Die kritische Auseinandersetzung mit den modernen Geistern (Okkultismus, Satanismus, Spiritismus) führt zur Differenzierung der Geister und zur Erkenntnis eines anderen Geistes, des Geistes Gottes. Diskurs und Meditation in vielfältiger Form führen zu Antworten auf die Frage: „Wes Geistes Kind möchte ich sein?".
e) Eine Diakonisse berichtet über ihren Glauben und ihr Leben.

IV. Liturgische Gestaltungsmöglichkeiten

a) Sprechmotette zum Thema: „Gottes Geist sagt: …"
b) Meditation mit verteilten Rollen: „Überlaß mich nicht, o Gott, mir selber, sondern gibt mir deinen neuen Geist, der mir sagt …" (in: Zeitschrift für Gottesdienst und Predigt 3/89, 34).
c) Aus dem Bayrischen Evang. Gesangbuch ein meditativer Text A. Franks (1055)
d) Lieder: Aus dem Evangel. Gesangbuch 168,3; 171; 178, 12; 182, 5; 262, 5; 395; EG West 607 und 667; EG Bayern 626; ML II B 201
e) Psalm 11 oder Psalm 27 im Wechsel (vgl. EG 775, 778). Oder: K. Vonderberg, Psalmen für Jugendliche, 43
f) Zum Ausgang ML 1, 18 „Verheißungen"
g) Als alternatives Glaubensbekenntnis: ML I, 25 (Bonhoeffer)

V. Literatur- und Medienhinweise

a) Diaserie: Gottes Geist wirkt, av-edition
b) Video: Begegnung mit der Bibel 19 (Ende der Christenverfolgung) Deutsche Bibelgesellschaft
c) J. C. Hampe: Sterben ist doch ganz anders. Stuttgart–Berlin 1980

Stefan Carl/Petra Englert

17. SONNTAG NACH TRINITATIS – OFFENBARUNG 12,7–12

I. Die Jugendlichen und Offenbarung 12,7–12

a) Die Übersetzung der „Guten Nachricht" hat uns überzeugt, weil sie die Dynamik des Krieges zwischen göttlicher und widergöttlicher Sphäre anschaulich zum Ausdruck bringt.

Da die apokalyptischen Bilder der Perikope sich nicht von selbst verstehen, halten wir eine kurze Einleitung in den Text für angebracht; z. B.: „Kennen Sie das: Sie wollen etwas in Worte fassen, aber Ihnen fallen nur

Bilder ein. Zum Beispiel: Sie haben sich wahnsinnig geärgert und wollen einem anderen davon erzählen. Vielleicht sagen Sie dann ja: ‚Da läuft einem doch die Galle über. Da könnt' ich doch aus der Haut fahren'. Manches läßt sich eben in Bildern besser sagen. Genauso ging es auch Johannes. Was er zu sagen hat, sagt er in Bildern. Das werden Sie merken, wenn ich Ihnen den Predigttext aus der Offenbarung des Johannes vorlese. …"

b) Der Text ist zweigliedrig: In einem ersten Teil (Verse 7–9) wird im Rahmen einer Vision der Kampf zwischen Michael und dem Drachen geschildert (Aktion). In einem zweiten Teil (Verse 10–12) wird dieser Kampf in einer Audition gedeutet (Interpretation). Das im ersten Teil Geschilderte spricht die Jugendlichen vermutlich direkt an. Vergleichbares kennen sie aus zahlreichen Filmen und Computerspielen. Um ihnen den Zugang zum zweiten Teil zu erleichtern, könnten Erläuterungen zu folgenden Themen des Textes in der Predigt nützlich sein:

1. Die Bilder „König" und „Lamm" müssen explizit als Christusbilder entschlüsselt werden.
2. Die Redeweise von „Ankläger", „Leben opfern", „Tod auf sich nehmen" sind in den Zusammenhang früher Christenverfolgungen einzuordnen.

c) Das Thema „Kampf/Krieg/Gewalt" ist den Jugendlichen nicht fremd. Es begegnet ihnen permanent in den Medien, in der Schule und u. U. auch in ihrer Familie. Zugleich suggeriert ihnen aber die Gesellschaft, daß Gewalt als Mittel der Auseinandersetzung nicht akzeptabel ist. Insbesondere die Kirche wird von Jugendlichen als Vertreterin von Werten wie „Frieden" und „Gewaltlosigkeit" wahrgenommen. Auf diesem Hintergrund wird der Text Jugendliche verblüffen, redet er doch vom Krieg selbst im Himmel, wobei diese Rede vom Krieg ihre Pointe darin findet, daß gerade das Schwache sich gegenüber dem Starken durchsetzt. Diese Pointe trifft nicht den Erfahrungshorizont der Jugendlichen. Sie muß erläutert werden.

d) Der Text wird nicht erzählt, um Hörerinnen und Hörern Angst zu machen, sondern um bei ihnen trotz gegenwärtiger Leiden Zuversicht auszulösen. Dies geschieht, indem in der Offenbarung eine Äonenwende geschildert wird, die die Gewißheit zukünftigen Heils als im gegenwärtig noch verborgenen Äon bereits verwirklicht begründet. Dies muß auch Auswirkungen auf die Atmosphäre des Gottesdienstes haben. Trotz der kriegerischen Metaphorik des Predigttextes können die Bausteine der Liturgie das übergreifende Motiv der Zuversicht aufnehmen.

II. Konkretionen, Beispiele, Veranschaulichungen

a) Die in dem Kampf zwischen Drache und Michael zum Ausdruck kommende Dynamik läßt sich besonders gut in eine Verklanglichung des Textes mit Orffschen Instrumenten umsetzen. Vielleicht könnten dem Drachen und dem Lamm einfache und eindeutige Motive (Xylophon, Pauke) zugeordnet werden, die während der Predigt und in anderen Teilen des Gottesdienstes wieder aufgenommen werden könnten.

b) Zum Thema „Christenverfolgung" könnte aus dem Brief des Plinius an Trajan (z. B. abgedruckt in Quellenbuch zur Kirchengeschichte I/II, hg. v. H. Schuster u. a., Frankfurt 1976, 15f) zitiert werden: Plinius, römischer Regierungsvertreter in Bithynien, ist sich nicht ganz sicher, wie er mit den Anhängern und Anhängerinnen dieser neuen Religion des Christentums umgehen soll. Deshalb schreibt er an seinen Vorgesetzten, den Kaiser Trajan, um sich dessen Zustimmung zu seinem Handeln zu versichern. Er schreibt: „Ich fragte sie, ob sie Christen wären. Gestanden sie das ein, so fragte ich sie unter Androhung der Todesstrafe zum zweiten und dritten Male; blieben sie dann noch verstockt, so ließ ich sie hinrichten. Denn ich zweifelte nicht, daß man, einerlei wie es auch sonst um ihr Vergehen stände, jedenfalls ihre Hartnäckigkeit und ihren unbeugsamen Trotz bestrafen müßte. ... Gerade diese Angaben ließen es mir noch nötiger erscheinen, von zwei Mägden, die dort Dienerinnen genannt wurden, die Wahrheit auch durch Martern zu erpressen. Allein ich konnte nichts anderes finden als einen verkehrten maßlosen Aberglauben. ... Aus jedem Alter, jedem Stande und aus beiden Geschlechtern sind viele Personen der Gefahr ausgesetzt und werden es auch noch künftig sein, da jener ansteckende Aberglaube sich nicht nur in den Städten, sondern auch in den Dörfern und auf dem platten Land verbreitet hat; indes wird man ihm allem Anschein nach doch noch Einhalt tun und ihn vielleicht wieder ganz ausrotten können" (ebd.).

c) Um Jugendlichen den zweiten Teil des Textes zugänglicher zu machen, wird dieser in der Predigt als Detektivgeschichte aufgenommen: In der Verfolgungssituation waren Christen gezwungen, eine Geheimsprache zu entwickeln, die nur sie, nicht aber ihre Verfolger verstehen konnten. Die Predigt recherchiert die „wahre" Bedeutung des Textes, indem sie aus biblischen oder anderen Texten (z. B. für das Lamm: Johannes 1,29; Agnus Dei der Abendmahlsliturgie; für das Märtyrertum: vgl. IIb, etc.) Hinweise zur Entschlüsselung des Geheimcodes sammelt.

d) Ein Aphorismus von E. Fried (aus: Lebensschatten, Berlin 1981): „Wer will, daß die Welt so bleibt, wie sie ist, der will nicht, daß sie bleibt."

III. Aus Religionsunterricht, Konfirmanden- und Jugendarbeit

a) Im Konfirmandenunterricht oder Kindergottesdienst haben Jugendliche Umrißfiguren von einem Lamm und einem Drachen angefertigt und auf ihnen Charaktereigenschaften dieser Tiere notiert. Im Gottesdienst werden die beiden Figuren als Hinführung zum Predigttext unter folgendem Aspekt vorgestellt: Wer ist eigentlich stärker? Wer kann sich besser durchsetzen?

b) Im Konfirmandenunterricht geben Konfirmandinnen und Konfirmanden dem Drachen einen Namen. Sie stellen kurze Statements zu folgenden Fragen zusammen: Wo ist auf der Erde die Hölle los? Wo herrscht der Drache? Im Gottesdienst werden diese nach der Einführung des Predigttextes von Jugendlichen vorgelesen. Die Gemeinde antwortet auf jedes Statement mit dem Protestruf: „Aber seine Zeit läuft ab. Unser Gott hat gesiegt!". Auf diese Weise inszeniert die Gemeinde den Drachenkampf im Gottesdienst.

c) Als Variante von b): Die Jugendlichen bauen im Konfirmandenunterricht eine „teuflische" Zeitbombe, indem sie einen Wecker oder ein Metronom in einem Kochtopf in ein Paket packen. Das Ticken der „Bombe" wird im Gottesdienst dem Verlesen der von den Jugendlichen erstellten Statements (vgl. IIIb) unterlegt. Nach angemessenen Pausen antwortet jeweils ein einzelner/eine einzelne mit dem Protestruf des Lammes.

IV. Liturgische Gestaltungsmöglichkeiten

a) Liedvorschläge: 1. Auf, auf, mein Herz, mit Freuden (EG 112); 2. Es kennt der Herr die Seinen (EG 358); 3. Es mag sein, daß alles fällt (EG 378); 4. Ein Schiff, das sich Gemeinde nennt (EG West 604)

b) Ein Meditationstext von R. Rau:

„Herr, hilf uns, unsere Waffen abzulegen:
die scharfen Worte, die bösen Blicke,
die verletzende Sprache, die giftigen Angriffe,
die lähmende Überheblichkeit, das erdrükkende Kraftprotzen,
die atemberaubenden Frechheiten,
den beißenden Spott
und all das, womit wir sonst
den täglichen Kleinkrieg führen.
Herr, gibt deinen Frieden hinein
in unsere Sprache,
in unsere Blicke, in unsere Hände und Füße,
in unseren Intellekt, in unsere Phantasie,
in unser Herz. Amen!“
(abgedruckt in H.-G. Beutler, Gib mir dein Wort, Düsseldorf 1986.)

c) Noch ein Meditationstext (aus ZAC 11/1996, 18):

„der mensch
angesichts des leides in der welt
meint er könne nicht mehr von gott reden
müsse gott-los sein

hiob
angesichts des leides in seiner welt
muß mit gott reden
muß seine klagen an gott los werden

gott
angesichts des leides in der welt
will daß die menschen ihre klagen los werden
will nicht menschen-los sein“

d) Bonhoeffers „Von guten Mächten“ kann als Kontrasttext an verschiedenen Stellen (besonders im Zusammenhang des Segens am Schluß des Gottesdienstes) aufgenommen werden.

V. Literatur- und Medienhinweise

a) Alle Materialhefte zur 57. Bibelwoche 1994/95

b) Texte zu den Themen „Christenverfolgung“ und „Ankläger“ finden sich in:
1. G. Stemberger (Hg.), 2000 Jahre Christentum, Erlangen 1994
2. K. Berger, C. Colpe, Religionsgeschichtliches Textbuch zum NT (NTD Textreihe Bd. 1) Göttingen 1987, Texte Nr. 618–622

c) Texte von Jugendlichen zum Thema „Theodizee“ aus ZAC 11/1996; zu beziehen über CVJM-Westbund, Postfach 202051, 42220 Wuppertal

Carsten Haeske – Hans Ulrich Kessler

18. SONNTAG NACH TRINITATIS – RÖMER 14,17–19

I. Die Jugendlichen und Römer 14,17–19

a) Übersetzungen:
Im Vergleich von Luther-Übersetzung, Einheitsübersetzung, „Gute Nachricht“ und J. Zink-Übersetzung haben alle Texte ihre Vor- und Nachteile. Für den Luther-Text spricht z. B., daß er als einziger „basileia tou theou“ mit „Reich Gottes“ wiedergibt (Zink: „Das neue Leben unter der Herrschaft Gottes“ und die Gute Nachricht: „Wo Gott seine Herrschaft aufrichtet“) und damit sprachliche Verbindungen zum Vaterunser („Dein Reich komme“) und zu einigen Liedtexten möglich sind. Wir denken, daß man diesen klassischen Terminus der Theologie nicht

aufgeben sollte, auch wenn Jugendliche z. T. sehr diffuse Vorstellungen davon haben. Der Gottesdienst kann hier sogar sein wichtiges Thema finden und zum Nachdenken über das „Reich Gottes“ anregen.
Wir schlagen darum folgende Textvariation vor: „Das Reich Gottes ist mehr als nur Essen und Trinken. Das Reich Gottes wächst aus dem Heiligen Geist und zeigt sich in Gerechtigkeit, Friede und Freude. Wer sich dafür einsetzt, an dem hat Gott Gefallen, und auch die Menschen finden einen solchen Einsatz überzeugend. Darum laßt uns wachsam darauf achten, was dem Frieden dient und wie wir uns gegenseitig weiterhelfen können.“

b) Anknüpfungspunkte:
Reich Gottes ist nicht (nur) Essen und Trinken (vgl. Matthäus 6,25 ff: „Ist nicht das Leben mehr als die Nahrung … Trachtet zuerst nach dem Reich Gottes.“). Bei Jesus geht es in diesem berühmten Abschnitt der Bergpredigt um Prioritäten in unserem Leben. Die Sorge um Essen und Trinken achtet er nicht gering, was durch die Vater-Unser-Bitte für das tägliche Brot deutlich wird, allerdings gilt es die Priorität zu setzen: „Darum trachtet zuerst nach dem Reich Gottes!“ Jugendliche würden sagen: „Es muß doch noch mehr im Leben geben als …“
Paulus: Reich Gottes ist Gerechtigkeit, Friede und Freude im Hl. Geist. Ist das nicht nur großer Wortschwall? Man ist geneigt, die Trias „Friede, Freude, Eierkuchen“ zu assoziieren als Kritik an großen, doch oft hohlen Politikersprüchen. Auch Kirche muß aufpassen, daß ihrer ökumenischen Trias Gerechtigkeit, Frieden, Bewahrung der Schöpfung in der Wahrnehmung Jugendlicher nicht gleiches passiert.
Das Wort „dienen“ (Luther ’84) ist eigentlich „megaout“ und wurde darum in unserem Textvorschlag durch „sich dafür einsetzen“ ersetzt. Das Phänomen „sich für ein großes Ziel einsetzen“ ist bei Jugendlichen durchaus aktuell (Wir denken z. B. an die Anerkennung, die Greenpeace-Aktivisten genießen.). Auch von der Kirche wird erwartet, daß sie sich (dienend) für andere einsetzt: Einer Umfrage aus den 80er Jahren zufolge sollte sich Kirche stärker für Arbeitslose, für Kinder und Behinderte einsetzen. Schon 1944 formuliert D. Bonhoeffer in einem Brief aus dem Gefängnis: „Die Kirche ist nur Kirche, wenn sie für andere da ist … Sie muß an den weltlichen Aufgaben des menschlichen Gemeinschaftslebens teilnehmen, nicht herrschend, sondern helfend und dienend … Nicht durch Begriffe, sondern durch ‚Vorbild‘ bekommt ihr Wort Nachdruck und Kraft.“ Kirche sind wir: Im Gottesdienst sollte die Frage zur Sprache kommen: Wo kann und soll ich mich/können und sollen wir uns engagieren? Stichwort: Global denken, lokal handeln!

c) Der Text im Kontext von Römer 14:
Unser Text steht in einem Abschnitt des Römerbriefes, in dem der Apostel auf einen vermuteten oder tatsächlichen Streit in der römischen Gemeinde eingeht. Dürfen Christen Götzenopferfleisch essen, oder erkennen sie damit die Macht der römischen Götter an und verunreinigen sich somit (so – bei Paulus – die Position der „Schwachen im Glauben“, vermutlich die Position der Judenchristen), oder ist so ein Fleischverzehr geradezu ein Zeichen der Nichtanerkennung dieser Götter und Ausdruck christlicher Freiheit (so die Position der „Starken im Glauben“)? Paulus bietet in Römer 14 folgende Lösung an: Die Frage nach Fleischverzehr berührt nicht den status confessionis, wohl aber, wie wir in der Gemeinde mit der Gewissensnot der „Schwachen“ in dieser Frage umgehen. Gerade Jugendliche in ihrer erfrischenden Radikalität und Konsequenz neigen dazu, das selbst als richtig Erkannte anderen als Maßstab für deren Verhalten vorzuhalten. Paulus, sonst nicht minder radikal (vgl. den Streit mit Petrus in Antiochien), vertritt hier eine moderate Strategie, mit dem Ziel, den Andersdenkenden nicht zurückzustoßen. Wie reagieren Jugendliche auf derartig moderate Vorschläge? Bleibt die Wahrheit nicht vielfach auf der Strecke, wenn, wie bei vielen kirchlichen wie politischen Ver-

lautbarungen um der Einheit willen Kompromisse formuliert werden? Muß nicht, wer gegen die Diskriminierung von Homosexuellen ist, auch für die Segnung von gleichgeschlechtlichen Paaren votieren? Oder ist auch hier die Rücksichtnahme auf die Gewissensnot der „Schwachen" nach Römer 14 geboten?

d) Der Predigttext im Kontext des Gottesdienstes

Das Proprium des Sonntags ist als Kontext zur Erhellung des Predigttextes im Hinblick auf Jugendliche fruchtbar zu machen.

Wochenspruch: 1. Johannes 4,21. Die Beziehung von Gottesliebe und geschwisterlicher Liebe. Wer Gott allein die Ehre gibt, aber seine Geschwister nicht wahrnimmt, ist ein Heuchler und Lügner! Jugendliche haben ein gutes Gespür für die Zusammengehörigkeit von Wort und Tat, von Bekenntnis und Lebenspraxis.

Evangelium: Die Frage nach dem wichtigsten Gebot: Das Doppelgebot der Liebe. Es ermöglicht christliche Freiheit und eröffnet Gestaltungsspielräume gerade im Umgang mit Geboten und Konventionen. Jesus erhebt sich hier über jede Kasuistik und leere Gesetzlichkeit. Ein Angebot an Jugendliche, die sich größere Gestaltungsspielräume für ihr mehr und mehr selbstverantwortetes Leben wünschen.

II. Konkretionen, Beispiele, Veranschaulichungen

Starke und Schwache im Glauben – das Thema von Römer 14:

a) (K)ein Einzelfall: Schüler/innen planen eine Klassenfete. Bei Einkauf des Grillgutes fällt einigen Schüler/-innen buchstäblich im letzten Moment ein, daß die fünf muslimischen Schüler/-innen keine Grillwürstchen aus Schweinefleisch essen dürfen. Nach kurzer Beratung entschließen sie sich, Rinderwürstchen zu kaufen, auch wenn diese etwas teurer sind. Schließlich sollen alle bei der Fete mit dabei sein (Diese Szene kann auch in unterschiedlichen Varianten, mit unterschiedlichen Lösungsansätzen gespielt werden.).

b) Kirchenalltägliche Kelchverwirrung: In unserem CVJM gibt es Mitarbeiter/-innen, für die ein Abendmahl ohne „richtigen Wein" kein vollgültiges Abendmahl ist. Es stellt sich angesichts dieser Position die Frage, wie wir als Gemeinde damit umgehen, wenn wir auch an Kinder, Konfirmanden und alkoholkranke Gemeindeglieder denken? Auch diesen Personen wollen wir doch die Teilnahme am Gemeinschaftskelch ermöglichen. Wie kann das Problem gelöst werden, ohne daß die Gemeinde auseinandergerissen wird? In zeitlicher Nähe zum Gottesdienst könnte im Konfirmandenunterricht oder in einer Jugendgruppe ein Planspiel initiiert werden. Dabei sollen die Teilnehmer/-innen eine Presbyteriumssitzung zu diesem Thema durchspielen. Drei Positionen sind vertreten: Gemeinschaftskelch mit Wein, Gemeinschaftskelch mit Traubensaft, zwei Kelche. In den Gottesdienst könnten die Argumente und ggf. der Lösungsvorschlag einfließen.

c) Kirche für alle: Kirche für alle, muß eine andere, eine akzeptierende Kirche sein. Der nachfolgende Text versucht das Erleben eines Jugendlichen aufzuspüren:

hatte mal zeit
und sonst war 'nix los
bin in den gottesdienst gegangen
dachte
kannste ja 'mal 'reinschauen
war ja lange nicht mehr da

nachher
kam einer
der sagte
er freue sich
daß ich da sei

aber
wenn ich das nächste mal käme
dann solle ich doch eine hose ohne löcher anzieh'n
und kämmen könnte ich mich doch wohl auch
die lieder solle ich gefälligst „mitsingen"
bei Konzerten würden wir doch auch „mitgrölen"
kennt der mich?

und außerdem
sei es nicht üblich „bravo" zu rufen
und klatschen dürfe man auch nicht
das müsse doch jeder vernünftige Mensch einsehen

für wen hält der mich?

endlich ging er
„bis zum nächsten Sonntag …"
sagte er noch

nee
mit mir nich'
mich sieht der nicht wieder
mich nicht

ich bin doch nicht blöd!

III. Aus Religionsunterricht, Konfirmanden- und Jugendarbeit

Ergebnisse aus einem Unterrichtsgespräch (RU, 10. Schuljahr)

a) „Reich Gottes"

Eine Wortfeld-Assoziation ergab, daß die Schüler/-innen nur sehr diffuse und z. T. widersprüchliche Vorstellungen zum Begriff „Reich Gottes" haben: „Das Reich Gottes ist … die Erde, auf der wir leben; der Himmel über uns; die Gemeinschaft der Glaubenden; alles, was Gott geschaffen hat; Idealvorstellungen der Menschen; überall möglich …" Der Begriff „Reich Gottes" ist heutigen Jugendlichen fremd. Er gehört i. d. R. nicht zum aktiven Wortschatz. Da es sich um einen zentralen Begriff der Verkündigung Jesu handelt, ist hier ein Defizit aufgezeigt, was es wahrzunehmen und zu bearbeiten gilt. Wie können wir Jugendliche wieder an den Begriff „Reich Gottes" heranführen?

b) „Starke und Schwache im Glauben"

Schüler/-innen und ehrenamtliche Mitarbeiter/-innen äußerten: „Stark(e) im Glauben sind … selbstbewußte Menschen; überzeugte Anhänger; konzentrieren sich auf das Wesentliche; können ihr Leben aus dem Glauben heraus verantworten; Menschen mit großem Vertrauen."

„Schwach(e) im Glauben sind … wir alle; die Zweifelnden; Menschen in Anfechtung, die Gott Vorwürfe machen; leicht beeinflußbar; suchen Halt bzw. einen Rahmen für ihr Leben; müssen sich immer rechtfertigen. Schwach im Glauben ist heute weit verbreitet."

c) Sich aufmerksam in der Gruppe/Gemeinde wahrnehmen; sich gegenseitig stützen:

Gruppendynamische Spiele können das sich gegenseitige Stützen und Tragen im Vorfeld des Gottesdienstes erlebbar machen und Anlaß für ein Gespräch sein: z. B. Sitzen im Kreis auf den Knien des/der Mitspieler/-in. Im Gottesdienst kann das Spiel von Jugendlichen demonstriert, und die Erfahrungen können eingebracht werden: Ich habe erlebt/gelernt …

IV. Liturgische Gestaltungsmöglichkeiten

a) Schuldbekenntnis in Kombination mit dem Lied Meine engen Grenzen (EG West 600):
Guter Gott, Du liebst uns alle als Deine Geschöpfe und möchtest, daß wir uns untereinander wahrnehmen und respektieren über Unterschiede und Grenzen hinweg, die wir immer wieder errichten. Vergib uns unsere kurze Sicht und unsere engen Grenzen:
(1. Strophe)
Vergib uns unsere Mutlosigkeit, unsere Resignation vor den vielen Problemen unserer Zeit, unsere Erstarrung, die verhindert, daß wir selbst die kleinen Schritte nicht gehen, zu denen wir durchaus fähig wären:
(2. und 3. Strophe)
Guter Gott, wir bringen unsere Verunsicherung vor Dich. Im Gewirr der Stimmen unserer Zeit haben wir uns verloren und suchen nach Wahrheit über unser Leben, Wahrheit, in der wir uns fest machen können, aus der wir leben können. Schenke uns Geborgenheit in deiner Wahrheit:
(4. Strophe)
b) Glaubensbekenntnis
Bekenntnis zu Frieden und Gerechtigkeit von der Weltversammlung der Christen, Seoul 1990 (ML 2, 41). Dieses Bekenntnis könnte von mehreren Jugendlichen im Wechsel vorgetragen werden.
c) Fürbittengebet
Wir empfehlen das Friedensgebet aus der franziskanischen Tradition als gemeinsam gesprochenes Fürbittgebet: „Herr, mach mich zu einem Werkzeug deines Friedens“ (ML 1, 20, auch in den meisten EG-Ausgaben abgedruckt).
Zum Lied: Laß uns den Weg der Gerechtigkeit gehn (EG West 675) können (ggf. von Jugendlichen) Fürbitten zu den vier Strophen geschrieben werden, so daß sich Fürbitten und Strophen abwechseln. Wo das Lied noch nicht bekannt ist, bietet sich eine Gestaltung mit Chor/Jugendgruppe/Kantor an. Der Kehrvers und der Ruf „Dein Reich komme …“ könnte dabei von allen gesungen werden.
d) Lieder
Es kommt die Zeit (ML 1 B 74), dort die Trias „Friede, Freude, Gerechtigkeit“; Da berühren sich Himmel und Erde (ML 2 B 225); Selig seid ihr (EG West 666); Wenn das Brot, das wir teilen (EG West 667).

V. Literatur- und Medienhinweise

a) Gute Texte zur Gottesdienstgestaltung finden sich in: Vom Wunder des Möglichen. Gebete und Texte für Friedensgottesdienste. Beratungsstelle für Gestaltung, Frankfurt 1992 (z. B. 62f; 104ff).
b) Diverse Abendmahlsbilder können als Visualisierung von mißlungener bzw. geglückter Gemeinschaft eingesetzt werden, z. B. das Poster von „Brot für die Welt“: „Vergib …“ in H. M. Lübking: Kursbuch Konfirmation. Ein Arbeitsbuch, 59.
c) Da in vielen Kirchen und Gemeindehäusern auch die Misereor-Hungertücher vorhanden sind, bieten sie sich besonders als bereits vorhandene visuelle Medien an: das Hungertuch 1982 aus Haiti „Schaffe Recht den Unterdrückten und Armen“; das Hungertuch 1996/1997 von S. Köder: „Hoffnung den Ausgegrenzten“.

Michael Lingenberg/Michael Steffens

19. SONNTAG NACH TRINITATIS – EPHESER 4,22–32

I. Die Jugendlichen und Epheser 4,22–32

a) Ein Übertragungsversuch zum Text: „(Weil ihr Jesus jetzt kennt) könnt ihr doch nicht mehr so weiterleben wie zuvor. Hört auf, euch etwas vorzumachen: Alles haben zu wollen, macht nicht glücklich, es macht euch auf Dauer kaputt. Versucht lieber, euch an Gott auszurichten: Lebt als Menschen, wie Gott sie sich gedacht hat, ehrlich und ohne Selbstbetrug. Belügt und betrügt euch nicht untereinander, sind wir denn nicht alle zusammen Freunde Gottes? Wenn ihr aufeinander sauer seid, dann soll euer Ärger nicht ewig dauern: Reicht euch die Hand und sprecht euch aus. Nur so könnt ihr den Teufelskreis der Rechthaberei durchbrechen. Wer bisher auf Kosten anderer lebte, kann bestimmt auch durch richtige Arbeit für sein Leben sorgen. Und sicher bleibt noch genug übrig, um es mit denen zu teilen, die unsere Hilfe brauchen. Ein gutes Wort oder ein Lob wirkt Wunder: Es baut auf und macht stark. Schlecht reden zieht den Anderen runter. Es hilft ihm nicht. Und es beleidigt Gott. Denn Gott hat uns als Menschen geschaffen und will, daß wir menschlich miteinander umgehen, seine Menschen bleiben für alle Zeit. Also hört auf, euch gegenseitig fertigzumachen: keine provozierenden Worte, kein Übereinander-Reden, keine offene Feindschaft. Geht ehrlich miteinander um, versucht, andere Standpunkte zu begreifen. Seht euch mit den Augen Gottes an, probiert seinen Blickwinkel aus, denn er hat euch lieb und will euch allen Gutes."

b) Sprache und Anliegen der Perikope werden von Konfirmanden und Konfirmandinnen als schwierig und kompliziert empfunden. Die Bilder und Vorstellungswelt der Paränese in der zweiten Hälfte des Epheserbriefes (4,1–6,20) sind weit weg von ihrem Erleben. Und doch hat die Aufforderung der „Taufparaklese" (Schnackenburg), als „neuer Mensch" (Verse 22–24) in einer (zunehmend) unchristlichen Welt zu leben, nichts an Aktualität verloren.

c) Gemeinde als klassen- und schrankenlose Gesellschaft, die solidarisch lebt und miteinander teilt, – diese Fantasie von einem anderen Miteinander spricht Jugendliche an. Gespiegelt wird die Vision von einem anderen Lebensentwurf gegen die schon im Kindergarten beginnenden negativen Abgrenzungen, etwa über das Image von Marken: „adidas: hui – Puma: pfui".

d) Die Verse 25–32 konkretisieren im Stil antiker Lasterkataloge diesen neuen Lebenswandel. „Einst und Jetzt" werden gegenübergestellt (vgl. 2,1–10). Auffällig ist, daß aktives Verhalten gefordert wird und nicht nur passives Unterlassen. Geschwisterlicher Umgang nach dem Vorbild Jesu ist angesagt. Das macht die Gemeinschaft des einen Leibes Christi, der Kirche, aus (4,15). Darum sollte der Text in Ermutigung umgesetzt werden. Drohbilder wie die (in evangelikalen Kreisen oft bemühte) „Sünde wider den Heiligen Geist" (Vers 30) blockieren unnötig.

II. Konkretionen, Beispiele, Veranschaulichungen

a) Konfirmandinnen und Konfirmanden aktualisieren die Gegenüberstellung von „Einst und Jetzt". Vor dem Gottesdienst interviewen sie (mit Notizblock oder Kassettenrekorder) an der Kirchentüre Gemeindeglieder, z. B.: „Worin unterscheidet sich ihr Leben als Christ von dem anderer Menschen?", „Welche Maßstäbe gibt es in Ihrem Leben?", „Was bedeutet es für Sie, als Christ heute zu leben?". Ausgewählte Voten können in der Liturgie aufgenommen werden (vgl. IVa).

b) Jugendliche fertigen eine Collage zu Vers 30 an: „Das beleidigt Gott …“ (Variante: Eine Kontrast-Collage „Mit den Augen Gottes schauen …“ macht positive und negative Aspekte deutlich.)

c) Jugendliche verfassen (in Verbindung mit IIb) ein Schuldbekenntnis „Gott wird dort beleidigt, wo …“

d) Taufe bedeutet Herrschaftswechsel. Das läßt sich pantomimisch oder auch tänzerisch umsetzen: Dunkel gekleidete Jugendliche stellen die Lasten des alten Lebens dar (ggf. Attribute an die Kleidung heften oder laut benennen). Ihnen werden weiße Kleider übergezogen, sie erscheinen als neue, freie Menschen (Variation: Unterlegung mit Musik z. B. Orff-Instrumentarium, Orgel-Improvisation).

e) Erstellen einer Lebens-Bilanz von „Haben und Sein“ (Vers 22f) in Einzelarbeit: Ein DIN-A4-Blatt wird längs unterteilt: Links wird ein Leben nach dem Prinzip des Habens, rechts nach dem Prinzip des Seins in Schlüsselbegriffen aufgeschrieben. Was erfüllt uns unterm Strich, was läßt uns leer ausgehen? (Variante: Gruppenarbeit auf einer Wandzeitung: Erstellung eines Textplakates.)

f) Einzelarbeit: Assoziatives Malen „Alt – Neu; Einst – Jetzt“.

III. Aus Religionsunterricht, Konfirmanden- und Jugendarbeit

a) Der Epheserbrief richtet sich konkret an frühchristliche Gemeinden und spricht ihre Fragen nach Bewährung christlicher Existenz in einer nichtchristlichen Gesellschaft an. Seine Ratschläge für die Gegenwart zu bedenken, heißt zuerst, ihn als eine ebenso konkrete Anrede an uns zu verstehen, ihn mit unserer Wirklichkeit zu versprechen, z. B. im Dialog mit dem Verfasser des Epheserbriefes:

„Das ist mir zu schwer, mein Leben nach Gott auszurichten. Wer sagt mir denn, daß dieser Maßstab für mich gut ist? Es gibt doch so viele andere! Und was heißt das schon, wie ein ‚neuer Mensch‘ zu leben. Meine Freunde werden mich als komischen Heiligen auslachen. Nein, du unbekannter Apostel, du verlangst zu viel von mir. Ich komme ganz gut zurecht, so wie ich lebe. Einander nicht belügen und betrügen? Ich denke, die Zeiten haben sich geändert. Man muß schon auf sich selber schauen, überlegen, welche Informationen man weitergibt und welche man besser für sich selbst behält: Selbstbehauptung, um nicht aufs Kreuz gelegt zu werden. Natürlich gibt es Grauzonen, aber ich versuche so anständig wie möglich da durch zu kommen, und bei meinen Freunden (Was sind eigentlich Freunde?) achte ich besonders darauf.“

„Rechthaberei – das Gesicht bewahren – die eigene Position durchsetzen – natürlich eskaliert das manchmal, aber schließlich kann man sich nicht alles gefallen lassen. Auch angepaßtes Duckmäusertum beleidigt Gott und sein Bild vom freien Menschen.“

Verschiedene Formen eines solchen Dialoges sind denkbar, auch eine Auseinandersetzung anhand der Leitbegriffe des Textes (Stilmittel: Homilie).

b) Das neue Leben in der Verantwortung vor Gott will aktiv gestaltet sein (vgl. Ic). Es orientiert sich an der positiven Erweiterung der „Goldenen Regel“ als Handlungsmaxime (Matthäus 7,2). Die Konfirmandinnen und Konfirmanden formulieren Sätze, beschreiben Situationen, in denen die Goldene Regel zur Anwendung kommt.

IV. Liturgische Gestaltungsmöglichkeiten

Alle unter II. und III. genannten Zugänge können in den Gottesdienst eingetragen werden.

a) „Als Christ heute zu leben, bedeutet für mich …“ Ausgewählte Voten werden im Eingangsgebet/Schuldbekenntnis aufgenommen.

b) „Als Christ heute zu leben, bedeutet für mich …“ Jeder Gottesdienstbesucher bekommt ein Kärtchen mit diesem Halbsatz, den er in einer Stillphase für sich (schriftlich) ergänzt. Die (eingesammelten) Antworten können für ein Predigtgespräch mit der Gemeinde genutzt werden.

c) „Ein gutes Wort wirkt Wunder …“ Jugendliche formulieren ihre Erfahrungen als Kollektengebet.

d) Jugendliche formulieren Antithesen: „Das macht uns glücklich, Gott … – Das macht uns kaputt, Gott …“ (Dazu ein Kyrie-Ruf, z. B. EG 178.9 oder EG 178.11).

e) Ausgehend von einem Schreiben an den Autor des Epheserbriefes wird eine Dialogpredigt (Jugendliche und Pfarrerin/Pfarrer) gehalten.

f) Lieder: Wende das Böse (ML 1 B 24); Wenn jeder gibt, was er hat (ML 1 B 35); Christen seht euch um und staunt, in: Trautwein, Nr. 167

V. Literatur- und Medienhinweise

a) Eine Geschichte zu Vers 27: G. Zwerenz, Nicht alles gefallen lassen, in: G. Zwerenz, Nicht alles gefallen lassen, FiTb 1314

b) Ein Bild: Holzschnitt Tretmühle (auf Overhead-Folie im Altarraum projiziert) von W. Habdank, in: W. Habdank, Holzschnitte, Radius-Verlag, Stuttgart

c) Komm, Herr, segne uns. Texte und Melodien von D. Trautwein und befreundeten Autoren, herausgegeben von: Beratungsstelle für Gestaltung von Gottesdiensten und anderen Gemeindeveranstaltungen, Frankfurt

Reinhard Gorski

20. SONNTAG NACH TRINITATIS – 1. THESSALONICHER 4,1–8

I. Die Jugendlichen und 1. Thessalonicher 4,1–8

a) Für welche Übersetzung ich mich auch entscheide: Der Klang der Worte verbreitet Ernsthaftigkeit. Ihr Ton ist düster. Worte wie „Unzucht“, „Unreinheit“, „gierige Lust“ erwecken Aufmerksamkeit. Andere wie „immer willkommener werden“, „Heiligung“, „Heiligkeit“, „Gottes Wille“ lösen eher Unverständnis aus. Über allem breitet sich aus: „ermahnen zu …“.

b) Vers 6a entfaltet ein gerade heute konkretes, immer dringlicher werdendes Mahnen: „Niemand übervorteile seinen Bruder!“ Da lassen sich ausreichend Beispiele aus der Schule, der Freizeit und der Berufswelt der Eltern finden.

c) Paulus warnt vor Unzucht und Habgier. Anderswo wird der Götzendienst als dritte Verfehlung genannt. Der Apostel polemisiert so gegen die Heiden und ihren Lebenswandel. Offenbar ist die Arbeit von Paulus in seiner Gemeinde noch nicht abgeschlossen (Apostelgeschichte 17,1–10). Er muß befürchten, daß Feindseligkeiten der Mitbürger anhalten und die Festigkeit der Gemeinde auch durch Mißstände in den eigenen Reihen auf eine harte Probe stellen (1. Thessalonicher 2,2). Aber der Apostel vertraut darauf, daß die Gemeinde in der Kraft des von ihm vermittelten Evangeliums so überzeugend den Glauben lebt. Dadurch wird überall davon gesprochen und Mitmenschen beispielhaft geholfen. So werden sie sich „hier und anderenorts“ dem Evangelium öffnen. Sie werden erleben, was das Evangelium bedeutet. Der tätige Glaube an Christus „lohnt sich“. Paulus will die Gemeinde trösten und ihnen, wenn auch sehr ermahnend, Zuspruch senden.

d) Die Konfirmandinnen und Konfirmanden entdecken den Widerspruch in den Worten des Paulus: Einerseits werden Bitten und Ermahnungen ausgesprochen, andererseits wird aber bestätigt, daß die Gemeinde derer so gar nicht bedarf, denn sie lebt ja schon vorbildlich „gottgefällig“. Offenbar ist das aber nicht genug, denn es muß nach höherer Vollkommenheit gestrebt werden.

e) Deutungen von „Unzucht“, „gieriger Lust“ und „Unreinheit“ bereitet Konfirmandinnen und Konfirmanden – nicht nur im Zusammenhang mit ihrer natürlichen „Neugier“ und den Berichten vom Mißbrauch durch Erwachsene – Mühen. Was sie dabei bedenken und empfinden, sprechen sie wohl eher nur in kleineren Gruppen aus. Der Gottesdienst eignet sich dazu nicht.

f) Vers 8 deutet die Beziehung von Menschen und deren Verachtung durch das Verhältnis zu Gott. Das ist nach alter jüdischer Tradition durch Unzucht und Geldgier besonders gefährdet. Diese Tatsache macht den der Heiligung entsprechenden Umgang miteinander besonders wichtig und dringlich. Die Gemeinde soll ihr Leben dem Willen Gottes entsprechend gestalten. Heiligung (durch die Taufe) bedeutet dabei: Gott entsprechend zu leben, sich verändern zu lassen und selbst die Lebensverhältnisse zu verändern.

g) „Unzucht“ bedeutet: Sexualität ohne Liebe, welche die und den anderen zu einem Objekt von Verlangen und Lust macht, deren „man“ sich bedient ohne Beziehung und Verantwortung. Bei der „Habgier“ ereignet sich ähnliches. Es ist die Gier nach Besitz um jeden Preis auf Kosten anderer, Betrügen, Übervorteilen, Ausbeuten. Solches Verhalten aber wird sich rächen, denn Gott „ist ein Rächer in allen Dingen“ (6). Deshalb wird es das Gericht geben. Daran glauben Paulus und die Gemeinden.

II. Konkretionen, Beispiele, Veranschaulichungen

a) Mit Hilfe des Sachbilderbuches Paulus aus Tarsus von D. Steinwede und anderer Materialien gestalten die Konfirmandinnen und Konfirmanden ein Zeitbild der Lebensverhältnisse der Christengemeinden zur Zeit des Paulus. Sie vergleichen diese mit Erlebnissen und Dokumenten aus ihrer Umwelt. Sie stellen dabei fest, wie sich die Beobachtungen und Warnungen des Paulus heute konkretisieren und möglicherweise verschärft haben oder verschleiert wurden. Die Konfirmandinnen und Konfirmanden stellen ihre Einsichten auf Schautafeln dar, die nach einem entsprechenden Gottesdienst zu besichtigen sind. Sie legen dazu ein Ausstellungsbuch an, in welches Meinungen und Anregungen eingetragen werden.

b) Wenn Paulus heute durch unseren Ort ginge, eine Zeitlang bei uns lebte, wohnte und arbeitete, was würde ihm dann aus seinem Blickwinkel auffallen? Wie würde er sich dann äußern? Die Konfirmandinnen und Konfirmanden gestalten dazu Karikaturen, Reportagen oder Erlebnisberichte.

c) Unmittelbar in Kirchennähe soll eine Bank gebaut und eröffnet werden. Ihre Kreditangebote versprechen großzügige Möglichkeiten, haben aber nachweisbar schon einige Mitmenschen in finanzielle Abhängigkeiten gestürzt. Die Konfirmandinnen und Konfirmanden „spielen" dazu eine kontroverse Debatte in der Gemeindeleitung. Diese wird verschärft durch Vorhaben einiger „bibeltreuer", sich auf Paulus berufender Gemeindemitglieder, die mit Plakataktionen und Anzeigenkampagnen jene Pläne verhindern wollen.

d) Die Konfirmandinnen und Konfirmanden gestalten ein „Briefspiel". Eine Gruppe gehört zu Vertretern einer Gemeindeleitung, eine andere wird gebildet aus „Paulus" und einigen seiner namentlich bekannten Mitarbeitern. Die Gemeindeleitung bedankt sich bei Paulus für das in seinem Brief geäußerte Vertrauen. Seine Ermahnungen aber bringen ihm den Vorwurf ein, er sehe das Treiben der „Heiden" und einiger aus der Gemeinde zu einseitig „schwarz", er verdamme die Welt und müsse wohl einsehen, daß auch Christen Zugeständnisse machen müssen, auch nur Menschen sind, die sich in der Welt eingerichtet haben. Sie könnten nicht immer Fremde und Außenseiter sein. Und wenn andere auf falsche Versprechen eingehen und hereinfallen, dann sei das doch deren Problem! Sie werfen dem Apostel übertriebene Moralvorstellungen vor. Paulus antwortet. Die Briefe können auszugsweise im Gemeindebrief oder einer Gemeindeversammlung zu Leben und Verantwortung der Gemeinde am Ort, im Gottesdienst veröffentlich werden und das gemeinsame Gespäch anregen.

III. Aus Religionsunterricht, Konfirmanden- und Jugendarbeit

a) W. Neidhardt erhellt mit seiner Erzählung „Paulus in Thessalonich" (vgl. Va) die Situation der dort lebenden Christengemeinde. Auch die im Vorwort gestellten Fragen verhelfen zu einem besseren Verständnis des vierten Kapitels. Die Erzählung lädt dazu ein, diesen Briefabschnitt miteinzubeziehen und also Fortsetzungen herauszufinden. Aus der Erzählung lassen sich durch Kürzung und Konzentrierung z. B. ein Hörspiel oder ein Film erarbeiten und im Gottesdienst vorführen.

b) Die Unterrichtseinheit „Statt kneifen – Farbe bekennen" enthält zahlreiche Anregungen, mit denen der Briefabschnitt unter der Frage „Wie können Christen in Thessalonich" und hier „am Ort" entschieden „ihren Glauben bekennen" und „für andere" sichtbar, einladend und überzeugend im Alltag der Welt „leben".

c) Ausgehend von „Abendmahl in Korinth – ein Streit unter Christen" (ku-praxis 29, 15 ff) kann ein ähnliches, der von Paulus beschriebenen Situation entsprechendes Rollenspiel entworfen werden. Dabei wird (während einer Gemeindeversammlung) gefragt, wie denn Christen „heute" in den oben benannten Situationen ihrem Herrn verantwortlich und Gott entsprechend – alternativ – leben sollen. Das wird in einem Antwortschreiben aus der konkreten Gemeinde an Paulus zusammengefaßt.

IV. Liturgische Gestaltungsmöglichkeiten

a) Als „Thema" des Gottesdienstes bieten sich Worte des Wochenpsalms 119 (Verse 101–108) an. „Dein Wort ist meines Fußes Leuchte und dein Licht auf meinem Wege". Das ist in einer sehr persönlichen Begrüßung durch eine Konfirmandin oder einen Konfirmanden anzukündigen.

b) Mögliche Lieder: Wir haben Gottes Spuren festgestellt (ML 1 B 80); Herr, deine Liebe ist wie Gras und Ufer (ML 1 B 14);

Wohl denen, die da wandeln (EG 295); Strahlen brechen viele aus einem Licht (EG 268).

c) Das Evangelium, Markus 2,2–9, wird mit einer kurzen Hinführung als Ermutigung für alle gedeutet, die „wie gelähmt" angesichts der nahen und fernen Probleme verharren und meinen, es könne auch durch Christen nichts bewegt und verändert werden, Versagen und Schuld ließen uns erstarren und alles nur noch von Gott allein erwarten oder geduldig ertragen (Die Epistel wird nicht gelesen).

d) Als Predigt werden die durch das Wort geschehenen Einfälle und „Erleuchtungen" der Konfirmandinnen und Konfirmanden veröffentlicht (siehe z. B. II d).

e) Die Konfirmandinnen und Konfirmanden haben Fürbittgebet und Segenswünsche erarbeitet und sprechen diese im Gottesdienst.

V. Literatur- und Medienhinweise

a) Paulus in Thessalonich (Apostelgeschichte 17,1–9), in: W. Neidhardt, Erzählbuch zur Bibel 2, Lahr, Düsseldorf–Zürich 1989, 272 ff

b) Unterrichtseinheit – Glaubensbekenntnis, Statt kneifen – Farbe bekennen, in: Vom Glauben, der die Welt umspannt, PTI Materialdienst Bonn (Bad Godesberg) 1995, 9.1–9.35

c) K. Bassow, M. Mihan-Bossow, Abendmahl in Korinth – ein Streit unter Christen, ku-praxis 29, Gütersloh 1991, 15 ff

Andreas Riemann

21. SONNTAG NACH TRINITATIS – EPHESER 6,10–17

I. Die Jugendlichen und Epheser 6,10–17

a) Mit diesem Text haben nicht nur Jugendliche ihre Probleme. Die Kommentare zu Epheser 6 bescheinigen dem Verfasser eine schwer verständliche, hymnische Sprache, die nur mühevoll und nicht immer eindeutig in unserer Zeit verstanden werden kann.

Werden Jugendliche mit diesem Text konfrontiert (hier: Schülerinnen und Schüler der Klassen 7, 8 und 9 einer Hauptschule), assoziieren sie: „Kampf", „Ritter", „Krieg der Sterne", „Das Imperium schlägt zurück", „Schwertkampf", etc. Aus dem Gesamt des Textes, den sie einmal hörten bzw. lasen, hatten sie die herausragenden Begriffe, die Kampf, Auseinandersetzung mit mächtigen Gegnern und Selbstverteidigung für sie bedeuteten „herausgefiltert".

b) Für Jugendliche ist die Erfahrung, bedrängt zu werden, angegriffen zu werden oder sich bedroht zu fühlen, nicht unbekannt. In einer „harten" gesellschaftlichen Realität ist die Situation der Bedrohung eine Normalität.

Insbesondere männliche Jugendliche versuchen häufig, sich durch körperliche Stärke oder Bewaffnung vor einer Gefahr zu schützen. Aber das Wort Gottes als Stärke? Der Glaube als Schild? Mit dem Herrn in Verbindung bleiben und dadurch stark werden?

c) Erst wenn Jugendliche den historischen Kontext, die damalige Situation der Gemeinde in Ephesus kennenlernen, können andere Aspekte als die auf den ersten Blick herausragenden kriegerischen Begriffe wahrgenommen werden.

d) Jugendliche nehmen jetzt auch andere Textausschnitte und Begriffe wahr:
- Verbindung mit dem Herrn
- Durch ihn stark werden
- Die Wahrheit „umbinden“
- Die Gerechtigkeit „anlegen“
- Die gute Nachricht des Friedens verkünden
- Den Glauben „tragen“
- Das Wort Gottes erhalten

Für die Jugendlichen wird nun deutlich, daß der Epheser-Text nicht zum „Krieg der Sterne“ aufruft, sondern die Einheit der christlichen Gemeinde und das Wachsen des Glaubens der Gemeindeglieder fördern möchte. „Anscheinend war die Gemeinde damals in Gefahr, kaputtzugehen. Da mußten sie aufgerüttelt werden“, kommentiert ein 14jähriger Hauptschüler jetzt den Epheser-Text.

II. Konkretionen, Beispiele, Veranschaulichungen

a) Konfirmandinnen und Konfirmanden begeben sich auf die Suche:
„Wo findest Du in deiner Umgebung Stärke, Wahrheit, Gerechtigkeit, Frieden und Glauben?“
Die Begriffe müssen nicht zuerst „erklärt“ werden. Es geht auch darum, zu erfahren, was die Jugendlichen heute unter diesen Begriffen verstehen.
b) Jugendliche suchen Alternativen zur heute verbreiteten Vorstellung, Stärke sei mit körperlicher Kraft gleichzusetzen und Friede entstehe durch starke, mächtige Führungspersonen oder -strukturen (vgl. W. Kropp, AV Medien „Gewalt“ Calig-Verlag).
c) Jugendliche erfahren die Einheit einer Gruppe durch gemeinsame Unternehmungen. Sie erfahren die „Stärke“ einer friedlichen Gruppe durch das Erleben von Gemeinschaft (Klassenfahrten, Freizeiten, Friedensaktionen, etc.).
d) Konfirmandinnen und Konfirmanden haben Videoclips von 2–3 Minuten Länge produziert, in denen Szenen von Bedrohung dargestellt werden. Die Gemeinde wird im Gottesdienst um Mithilfe gebeten: „Wie kann in solchen Situationen reagiert werden? Wie kann Stärke bewiesen werden, ohne körperliche Kraft und ohne Waffen?“
Ob die Erwachsenen es besser wissen als die Jugendlichen?

III. Aus Religionsunterricht, Konfirmanden- und Jugendarbeit

a) Konfirmandinnen und Konfirmanden entdecken die Nähe des Epheser-Textes zu der Ausdrucksweise alttestamentlicher Psalmen. Sie lesen zuerst den Epheser-Text laut, dann unmittelbar danach z. B. Psalm 91 laut – etwa in der Fassung von D. Stork, „Mein Lachen in der Angst“ (vgl. Va).
b) Im Religionsunterricht gestalten Schülerinnen und Schüler mit Ton. Das Thema heißt: „Meine Stärke – Gottes Stärke“.
Einige konstruieren Gebilde, die wie überdimensionale Muskeln aussehen, andere gestalten zwei Hände, die sich berühren.
c) Im Konfirmandenunterricht werden kurze Sätze auf Karteikarten geschrieben:
- Wahrheit ist wie …
- Gerechtigkeit verlange ich von …
- Im Wort Gottes finde ich …
- Frieden bekomme ich, wenn …
- In der Gruppe fühle ich mich wie …
- Stärke ist, wenn …

Die Konfirmandinnen und Konfirmanden ergänzen die unfertigen Sätze mit ihrer Meinung. Die Texte der vervollständigten Meinungskärtchen werden groß auf Pappen geschrieben.

IV. Liturgische Gestaltungsmöglichkeiten

a) Jugendliche lesen im Wechsel den Epheser-Text und Psalm 91 (nach Stork).
b) Jugendliche lesen als Predigt: „Zerbrich meine Angst" aus H. Bode, „Das Leben feiern", S. 10.
c) Im Gottesdienst werden Dias aus der Reihe AV-Medien, Gewalt, Calig-Verlag, gezeigt. Wo ist die Stärke?
d) Jugendliche sprechen Fürbitten für die Schwachen und Kranken in der Gemeinde. Wie können sie die Stärke unserer Gemeinschaft erfahren? Läßt sich die Gemeinde darauf ein, mit den Jugendlichen einen „Hilfeplan" für Schwache und Kranke in der Gemeinde zu entwickeln?

V. Literatur- und Medienhinweise

a) D. Stork, „Mein Lachen in der Angst", Stuttgart 1992
b) H. Bode, „Das Leben feiern", Kevelaer, 1988, 9ff
c) H. Conzelmann, A. Lindemann, „Arbeitsbuch zum Neuen Testament" (UTB 52) Tübingen 1988, 141ff

Werner Kropp

22. SONNTAG NACH TRINITATIS – PHILIPPER 1,3–11

I. Die Jugendlichen und Philipper 1,3–11

a) Als Textfassung wird die Übertragung von J. Zink gewählt.
b) Das Proprium des 22. Sonntags nach Trinitatis ist im wesentlichen ausgerichtet auf den Zusammenhang „Schuld und Vergebung". Der den Lesungen gemeinsame Gedanke der Teilhabe an der Gnade läßt es aber zu, den Schwerpunkt bei dem Dank und der Fürbitte für diejenigen zu setzen, mit denen zusammen man an der Gnade teilhat.
c) Im Gespräch über den Text haben Jugendliche betont, wie gut es tut, daß hier einer von seinen Gefühlen und Empfindungen für andere schreibt. Sie selbst spüren heute oftmals wenig davon, daß sich jemand über andere freut und mit ihnen freut. Vielleicht ging den Jugendlichen der paulinische Überschwang doch ein wenig zu weit, aber sie sahen seine Worte als Gegenbild zu mannigfachen Formen der Ichbezogenheit und Gleichgültigkeit gegenüber dem Ergehen anderer.
d) Bewunderung wurde spürbar, daß der Glaube an Jesus Christus diese Zuwendung zu den anderen bewirkt hat. „Ich finde es gut, daß man miteinander so fest zum Evangelium halten kann und daß das eine Bruderschaft begründet." Das ist nicht selbstverständlich. Dahinter steht das Wirken Christi (Vers 11), die Gnade Gottes (Vers 6). Die Verbindung, die sie schafft, hat eine andere Qualität als mancher oberflächliche gemeindliche Gemeinschaftsaktivismus. Jugendliche haben durchaus ein sensibles Gespür für Erscheinungen, die man unter dem Negativschlagwort „Wohlfühlkirche" subsumieren kann.
e) Es ist ein wohltuender Gedanke, in das Gebet eines anderen Menschen einbezogen zu sein. Da nimmt sich jemand Zeit im

Tagesablauf, vor Gott an andere zu denken und für sie zu beten. Gibt es heute auch Menschen, die das tun? Wer betet regelmäßig für die Jugendlichen in der Gemeinde, für die Konfirmandengruppen – im Stillen wie im Gottesdienst? Oder ist ihr Eindruck richtig, daß sie auch dort nicht vorkommen?

f) Solches Vertrauen, wie Paulus es den Philippern entgegenbringt, wünschen sich auch Jugendliche. Da sind nicht kasuistische Vorschriften, was zu tun und zu lassen ist, sondern das Vertrauen, daß in ihnen Urteilskraft wächst zu unterscheiden, was hilfreich ist und was schadet. Dafür allerdings gibt es einen Maßstab, und der Ratschlag des Apostels, sich daran auszurichten, wird dankbar angenommen: „Was ihr auch tut und redet, man soll euch anmerken, daß Christus in euch gewirkt und euch zurechtgebracht hat." (Vers 11)

II. Konkretionen, Beispiele, Veranschaulichungen

a) Eine Spielszene soll Konfirmandinnen und Konfirmanden und der übrigen Gemeinde helfen, den Bibeltext in die heutige Gemeindewirklichkeit zu übertragen. Rahmenhandlung ist die Zusammenkunft der (Haus-)Gemeinde um die Purpurhändlerin Lydia. Lydia ist Gemeindeleiterin einer wachsenden und engagierten, aber nicht konfliktfreien Gemeinde.

b) Wieder einmal ist die Gemeinschaft untereinander Diskussionsgrundlage. Was bedeutet es eigentlich, daß Menschen durch Christus zur Gemeinde verbunden werden? Was hat das für Auswirkungen für den Umgang miteinander? Sind Freude und Liebe zueinander spürbar? Da sind die Jüngeren in der Gemeinde, die danach fragen, wo sie vorkommen im Bewußtsein der Älteren. Da steht die Frage im Raum, wie die unterschiedlichen Gruppen aufeinander bezogen sind.

c) Wie so oft bei ihren Zusammenkünften kommen die Gemeindeglieder auch auf Paulus und sein Ergehen zu sprechen. Sie erinnern sich an die Gründung der Gemeinde durch Paulus, an die allmählich gewachsene enge Freundschaft mit ihm.

d) Lydia weiß Neues von Paulus zu berichten. Sie liest den Briefabschnitt Philipper 1,3–11 vor. Einzelne „Philipper" beschreiben ihre Empfindungen zu den Paulusworten: welche innere Kraft dieser Mann hat, worüber sie sich freuen und was sie ermutigt, wo sie sich überschätzt fühlen. Ihre Gedanken wenden sich hin zu Paulus im Gefängnis, sie werden zum Dank und zur Fürbitte für den Gefangenen.

e) Die Liebe des Paulus und sein Gebet für die Gemeinde über die weite räumliche Distanz hinweg hat die „Philipper" angeregt, über ihre Gebetspraxis nachzudenken. Mit welchen Menschen in der Nähe und Ferne sind sie durch Christus verbunden? Die momentane Lage des Paulus läßt sie zunächst an andere Gefangene denken, aber ihre Gedanken ziehen weitere Kreise, nehmen Menschen aus der Nachbarschaft in den Blick, die nicht zur Gemeinde gehören, bedenken christliche Gemeinden in anderen Städten …

III. Aus Religionsunterricht, Konfirmanden- und Jugendarbeit

a) Der Gottesdienst mit dem Text Philipper 1,3–11 wird eingebettet in den Rahmen einer Unterrichtseinheit im Kirchlichen Unterricht zum Thema „Gebet".

b) Die Konfirmandinnen und Konfirmanden betrachten den Holzschnitt „Paulus im Gefängnis" von W. Habdank. Sie überlegen, was ihn so aufgerichtet dasitzen, was seinen

Kopf gehoben sein, seine Augen durch die Gitterstäbe hindurch zur Sonne blicken läßt. Sie folgen den Gedanken des Paulus aus dem Gefängnis heraus zu den Gemeinden, die ihm vertraut und lieb sind. Was bewegt ihn, wie kann seine Verbundenheit mit ihnen gestaltet sein?

c) Christusvertrauen und Glaubensgewißheit, Dank und Freude, Gebet und Fürbitte: Diese Stichworte begegnen in der Bildinterpretation, sie verknüpfen sich in den Aussagen über Paulus, sie stellen auch den Kontakt des Paulus nach außen her – in besonderer Weise zur Gemeinde in Philippi.

d) Die Konfirmandinnen und Konfirmanden lernen in zusammenfassender Erzählung die Gemeinde in Philippi kennen und einzelne Personen aus ihr: Lydia, Epaphroditus, Evodia und Synthyche. Sie hören von der besonderen Beziehung des Paulus zu dieser Gemeinde und erfahren, daß die Gemeinde den Apostel auch mit finanziellen Mitteln unterstützt hat. Nun hat sie wieder einmal ein Brief des Paulus erreicht. Er wird der versammelten Gemeinde vorgelesen.

e) Es folgt die Texterarbeitung, u. a. durch ein Klangbild, bei dem die Konfirmandinnen und Konfirmanden den für sie jeweils wichtigsten Satz(teil) aus dem Bibeltext, den sie zuvor markiert haben, beim langsamen Lesen des gesamten Textes durch die Unterrichtende oder den Unterrichtenden an der entsprechenden Stelle laut mitlesen.

f) Die Konfirmandinnen und Konfirmanden überlegen, wie wohl die Gemeinde in Philippi auf den Brief reagiert haben mag. Sie entwickeln ein Gespräch zwischen verschiedenen Gemeindegliedern.

g) Es wird zusammengetragen, wofür eine Gemeinde Gott im Gebet danken kann. Die Konfirmandinnen und Konfirmanden denken anschließend darüber nach, welche Menschen in die Fürbitte der Gemeinde hineingehören. Die Ergebnisse werden schriftlich festgehalten und später für den Gottesdienst überarbeitet.

IV. Liturgische Gestaltungsmöglichkeiten

a) Das Stichwort „Gebet“ bildet die Klammer für Lieder und weitere Gottesdienstelemente. Im Verkündigungsteil erfolgt eine Beschränkung auf Philipper 1,3–11; das Schalksknechtgleichnis mit seinem anders gelagerten Schwerpunkt von empfangener und weitergegebener Vergebung bleibt unberücksichtigt.

b) Aus den Einzelschritten unter Punkt III. ist eine Spielszene entstanden, mit der die Konfirmandinnen und Konfirmanden nach dem Eingangsteil „Eröffnung und Anrufung“ den weiteren Gottesdienst gestalten. Zur Brieflesung wird das Bild „Paulus im Gefängnis“ an die Kirchenwand projiziert.

c) Aus der Szene heraus werden später die übrigen Gottesdienstteilnehmerinnen und Gottesdienstteilnehmer angesprochen. Für wen will die Gemeinde danken, für wen Fürbitte tun? Neben den von den Konfirmandinnen und Konfirmanden vorformulierten Beiträgen kann aus den Äußerungen der Gemeinde ein freies Gebet in zwei Teilen erwachsen, evtl. getrennt durch ein Halleluja (z. B. EG 182,1) und ein Kyrie (z. B. EG 178.9). Wer das mag, kommt nach vorn und entzündet ein Licht des Gedenkens. – In der Martinskirche in Espelkamp steht die abgebildete Weltkugel, die von dem mittlerweile verstorbenen Lübbecker Künstler R. Renner geschaffen wurde. Die Gemeindeglieder haben zu den Gottesdienstzeiten Gelegenheit, dort eine Kerze zu entzünden. In manchen Gottesdiensten wird die Weltkugel in den Altarraum gestellt, es werden Gebetsanliegen aus der Gemeinde vorgetragen, Kerzen dazu entzündet und ein gemeinsames Kyrie angestimmt. Die Weltkugel weitet dabei die Fürbitte über den eigenen und Gemeindehorizont hinaus und läßt dabei u. a. an unsere Partnergemeinden denken. Die Gemeinde hat diese Form der

Beteiligung gern angenommen, auch den Jugendlichen ist sie vertraut.

d) Das Lied Wir beten für den Frieden (EG West 678) bildet den Abschluß des Fürbittgebetes und leitet über zum gemeinsam gesprochenen Vaterunser.

e) Die Sammlung der Kollekte läßt sich ebenfalls aus der Szene entwickeln, wenn einzelne „Philipper" die Gaben in der Gemeinde einsammeln.

f) Die (Haus-)Gemeinde der Lydia und die übrige Gottesdienstgemeinde gehen nach dem gemeinsam gesprochenen Segensgebet auseinander. Für das Gebet finden sich in der entsprechenden Rubrik im EG ab Nr. 992 Vorschläge.

V. Literatur- und Medienhinweise

a) W. Habdank, 24 Holzschnitte zur Bibel. Diaserie, München 1978. Zum Bild 23 „Paulus im Gefängnis" sind dort u. a. eine Bildinterpretation, Meditationsgedanken und didaktische Hinweise von P. Neuenzeit abgedruckt.

b) Zum Thema „Beten" liegen zwei von der Arbeitsstelle für Konfirmandenunterricht in Kassel entwickelte Unterrichtseinheiten vor: im Materialheft 46/47 der Beratungsstelle für die Gestaltung von Gottesdiensten und anderen Gemeindeveranstaltungen, Frankfurt am Main 1986: Erfahrungen mit Beten (219 ff), Zum Beten kommen (263 ff). Im Kursbuch Konfirmation, Arbeitsbuch, 121 ff und Praxisbuch, 76 f lassen sich weitere Anregungen entdecken.

c) Zum Spiel im Gottesdienst: Gemeindespiel – Kirchentheater, Materialheft 76 der Beratungsstelle für Gestaltung aus dem Jahr 1996. Das Thema wurde dort auch schon in den Heften 60 und 62 behandelt.

Volker Neuhoff

23. SONNTAG NACH TRINITATIS – PHILIPPER 3,17–21

I. Die Jugendlichen und Philipper 3,17–21

a) Die Luther-Übersetzung transportiert gefährliche Bilder: unser „nichtiger" Leib; ihr „Ende ist Verdammnis"; Jesus „unterwirft" sich alle Dinge. Darum – und wegen des schwer zu verstehenden Verses 17 – empfehle ich die Verlesung des Textes nach der Fassung: Die „Gute Nachricht".
b) Die Suche nach Vorbildern ist bei Jugendlichen verknüpft mit der Suche nach für sie akzeptablen Werten. Kann Paulus bzw. eine antike Kirchengemeinde Vorbildcharakter für Jugendliche haben? Vielleicht gelingt es – in Weiterführung paulinischer Ideen –, Glaube als Kraft darzustellen, die hilft, falsche Abhängigkeiten zu überwinden. Ein Christ ist so frei, dem Bauch (der Gier, dem Immer-mehr-haben-Wollen, s. u.) nicht folgen zu müssen.
c) Paulus hält sich nicht wegen seiner ethischen Leistungen für ein Vorbild, sondern weil er von Jesus weiß und redet. Er nennt es „überwältigenden Gewinn", Jesus zu kennen. Die Begeisterung für eine Sache (vgl. 3,8f) können Jugendliche nachvollziehen (Ohnmachtsanfälle bei den Back-Street-Boys, Kampf der örtlichen Fußballmannschaft).
d) Bauch ist für Jugendliche Sitz des Gefühls und der Spontaneität („ich entscheid' das ‚aussem' Bauch raus"), Paulus meint dagegen Bauch als Superlativ von sarx (also Bindung an das „Irdische", gesteigertes materielles Interesse).
e) „... unseren schwachen, vergänglichen Körper" (Vers 21): Für Jugendliche ist nachvollziehbar: Wir sind mit unserem Körper nicht zufrieden, aber in der Pubertät findet Verwandlung statt, die Akne-Zeit endet, bald bin ich „richtige" Frau, „richtiger Mann".
f) Als „Bürger des Himmels" (Vers 20) müssen wir nicht allen menschlichen Gesetzen blind gehorchen.
g) Gegen Paulus möchte ich Jugendlichen vermitteln: Unsere Heimat ist auch hier, nicht nur in einem zeitlich und räumlich entfernten Himmel. Und auch hier kann es Glück und Himmlisches geben. Wir müssen nicht auf den jenseitigen „Herrlichkeitsleib" warten, sondern dürfen unser Glück ganz körperlich genießen.

II. Konkretionen, Beispiele, Veranschaulichungen

a) „Ihre Ehre wird zur Schande": Ein bekannter Sportstar wird des Dopings überführt, ein Politiker der Vorteilsnahme, eine TV-Moralistin der Steuerhinterziehung.
„Ihre Ehre wird zur Schande" bzw. „Sie sind stolz auf das, was ihnen Schande macht". Gibt es Taten, auf die man erst stolz war, für die man sich dann nach gründlichem Nachdenken oder Zurechtweisung von außen aber schämt? Z. B.: sich als 15jähriger Vaters Auto „ausleihen" und damit ein Kind anfahren. Manchmal kann der Glaube eine Erkenntnishilfe bei der Bewertung von Taten sein (z. B.: Geschichte von David und Nathan).
b) Wie müßte ein gutes Vorbild aussehen? Wer ist für den Prediger, die Predigerin ein gutes Vorbild (Bitte nicht Mutter Theresa oder M. L. King nennen!)?
Welches Vorbild bietet Paulus? Von wichtigen Ereignissen in seinem Leben berichten (vgl. IVc).
c) Paulus denkt „unter Tränen" an untreu gewordene Gemeindeglieder. Der Pfarrer/die Pfarrerin kann erzählen, wie sehr er/sie sich freut, ehemalige Konfirmanden und Konfir-

mandinnen in der Jugendarbeit oder im Gottesdienst zu sehen; und wie schmerzhaft es ist, die Namen ehemaliger Konfirmandinnen oder Jugendmitarbeiter unter den Austrittsmeldungen zu finden.

d) Den Ausdruck „Ihr Gott ist der Bauch" erklären. „Bauch" symbolisiert nicht Gefühl, sondern materielle Ausrichtung (s. o.).

III. Aus Religionsunterricht, Konfirmanden- und Jugendarbeit

a) Im Konfirmandenunterricht Informationen über Paulus sammeln. Inwiefern lebt er „vorbildhaft"? Als Einstieg zum Thema Paulus: Holzschnitt von Th. Zacharias: Bekehrung des Paulus.
b) Eine Hitliste erstellen: Unsere Vorbilder und Idole! Im Konfirmandenunterricht überlegen: Führen Vorbilder zu eigenen Haltungen und Handlungen?
c) Zum Thema „Gott ist im Bauch": Übung „Worauf es im Leben ankommt" (H. M. Lübking, Kursbuch Konfirmation. Arbeitsbuch, 98) und „Schön und berühmt" (ebd., 91) durchführen.
d) Umfrage und Diskussion: Wie lebt ein Christ?

IV. Liturgische Gestaltungsmöglichkeiten

a) „Du mußt ein Schwein sein" (Die Prinzen) als „Gegenschriftlesung"
b) „Die zehn großen Freiheiten" von E. Lange durch Jugendliche im Gottesdienst nach der Predigt verlesen lassen. Einleitung dazu: So können wir leben, wenn wir Gott Gott sein lassen und nicht den „Bauch".
c) Lesung während der Predigt durch Konfirmandinnen und Konfirmanden zur Art und Weise des Paulus, Vorbild zu sein: Philipper 3,4–10
d) Lied: Ich lobe meinen Gott (EG West 673)

V. Literatur- und Medienhinweise

a) „Was ist wichtig im Leben?" – in: Plan für den Kindergottesdienst 1995/1997, Stuttgart 1994, 171
b) die prinzen, cd „Schweine", Hansa-Bertelsmann 1995
c) Th. Zacharias, Farbholzschnitt: Bekehrung des Paulus, Kösel-Verlag 1966 (als farbige Einzelblätter erhältlich)

Eckhardt Loer

24. SONNTAG NACH TRINITATIS – KOLOSSER 1,13–20

I. Die Jugendlichen und Kolosser 1,13–20

a) Übersetzung:
Wir schlagen die Übersetzung der „Guten Nachricht“ vor. Der Luthertext würde in seiner ungewohnten Sprache den Zugang zum Inhalt des Textes nur zusätzlich erschweren.

b) 24. Sonntag nach Trinitatis – theologisch:
In der Trinitatiszeit bekommen die einzelnen Sonntage ihr Thema nicht durch ein konkretes heilsgeschichtliches Ereignis, sondern durch bestimmte Themen des christlichen Glaubens. Für den 24. Sonntag nach Trinitatis sind dies „Totenauferweckung“ und „ewiges Leben“ (vgl. Bieritz, Das Kirchenjahr, 152). Der Sonntag nimmt damit Themen auf, die ihren festen Platz am Ende des Kirchenjahres haben.

c) 24. Sonntag nach Trinitatis für die Jugendlichen:
„Totenauferweckung“ bzw. „ewiges Leben“ sind Themen, die Jugendliche durchaus interessieren. Allerdings halten sie in diesen Fragen die Kirche kaum noch für einen kompetenten Gesprächspartner. Da ihnen dieser spezielle Sonntag im Ablauf des Kirchenjahres nur recht selten begegnet, verbinden sie den angesprochenen Themenkomplex am ehesten noch mit dem Osterfest.

d) Kolosser 1,13–20 und der 24. Sonntag nach Trinitatis:
Der Text liefert die lehrhafte Ausführung des Heilsereignisses von Ostern. Im Zusammenhang mit der Trinitatiszeit hebt er dabei die Bedeutung und die Rolle der zweiten Person der Trinität hervor. Damit reicht Kolosser 1,13–20 weit über die Themen des Sonntags hinaus.

e) Kolosser 1,13–20 und die Jugendlichen:
Ließe man Konfirmandinnen und Konfirmanden zu der Textfassung der „Guten Nachricht“ assoziieren, so würde ihnen wahrscheinlich etwas zu „dunkle Mächte“, „unsichtbare Mächte und Gewalten“ sowie „er ist der erste von den Toten, der zu neuem Leben geboren wurde“ einfallen. Die auf diese Weise genannten Assoziationen werden aber in den seltensten Fällen einen biblischen Hintergrund besitzen. Sie werden eher aus dem Bereich der Computer- und Rollenspiele (dort sind „dunkle Mächte“ und „unsichtbare Gewalten“ weit verbreitet) sowie aus dem Bereich von Science-fiction und Horror („Untote“) kommen.
Aber auch in ihrer eigenen, ganz realen Lebenswelt sehen sich Jugendliche Mächten und Gewalten ausgesetzt – sei es z. B. in der Familie, in Schule und Beruf, durch Lehrende und durch das Notensystem oder in der Freizeit durch Gruppen- und Konsumzwang.
Für die Erschließung des Textes kann sich darüber hinaus die Symbolik von „Licht und Finsternis“ eignen.
Große Schwierigkeiten haben die Jugendlichen mit dem Bild vom Haupt des Leibes und der Vorstellung eines umfassenden Friedens, der durch Blutvergießen verwirklicht sein soll.
Bei der Vielfalt der christologischen Aussagen in Kolosser 1,13–20 und der darin verwendeten Bilder erscheint es uns unumgänglich, sich bei der Gottesdienstvorbereitung in Hinblick auf die Situation der Jugendlichen auf einen Gedanken zu konzentrieren. Wir schlagen deshalb vor: „Christus ist derjenige, der uns aus den Fesseln der Mächte und Gewalten befreit hat (Verse 13–14)“.

II. Konkretionen, Beispiele, Veranschaulichungen

a) Gesprächsimpuls: „Wo erfahren wir heute Mächte und Gewalten?" „Wo fühlen wir uns in unserem Leben fremdbestimmt?"

b) Sicher gibt es aber auch Situationen und Erlebnisse, in denen wir uns befreit fühlen. Als Geschichte zum Einstieg in die gewählte Thematik von Zwängen und der Erfahrung von Befreit-sein schlagen wir die „Anekdote vom Fischer und dem Touristen" vor (H. Böll in: S. Berg, In den Sand geschrieben, Stuttgart 1974, 34).

c) Einige Gedankensplitter:

Vers 13: „Er hat uns unter die Herrschaft seines Sohnes gestellt."

Aber: Geld regiert die Welt und die Rede von den Sachzwängen.

Vers 14: „Durch ihn hat er uns befreit."

Aber: „Was können wir schon machen – wir sind ja doch nur ein kleines Rädchen im Getriebe der Welt."

d) Einen anderen Weg wählen wir, indem wir mit dem Lied „Herr, deine Liebe ist wie Gras und Ufer" arbeiten. In diesem Lied drückt die zweite Strophe unseren Wunsch und unser Sehnen nach Freiheit aus, während die dritte Strophe die Realität und das Erleben zum Inhalt hat. Dieser Kontrast wird besonders deutlich, wenn man die einzelnen Strophenteile direkt gegenüberstellt: „Wir wollen Freiheit, um uns selbst" – „Und dennoch sind da Mauern zwischen Menschen"; „Freiheit, aus der man etwas machen kann" – „Und nur durch Gitter sehen wir uns an"; „Freiheit, die auch noch offen ist für Träume" – „Unser versklavtes Ich ist ein Gefängnis"; „Wo Baum und Blume Wurzeln schlagen kann" – „Und ist gebaut aus Steinen unserer Angst". Eine solche Gegenüberstellung kann von den Jugendlichen optisch durch Plakate oder Bilder verdeutlicht werden. Wenn ausreichend Zeitschriften zur Hand sind, besteht natürlich auch die Möglichkeit zu Collagen.

Unweigerlich wird sich dabei die Frage stellen, wie man aus dem durch die Gegenüberstellung besonders eindrücklich gewordenen Dilemma herauskommen kann. Das Lied selbst bietet als Ausweg das Vertrauen auf Gott (vierte Strophe). Damit kommen wir sehr nahe an die Aussage unseres Predigttextes heran.

III. Aus Religionsunterricht, Konfirmanden- und Jugendarbeit

a) Erfahrungsspiele:

1. Ein Jugendlicher steht in einem Kreis von Menschen, die sich immer enger auf ihn zu bewegen – plötzlich tut sich eine unerwartete Lücke auf.

2. Eine Freiwillige/ein Freiwilliger wird an Händen und Füßen gefesselt.

Bei beiden Spielen wird anschließend nach den Empfindungen während der Handlung des Spieles gefragt. In einem weiteren Schritt kann gefragt werden, wie wir mit diesen Empfindungen bzw. mit dem Wissen darum umgehen können. Ist ein gutes Gruppenklima vorhanden, bietet sich ein Austausch hinsichtlich übertragbarer Situationen und Erfahrungen aus dem eigenen Alltag an.

b) Eine Beispielgeschichte (s. II.) wird in der Gruppe behandelt. Dies kann in Form eines Rollenspiels erfolgen. Der Gegensatz Zwänge–Freisein soll exemplarisch anhand der beiden Personen (Fischer/Tourist) erarbeitet werden.

IV. Liturgische Gestaltungsmöglichkeiten

a) Liedvorschläge:
Von guten Mächten ... (EG West 652, 1.2.5.6); Ich möcht', daß einer mit mir geht ... (EG 209); Herr, deine Liebe ist wie Gras und Ufer ... (EG West 663); Bewahre uns Gott, behüte uns Gott ... (EG 171)

b) Ein Eingangspsalm von H. D. Hüsch: Ich bin vergnügt (Hüsch, 45).

c) Die gestalteten Plakate, Bilder oder Collagen (vgl. II.) zur zweiten Liedstrophe werden von den Künstlerinnen und Künstlern in der Kirche gut sichtbar hochgehalten, während die Gemeinde die entsprechende Strophe singt. Nach dieser Strophe wird in einem kurzen Gespräch auf die Werke eingegangen. Mit Singen der dritten Strophe wird die Gegenüberstellung der einzelnen Versstücke (vgl. II.) für die Gemeinde auch optisch sichtbar gemacht. In Form der Bilder stehen sich Wünschen bzw. Sehnen und Realität deutlich gegenüber. Es stellt sich die Frage: „Wie kommen wir daraus?" Nach der Predigt wird dann die vierte Strophe des Liedes gesungen.

V. Literatur- und Medienhinweise

a) H. D. Hüsch, Das Schwere leicht gesagt, Düsseldorf 1993

b) S. Berg (Hrsg.), In den Sand geschrieben, Stuttgart 1974

Thomas Hartmann/Harald Klammann

DRITTLETZTER SONNTAG DES KIRCHENJAHRES – RÖMER 14,7–9

I. Die Jugendlichen und Römer 14,7–9

a) Der Text nach der Luther-Übersetzung

b) Vielleicht ist der Textabschnitt als biblisches Wort im Zusammenhang der Abkündigung der verstorbenen Gemeindeglieder bekannt.

c) Annäherung über einen Gegen-Text:

Jeder lebt für sich.
Das ist genug.
Jeder lebt für sich.
Das ist klug.
Jeder ist sein eigener Herr.
Das ist nicht schwer.
Jeder ist sein eigener Herr.
Das bringt ihm mehr.
Christus braucht er nicht.
Es reicht der Blick ins eigene Gesicht.
(F. Sobiech)

d) H. Barz hat in seiner Jugendstudie eine „Orientierung der jungen Generation am eigenen Ich als letztem Sinnhorizont" ausgemacht: „Selbstverwirklichung als individuelles Glücksstreben, dies scheint in der Tat ‚die' Dominante der Werte von letzter Bedeutung zu sein, zumindest was den Sinnkosmos der jungen Menschen betrifft" (H. Barz, Religion ohne Institution? Postmoderne Religion (Bd. 2), Opladen 1992, 250f).

„Tanz ums Goldene Selbst" lautete eine Titelstory des Spiegel aus dem Jahr 1994. Daraus eine kurze Passage: „Das erste Gebot der jungen Generation formulierte der Kölner Werbe-Experte W. Schalk ... bei einem Vortrag über die Konsumtrends der

Zukunft: ‚Nimm deine eigenen Bedürfnisse wichtiger als alles andere, und erfülle deine Wünsche konsequent. Egal, wer darunter zu leiden hat. Hauptsache, du entbehrst nichts! Greif zu, wickel es aus, schieb es in den Mund und erfahre das Glück: ‚Ich & mein Magnum'."

e) Unter den Texten von Berufsschülerinnen und Berufsschülern aus Baden-Württemberg, die R. Schuster (R. Schuster (Hg.), Was sie glauben. Texte von Jugendlichen, Stuttgart 1984, 271ff) gesammelt hat, ist Jesus immer wieder der Mensch, der nicht für sich gelebt hat, sondern für andere: „Für ihn waren die anderen Leute wichtiger als sein eigenes Leben!" – „Er hat immer darauf geachtet, daß andere das haben, was sie brauchen, und nicht zuerst an sich selber gedacht" …

II. Konkretionen, Beispiele, Veranschaulichungen

a) Groß-Collage: Drei Schritte 1. Leben: Wir leben … 2. Tod: Wir sterben … 3. Christus: … dem Herrn.

b) Standbilder („Statuen") 1. Wir leben … 2. Wir sterben … 3. … dem Herrn.

c) Gegentext: Einstieg über einen vorgegebenen Gegentext oder mit den Konfirmanden und Konfirmandinnen eigene Gegentexte entwickeln, formulieren, gestalten. Variante: Gegentext mit einer einfachen singbaren Melodie unterlegen.

d) Szene, Aktion: „Zu Christus gehören". Im Altarraum steht ein großes Kreuz als Symbol für Christus. 1. Ein Sprecher liest: „Leben wir, so leben wir dem Herrn. Sterben wir, so sterben wir dem Herrn. Wir sind mit ihm verbunden." 2. Aktion: Einzelne binden sich mit einem Band an das Kreuz und sagen einen (persönlichen) aktualisierenden Satz: „Mit Christus verbunden sein, das heißt (für mich) …" 3. Das so entstehende Standbild kann in einem anschließenden Predigtteil aufgenommen werden.

e) Eine Konkretion des in Ic genannten Gegen-Textes ist der griechische Mythos von Narzissos: Vom schönen Narziß wird erzählt, er habe im Alter von 16 Jahren zum ersten Mal sein Spiegelbild gesehen, als er in das Wasser einer Quelle blickte. Er verliebte sich in sein Spiegelbild, konnte sich von dem Anblick nicht mehr trennen, verschmachtete vor Sehnsucht nach dem unerreichbaren Bild, so daß er schließlich vor Schwäche starb und sich in eine Narzisse verwandelte.
Jugendliche können diesen Mythos pantomimisch darstellen.

f) Konfirmandinnen und Konfirmanden formulieren Todesanzeigen für Menschen, die nur für ihre Familie, ihre Gesundheit, ihren Sportverein, ihre Hundezucht, ihr Auto o. ä. gelebt haben.

III. Aus Religionsunterricht, Konfirmanden- und Jugendarbeit

a) Assoziationen zu den Schlüsselwörtern „leben" und „sterben": Leben heißt … Sterben heißt …

b) Die „Groß-Collage" (siehe IIa) kann im Unterricht gestaltet werden. Zu den einzelnen Teilen können die Jugendlichen deutende Texte entwerfen. Beides kann im Gottesdienst präsentiert werden.

c) Die „Standbilder" können im Unterricht erarbeitet und mit Textelementen unterlegt werden. Z. B. Standbild „Leben" unterlegt mit dem Text „Leben wir, so leben wir dem Herrn." Dazu kann ein Gegentext (siehe IIc) gesungen werden. Die Gesamt-„Komposition" kann im Gottesdienst präsentiert und in der Predigt ausgelegt und gedeutet werden.

IV. Liturgische Gestaltungsmöglichkeiten

a) Psalm: Übertragung von Psalm 51 in ML 2, 12

b) Gebet: Das Gebet wird von den Konfirmanden und Konfirmandinnen unter Aufnahme der eigenen Assoziationen (siehe III a) formuliert.

c) Gebet in Aufnahme des Gegentextes: Z. B.: Jeder lebt für sich. Ist das genug? Jeder lebt für sich. Ist das klug? Jeder ist sein eigener Herr. Ist das nicht zu schwer? Christus, wir brauchen dich. Den befreienden Blick in dein Gesicht.

d) Lieder: Hoffen wider alle Hoffnung (ML 2 B 210); Jesus ist kommen (EG 66 in Auswahl)

V. Literatur- und Medienhinweise

a) Meditation und methodische Anregungen in: Arbeitsbuch zum Tagebuch für Konfirmanden, Düsseldorf o. J., 64f

b) G. L. Persson, A. Taram. Allis und Ann, Hamburg 1995. Ein Jugendbuch erzählt von zwei Freundinnen – Allis und Ann, erzählt von Leben und Tod. Ich habe es als narrative Explikation zum Predigttext gelesen und nenne es als zusätzliche Anregung, eigene Predigtspuren zu finden.

c) F. Krotz: Weiterleben, ewig leben, auferstehen (Dias). Forum religion 3/89, PTI Kassel

Fred Sobiech

VORLETZTER SONNTAG DES KIRCHENJAHRES – RÖMER 8,18–23

I. Die Jugendlichen und Römer 8,18–23

a) Die Wilckens-Übersetzung glättet einige Umständlichkeiten der Luther-Übersetzung („dieser Zeit Leiden"; „Erstlingsgabe").

b) „Dieser Zeit Leiden" steht Jugendlichen im Blick auf Pflanzen, Tiere, Umwelt und auch im Blick auf unterdrückte und gequälte Menschen mehr als deutlich vor Augen. Wie aber steht es um die Vergänglichkeit als Verfaßtheit aller Geschöpfe und die Erlösungsbedürftigkeit der Menschen? Es ist wohl unwahrscheinlich, daß Jugendliche dergleichen theologische Schlüsse aus den Phänomenen ziehen oder diese als Bestätigung theologischer Aussagen wahrnehmen.

c) Stichwort Sehnsucht (Vers 23). Wonach sehnen sich Jugendliche: Liebe, Schönheit und gutes, intensives Leben, keine Gewalt …? Jugendumfragen geben Auskunft. Ist die Vorstellung, Kind Gottes zu sein oder als solches sichtbar zu werden, noch Gegenstand der Erwartung, ist sie für Jugendliche positiv und anziehend? Was meint dieser Ausdruck überhaupt?

d) Worin unterscheidet sich die „Freiheit der Kinder Gottes" von den Freiheiten unseres jetzigen Lebens? Freiheit von Terminen, von Abends-Ausgeh-Verboten, Freiheit von Skins, Freiheit von Noten …?

e) Jugendlichen geht es (zu Recht) um ihr Leben jetzt – nicht um Aussichten auf eine bessere, ferne Zukunft oder gar ein Jenseits. Geht es Paulus demgegenüber hier um Weltflucht? Oder verhilft die Hoffnung zur schärferen Wahrnehmung der Gegenwart, zum rechten Leben hier und jetzt? Läßt sich überhaupt ohne diese Hoffnung leben?

II. Konkretionen, Beispiele, Veranschaulichungen

a) Die paulinische Perspektive von Leiden jetzt und Hoffnung läßt sich anhand von Lebensbildern veranschaulichen. Ähnliche Gedanken finden sich bei Coretta S. und M. L. King („Ich habe einen Traum"), bei N. Mandela, bei Mutter Theresa, bei S. und H. Scholl. Vgl. die Materialien unter Rubrik Va.

b) Hilfreich sind aktuelle Gegengeschichten z. B. von Skinheads, die die Schattenseiten des Lebens zu spüren bekommen, aber keine Hoffnung haben und so ihr Leben nicht mehr konstruktiv gestalten, sondern destruktiv – für andere, aber auch für sich selbst. Kann die christliche Hoffnung, die zugleich die Wirklichkeit illusionslos durchschauen hilft, vor solcher aggressiven Mutlosigkeit bewahren?

c) Paulus hofft trotz und angesichts der Leiden in dieser Welt. Die Versuchung besteht, die Hoffnung aufzugeben, sich abzukapseln, einzuigeln. Anschaulich wird sie in mancher Karikatur, u. a. in einer kleinen Bildserie (in: LebensZeichen 9/10 [s. u. Vc], 96): Sie zeigt zunächst ein Ei, dann bricht die Schale, das Küken kommt heraus, schaut sich um, kriecht zurück und verschließt das Ei wieder.

III. Aus Religionsunterricht, Konfirmanden- und Jugendarbeit

a) Jugendliche begeben sich auf Spurensuche nach dem Leiden der Kreatur, den Krankheiten der Umwelt, dem Seufzen der Menschen in ihrem Stadtteil oder Dorf. Eine kleine Fotodokumentation (Stellwand) oder Diareihe entsteht und kann im Gottesdienst vorgestellt werden.

Schön wäre es, wenn die Kollekte zur Abhilfe von solch konkreten Mißständen bereitgestellt (und von Jugendlichen abgekündigt!) werden kann.

b) Gesammelt und zur sprachlichen oder bildlichen Collage zusammengestellt werden Schlagzeilen, Werbeslogans u. a. m. zum Körperkult unserer Tage. Verdeckt dieser nicht gerade das, worum es Paulus geht: Gewahrwerden der Vergänglichkeit und Erlösungsbedürftigkeit des Leibes, sprich: des Menschen als Körper-Geist-Einheit?

c) Wie hat man sich denn die Welt ohne Leiden, mit Geschöpfen, an denen die Herrlichkeit Gottes offenbar wird, vorzustellen? Vielleicht fehlt es den Jugendlichen (noch nicht) an positiver Phantasie und sie können mit ihren überraschenden Fähigkeiten Bilder malen von dieser besseren Welt (oder Gedichte, Geschichten, Kommentare zu Malerei wie der des E. Hicks [s. u. Vc] schreiben). Von Bleistiftskizzen bis zu Computer-Zeichnungen bieten sich verschiedene Techniken an. Im Gottesdienst können sie ausgestellt werden – vielleicht läßt sich die Predigt unterbrechen, damit alle Anwesenden die Bilder bei Orgelmusik o. ä. betrachten können.

d) Hilfreich, um den Volkstrauertag bzw. die Friedenswoche zu thematisieren, mag ein Brainstorming in zwei unterschiedlichen Gemeindekreisen sein. Im Seniorenkreis: Was bedeutet Ihnen der Volkstrauertag? Im Jugendkreis: Was verbindet Ihr mit Volkstrauertag/Friedenswoche? Die unterschiedlichen Assoziationen können in die Predigt eingebracht werden und vielleicht auch als Grundlage für ein Gottesdienstnachgespräch zwischen den Generationen dienen.

IV. Liturgische Gestaltungsmöglichkeiten

a) Sinnvoll wäre ein alternatives Glaubensbekenntnis, das die christliche Hoffnung und nüchterne Wirklichkeitssicht herausarbeitet, z. B. Nr. 52.57.62 in: G. Ruhbach (Hg.): Glaubensbekenntnisse für unsere Zeit, Gütersloh 1971.
b) Aus dem EG eignen sich z. B. 152 (Wir warten dein, o Gottes Sohn), 154 (Herr mach uns stark), 428 (Komm in unsere stolze Welt).
c) Jugendliche gestalten das Fürbittgebet mit Bitten für die Menschen und Geschöpfe, deren Leiden ihnen am Herzen liegen (vgl. oben III a). Gegebenenfalls ist dies im Blick auf den Volkstrauertag (Kriegsopfer und Angehörige) zu ergänzen.
d) Als (ungewöhnlich formuliertes) Kollektengebet und Fürbittengebet eignen sich „O Wahrheit, du Licht meines Herzens" und „Komm Schöpfer, Heiliger Geist" in: J. Zink: Wie wir beten können, Stuttgart 1991, 50.47.

V. Literatur- und Medienhinweise

a) Anregende Biographien finden sich in: Unbeirrbar. Lebensbilder von Frauen und Männern des 20. Jahrhunderts, hg. von D. Steinwede und R. Schupp, Lahr/Kevelaer 1991
b) Materialien zur Friedensdekade
c) E. Hick: Das friedvolle Königreich (1833), in: LebensZeichen 9/10, hg. von B. Besser-Scholz, Göttingen 1992, 97

Bernd Schröder

BUSS- UND BETTAG – RÖMER 2,1–11

I. Die Jugendlichen und Römer 2,1–11

a) Ich wähle den Text in der Fassung der Luther-Übersetzung.
b) Begriffe wie „Buße", „Umkehr" dürften den meisten Jugendlichen fremd sein und auf Unverständnis stoßen. Möglicherweise wecken sie Assoziationen in dem Sinne: „Kirche ist ohnehin das, was man nicht darf." Kirche wird hier identifiziert mit einer moralischen Instanz, die vorschreibt, was man zu tun hat und vor allem, was man nicht tun darf.
c) Zugleich sind Jugendliche sensibel für Irrwege, auf denen Menschen sich befinden. Eine neue Untersuchung unter Jugendlichen in Ost- und Westdeutschland bestätigt, daß Jugendliche sich an ethischen und moralischen Maßstäben orientieren und ihre Umgebung daran messen. Die Studie von G. Schmidtchen „zeigt keine zynische, sondern eher eine moralische Generation in Ost und West". „‚Was mich am meisten beeindruckt, ist die Moralsehnsucht junger Menschen, die Lauterkeit des Strebens nach persönlicher Ehrlichkeit, der durchgängige Wunsch, in der Entwicklung der eigenen Persönlichkeit den Sinn des Lebens zu finden', resümiert G. Schmidtchen die Ergebnisse seiner Studie. Er spricht von einem ‚Aufstand der Person' und vergleicht die gegenwärtige Epoche mit der Renaissance: ‚Man möchte unabhängig sein, frei von Angst, aber auch frei von Überheblichkeit. Von daher wird der Widerstand gegen die ungeprüfte Übernahme von Normen ver-

ständlich, gegen Institutionen, die zu wenig Mitbestimmung verheißen, gegen falsche Unterordnung, gegen politische Entscheidungen, die nicht einleuchten. Die Person steht auf gegen das, was sie begrenzt und zu deformieren versucht. Dieses Grundmuster ist dem der Renaissance vergleichbar.'"
Zugleich stellt die Studie fest: „Wenn man sie fragt, ob man mit moralischem Verhalten – das heißt ‚andere nicht ausnutzen, sondern sie fördern, hilfsbereit sein und Frieden stiften' – langfristig in unserer Gesellschaft besser dasteht, dann offenbaren sich erschütternde Ergebnisse. Im Westen glauben das nur 22, im Osten gar nur 11 Prozent. Die Botschaft ist eindeutig, die die Jugend aus der Welt der Erwachsenen wahrnimmt: Moralisches Verhalten zahlt sich nicht aus." (Alle Zitate aus: W. Dettling, Jugend in Ost- und Westdeutschland, in: Die Zeit, 14. 2. 97, Nr. 08.)

d) Für mich bedeutet das unter c) Gesagte, daß die Frage von Buße und Umkehr immer auch die Frage nach der eigenen Glaubwürdigkeit und der Glaubwürdigkeit kirchlichen Handelns einschließt. Hier gilt es, authentisch von den eigenen Grenzen und dem eigenen Versagen zu reden.

e) Wenn die Ergebnisse der Studie stimmen und Jugendliche frei sein wollen von Bevormundung, aber ebenso frei von Überheblichkeit, dann ist hier ein Anknüpfungspunkt erkennbar für das, was Paulus in Vers 1 ausspricht: „Denn worin du den andern richtest, verdammst du dich selbst, weil du ebendasselbe tust, was du richtest." Jugendliche reagieren sensibel auf die Übereinstimmung oder Nichtübereinstimmung von Glauben und Handeln, von Reden und Handeln.

f) Zugleich finde ich in den in der Studie beschriebenen Werten wie „andere nicht ausnützen", „hilfsbereit sein" und „Frieden stiften" eine Möglichkeit, an den Schlußsatz des Predigttextes anzuknüpfen: „Es ist kein Ansehen der Person vor Gott."

II. Konkretionen, Beispiele, Veranschaulichungen

a) Konfirmandinnen und Konfirmanden gestalten eine Collage zum Buß- und Bettag unter dem Thema „Irrwege". Sie kann mit Hilfe von Fotos, von Zeitungsausschnitten und Überschriften und mit eigenen Äußerungen der Jugendlichen gestaltet werden.

b) Auf der Grundlage dieser Collage schreiben die Jugendlichen ein Schuldbekenntnis, das im Gottesdienst vorgetragen werden kann.

c) Im Gottesdienst könnte der Frage nachgegangen werden, inwieweit Schuld für Menschen vergebbar ist. Dabei könnte auf aktuelle Ereignisse bezug genommen werden. So wurde z. B. in der Presse sehr ausführlich über den Prozeß gegen die Reemtsma-Entführer berichtet und dabei immer wieder der Frage nachgegangen, wie der Entführte heute zu seinen Entführern steht.

d) „Es ist kein Ansehen der Person vor Gott – und auch nicht vor den Menschen?" Konfirmandinnen und Konfirmanden suchen Beispiele dafür, ob diese Aussage zutrifft oder nicht. Ich denke dabei an manche Straftaten der vergangenen Zeit: Ein Millionenbetrug wie der eines Herrn Schneider wird fast wie ein Kavaliersdelikt betrachtet, 50 Millionen DM veruntreute Gelder sind für eine Bank nur „Peanuts". Geht man vergleichbar milde damit um, wenn ein betrunkener Jugendlicher mit der Mofa einen Unfall verursacht hat?

e) Es gibt eine Reihe von Geschichten, in denen es um (Vor-)Verurteilungen geht (vgl. z. B. G. Presler, Die stiehlt doch immer, VLR 3,78). Man könnte eine solche Geschichte zum Ausgangspunkt nehmen und Jugendliche zu dieser Geschichte Stellung nehmen lassen. Die Ergebnisse werden im Gottesdienst präsentiert oder fließen in eine Predigt über den Text ein.

f) Aus der jüngeren Vergangenheit ist mir die Diskussion um die geplante forensische Klinik in Herten in Erinnerung. Hier wurde über eine Gruppe von Menschen geurteilt. Immer wieder gibt es Konflikte um solche Einrichtungen, auch um Wohnheime oder Notunterkünfte für Flüchtlinge und Wohnungslose. Welche Urteile und Vorurteile spielen hier eine Rolle? Und was sagen solche Urteile über diejenigen, die sie fällen?

III. Aus Religionsunterricht, Konfirmanden- und Jugendarbeit

a) „Als ich einmal Mist gemacht habe …“ Konfirmandinnen und Konfirmanden überlegen Situationen, in denen sie selber etwas getan haben, für das sie sich schuldig fühlen. Sie könnten weiter überlegen, welche Lösungswege sie eingeschlagen haben (z. B. mit den Eltern oder einer anderen vertrauten Person reden; es verschweigen; es damit entschuldigen, daß andere vielleicht nicht anders gehandelt haben) und was ihnen gut getan hat.

b) Eine weniger persönliche, etwas vermittelte Methode ist, Jugendliche aus einer Reihe von Fotos mit Bildern von Menschen, die zum Thema „Schuld/Verantwortung“ passen, eines aussuchen und sie dazu eine Geschichte schreiben lassen. Aus der Sicht der auf dem Foto abgebildeten Person wird deren „Schuldgeschichte“ geschrieben. Die Jugendlichen könnten sich für die Person weitere Lösungswege ausdenken.

c) Auf verschiedenen Rollenspielkarten werden Situationen skizziert, in denen Menschen etwas tun, wofür sie Verantwortung übernehmen. Die Situationen sollten möglichst konkret und alltäglich sein, damit Konfirmandinnen und Konfirmanden sich in diese Situationen hineindenken können. Diese Rollenspiele werden in kleinen Gruppen gespielt und Lösungen gesucht (vgl. dazu auch den Vorschlag in: Arbeitshilfe für die Konfirmandenarbeit, erarbeitet vom Konfirmationsausschuß der EKiR, Themenbereich Abendmahl, M 10).

d) Es soll eine Klinik für psychisch kranke Straftäter/ein Wohnheim für alleinstehende Wohnungslose oder etwas ähnliches in der Nachbarschaft entstehen. In einem Pro- und Contraspiel nehmen die Jugendlichen dazu Stellung.

IV. Liturgische Gestaltungsmöglichkeiten

a) Lieder: Aus der Tiefe rufe ich zu dir (EG West 655); Herr, gib mir Mut zum Brücken bauen (EG 669); Gib Frieden, Herr, gib Frieden (EG West 490).

b) Die Jugendlichen tragen das von ihnen formulierte Schuldbekenntnis vor. Es kann zu einer Kyrielitanei erweitert werden, z. B. mit einem der im Evangelischen Gesangbuch aufgeführten Kyrielieder bzw. dem Lied: Meine engen Grenzen (EG West 597).

V. Literatur- und Medienhinweise

a) Umkehr zum Leben. Materialien zur Feier des Gottesdienstes am Buß- und Bettag 1995, hg. v. der Arbeitsstelle der EKvW

b) H. M. Lübking, Kursbuch Konfirmation. Ein Arbeitsbuch für Konfirmandinnen und Konfirmanden, Düsseldorf 1995, 94f

Thomas Böhme-Lischewski

LETZTER SONNTAG DES KIRCHENJAHRES – OFFENBARUNG 21,1–7

I. Die Jugendlichen und Offenbarung 21,1–7

a) Der Text in eigener Übertragung:
Ich sah eine neue Welt: den Himmel und die neue Erde. Der frühere Himmel und die frühere Erde waren vergangen; auch das Meer war nicht mehr da.
Und ich sah, wie die heilige Stadt, das neue Jerusalem, von Gott aus dem Himmel herabkam – festlich geschmückt wie eine Braut für ihren Mann. Dann hörte ich eine mächtige Stimme vom Thron her rufen: „Siehe, die Wohnung Gottes bei den Menschen! Er wird bei ihnen wohnen, und sie werden sein Volk sein; ja, er wird mitten unter ihnen bleiben als ihr Gott. Er wird abwischen alle Tränen von ihren Augen; es wird keinen Tod mehr geben und kein Leid, keine Angst und keine Schmerzen – dann was früher war, ist endgültig vergangen."
Und der auf dem Thron saß, sprach:
„Siehe, ich mache alles neu!" Dann sagte er zu mir: „Schreib diese Worte auf, denn sie sind wahrhaftig und gewiß! Nun ist alles vollbracht. Ich bin das A und O, der Anfang und das Ende, der Ursprung und das Ziel. Wer Durst hat, dem werde ich Wasser aus der Quelle des Lebens geben. Ja, wer bis zum Sieg durchhält, wird dies als Erbe erhalten: Ich werde sein Gott sein, und er wird mein Sohn sein."

b) Die bilderreiche Sprache der Johannes-Apokalypse ist zwar faszinierend, aber sogar für geübte Gottesdienstbesucher nur schwer verdauliche Kost; das gilt auch für den berühmten Schlußteil vom Ende der alten und Anfang einer neuen Welt. Die bekannte Luther-Übersetzung bedarf teilweise der Erläuterung (z. B. „Hütte Gottes"); deshalb ist für Jugendliche die „Gute Nachricht" oder „Hoffnung für alle" vorzuziehen (darauf beruht auch die obige Übersetzung).

c) Die Reduzierung auf die Verse 1–7 vermeidet die spontane Assoziation vom „Jüngsten Gericht" und entsprechend diffuse Vorstellungen von Himmel und Hölle (Vers 8), nimmt allerdings eine gewisse Zuspitzung weg – angesichts des besonderen Kasus „Ewigkeits-/Totensonntag" durchaus sinnvoll. Zum Text hatten Jugendliche eine Fülle an Fragen: Was ist mit dem „Meer", der „Braut", dem „neuen" Jerusalem und dem „Wasser aus der Quelle des Lebens" gemeint? Wer sitzt da auf dem Thron? Welcher „Sieg"? Warum am Ende nur „Sohn" und nicht auch Tochter? Hat Johannes das nur geträumt? Entwirft er ein Wunschbild? Was ist mit der alten Welt geschehen? Ja, worin besteht überhaupt der grundlegende Unterschied zwischen alter und neuer Welt? Macht sich Gott auch selbst neu, oder bleibt er allein der alte?

d) Sehr angetan waren die meisten Jugendlichen von dem Bildwort „Gottes Wohnung bei den Menschen" und den anschließenden Konkretionen. Die tiefe (religiöse) Sehnsucht nach einer heilen Welt ohne Traurigkeit und Leid hat bei ihnen offensichtlich einen größeren Stellenwert, als sie nach außen mit ihrer „Coolness" häufig zeigen. Dabei verbinden sie mit dem tröstenden, warmherzigen Bild weniger ein Jenseits nach dem Tod als vielmehr einen Neuanfang im Diesseits („Gott baut die Welt wieder auf und macht die Erde zu seinem Wohnsitz mit den Menschen als seiner Familie").

e) Der Kasus „Ewigkeitssonntag" (erst recht „Totensonntag" als Gedenken an die Verstorbenen) ist für Jugendliche zwiespältig. Die geprägten gottesdienstlichen Rituale sind in der Regel zugeschnitten auf die Erwachsenengemeinde, insbesondere auf Angehörige von Verstorbenen im zu Ende gehenden Kirchenjahr. Thematische Stichworte im Blick auf Jugendliche könnten da sein: irdisches „Leben" als vorläufige, begrenzte Zeit / „Ewigkeit“ als Ende bzw. Aufhebung aller Zeit / Anfang – Ende (Tod) – Neuanfang (Auferstehung als Neu-Schöpfung, Wieder-Geburt(?) / Kirchenjahr als Bild für den Rhythmus des Lebens: Abschied, Abschluß und Neuanfang prägen dauernd das eigene Leben / „Gottes Wohnung unter den Menschen“ – Hoffnungsbild einer anderen Welt (Diesseits wie Jenseits).

II. Konkretionen, Beispiele, Veranschaulichungen

Text und Kasus „Ewigkeitssonntag“ sind gleichermaßen geprägt von bildhaften wie seelsorgerlichen Aspekten. Da die Vorbereitung auf diesen besonderen Gottesdienst häufig früher geschieht als sonst üblich, ist eine Erarbeitung mit Jugendlichen gut möglich.

a) Jugendliche malen großflächige (Traum-) Bilder zum Stichwort: Die neue Welt Gottes / Wenn Gott mitten unter den Menschen wohnt / Wir träumen von einer Welt, die Himmel heißt … o. ä. (Alternative bzw. Ergänzung: eine große Collage mit Bildern aus Zeitschriften, evtl. auch als Kontrast von alter und neuer Welt). Die Arbeiten können im Gottesdienst verschieden genutzt werden: als „Aufhänger“ im Eingangsbereich, bei der Predigt, als Schlußbild zum Nach-Denken …

b) Jugendliche schreiben einen Brief an den Seher Johannes (bzw. an Gott/Christus) mit ihren Empfindungen, Gedanken, Fragen zum Text – genügend Material zum Vorlesen im Gottesdienst, für die Predigt und Gebete; oder sie entwerfen selbst Fürbitten auf dem Hintergrund des Textes.

c) Sie schreiben (anonym) auf Kärtchen Sätze zu Ende, z. B.: „Wenn ich traurig bin, dann … / trösten könnte mich dann … / Wenn Gott jetzt ganz nah bei mir wäre …“ Diese Gedanken, Sehnsüchte, Erfahrungen werden im Gottesdienst aufgegriffen (als Wandzeitung, zum Vorlesen, bei Gebeten).

d) Jugendliche entwerfen eine Geschichte mit dem Titel „Gott kommt zu uns Menschen“; sie könnte auch als Überleitung zu Advent und (Neu-)Anfang des Kirchenjahres dienen.

e) Ohne Vorbereitung mit Jugendlichen ist als Material zur Veranschaulichung denkbar:

- Bild/Dia „Jerusalem“ von Th. Zacharias (Nr. 10 aus den 24 Farbholzschnitten zur Bibel);
- Bild „Ich sah das neue Jerusalem wie eine Braut“ von S. Köder (in: G. Widmann, Die Bilder der Bibel von S. Köder, 214);
- Das gelbe „Zions-/Ewigkeitsbild“ von M. Chagall im Frauenmünster von Zürich;
- H. v. Veen „Geschichte von Gott“ (abgedruckt in verschiedenen Materialien);
- Diverse „Himmelsgeschichten“ in den Bänden von W. Hoffsümmer, vor allem: Kurzgeschichten I, 140ff; von demselben auch Zeichenpredigten zu Offenbarung 21 in: 99 Kinderpredigten;
- Kontrasttexte, z. B. „Weißt du, wo der Himmel ist“ (W. Willms) und „Das könnte manchen Herren so passen“ (K. Marti) in verschiedenen Materialien.

III. Aus Religionsunterricht, Konfirmanden- und Jugendarbeit

a) In Schulbüchern zum Religionsunterricht spielt die Thematik unter verschiedenen Aspekten eine Rolle; im 7.–10. Jahrgang mit den Stichworten verbunden: Anfang und Ende der Welt / Schöpfung und Erlösung / Tod und Auferstehung / Hoffnungsbilder von der Zukunft bzw. Vollendung / Schöne neue Welt / Reich Gottes …; in der Sek II der Kurs „Eschatologie“. Der Text Offenbarung 21 tritt insgesamt in den Hintergrund zugunsten entsprechender Prophetenverheißungen (Jesaja und Micha) bzw. Matthäus 25;

immerhin sind in den verschiedenen Religionsbüchern z. T. gute zeitgenössische Kontrasttexte und auch Bilder zu finden.

b) Bei den gängigen Materialien zum Konfirmandenunterricht sieht es ähnlich aus; hier sind zusätzliche Anregungen bei den Stichworten: Glaubensbekenntnisse, Kirchenjahr zu finden. Konkrete Verweise auf Offenbarung 21 gibt es z. B. in „Leben entdecken", Kap. 14 und im „Tagebuch für Konfirmanden", Kap. 5.

c) Konfirmanden- bzw. Jugendgruppen könnten in der Zeit von Allerheiligen bis Ewigkeitssonntag Videos/Interviews mit Erwachsenen machen über deren Einstellung zu Tod und Auferstehung/Ewigkeit/Himmel (und Jüngstes Gericht). Möglich wären auch vorbereitete Friedhofsbesuche unter entsprechend ausgewählten Aspekten.

IV. Liturgische Gestaltungsmöglichkeiten

a) Grundsätzlich können sich auch bei dem besonderen Kasus „Ewigkeitssonntag" Jugendliche am Gottesdienstgeschehen beteiligen: Texte und Gebete vorlesen, bei Bedarf Kerzen anzünden für die Verstorbenen, evtl. auch deren Namen verlesen u. ä.

b) Auf einem Einladungszettel bzw. Liturgieblatt sind entsprechende Bilder (s. unter IIe) als Impuls und Erinnerung möglich, u. U. auch der Abdruck des Predigttextes.

c) Vorschläge für liturgische Stücke (s. auch ML 1,11): Eingangspsalm: 39,5–8 (auch im EG unter 721); Eingangsspruch bzw. Antiphon: 2. Petrus 3,13; Lesung: Jesaja 65,17ff in Auswahl;

d) Lieder: Wachet auf, ruft uns die Stimme (EG 147 als Wochenlied); Der Himmel, der ist (EG 153); Vertraut den neuen Wegen (EG 395); Der Himmel geht über allen auf (ML 1 B 61); Es kommt die Zeit (ML 1 B 74); Wir träumen einen Traum (ML 1 B 77); Weißt du, wo der Himmel ist (ML 1 B 79).

V. Literatur- und Medienhinweise

a) Unfaßbares entdecken – Visionen aus der Offenbarung des Johannes (Texte zur Bibel 10, 57. Bibelwoche 1994/95)

Joachim Schulte

ERNTEDANKFEST – 2. KORINTHER 9,6–15

I. Die Jugendlichen und 2. Korinther 9,6–15

a) Der Text nach der Übersetzung der „Guten Nachricht"

b) Das Erntedankfest spricht Jugendliche in der sogenannten festlosen Zeit des Kirchenjahres besonders an. Dabei spielt es eine untergeordnete Rolle, ob es sich um eine Stadtgemeinde oder eher um eine Gemeinde mit ländlicher Struktur handelt. Auch auf

Erntegaben oder einen festlich geschmückten Erntealtar möchten Jugendliche nicht verzichten, obwohl sie sonst mit dem Kreislauf von Saat und Ernte nichts zu tun haben und auch an praktischer Gartenarbeit wenig interessiert sind. Mag sein, daß dieses Fest so ansprechend geblieben ist, weil man an diesem Tag in der Kirche auch mal was „sehen, schmecken und riechen" kann.

c) Der Text läßt sich in zwei Abschnitte unterteilen: 1. „Warum wir geben!" (Verse 6–10) und 2. „Was passiert mit uns und den anderen, wenn wir geben?" (Verse 11–15). Informationen zur Intention des Paulus sind für die Konfirmandinnen und Konfirmanden nötig, da sie sonst nicht verstehen können, warum er nach bereits erfolgter Kollekte in Korinth diese Thematik so lange und ausführlich verhandelt. Daß das Teilen der von Gott geschenkten Gaben für Paulus seit dem Apostelkonzil eine drängende, wichtige Aufgabe ist, können die Jugendlichen leicht einsehen, da die Spenden ja den Armen zugute kommen sollen.

d) Allerdings haben sie Schwierigkeiten mit der Spendenfreudigkeit, die Paulus hier uneingeschränkt voraussetzt. Bei dem bekannten Satz „einen fröhlichen Geber hat Gott lieb" üben sie recht deutlich ihre Kritik an den kirchlichen Spendenaufrufen für die sogenannte „Dritte Welt": „Die meisten Spenden kommen ja doch nicht da an, wo sie gebraucht werden, die versickern in dunklen Kanälen. Am Hunger kann man mit Spenden sowieso nichts ändern."

e) Auch die Vorstellung, daß wir mit anderen lediglich die von Gott uns anvertrauten Gaben teilen und daß die Beschenkten sich dafür nicht nur bei den Schenkenden bedanken, sondern bei Gott, der das letztlich initiiert hat, ist den Jugendlichen ein zunächst fremder Gedanke.

f) Dagegen ist ihnen die Unterscheidung zwischen kleinlichem, geizigem Schenken und Großzügigkeit, die nicht nachrechnet, durchaus nicht fremd. Ebenso, daß beim Schenken, beim Spenden nicht die Größe der Gabe entscheidend ist, sondern die innere Einstellung.

g) Insgesamt stehen sie einer Kirche positiv gegenüber, die sich um „Arme" kümmert.

h) Die Jugendlichen lassen sich nur recht schwer davon überzeugen, daß sie zu den Menschen auf der Erde gehören, die problemlos von ihrem Reichtum abgeben können. Die Marschrichtung vieler Erwachsener: „Wir müssen erst mal selbst sehen, wo wir bleiben", ist auch bei ihnen schon sehr ausgeprägt. Hier liegt die Chance, generationsübergreifend Vorurteile abzubauen!

II. Konkretionen, Beispiele, Veranschaulichungen

a) Die Konfirmandinnen- und Konfirmandengruppe wird im Gottesdienst in sechs Gruppen aufgeteilt. Nach den Anteilen an der Weltbevölkerung sind 58% von ihnen Asiaten, 17% Europäer, 10% Afrikaner, 8% Lateinamerikaner, 6% Nordamerikaner und 1% Australier. Dann werden Süßigkeiten an sie prozentual den Anteilen am Welteinkommen verteilt. Die Europäer bekommen 32%, die Nordamerikaner und Australier 52% und die restlichen gemeinsam 16% der Süßigkeiten. Sie dürfen sofort essen, was sie bekommen haben. Die Diskrepanz zwischen dem Überreichtum der einen und der Not der anderen wird dabei sehr handgreiflich deutlich (vgl. auch H. M. Lübking, Kursbuch Konfirmation. Arbeitsbuch, 79).

b) Eine Variante des Spiels ist denkbar, bei dem die Menschen aus Europa, Nordamerika und Australien sich zu den Erntegaben setzen und die aus Asien, Afrika und Lateinamerika gemeinsam vor einem Schüsselchen Reis sitzen.

c) Im Anschluß an den Gottesdienst könnte eine einfache gemeinsame Mittagsmahlzeit stattfinden, bei der alle die vielleicht gestiftete „Gemüsesuppe“ bezahlen und damit ein Projekt gegen Hunger und Armut unterstützen.

d) Werden in der Gemeinde Artikel der „GEPA“ verkauft, könnten die Konfirmandinnen und Konfirmanden beteiligt werden.

III. Aus Religionsunterricht, Konfirmanden- und Jugendarbeit

a) Die Konfirmandinnen und Konfirmanden informieren sich anhand von Materialien über Tatsachen und Vorurteile bezüglich der gerechten Verteilung des Geldes in der Welt. „Brot für die Welt“ und die „Welthungerhilfe“ bieten hier jährlich aktuelle Informationen.
b) Die Jugendlichen gestalten Plakate und Collagen zu dem Thema: „Auf was kann ich zugunsten anderer verzichten? Was ist für mich so wichtig, daß ich nicht darauf verzichten kann?“
c) Das „Kaffee-Spiel“ zur Information über fair gehandelten Kaffee (vgl. auch H. M. Lübking, Kursbuch Konfirmation. Praxisbuch, 55).
d) Exemplarische Geschichten von Kindern und Jugendlichen aus der sogenannten „Dritten Welt“ miteinander lesen (vgl. Honke, G./Saile, U. (Lit.!), 11ff)
e) Möglich ist auch, exemplarisch Dias aus einer Aktion von „Misereor“ zu zeigen (z. B.: „Tötet meine Kinder nicht“ über die Situation von Straßenkindern in Brasilien). Die Konfirmandinnen und Konfirmanden kann man zu gezielten Spendensammelaktionen im Vorfeld oder Nachgang des Gottesdienstes einladen. Möglich wäre auch ein sogenannter „Hungermarsch“, bei dem die Jugendlichen Sponsoren suchen, die ihnen pro erwandertem Kilometer eine Geldsumme spenden. Eine „Schuhputzaktion“ samstags in der Fußgängerzone wäre eine Alternative, ebenso wie eine „Babysitteragentur“ oder ein „Einkaufsservice für Ältere“, bei denen die Jugendlichen das erwirtschaftete Geld der jeweiligen Aktion zur Verfügung stellen. Persönlich ersammelte Spenden ermöglichen eine größere Identifikation. (Weitere Ideen dazu: „Aktion 100.000“, c/o Thomas Haep, Eichholzstr. 15b, 45529 Hattingen)

IV. Liturgische Gestaltungsmöglichkeiten

a) Lieder: Brich mit den Hungrigen dein Brot (ML 1 B 96); Wenn jeder gibt, was er hat (ML 1 B 35); Laß uns in deinem Namen, Herr, die nötigen Schritte tun (EG West 658); Ins Wasser fällt ein Stein (EG West 659); Wenn das Brot, das wir teilen (EG West 667); Kyrie, guter Gott (ML 1 B 71); Wir pflügen und wir streuen (EG West 508); Schenk uns Zeit (MC und Liedheft Solange die Erde lebt, R. Krenzer/D. Jöcker)
b) Die Konfirmandinnen und Konfirmanden gestalten einen alternativen „Erntealtar“ mit den Dingen, die sie notwendig zum Leben brauchen und für die sie Gott danken. Möglich wäre auch ein Erntealtar mit Dingen, auf die die Jugendlichen verzichten wollen.
c) Als Lesung wäre denkbar „Teile und herrsche nicht“ in: H. D. Hüsch (Lit.!), 49f. Alternativ: „Botschaft der Satten“ in: Fundamente, 94
d) Anregungen für Fürbitten in: M. Stammler, Kennenlernen und füreinander beten, Ökumenischer Fürbittkalender für Kinder, Frankfurt a. M. 1992

V. Literatur- und Medienhinweise

a) Honke, G./Saile, U. (Hg.), Guck mal übern Tellerrand! Lies mal, wie die andern leben, Wuppertal 1993
b) Hüsch, H. D., Das Schwere leicht gesagt, Freiburg i. B. 1994
c) Sorg, M. u. a., Fundamente, Christsein heute, Neukirchen-Vluyn 1986

Birgit und Uwe Crone

REFORMATIONSTAG – RÖMER 3,21–28

I. Die Jugendlichen und Römer 3,21–28

a) Als Übersetzung empfehlen wir die „Gute Nachricht", weil sie bei allen verbleibenden Schwierigkeiten Jugendlichen noch eher verständlich ist als die Luther-Übersetzung. Denkbar ist, die These des vorherigen Abschnitts voranzustellen (Vers 10b: Kein Mensch kann vor Gott bestehen). Die Umschreibungen des Begriffs „Gerechtigkeit Gottes" durch „vor Gott bestehen können" und „Gott nimmt die Menschen an" sowie die Übersetzung „vertrauen" statt „glauben" können einen Zugang für Jugendliche bilden. Leider bleibt die Frage nach dem „Rühmen" (Vers 28) auf der Strecke.
b) Diesen Text am Reformationstag zu entfalten, bedeutet, inhaltlich nach dem Schlüssel und Fundament der Reformation zu fragen (R. Dabelstein in Calwer Predigthilfen II/2 1992, 235). Die kirchenerneuernde Wirkungsgeschichte bleibt außen vor.
c) Wir spitzen die Aussage des Textes in Anlehnung an Dabelstein (s. o.) zu: Die Predigt von der Gerechtigkeit aus Glauben befreit vom Zwang zur Selbstrechtfertigung und macht frei zu einem neuen Leben im Vertrauen auf die Gerechtigkeit bei Gott.
Diese Botschaft setzt als „ontologisches Gerüst" voraus, daß Menschen vor Gott in Verantwortung stehen, daß Menschen vor Gott Sünder und Sünderinnen sind, daß Menschen darauf angewiesen sind, bei Gott gerechtfertigt zu sein und Frieden mit Gott zu haben. Dieses Seinsverständnis läßt mit Luther danach fragen, wie ich einen gerechten Gott bekomme. Der Text erschließt sich als Antwort darauf.
d) Das Problem, den Text Jugendlichen zu vermitteln, besteht darin, daß die Frage nach dem gnädigen Gott für sie keine drängende Lebensfrage ist. Das diese Frage weckende Seinsverständnis fehlt. Wollte man es vermitteln, wäre die Lösung der Jugendlichen einfacher: „Glaube ich nicht an Gott und die Verantwortung vor ihm, bin ich auch nicht auf seine Gnade angewiesen." Wenn Jugendliche Interesse am Glauben zeigen, dann aus der Frage heraus: Was kann am Glauben an den christlichen Gott dran sein, das mir in meinem Leben etwas bringt (was ich ohne Glauben nicht habe)?
e) Jugendliche fragen heute: Wie stehe ich vor mir selbst und/oder vor anderen da? „Er (der Jugendliche) ist in manchmal krankhafter, oft absonderlicher Weise darauf konzentriert, herauszufinden, wie er, im Vergleich zu seinem eigenen Selbstwertgefühl, in den Augen anderer erscheint." (E. H. Erikson, Identität und Lebenszyklus, Frankfurt 1976, 106). Zum Kriterium werden unterschiedliche Wertesysteme, die – auf gesellschaftlichem Hintergrund erwachsen – pseudoreligiösen Charakter entwickeln können. Der Wert von Menschen kann wie auf einer Skala entsprechend des Besitzes, des

Erfolgs, der Schönheit, der Macht, der Sportlichkeit usw. festgestellt werden. Häufig versucht Werbung ihren Waren sinnstiftenden Charakter beizugeben. Mit Markennamen und Label ist dies zum großen Teil gelungen. Hier gilt die oft unbewußte Schlußfolge: Wer sich etwas leisten kann, hat es sich durch Erfolg und Leistung verdient und ist entsprechend wertvoll. „Statussymbole sind die sichtbaren Zeichen der verschiedenen Wertigkeiten der einzelnen Menschen in der Leistungs- und Konsumgesellschaft“ (N. Kunert, in: Selbstwert und Marktwert, Rauhes Haus, Hamburg 1994, 46). In einer so von Statusunterschieden und Hierarchien geprägten Alltagswelt geraten Jugendliche unter Druck, soziale Fähigkeiten verkümmern. Sie lernen: Wenn ich nicht mithalten kann, gehe ich unter. Wenn ich oben mitschwimme, muß ich mich bemühen, dort auch zu bleiben. Umfragen zeigen, daß Selbstbehauptung zum zentralen Wert Jugendlicher geworden ist (vgl. „Ohne uns sieht eure Kirche alt aus“ Hauptvorlage zur Landessynode EKvW 1997, 11).

f) Im Blick auf die Jugendlichen und die Botschaft des Textes sehe ich eine gemeinsame ontologische Voraussetzung, die „Forumsituation“ (G. Ebeling). Geht es Paulus und Luther um die Fragen, wie der Mensch vor Gott dasteht und wie er einen gnädigen Gott bekommt, so transzendieren Jugendliche ihren Alltag mit den Fragen: Wie stehe ich da, vor mir und anderen nach den aktuellen Wertmaßstäben, und wie kann ich meinen Wert oder wenigstens mein Selbstwertgefühl verbessern?

Mit der Dimension des Glaubens (der Mensch vor Gott) kann der Gottesdienst den Jugendlichen eine zusätzliche Relation (zur Relation zu sich selbst und zu Mitmensch und Umwelt) anbieten, in der nicht Leistung (Werke des Gesetzes) zählt, sondern in der sie bedingungslos angenommen werden (Gerechtigkeit aus Gnade). Diese Relation bekommt für Menschen dann befreiende Bedeutung, wenn sie ihr und dem in dieser Relation gefällten Urteil über sich (Du bist angenommen) mehr vertrauen als ihrem eigenen Urteil und dem Urteil ihrer Mitmenschen (Glaube).

(Dies ist eine Zuspitzung der reformatorischen Botschaft im Blick auf Jugendliche. Die berechtigten Fragen nach Schuld (gegenüber dem guten Gesetz Gottes) und Vergebung bleiben außen vor.)

II. Konkretionen, Beispiele, Veranschaulichungen

a) Eine Zeichenhandlung kann den Text veranschaulichen.

Im Altarraum steht eine Balkenwaage. (Wir haben eine zwei Meter große Waage anfertigen lassen. Für einen „normalen“ Gottesdienst tut es sicher auch eine kleinere, die man vielleicht im Kindergarten ausleihen kann.) In der linken Waagschale ist das Bild oder der Schattenriß einer Person. Diese Waagschale muß sich (mit Hilfe eines Gewichtes) nach unten senken.

Sprecher: Wenn Menschen anfangen, ihr Leben selbst zu bestimmen, dann scheint die Waagschale ihres Lebens zunächst leer (rechte Waagschale zeigen). Menschen meinen, sie müßten diese Waagschale füllen. Sie müßten ihrem Leben Gewicht verleihen. Sie seien wenig wert und müßten erst noch zeigen, wie wertvoll sie sind. Minderwertigkeitsgefühl nennen wir das. Du denkst, du bist nicht geachtet und nicht geschätzt. Jeder trampelt auf dir herum. Du mußt deinen Wert steigern. Du mußt etwas machen, was deinen Wert erhöht, etwas in die Waagschale werfen, was alle beeindruckt. Sonst hat alles keinen Wert und du auch nicht.

Auf der rechten Seite werden verschiedene Gegenstände mit Symbolwert in die Waagschale geworfen. Mit ihnen versucht „mensch“ sich aufzuwerten und sein Leben ins Gleichgewicht zu bringen. Die Gegenstände können mit Konfirmanden und Kon-

firmandinnen aus einem größeren Fundus ausgewählt werden (z. B. Auto, Villa aus Lego, Markenturnschuh, Markenkleidungsstücke, Bundesligafanartikel, Zeugnis, überdimensionale Geldscheine, Fitnessgeräte, Schminksachen, Aktenkoffer). Wenn die Zeichenhandlung im Unterricht durchgesprochen (und durchgeführt) wird, können Texte dazu geschrieben werden. Die Waage reagiert nur wenig.
Sprecher: Der Mensch kann sich nicht wirklich aufwerten. Was ändert sich daran, wenn wir an Gott glauben? Dann stehen wir vor Gott mit unserem Leben und mit dem, was wir tun oder lassen. Und Gott nimmt uns an. So wie wir sind. Diese Dinge (Beispiel zeigen) verlieren an Gewicht. Sie brauchen uns keinen Druck mehr zu machen. Ich muß nicht durch meine teuren Klamotten zeigen, was ich wert bin. Ich muß nicht … Die Statussymbole werden aus der Waagschale entfernt.
Sprecher: Jemand anderes hat sich für mich in die Waagschale geworfen. Gott selber stellt sich auf meine Seite. Wenn Gott selbst mein Freund sein will, dann bin ich unendlich viel wert. Gott bin ich so viel wert, daß er Jesu Leben für mich riskierte. Jesus hat genug für mich getan. Dafür steht das Kreuz. Ein Holzkreuz wird in die rechte Waagschale gelegt und bringt die Waage ins Gleichgewicht.
Die Annahme durch Gott kann „zelebriert" werden, etwa in einer Tauffeier: Seinen Eltern und Gott ist dieses Kind unendlich viel wert, obwohl es noch nichts in die Waagschale seines Lebens geworfen hat. Statt des Kreuzes könnte die Taufkanne in die Waagschale gelegt werden. Die Annahme durch Gott kann im Abendmahl gefeiert werden. Brot und Wein könnten in die Waagschale gelegt werden. Die Annahme durch Gott kann mit Liedern „zelebriert" werden (siehe unten).
b) Eine pantomimische Szene („Wertsteigerungen") kann an Stelle der Lesung den Sachverhalt veranschaulichen.
Sprecher: Pascal ist ein Junge, der gerade erwachsen wird. Alles ist ganz normal, eben manchmal zu normal. Pascal will mehr. Er will mehr als den täglichen Trott mit Langeweile, Frust und Enttäuschungen. Pascal würde gern etwas Besonderes sein. Wer möchte das nicht? Er würde gern von besonderem Wert sein, nicht einfach nur normal. Auf dem Markt der Möglichkeiten des Lebens möchte er seinen Marktwert gern erhöhen. Vielleicht könnte er besonders stark werden.
Ein Spieler geht suchend umher. Bei dem Stichwort „stark werden" wird ein Tisch mit Krafttrunk hingestellt und ein Plakat aufgehängt (Poster mit Muskelmann). Dann tritt ein weiterer Spieler auf. Er zeigt seine Stärke. Es darf lustig wirken. Dem ersten imponiert das. Der „Starke" trinkt von dem Krafttrunk und gibt auch dem ersten davon. Dieser hebt die Arme als Zeichen der Stärke.
Sprecher: Wer solche Muskel hat, der stellt etwas besonderes dar. Sein Wert steigt?!
Beim Stichwort: „Sein Wert steigt?!" schreibt der „Starke" eine Null hinter die Eins auf dem „Preisschild" auf dem Rücken von Pascal. Dieser zeigt danach den Rücken zu den Leuten und geht wieder suchend umher. Ähnlich können die Szenen zu den Stichworten „reich" und „mächtig" gestaltet werden.
Sprecher: Vielleicht könnte Pascal reich werden. Wer reich ist, kann sich etwas besonderes leisten. Sein Wert steigt?! Plakat: teures Auto. Requisiten: Aktenkoffer mit Geldscheinen und Perlenkette.
Sprecher: Pascal könnte vielleicht mächtig werden. Wer mächtig ist, kann sich vieles erlauben. Sein Wert steigt?! Plakat: Boß mit Melone. Requisiten: Umschlag mit einem Blatt mit der Aufschrift Boß. „Der Boß" zeigt seine Macht, indem er jemand zum Schuhe putzen ranpfeift.
Sprecher: Pascal könnte sich auf Gottes Liebe einlassen.
Der Plakatständer wird durch ein Kreuz ersetzt. Zu dem suchenden Pascal tritt ein Spieler mit Luftballons.

Sprecher: Du bist Gott viel wert. Er gab seinen Sohn für dich. Jesus gab sein Leben für dich. Du bist teuer erkauft. Du bist jemand ganz besonderes, weil Gott dich liebt.
Die beiden spielen mit dem Luftballon „die Leichtigkeit des Seins in der Freiheit der Kinder Gottes“. Pascal bekommt ein T-Shirt, auf dem steht: „Prädikat: Wertvoll“ und „Gott nimmt dich an“ (Stoffmalstifte). Er streift es über das „Preisschild“ auf seinem Rücken.
Sprecher: Wer an Gottes Liebe glaubt, kann vieles leichter nehmen. Wer an Gottes Liebe glaubt, muß keine Angst haben, nichts wert zu sein. Wer an Gottes Liebe glaubt, kann anderen Freude machen. Wer an Gottes Liebe glaubt, kann sich selbst lieben und die Liebe an andere weitergeben.
c) Buttons mit der Aufschrift „Prädikat: Wertvoll“ herstellen und im Gottesdienst verteilen.

III. Aus Religionsunterricht, Konfirmanden- und Jugendarbeit

a) Erarbeitung und Proben von Zeichenhandlung oder Szene (siehe II).
b) Materialien zu dem Thema „Rechtfertigung heute“ finden sich in dem Religionsbuch: „Das neue Kursbuch Religion 9/10“, Stuttgart/Frankfurt 1988, 100–113

IV. Liturgische Gestaltungsmöglichkeiten

a) Lieder: Hört, wen Jesus glücklich preist (EG West 670); Komm, sag es allen weiter (EG 225); Ich möcht, daß einer mit mir geht (EG 209); Wo ein Mensch Vertrauen gibt (ML 2 B 195).
b) Um Gottes Liebe und Annahme zu „zelebrieren“, wäre es schön, das Taizé-Lied „Nada te turbe“ wie in Taizé zu singen (Liederheft Taizé, Taizé 1991).
c) Psalm 8 – original oder in der Übertragung von D. Stork in: Mein Lachen in der Angst, Stuttgarter Taschenbücher 14; „Die Mode übt starken Zwang aus“ (Psalm 26 in: K. Vonderberg, Neue Psalmen für Jugendliche, Kreuz Verlag).
d) An Psalm 8 kann ein Sündenbekenntnis anschließen: Gott, du hast uns nur wenig niedriger gemacht als dich selbst. Manchmal glauben wir das und spüren das auch. Aber wie oft verachten wir uns selbst, schätzen uns gering, fühlen uns klein und ohnmächtig. Wie oft denken wir geringschätzig über andere, weil sie dies nicht können oder das nicht haben. Wie oft mißachten wir andere, weil sie anders denken oder andere Sitten und Gewohnheiten haben. Gott, vergib uns unsere Schuld!
e) Segen: Keinen Tag soll es geben (in: ML 1, 28), eventuell in Auswahl.

V. Literatur- und Medienhinweise

a) Zu Luther und Reformation: „Reformation“ in ku-praxis, Heft 15, 30 ff oder in: Das Beste aus ku-praxis, 16 ff
b) Zur Frage des Selbstwertes: „So wie ich bin“ in H. M. Lübking, Kursbuch Konfirmation. Ein Arbeitsbuch, Düsseldorf 1995, 87 ff
c) Eine Geschichte von R. Tagore zu Zwängen und Freiheit findet sich in B. Hintersberger, Mit Jugendlichen meditieren, München 1988, 87 f: „Der letzte Vertrag“

Viola Langenberger/Rainer Schröder

VERZEICHNIS DER MITARBEITERINNEN UND MITARBEITER

Dr. Gottfried Abrath, Pfarrer in Iserlohn
Christoph Beyer, Pfarrer am Pädagogischen Institut der EKvW in Schwerte-Villigst
Thomas Böhme-Lischewski, Pfarrer in Selm
Anja Bunkus, Pfarrerin in Lünen
Birgit Crone, Pfarrerin in Winz-Baak
Uwe Crone, Pfarrer in Winz-Baak
Petra Englert, Jugendreferentin in Soest
Reinhard Gorski, Pfarrer in Jülich
Carsten Haeske, Pfarrer in Bünde
Achim Härtel, Pfarrer in Milspe
Thomas Hartmann, Pfarrer in Lippstadt
Dr. Detlef Holinski, Pfarrer in Milspe
Ulrich Kämmerer, Dozent am Pädagogischen Institut der EKvW in Schwerte-Villigst
Gerd Kerl, Pfarrer und Leiter der Arbeitsstelle Gottesdienst der EKvW in Dortmund
Hans-Ulrich Keßler, Pfarrer am Pädagogischen Institut der EKvW in Schwerte-Villigst
Harald Klammann, Pfarrer in Rheine
Dr. Christian Klein, Pfarrer in Hamm
Werner Kropp, Dozent am Pädagogischen Institut der EKvW in Schwerte-Villigst
Viola Langenberger, Jugendreferentin in Ladbergen
Michael Lingenberg, Jugendreferent in Milspe
Eckhart Loer, Pfarrer in Bochum
Dr. Hans-Martin Lübking, Direktor des Pädagogischen Instituts der EKvW in Schwerte-Villigst
Volker Neuhoff, Pfarrer in Espelkamp
Andreas Riemann, Pfarrer in Halle/S.
Dr. Bernd Schröder, Pfarrer und Wiss. Assistent in Halle/S.
Rainer Schröder, Pfarrer in Ladbergen
Joachim Schulte, Pfarrer und Schulseelsorger in Lünen
Andrea Seils, Pfarrerin und Schulreferentin in Bielefeld
Fred Sobiech, Superintendent des Kirchenkreises Bochum
Michael Steffens, Pfarrer in Milspe
Friedhelm Wixforth, Landeskirchenrat im Landeskirchenamt der EKvW in Bielefeld
Ulrike Wortmann-Rotthoff, Pfarrerin in Lengerich
Paul Zenner, Pfarrer in St. Augustin

Die Deutsche Bibliothek – CIP-Einheitsaufnahme

Gottesdienst für Jugendliche:
Praxismaterialien für alle Sonn- und Feiertage des Kirchenjahres / Hans-Martin Lübking. – Düsseldorf: Patmos-Verl.
Perikopenreihe 2. – 1. Aufl. – (1997)
ISBN 3-491-77991-X

1. Auflage 1997
Umschlagbild: Gerhardy/present, Essen
Umschlaggestaltung: Volker Butenschön
Satz: B.o.s.s Druck und Medien, Kleve
Druck/Bindung: Wiener Verlag, Himberg
ISBN 3-491-77991-X